U0928992

中国著名大学校长书系

章开沅　余子侠＼主编

功盖珞嘉　“一代完人”

——武汉大学校长王星拱

吴　骁　程斯辉 著

山东教育出版社

图书在版编目(CIP)数据

功盖珞嘉 "一代完人"——武汉大学校长王星拱/吴骁,程斯辉著. 一济南:山东教育出版社,2012
(中国著名大学校长书系/章开沅,余子侠主编.第2辑)
ISBN 978-7-5328-6276-4

Ⅰ.①功... Ⅱ.①吴... ②程... Ⅲ.①王星拱(1887～1949)—生平事迹 Ⅳ.①K825.46

中国版本图书馆CIP数据核字(2012)第011622号

中国著名大学校长书系
章开沅　余子侠　主编
功盖珞嘉　"一代完人"
——武汉大学校长王星拱
吴　骁　程斯辉　著

主　　管:山东出版集团
出 版 者:山东教育出版社
(济南市纬一路321号　邮编:250001)
电　　话:(0531)82092663　**传真**:(0531)82092663
网　　址:http://www.sjs.com.cn
发 行 者:山东教育出版社
印　　刷:天津兴湘印务有限公司
版　　次:2019年7月第1版第2次印刷
规　　格:787mm×1092mm　16开本
印　　张:40.75印张
插　　页:24插页
字　　数:395千字
书　　号:ISBN 978-7-5328-6276-4
定　　价:77.00元

武汉大学校长王星拱（1888-1949）

國立武漢大學

国立武汉大学校徽

校訓

明誠弘毅

国立武汉大学校训

注：本书所使用的插图除单独注明外，均来源于武汉大学档案馆馆藏历史档案或资料

20世纪30年代中期的国立武汉大学校长王星拱

国立武漢大學校歌 F4/4

mf

黃鵠一舉兮知山川之紆曲　鷩鳴風雨　日就月將

再舉兮知天地之圓　方　念茫茫宙合　悠悠文物

mp

試謹珞珈誰處安置巨數宮室任重道遠　來日亦何長

A tempo

英雋與翱　翔　努力崇明德

A tempo

藏焉修焉息焉遊焉及時愛景光。

国立武汉大学校歌

王星拱

20世纪20年代初，担任北京大学化学系主任时的王星拱（照片来源：北京大学档案馆）

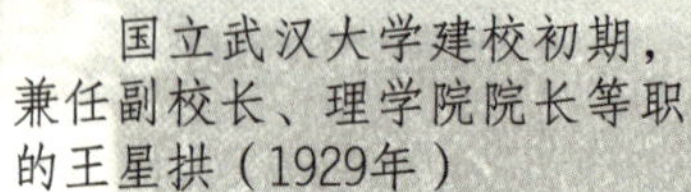

国立武汉大学建校初期，兼任副校长、理学院院长等职的王星拱（1929年）

20世纪30年代初，兼任国立武汉大学教务长、理学院院长、化学系主任等职的王星拱

国立武汉大学1928年成立时的校门（武昌东厂口校舍）

1928年国立武汉大学东厂口校舍全景

20世纪30年代初，王星拱与次子王焕晰在武昌昙华林居所附近徐源泉公馆前的合影（照片来源：王焕晰先生提供）

國立武漢大學
安徽同學會會刊
王星拱題

王星拱任武汉大学教务长时为1931年出版的《国立武汉大学安徽同学会会刊》题写的封面

1931年在武昌街道口落成的国立武汉大学珞珈山新校舍校门牌坊

20世纪30年代中期在武昌街道口重建的国立武汉大学校门牌坊

1931年底完工的国立武汉大学珞珈山新校舍一期工程部分校舍

1932年初落成于珞珈山东南麓的国立武汉大学第一教职员住宅区，图中最右侧的一栋楼（301号）为王星拱1932—1933年任教务长时的住处，最上排左起第三栋（326号）为王星拱1933—1938年任代理校长、校长时的住处。

20世纪30年代初王星拱与王世杰（右）在珞珈山上的合影

1931年底落成的国立武汉大学文学院大楼，1932-1938年，学校校长室亦附设其中，王星拱校长曾在此办公

1933年，第二次出任国立武汉大学代理校长时的王星拱

1934年，正式担任国立武汉大学第二任校长的王星拱

建设中的国立武汉大学珞珈山新校舍二期工程（1935年）

20世纪30年代中期王星拱全家在武昌的合影，左起先后为长子王焕彻、夫人叶玉芝、次子王焕晰、王星拱本人、长女王焕理、次女王焕葆

王星拱

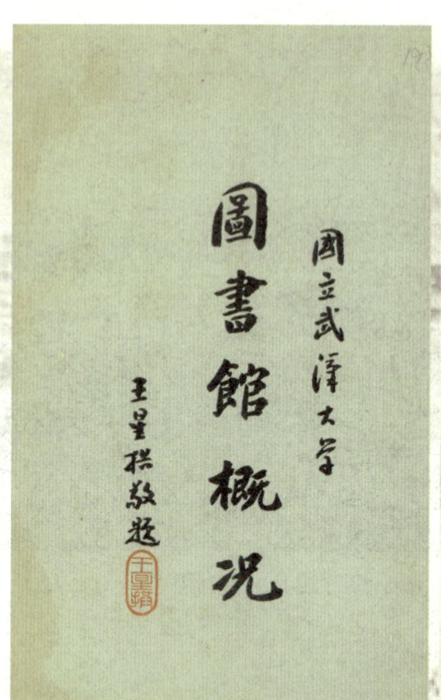

王星拱校长为1935年出版的《国立武汉大学图书馆概况》题写的封面

“民二三级”级训

級訓

求是

王星拱題

“民二四级”级训

級訓

國家與個人均須有自立的能力

王星拱

“民二五级”级训

級訓

創進物質奮發精神

王星拱

王星拱校长为国立武汉大学1934—1936年毕业生题写的“级训”

国立武汉大学战时校址——四川乐山风光（之一）
（照片来源：《乐山广播电视报》，高路川供图）

国立武汉大学战时校址——四川乐山风光（之二）

国立武汉大学西迁乐山后的校门

乐山时期的国立武汉大学校长室（文庙崇圣祠，左）与大礼堂（上）

抗战时期王星拱、叶玉芝夫妇在乐山居所前的合影

国立武汉大学校长室用笺

1941年，王星拱手书其《青鸟行》一诗赠朱光潜教授
（图片来源：朱光潜之子、安徽大学中文系教授朱陈提供）

1943年5月底，王星拱校长（中）与教务长朱光潜（右）、理学院代理院长叶峤（左）在乐山文庙一同接待来校访问的世界著名生物化学家、科技史专家、英国剑桥大学李约瑟博士（Dr. Joseph Needham）（照片来源：英国剑桥大学李约瑟研究所提供）

王星拱

書晉張華勵志詩中之二章以應
念谷女士之屬
王星拱

1941年，王星拱校长书晋代张华《励志诗》中之二章赠武汉大学哲学教育系毕业生郑若川（号念谷，后来成为著名数学家、武汉大学数学系教授李国平的夫人），其文字内容为——“仁道不遐，德輶如羽，求焉斯至，众鲜克举。大猷玄漠，将抽厥绪。先民有作，贻我高矩”，“水积成川，载澜载清。土积成山，歊蒸郁冥。山不让尘，水不辞盈，勉尔含弘，以隆德声”。

（图片来源：李国平与郑若川之子、武汉大学历史学院教授李工真提供）

國立武漢大學工學院電機工程學系

成立十週年紀念特刊

王星拱

王星拱

王星拱校长为1945年出版的《国立武汉大学工学院电机工程学系成立十周年纪念特刊》题写的封面

大 公 報　（中華民國三十五年九月二十日）　（第三張）

一個大學校長

S·Y

曾在国立武汉大学外文系任教的著名作家刘盛亚于1946年9月20日发表在上海《大公报》上的《一个大学校长》一文（实指一年前被免职的国立武汉大学校长王星拱）

担任国立中山大学校长时的王星拱

（照片来源：左图出自黄义祥编著：《中山大学史稿（1924 1949）》，中山大学出版社1999年版，右图为王焕昕先生提供）

王星拱担任国立中山大学校长期间在广州梅村家中的留影
（照片来源：王焕晰先生提供）

久要不忘

王星拱

“久要不忘”——王星拱校长给国立中山大学1947年毕业生的题词
（图片来源：《国立中山大学第二十一届毕业同学录》，1947年）

痛心疾首奮起抵抗 一腔熱血培育人才

恭錄王星拱校長在樂山時期警句。猶憶一二九運動時湖北警方有意加害撫五先生，特約吾等七左翼份子委婉勸言。先生室内高懸蔡元培肖像，撫今追昔，撰此一聯以為紀念。

兼容并包蔡公遺範 科學民主五四精神

武漢大學樂山紀念堂

受業 李銳

武汉大学校友李锐1993年在四川乐山追忆王星拱校长的题词
（图片来源：乐山师范学院“武汉大学乐山纪念堂”）

位于武汉大学校园内狮子山顶老图书馆西侧的王星拱塑像

安徽怀宁王星拱墓地修缮效果图
（图片来源：武汉大学校友总会办公室）

总序

中国新式高等教育已有百年以上的历史，这些大学虽然有许多不同的类型、层次、水平，但凡能赓续流传至今者，大多经过漫长的艰苦而又曲折的奋斗历程，并且留下极为丰富的经验和教训。认真总结这些经验和教训，对于当前高等教育的健康发展必将有所裨益。历史同样呼唤人们面向未来，它只为现实提供借鉴与智慧，决非单纯诱使人们沉溺于怀旧之情怀。

在百余年中国新式高等教育发展过程中，有一大批筚路蓝缕、披荆斩棘的先驱者，他们呕心沥血，殚精竭虑，为中国现代大学的奠基与成长做出无可磨灭的贡献。我们应该永远铭记这些先驱者的功绩。特别是其中那些办学有成的著名校长，他们和他们所辛苦经营的著名大学，乃是中国高等教育史上一块块丰碑。他们教育思想的丰富精粹，办学理念的卓越高远，以及实践业绩的泽惠后世，至今仍然受到中外学者的肯定与尊重。可以说，无论是其成功或是错误（甚至失败）之处，都给后世留下一笔极其宝贵的遗产。我们编辑出版《中国著名大学校长书系》，认真总结其经验教训，并给以阐析评论，不仅仅是为了继承这笔遗产，为了纪念逝者，更重要的是为今日高等教育的深刻变革提供参考。

现今的高等教育的整体，无论是从数量、规模、师资、设备、水平哪一方面来说，当然都远远超过了历史上的那些大学。然而，这些老大学毕竟为当代高等教育的发展奠定了最初的基础，它们的校园、师资、学生、图书、设备，不仅是历史的遗迹，而且至今仍然为许多大学的发展做着贡献。历史本身就是一种资产，而某些重要的无形资产的价值甚至远远大于其相关连的有形资产。所以，这些年来，不少精明的高校管理者都极为重视保存本校的历史，除档案文献以外，还努力维护古老的建筑、景观乃至图书、设备，用意在于彰显其悠久而又丰厚的历史底蕴。这些工作当然非常重要，而且迟至现在只能说是亡羊补牢。

其实，更重要的还是应该认真总结这些既往办学者的经验教训，继承与发扬其优良传统，避免其已经走过的弯路，克服其弊端遗留的消极影响。只有这样，历史才能成为财富而不是包袱，而人们也只有在尊重历史的前提下才能实现对于历史的超越。也只有这样，我们才不会重复前人已经走过的路，真正以前人已经达到的高度为起点去攀登新的高峰。我反反复复讲这些老生常谈，决不是无的放矢，更不是因循守旧。在较长的一段历史时期，我们由于不尊重历史而蒙受的损失与走过的弯路已经太多太多，而且这种错误往往是周而复始地出现。真理不怕重复，至少是对于那些不知历史为何物而盲目自信的所谓权威人士，更应该经常忠言直谏（请原谅我又用了一句陈腐话语）。我们这一代高等教育工作者，亲身经历此类弯路太多，因而才有如此深沉的感慨，也才有如此深切的醒悟。

教育史是人类史的重要组成部分，其所以重要，就在于它是着重研究人类如何改造与优化自己，包括相关理论、观念、方式、方法及其实践等方面。现时人们总是片面强调教育必须适应社会的需要，殊不知教育还必须正确引导社会的走向。教育史不仅记载教育如何随着社会的进化而不断发展变化，同时也记载教育如何促进社会进化，特别是具有前瞻性的教育如何纠正时弊乃至推动社会变革。教育并非总是被动地亦步亦趋地随着社会变化而变化，教育的发展具有前后自相延续的相对独立性，而其中恰好蕴含着绵延千年衔接古今的内在规律。如果背离教育的基本规律，任何貌似新奇的变革终将遭到失败，甚至遗留长远的负面影响。这类惨痛的教训，我们经历得还少吗？

20世纪80年代，我曾参与高校管理工作，深知校长责任的重大，不仅其办学理念、谋划决策关系着学校的发展走向，而且其一言一行所体现的品格、作风，也悄然无声地对众多师生员工产生某些影响。甚至在卸职多年以后，偶然在外地遇见相识的或已忘记姓名的校友，经常可以听到“某年某月某会曾听过你的报告，你说过的某几句话给我印象特深”之类亲切怀旧话语。我给学生做报告一般不带讲稿，往往采用对话交流方式，学生虽然听得兴趣盎然，自己却惟恐口无遮拦而可能给他们以某些误导，所以，每逢听见过去的学生复述我的若干“佳句”时，内心深处往往涌生惶悚之感。也正因为如此，才使我对于历史上这些著名大学校长理解渐深而敬佩日增。他们当年的办学条件比我们差，困难比我们大，可以利用的资源比我们少，却能与众多教职员工同心协力、苦心经营，把学校办得各有特色，培养出一批又一批优秀人才，并且在国内外赢得与日俱增的声望。可以说，他们的生命与学校已经融为一体，而学校的声名正是他们与众多教职员工一起用心血浇铸而成。所以，在人们的心目中，一所名校往往与一位或几位校长的名字紧紧联结在一起，如北京大学与蔡元培，清华大学与梅贻琦，南开大学与张伯苓，浙江大学与竺可桢，金陵大学与陈裕光，金陵女子文理学院与吴贻芳，等等。我想，《中国著名大学校长书系》的出版，当可使读者重温这些著名教育家的音容笑貌，并从他们的生平业绩中吸取许多有益的养分。

他们之所以能把自己的大学办成海内外公认的名校，首先在于他们具有明确的办学理念，并且把人格塑造放在首要地位。在他们看来，知识传授与能力训练只是手段，新型的全面发展的人才的培养才是主要目标。因此，在要求学生努力读书的同时，更强调学会做人，而人格教育遂与通识教育合为一体。同时，他们都具有世界眼光，不仅注意教

育与国际接轨，加强对外学术交流，而且关注世界教育改革潮流，瞄准发达国家顶尖名校，以一流标准严格要求自己。此外，他们还善于节约运用有限的资源，决不好大喜功，贪大求全，而是在一定时期集中力量办好若干重点专业和重点学科，以求形成自己的特色，并在某些领域形成优势。当然，他们都是长期工作在教育第一线的科学家，深切理解并极为尊重教育的内在规律，譬如重视基础，循序渐进，学用结合等，因此，才能以较少的资源获致较大的效益，使学校发展蒸蒸日上。

这些校长本身就是全校师生员工的学习榜样，他们的人格魅力、深厚学养、儒雅风貌，如春天的细雨一样润物于无声。言教不如身教，乃是多数著名校长的准则。他们反对哗众取宠，恪守职业伦理，注重行为规范，这些都对学校优良传统的形成产生深远的影响。当代大学校长在国际视野、知识更新与管理能力等方面可能有超越前辈之处，但是，在尊重教育内在规律，恪守伦理行为规范和艰苦奋斗、勤俭办学等方面，恐怕仍然需要向先驱者学习。对于当前社会风气的某些不良影响，并非所有高校主管人员都能高度自觉且富有成效地抵制，大学校园已经不再是一方净土。尽管现在我们大家已把大学的定位从精英教育改为大众教育，但大学（特别是著名大学）就整体而言仍然是培养人才的最高学府。因此，大学校园风气的败坏，乃是最可怕的败坏，因为这必将影响一代新人的健康成长，甚至正如海外某些报纸所直言：意味着社会良心的迷失。我们并非过高期望大学的作用，而是希望大学应该自觉地承受更为重大的

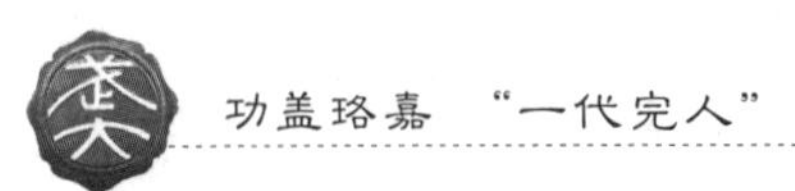

社会建设的责任，不仅是物质文明，而且还有精神文明。如果本书系能增强读者在这方面的醒悟，那将是我们最大的欣慰。

回顾前人已经走过的道路，我对现今大学校长任期制的具体运作还有一点儿看法，即千万不可也不必机械执行。因为对一所大学的内部情况与外部环境，需要花费很长的时间才真正有所认识，而制订学校发展的目标与规划，以及相应的制度、条例等，则需要更长的时间才能检验其利弊得失。在短短四五年时间内，是很难实现一个校长的宏大抱负与施政方针的。实践表明，校长与领导班子的频繁更换或更换幅度较大，对于一所大学的发展并不一定有利，有时反而产生负面作用。校长与教职员有一个相互认识过程，其所花费的精力与时间，远远超过对于校园、建筑、图书、设备的熟悉。平心而论，仅仅了解一所万人以上的大学的全面情况，没有三五年也很难形成校长自己的真知灼见。萧规曹随容易被等同于因循守旧，但其中确有合理的成分，即应该尊重前任的经验教训；对于那些行之有效的大政方针，不必也不应轻率加以变更。譬如蔡元培有关兼容并包、择才而用乃至提倡美育等等精彩教育理念，从蒋梦麟到胡适等后任校长都能承续推行并加以发扬光大，这样才能在数十年内形成北大优秀的传统校风——北大精神。如果每逢来一位新校长，下车伊始便哇啦哇啦宣称什么学校发展的新纪元，另提一套未经深思熟虑的新目标、新蓝图、新口号，势必造成师生员工思想混乱，很难形成新的共识与默契。高校颇感痛苦的是缺少相对持续稳定且行之有效的办学准

绳，不断地推倒重来，又不断地整顿纠偏，乃至形成周而复始的恶性循环。我期望有更多的人温故而知新，从本书系中汲取若干有益的办学规律。

当然，强调大学校长决非提倡人治，更不是提倡家长制独裁。对于大学来说，民主作风与学术自由具有同等重要意义。每一个办学卓有成效的著名校长，大多具有较高的民主观念，至少是逐步推行教授治校，努力发挥教职员工的积极性。与个人资质相较而言，应该承认制度更为重要。任何优秀的校长总有自己的任期(或长或短)限制，但健全的行之有效的规章制度往往可以延续数十年。我在海外一些名校工作，深感规章制度相对稳定的重要，而严格遵守规章制度更为重要。我每到一所学校，开学伊始接受 Orientation，时间不过两个小时，主要是介绍学校重要规章制度，不像我们对新教职员的岗前培训要花费 3 天乃至 1 周，而且要花费很多时间“务虚”接受思想教育。我常爱说一句话：“铁打的营盘流水的兵。”校园譬如军营，师生如同士兵，老师(包括校长)、职工和学生一批一批来了，又一批一批走了，如同连绵不绝的流水，但名校如同铁打的营盘，历经世变沧桑而长盛不衰，靠的就是一套人人必须遵守的合理制度。光靠校长自身的聪明才智，是治理不好大学的。我愿读者认真体味斯言。

我热爱高等教育，尊重前人的劳绩，更关心现今乃至未来高等教育的发展。意大利著名历史学家克罗齐说过：“一切历史都是当代史。”中国高等教育从一百多年前走来，它与现今高等教育有着割不断的联系。近代以来大学校长们

用美好理想和教育实践酝积形成的适合中国国情的治校经验，以及他们承先启后、发扬光大、舍我其谁的心志，必定对跨入新世纪的人们认识高等教育的历史意义与现实价值提供有益的思考与借鉴。基于这种认识，我们刻意选取了具有代表性的大学校长作为研究对象，编撰出版《中国著名大学校长书系》。

学术研究需要凝结朝气蓬勃的学术力量，发挥团队的智慧。为了保证本书系的学术水平，我们从全国多所大学广泛敦聘专家、学者，群策群力，共襄斯举。我们很高兴，本书系的撰著者，都是多年来活跃在中国教育史、中国近现代史及高等教育管理研究领域术业有专攻的学者。旧友新朋，为了共同目的，坚持历史唯物主义原则，讲究严谨求实的学风，不囿成说，勇于创新，各展学术个性，取得了可喜的收获。两年来，孜孜兀兀，笔耕不辍，对大学校长的教育思想及办学特色作出了新的认识，新的考辨，新的评判，新的结论，这是很可宝贵的，也是本书系可以欣然贡献于学术界和读者朋友的。

本书系得以顺利完成，实赖于各位撰著者的精诚合作，谨表衷心的感谢；本书系终能如期付梓出版，还有赖山东教育出版社的鼎力支持，谨表诚挚的谢忱。此外，我们对本书系所有被征引的资料和图片的著作者一并表示深切的谢意。

章开沅
2003 年 2 月

序二

早在世纪交替之际，为了促进中国高等教育的改革，推动高教事业走上快速而正确的发展轨道，我们结合自己其时正在从事的学术研究，作出了这样的思考：在中国教育早期现代化进程中，高等教育现代化是其中最为重要的一环。从19世纪末京师大学堂开办到共和国人民政府对全国高校实行接管的半个世纪内，中国新型高教事业之所以能够在灾难深重的社会环境中取得相当的进步，在很大程度上得力于一类具特殊身份的新型学人，这就是近代中国高知阶层中的精英——大学校长们。他们对中国新式高等教育的产生、创办、变革和发展，以自己平生的精力、智慧和才干，作出了不可磨灭的历史贡献。在进入新的世纪后，面临着“转型”和“入世”两大时代主题，我国高等教育如何发展，知识人才如何培养，在借鉴国际上他国经验的同时，早被历史证实适合自身国情的近代中国大学校长们办理高等教育的经验，更应该受到人们的重视和总结。缘此，我们组织编撰出“中国著名大学校长书系”，并在山东教育出版社的支持、鼓励和帮助下出版了第一辑。

之所以选择那些在办理和管理高教事业方面较有成就和较为成功的大学校长们作为研究课题，乃是出于下述几点考虑：其一，近代中国的大学校长们是近代中国新型知识分子群的翘楚，加强对他们的研究和了解，无疑为人们认识近代知识分子群体在中外文化冲突交融过程中如何“转型”或“异变”，拓展出一条探究堂奥的路径，同时也使人们从一个侧面认识到近代中国的教育如何适应时局变化与世界教育接轨而完成自身的转型。其二，近代中国的大学校长们有些人又是带有某种政治身份的专家学者（他们不同于一般意义上的“学人”），加强对他们的研究和了解，必定能使人们更加深刻认识到近代一些爱国的高知人物如何在时代主题的感召下，借发展民族高教事业来救国救民的敬业精神和爱国精神，亦借此了解到近代中国高校书斋与政治舞台之间错综复杂的联系或关系。其三，近代中国的大学校长们更是中国高等学府的管理者或主持人，他们用平生业绩积累的历史经验，尤其在强调加快高校教育改革步伐、推进高教事业国际化和提高新世纪高知人才素质的今天，其鉴益当今和指导现实的意义就更加明显。他们适合中国国情的高校管理方式方法，对于今天的高校管理者们如何在新的世纪内实现民主治校、科学管理等，自然弥足珍贵和颇有助益。

根据上述思想认识和研究思路，在新世纪到来的第一个冬月间，我们于武汉东湖之畔举行了一场小型的“书系”编撰研讨会。大家经过讨论，进一步得出了如下共识：全体撰研者在充分地占有史料的基础上，必须重点思考和解析这样几个问题。一是探讨那些在近代中国管理高校取得了成功经验的大学校长们究竟在“想些什么”。他们对大学教育如何定位，如何使高等教育在时代变迁中发挥自身的主导作用和良性功能，充当社会进步的中心和良心。二是探讨大学的办理应该具有什么样的独立性和连续性，为了求得高等教育的正常发展，他们怎样使大学管理实现民主化、科学化和制度化。在适应时代发展积极开拓进取的同时，又能使积极有效的管理措施和方法成为制度得到很好的坚持和贯彻。三是探讨大学校长这一特殊角色，如何在作好一位学者或科学家的同时，当好一个管理者，他们如何在办大学的过程中实现自己的人生抱负，是如何管理校园而不是在享受校园，更不是在利用校园作为个人升官的平台和谋利的资本。同时我们还认识到，对大学校长这一特殊群体展开研究，不仅要以全新的面目、全新的角度来展现被研究者的“大学校长”的风貌，而且要真正能让读者从字里行间“读”出这些大学校长为了民族的独立强盛而致力于中国高教事业发展进步的奉献精神。所以在研究过程中必须注意，既不是一般的人物传记，也不是一般的大学校史，而必须做到与被研究者进行“心灵沟通”，通过科学公允地阐析他的高校管理经验和理念，抽绎出对今后高校改革和发展具有指导意义和借鉴价值的东西。

思路认识的一致，撰研目标的同一，使“书系”第一辑在出版后得到了学界的好评，尤其得到了广大读者的支持和鼓励。有鉴于此，我们坚持第一辑的撰研原则，即在研究的过程中力求史料翔实、去芜存菁、史论结合、客观公允，开始了本书系第二辑的编写和出版。其中对于研究对象的选择，我们仍然认真地考虑到这组人物所在学校的代表性：暨南大学是中国唯一一所为华侨学子开办的高等学府；北京师范大学则是一所完整意义上培养师资人材的高教机构。对四川大学等大学的校长进行研究，无疑为高教事业发展较为滞后的西部地区提供历史借鉴；而研究武汉大学校长则是对中部地区名校进行认真的历史总结。身为私立的厦门大学等高校，其创业艰辛筚路蓝缕，为今日民营高校导乎先路；罗家伦率中央大学千里西迁做到“鸡犬不留”，何炳松领暨南大学万般苦斗由是死里逃生，民族大难中濒临绝境的高教事业如何发展向世人树以楷模。胡适主政北京大学，既循蔡元培等人办学原则之“萧规”，但其办学理念与方法又非照葫芦画瓢地“曹随”；华岗长校山东大学，既是对旧式高等教育的改造，更是展现中国高教事业如何新生，当然后者留下的更多是引发后人们对共和国以来高等教育及其管理的反思……总之，这些学校有其诸多值得后世总结和借鉴之经验及法式，这些校长有其诸多值得今人学习和敬

仰的精神与品行！

当然，自近代新式教育产生以来，他们只是千千万万个中国知识分子中的一员，只是数以百计的高校管理者中的“这个”。如果历史不赋予他们特殊的使命——让他们站在“大学校长”这个位置上行事做人，他们虽贤而非圣，也只是一个与你我同样的凡人，因此，他们为人为学为事亦有他的过失和不足。但是，比较今日某些高校管理者将素有“清水衙门”之称的高等学府变成升官发财之阶、争名谋利之所，将本该适应时代需求的科学与民主的“管理”一词质变成欺瞒广大师生的“管你”而言，他们献身高教事业进步，他们从事高等学府管理，绝对拒绝将高校变成社会风气败坏、道德沦丧、官场腐败的温床和渊薮！他们以民族脊梁的精神，展显出一种高尚的社会良心！历史早已说明“人不能两次跨入同一条河流”（赫拉克利特语），对于这些远去的“斯人”，我们进行研究，既非仅仅为了发思古之幽情，也非要求不同时代不同环境下的后来者对他们亦步亦趋，而是为了唤起中国历史上曾经有过的“精神”、曾经有过的“良心”！

收笔时顺带说明的是，本辑书名亦即长校者们的排序，按设于内地省区和沿海省区的高校分置，其中除有“北雍”、“南雍”之称的北京大学与中央大学名列班首外，其他人物按其出任各大学的校长职位先后来排列，由此人们也可大致了解到近代中国高等教育发展变迁的整个历程。

余子侠
己丑年重阳

目　录

引言

公元 1949 年 10 月 8 日，也就是中华人民共和国成立后的第八天，一位贫病交加的老人在上海永川医院与世长辞，终年 62 岁。这位老人，就是中国同盟会的老会员、中国科学社的发起人之一、曾经担任国立武汉大学(1928—1950年)校长一职长达 12 年(1933—1945 年)之久的著名教育家、化学家、哲学家和爱国民主人士——王星拱(1888—1949)。当他病逝的消息传出后，在上海工作的 70 多名武汉大学校友，不约而同地聚集在国立武汉大学上海校友会，一起追悼先师。上任不久的上海市市长陈毅(1901—1972)闻讯，还特地送来挽联一副，上有

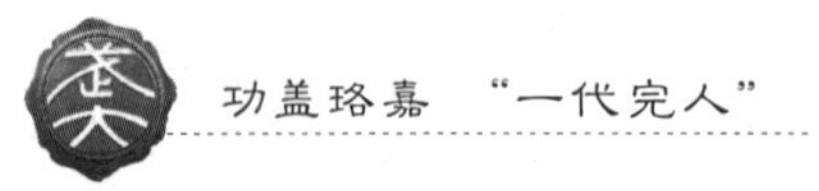

其亲笔书写的四个大字——“一代完人”。

在中国现代教育史上的众多国立大学校长中，曾在去世之后被誉为“完人”的，仅有北京大学校长蔡元培（1868—1940）和武汉大学校长王星拱二人。① 而在中华人民共和国开国元帅陈毅的一生中，被他公开称誉为“一代完人”的社会著名人士，也只有教育家王星拱与京剧大师梅兰芳（1894—1961）二人。俗语云：“金无足赤，人无完人。”又云：“人无完人，孰能无过。”任何人都会有弱点和缺陷，绝无例外；纯粹的、绝对的“完人”，在世上是不可能存在的。人生在世，通过不懈努力，在为人处世、“立功、立德、立言”及“修身、齐家、治国、平天下”等方面均不断取得建树，似可无限接近“完人”的标准，却又永不可能最终达到。那么，为什么还是有一些先贤，能够在其身后博得“完人”的美誉？就王星拱这位中国同盟会老会员而言，他又为什么会被中国共产党的重要领导人陈毅誉为“一代完人”？王星拱之为“完人”，他的“完”究竟体现在哪些方面？而与之相比，他又有哪些不“完”的地方？作为一名教育家，尤其是作为国立武汉大学的校长，王星拱为人的“完”与“不完”，又究竟对其主

① 1940年3月5日，蔡元培在香港去世后，蒋梦麟（1886—1964）曾为其作一挽联：大德垂后世，中国一完人。吴敬恒（1865—1953）亦挽之曰：平生无缺德，今世失完人。除蔡元培与王星拱两位国立大学校长外，曾获“完人”之誉的中国现代著名教育家，还有南开学校的创办者严修（1860—1929）与私立厦门大学、集美学校的创办者陈嘉庚（1874—1961）等。1929年3月15日，严修在天津去世后，《大公报》于次日发表《悼严范孙先生》的社评，称其“不愧为旧世纪一代完人”。1961年8月12日，陈嘉庚在北京去世，9月10日，新加坡中华总商会在追悼会上挽之曰：前半生兴学，后半生纾难；是一代正气，亦一代完人。

要教育事业——国立武汉大学的创办与发展产生了怎样的影响？他对这所国立大学的贡献和功绩具体何在？带着这些疑问，让我们一道走近六七十年前的国立武汉大学校长——王星拱。

第一章 民主斗士 科学先驱(1888—1928)

任何一位杰出的教育家，在其逐渐成长为教育家之前，自身必先受过一定的教育，并在日后亲自从事学术与教育活动的过程中，逐渐获得丰富的教育实践经验，在教育领域不断取得建树，并最终形成自己的教育理念与思想，王星拱自然也不例外。

由于出生在一个传统的私塾家庭，王星拱从小便熟读四书五经等传统典籍，并曾考取秀才，其中国传统文化功底非常深厚；加以身处清末民初这一风云激荡的变革年代，又获得了接触和学习西方现代科学与文化知识的大好机会。从安徽高等学堂毕业后，他远涉重洋，在英

国伦敦大学皇家科学院苦读八年,获硕士学位,逐渐成长为一名优秀的化学家和哲学家。回国以后,又应北京大学校长蔡元培之邀,在北大任教十载,不仅在学术上精进不已,其间还积极辅佐蔡元培革新校政,为北大的改革与发展立下了汗马功劳。他在清王朝覆灭前夕就已加入中国同盟会,后来又积极投身于五四爱国民主运动,不愧为一名坚定的"民主斗士";他在海外参与发起成立中国科学社,在国内较早从事科学普及工作,第一个向学术界介绍马赫主义和科学方法论,并在科学与玄学的论战中旗帜鲜明地倡导"科学万能",堪称一代"科学先驱";他与安徽教育界关系密切,曾与胡适(1891—1962)、陶行知(1891—1946)等人一道呼吁创办安徽大学,并多次参与该校的筹办工作,对家乡的教育事业贡献良多;他曾在孙中山(1866—1925)先生的领导下,担任过国立广东大学的筹备员;还曾在南京第四中山大学区担任高等教育部部长,主管过江苏一省的高等教育事业……

总之,在王星拱从1928年开始参与国立武汉大学的创办工作之前,整整四十年的丰富人生经历,尤其是他本人在接受了良好的教育之后,自己也开始尝试办教育的那些宝贵经历,为其日后从开始参与到逐渐主掌国立武汉大学的校务工作,并最终成为武汉大学历史上最杰出的校长之一,奠定了坚实的基础。

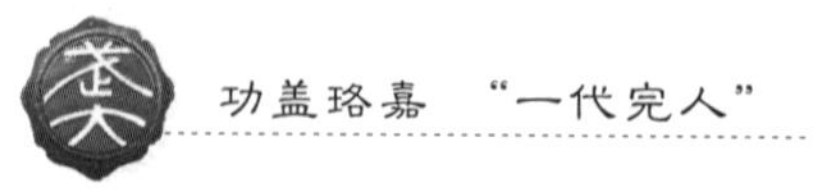

一、学贯中西　多才多艺

（一）深植传统　初肄西学

王星拱，谱名芳辰，又名芳淑，字盛时，号抚五，祖籍山西太原，清光绪十四年六月初九日（公元 1888 年 7 月 17 日）午时出生于安徽省安庆府怀宁县高河埠王家大屋（今马庙镇凌桥村）的一个贫寒农家，同胞兄妹共四人，王星拱排行第三，上有两位兄长，下有一个妹妹。父亲王厚祺是个穷秀才，终生在乡间教私塾。王星拱三岁丧母，又因家境贫苦，遂寄养和就读于外祖父刘家私塾，从小就养成了倔强、进取的性格。他天资聪颖，勤奋好学，深受外祖父一家人的钟爱。

王星拱幼时，他的父亲曾带着他与一位友人相会，对方见其才思敏捷，口齿伶俐，考其对联时不假思索即可一口对出下联，不禁心生爱意，当即便将自己的长女许配给他。这就是王星拱后来的夫人、比他年长一岁的叶玉芝（1887—1948）。王星拱的岳父是安庆叶家村的一位士绅，家境比较富裕，叶玉芝在当地农村堪称大家闺秀，对理家和女红都十分谙熟，但因当时社会风气尚未开化，女孩子不让上学，故识字不多，与王星拱的教育、文化程度差距很大。

由于家庭因素与成长环境的影响，加上自身聪明好学，熟读四书五经、诸子百家，故王星拱的古文修养极好，传统文化造诣精深。曾任国立武汉大学文学院院长、哲学教育

系主任的高翰(1904—1996)教授,晚年曾有此评价:“王星拱先生的学问极好……对中国文学、诗词、书法均极优异……他治学态度,十分谨严。常识尤其丰富。”①王星拱生平诗作颇多,曾著有四本诗集,惜经多次战乱而荡然无存,流传至今的散篇则多为佳作。他还特别喜欢与朋友互相唱和诗词,据他后来在北大的学生、著名教育家罗家伦(1897—1969)之女罗久芳(1934—　)回忆,其父与王星拱当年“同在南京、珞珈山和重庆时,谈诗、吟咏很可能是他们新的共同兴趣,特别因为王先生是国学修养深厚的长者,父亲经常把新的作品寄给他斧正”②。除了诗词创作外,王星拱的书法艺术也极为精湛,他“行书秀逸,篆体遒劲”③,终其一生,向其求字者总是络绎不绝。到了当代,还有某位书法家对他在1928年10月20日写给著名物理学家李书华(1889—1979)的一件手札进行了如此评价:“观此札,作者有较深书法功底。用笔厚重朴实,气足神完。虽难以书家法帖来论,但笔笔有形亦有度,字里行间可感觉到作者信手拈来,沉着挥运,其风貌,暗合颜鲁公,神凝气足。能达此境界,亦非朝夕之功。”④

---

①　殷正慈:《高公翰先生谈文学院》,董鼐总编辑:《学府纪闻·国立武汉大学》,台湾南京出版有限公司1981年版,第37页。

②　罗久芳编著:《五四飞鸿——罗家伦珍藏师友书简集》,百花文艺出版社2010年版,第99页。

③　殷正慈:《我所知道的王抚五先生》,《学府纪闻·国立武汉大学》,第62页。

④　顾亚龙编著:《近现代名人手札赏评》,山东美术出版社2006年版,第38页。

少年时代,王星拱和他的两个哥哥都考取过秀才。在晚清政府先后推行洋务运动与“新政”的时代浪潮中,西学在社会上日渐流行,正是在这样的时代背景与社会条件下,王星拱又非常幸运地获得了一个接受现代新式高等教育的机会。光绪二十八年(1902 年),王星拱由怀宁中学堂考入安徽大学堂学习。该校的前身是安徽巡抚邓华熙(1826—1916)于 1897 年奏请清政府创办的求是学堂(1898 年 5 月在安庆正式开学上课),为安徽省最早的新式学堂。1901 年 10 月,清政府下诏改全国书院为学堂,省城大书院改为大学堂。据此“上谕”,安庆敬敷书院和求是学堂同时停办,并将两处校产归并,成立安徽大学堂。① 1902 年,安徽大学堂正式开办,其生源主要来自三方面:一是仿求是学堂招生办法,“饬各属州县选生申送,县各二名,合共百人为住堂正额”(即正式录取生);二是“以原在求是学堂肄业者充之,作为师范生”;三是令原敬敷书院学生“以及举人孝廉生童等人均改入该堂附课”,并为此设附课生(即旁听生)120 名。②就在这一年,王星拱由怀宁县选派,并经过严格的入学考试,被安徽大学堂录取。

1905 年初,安徽大学堂改称安徽高等学堂。1906 年 4

---

① 有的学者认为,“求是学堂于 1901 年改为求是大学堂,在当时成为国内兴办最早的一所省立高等学校”,是中国“省立大学的起点”。参见莫增荣:《安徽第一所近代学堂——求是学堂的诞生》,张召奎、周怀宇、金宏慧主编:《安徽重要历史事件丛书·教坛古今》,安徽人民出版社 1999 年版,第 72 页。

② 以上参见吴毅安:《清末安徽新式高等教育的发展与特点》,《安庆师院社会科学学报》第 16 卷第 4 期(1997 年 11 月)。

月，著名思想家、教育家严复(1853—1921)应聘出任学堂监督(相当于校长)。针对该校当时管理混乱、人浮于事、学风散漫的局面，严复对其进行了大刀阔斧的整顿和改革。特别是在课程设置方面，他将西学确立为教学内容的主体，并且尤为重视外语、自然科学和实业教育。除广泛开设数学、舆地、天文、地文、地质、动物学、植物学、法律学、兵制、动静力学、理财学、心理学、生理学、中外国文、中外历史等课程外，还要求西学课程"必用西文教授"，"上英文课一句中国话也不准说，谁说中国话就马上被罚"。① 在严复的极力引导和影响下，"安徽青年学生羡慕西方文明成了风气，大家认为要想学西方科学，必须先学西方文字，因而把学习英文看作压倒一切的功课，别的功课考试不及格不要紧，千万不要使英文不及格。于是安徽高等学堂内从讲堂、自修室、寝室、饭堂一直到操场上，处处都听到朗诵英文之声"②。这样的背景和氛围，促使王星拱的英文水平与科学素养均有较大提高。严复素来惜才爱才，尤其对聪明好学的学生更是关爱有加，对王星拱自然也不例外。自安徽高等学堂毕业多年，王星拱对此仍津津乐道。据著名英国文学研究专家戴镏龄(1913—2004)回忆，抗战时期，他在迁居四川乐山的国立武汉大学外文系任教，时任校长王星拱非常重视英

① 以上参见周家华、吴春梅：《严复与安徽高等学堂》，《安庆师范学院学报(社会科学版)》第26卷第5期(2004年9月)。

② 高一涵：《辛亥革命前后安徽青年学生思想转变的概况》，中国人民政治协商会议全国委员会文史资料研究委员会编：《辛亥革命回忆录》第4集，中华书局1962年版，第436页。

语，还常对人说：“先师几道[①]先生很夸奖我的英语。”[②]

由于种种原因，严复于1907年6月被迫辞职，离开了安徽高等学堂。据王星拱的同学高一涵（1885—1968）回忆：“严复辞职后，由一位老翰林洪思亮来继任监督，校内风气因此大变，只听到朗诵中文之声，不再听到朗诵英文之声了。这时，热心学习西方科学的学生，如果得到政府派遣，或自己经济能力许可者，都先后到英、法、德、意、日本等国留学。如王星拱、刘贻燕[③]、邵逸周[④]、程振钧、程振基、俞希禹等，都先后出国求学。”[⑤]正是在这一年，王星拱从安徽高等学堂顺利毕业，并因学业优异，学部奖给贡生。

（二）负笈英伦　学成归国

1908年初，王星拱与丁绪贤（1885—1978）、张贻侗（1890—1950）、杨吕南、洪逵、姚芰、邵家骏[⑥]、鲍朴等人同榜考取了安徽省首批留学英国官费生。在出国留学前夕，王星拱依照父辈之间的约定，与叶玉芝完婚，之后，他便与丁绪贤、张贻侗、杨吕南、洪逵等人一同启程，于当年5月抵

① 严复，字几道。

② 参见戴镏龄：《英语教学旧人旧事杂记》，李良佑、刘犁编：《外语教育往事谈——教授们的回忆》，上海外语教育出版社1988年版，第157页。

③ 刘贻燕（1884—1966），字式庵，后以字行。

④ 邵逸周（1891—1976），安徽休宁人，1930—1942年任国立武汉大学工学院院长，并曾兼任土木工程系、机械工程系、矿冶工程系主任以及建筑设备等委员会委员、委员长等职。

⑤ 高一涵：《辛亥革命前后安徽青年学生思想转变的概况》。

⑥ 即邵逸周。

达英国,入伦敦大学“国立理科专校”①(The Imperial College of Science and Technology in London)化学专业学习。②

进入伦敦大学后,王星拱先从预科读起,一直读到获得硕士学位为止,前后历时八年之久。在此期间,他一方面刻苦钻研化学,另一方面对哲学(特别是当时风行西欧的马赫主义哲学)也产生了浓厚的兴趣,曾专门研读过英国的马赫主义者卡尔·毕尔生③(Karl Pearson, 1857—1936)的著作。不仅如此,在紧张的学习生活之余,王星拱还深受伦敦大学乃至整个英伦三岛自由、民主的学术氛围和政治空气之熏陶,自然而然地萌生出推翻专制、建立共和,以求彻底改造中国社会的民主革命思想。1910年,经吴敬恒、石瑛④二人介绍,王星拱正式加入了孙中山领导的中国同盟会欧洲支部。⑤

辛亥革命武昌首义爆发后,由清政府提供的公费留学

① 亦有“皇家科学院”、“帝国理工学院”等译名。

② 参见《宣统二年(一九一〇)留学英国之官费生》,刘真主编、王焕琛编著:《留学教育——中国留学教育史料》,台湾“国立编译馆”1980年版,第612～619页。

③ 今译为“皮尔逊”。

④ 石瑛(1878—1943),字蘅青,湖北阳新人(今属通山县),1924年12月至1925年12月先后任国立武昌师范大学、国立武昌大学(均为武汉大学前身)校长,1928年8月至1930年12月任国立武汉大学建筑设备委员会委员,1929年12月至1930年12月任国立武汉大学工学院院长。

⑤ 王星拱的“党证字号”为“特字八十六”,参见《教育部、国立武汉大学1942年有关训导工作的文件》,武汉大学档案馆藏国立武汉大学档案,全宗号6,年代号1942,分类号L7,案卷号5(以下统一简称为“国立武汉大学档案”,并略去全宗号和分类号,仅依次注明年代号和案卷号,如“1942—5”)。

经费近乎断绝，而“在各省所欠留英学费中，安徽积欠最多”①。于是，王星拱只得与几位留英同乡一道回国，在安庆老家小住两个月，重新申请民国政府的公费留学，随后再赴英伦，继续攻读。1912 年前后，抱着“科学救国”的宏愿与信念，王星拱与丁绪贤、石瑛等人在伦敦发起成立“中国科学社”，这是中国最早的留学生科学团体。后因留美学生任鸿隽（1886—1961）、赵元任（1892—1981）等人于 1914 年在美国也成立了一个同名组织，且人数较多，故该社便与之合并，并将社址迁至上海，成为中国近代影响最大、几乎囊括了当时国内各个领域科学家的科学团体。作为中国科学社创办和发展的一位重要先驱，王星拱对于中国科学事业的发展和进步，自然功不可没。

王星拱在英国留学后期，第一次世界大战爆发，英国各大学的教学科研活动也不可避免地受到了严重的影响。但在恶劣的战争环境和艰苦的生活条件下，王星拱仍然迎难而上，继续坚持学业的正常进行。多年后，当他身为国立武汉大学代理校长时，曾在对武大学生的演讲中特别提及这段经历：“在欧洲大战的时候……兄弟自己也在伦敦，我记得我同两个同学合做一个实验，这里实验是要一个星期才做得完的，并且夜里还要看守记录；适逢德国的徐柏林飞船来抛炸弹，我们还是不间断地做下去，免得停止重做，又要花费了一个星期的工夫。足见在战争时代求学，并不是希

① 刘晓琴：《中国近代留英教育史》，南开大学出版社 2005 年版，第 207 页。

罕的事情。”①正是在那个战火纷飞的年代里，王星拱最终完成了自己的学业，于1916年获伦敦大学硕士学位。由于正常的求学环境受到了战争的严重影响，加之离乡多年，牵挂家人，同时也想早日报效祖国，于是王星拱便没有继续攻读博士学位，而是在当年秋天回国。他先是回到家乡与家人团聚，1917年初，又接受了新任北京大学校长蔡元培的聘请，前往北大任教。

在出国留学期间，王星拱与夫人叶玉芝可谓天各一方，一别数载。除了在辛亥革命爆发后王星拱曾回到安庆与之小聚两个月外，叶玉芝基本上是在自己的娘家住了八年，在对夫君的漫长等待和苦苦守候中度过了自己最宝贵的青春年华。他们之间虽然是旧式的包办婚姻，但王星拱并未像当时的很多留学生，特别是那些与他一道回国后同在北大任教的同学和同事们那样，往往打着“自由恋爱”、“婚姻解放”的旗号，抛弃家乡的原配夫人，另觅新欢，而是选择了与结发之妻白头终老。在当时离婚风潮极为盛行的新派学者中，唯独王星拱与他的安徽老乡胡适二人独善其身，真正做到了“糟糠之妻不下堂”，成为极少数的“例外”，而他们与发妻之间的那份忠贞不渝的爱情与婚姻，也博得了世人的普遍尊敬而传为美谈。

学成归国后，王星拱便将夫人叶玉芝从安徽农村接到

① 《本大学第十四次总理纪念周纪录》(十八年四月一日)，《国立武汉大学周刊》第16期(1929年4月8日)。

北京一同生活，最初居住在地安门内二道桥北京大学职教员寄宿舍，后来又先后搬迁至府右街12号和后门椅子胡同9号。尽管他们二人的文化程度差距极大，但夫妻间的感情丝毫不受影响，始终都是无比的深厚。在北京，他们的四个子女——长女王焕理（1921—1976）、次女王焕葆（1923— ）、长子王焕彻（1925—1978）、次子王焕晰（1927— ）先后出生。由于幼时未上学，缺乏文化，叶玉芝深感读书的重要性，因此对子女的教育十分重视。于是她主动承担了一切家务，这样既能让子女们安心读书，又使得丈夫在工作上无后顾之忧，得以整天在外为事业忙碌奔波，而她也从未对丈夫的品质有过任何猜疑。他们俩"男主外，女主内"，各司其职，各得其所，彼此信任，互相支持，共同营造和维持了一个幸福的家庭。因此，仅就婚姻与家庭方面而言，无论是以旧道德或者新道德作为标准来衡量，王星拱都不愧为"正人君子"的典范和楷模。

二、执教北大 风雨十载

1916年12月26日，中华民国大总统黎元洪任命蔡元培为北京大学校长。1917年1月4日，蔡元培到校就职，从此便开始对北大进行大刀阔斧的改革。为此，蔡元培从全国各地广罗人才，以充实北京大学的师资队伍。刚从英国留学归来的王星拱，即被蔡元培"相中"而受聘到北大任教。从此直到1927年，王星拱在北大执教长达十年之久，正好

与蔡元培的校长任期大体一致，并与其实际共事五年有余。① 在这段时间里，他积极辅佐蔡元培校长革新校政，“极为蔡所器重”②，同时也深受蔡元培先生“思想自由”、“兼容并包”办学理念的影响，这为他自己日后也成长为一名杰出的教育家和大学校长，积累了丰富的理论基础与实践经验。

(一) 进德修业　“沟通文理”

来到北京大学任教之初，王星拱同时兼任了文本科讲师、理本科讲师暨预科讲师之职。作为理本科讲师，他曾为理科数学门③、物理学门一年级学生讲授“化学实验”，为化学门一年级学生讲授“定性分析”，为化学门二年级学生讲授“高等无机”，为化学门三年级学生讲授“化学史”等课程；作为文本科讲师，他为哲学门一年级与三年级学生开设了“化学发达史”、“地质学方法论”等课程；同时，由于他英文极好，甚至还被安排担任部分预科及本科学生的英文课教员。约在1918年年中，王星拱由讲师晋升为教授。当时，他既是化学系教授，主要讲授“无机化学”等课程，又是哲学系教授，曾为哲学系、中国文学系学生讲授“科学概论”、“科学方法论”、“哲学与科学”等课程。对于王星拱的学术水

① 蔡元培曾于1920年11月至1921年9月赴欧美各国考察，其校长职务由蒋梦麟暂为代理；后又于1923年1月辞职离校，其北京大学校长之名义则直到1927年才取消，而在此期间，北大代理校长之职仍一直由蒋梦麟担任。

② 四川省政府教育厅主编:《学术讲演集》第2辑(民国三十年六月)，第1页。

③ 1919年北大废除各科，原隶属于科的学门改为学系。

平，蔡元培校长极为认可，他曾在1937年撰文回忆道：“北大的整顿，自文科起……理科自李仲揆①、丁巽甫、王抚五、颜任光、李书华诸君来任教授后，内容始以渐充实。”②

到北大任教后，王星拱结识了两位安徽怀宁的老乡——文科学长陈独秀(1879—1942)与文预科讲师程演生(1888—1955)，由于志趣相投，三人很快成为莫逆之交。虽然王星拱在北大最初只是一名普通的讲师，不论是学术地位还是行政职位都不是很高，但在教学科研之余，他仍然积极地参与校政，为北大的改革和发展贡献自己的才智。1918年1月，王星拱曾会同其他十几位教职员向校评议会提交了“组织大学俱乐部”、“划分大学区域”、“制定教员学生制服”等三项提案，③后均获通过并施行。

1918年1月，蔡元培校长有感于整饬校风之必要，同时也为了提高师生的道德修养，制止腐败风气，特发起组织“进德会”，并将其会员等第分为三种：“甲种会员”——“不嫖、不赌、不娶妾”；“乙种会员”——“于前三戒外，加不作官吏、不作议员二戒”；“丙种会员”——“于前五戒外，又加不吸烟、不饮酒、不食肉三戒”。通过遵守这些戒律，蔡元培希望进德会的会员们都能达到“绳己”、“谢人”、“止谤”的“入会之效用”。④ 进德会成立后，报名者踊跃，除北大教职员

① 李四光(1889—1971)，字仲揆。

② 蔡元培：《我在教育界的经验》(1937年12月)，高平叔编：《蔡元培全集》第7卷，中华书局1989年版，第199页。

③ 参见《北京大学日刊》第47、48号(1918年1月16、17日)。

④ 参见《北京大学之进德会》，《北京大学日刊》第50号(1918年1月19日)。

与学生积极参加外，甚至还有校外人士报名入会，学校校风亦为之一变。王星拱当时也参加了进德会，为该会“甲种会员”。①

1918 年 2 月，以蔡元培校长为首的一批北大教职员，因感于当时“学术消沉”，“教者以沿袭塞责而不求新知，学者以资格为的而不重心得”，教育界的“奄奄无气”，已成为整个国家“世风日敝”、“民风日偷”的一个重要原因，故“特仿外国平民大学之例”，发起组织“学术讲演会”，“请国立高等学校各教员以其专门研究之学术分期讲演，冀以唤起国人研究学术之兴趣而力求进步”。② 按照学术讲演会的安排，王星拱与陈大齐(1886—1983)、陶履恭(1887—1960)二人一道，于 2 月 24 日上午分别在北京大学、教育部和北京高等师范学校同时发表演说，成为“学术讲演会”的开山之作；③王星拱的讲题为《燃料》，随后，学术讲演会又安排他于 3 月 3 日上午在北京大学法科将这一讲题重新演说一遍。④ 当时，王星拱的演讲词曾以《燃料概说》为题，在《北京大学日刊》上连载，并被列入北京大学出版部的“学术讲

① 参见《进德会报告》，《北京大学日刊》第 78 号(1918 年 2 月 27 日)。

② 参见《学术讲演会启事一》，《北京大学日刊》第 72 号(1918 年 2 月 20 日)。

③ 北大学术讲演会最初安排的三位演讲者分别为章士钊(1881—1973)、陶履恭和王星拱(参见《学术讲演会启事二》，《北京大学日刊》第 72 号(1918 年 2 月 20 日))。后不知何故，将章士钊换成了陈大齐(参见《学术讲演会启事二》，《北京大学日刊》第 74 号(1918 年 2 月 22 日))。

④ 参见《学术讲演会启事》、《集会一览表》，《北京大学日刊》第 77 号(1918 年 2 月 26 日)。

演录”丛书，于当年正式出版刊行。

在担任北大校长之初，蔡元培便一再强调文理不能分科，而应“沟通文理，合为一科”。1918年10月，在蔡元培校长的主持下，北京大学确定了拟在北京专门以上学校校长会议上提出讨论的一些问题，其中明确指出，大学本科应“融通文理两科之界限，习文科各门者，不可不兼习理科中之某种(如习史学者兼习地质学，习哲学者兼习生物学之类)，习理科者，不可不兼习文科之某种(如哲学史、文明史之类)”①。面对蔡元培校长的极力呼吁，兼化学系教授与哲学系教授于一身的王星拱，对此事自当义不容辞，积极响应。据北大哲学系校友、著名出版家李小峰(1897—1971)后来回忆，“当时北大为改变文科和理科同学的相互轻视为互相尊重，理预科添开‘文学概论’课，文预科添开‘科学方法论’课”②，而后者即为王星拱所开设。后来，王星拱又将这门课程讲稿的上卷，编辑整理成《科学方法论》一书，于1920年5月由北京大学出版部刊行。该书比较全面系统地介绍了以培根和穆勒为代表的近代西方归纳逻辑，成为我国第一部科学方法论专著，王星拱也由此成为第一位在中国系统介绍科学方法论的学者。在该书的序言中，王星拱指出：

---

① 《本校拟在专门以上各学校校长会议提出讨论之问题》，《北京大学日刊》第240号(1918年10月30日)。

② 李小峰：《新潮社的始末》，中国人民政治协商会议全国委员会文史资料研究委员会编：《文史资料选辑》第61辑，中华书局1979年版(内部发行)，第100页。该文原载于上海《文史资料选辑》1978年第1辑。

这一部书，是我从北京大学讲义稿子编辑起来的。自从蔡孑民先生到北京大学之后，大学里的各部分，都极力地要革除“文理分驰”的弊病：因为“文”“理”不能沟通，那文学哲学方面的学生，流于空谈玄想，没有实验的精神，就成些变形的举子了。那科学工程方面的学生，只知道片段的事实，没有综合的权能，就成些被动的机械了。这两种人材，都不能适应将来世界之环境。试问我国教育之目的，能说不是要造就适应世界环境的人材吗？如果能够达到这个目的，自然要从各科的教学同时下手；但是我希望这一部小书，在这个大功业之中，也能尽他分内的力量。①

1935 年 4 月，一位名叫王特夫的哲学家，在上海《现代》杂志上发表了题为《王星拱论》的文章，该文对于王星拱的科学与哲学思想虽多有指摘，进行了尖锐的批评，但也不得不承认王星拱的《科学方法论》在中国科学普及进程中的重要贡献和地位：

王星拱乘着中国那时要求科学之普遍识突发的机会，对于科学的概念和初步的研究方法，用通俗的文字介绍入中国，使科学思想第一次在中国

① 王星拱编：《科学方法论》，“序言”，北京大学出版部 1920 年版。这篇序言还介绍说：“这部书分为上下两卷：卷上是科学方法论，卷下是科学发达史和科学中之综合的理论。”后来，这部书的“卷下”以《科学概论》为名，作为“国立武汉大学丛书”的一种，由商务印书馆于 1930 年 9 月出版。

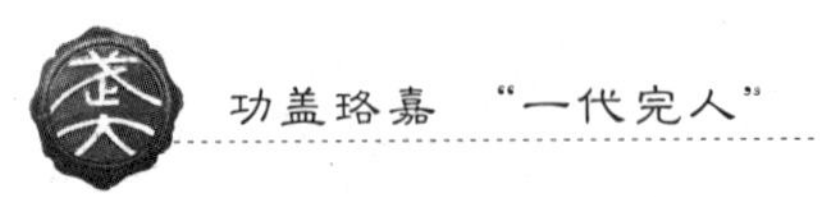

> 普遍化和大众化，其影响于中国学术思想的伟绩，仍是不能抹煞的。无怪于他的《科学方法论》在“五四”当时，成为很流行很重要的著作，既受着青年们热烈的迎欢，而王星拱也以此成为学术界的权威者之一。①

（二）投身“五四” 论战“科玄”

1. 积极参与新文化运动，广泛传播科学知识

自从1917年1月陈独秀出任北京大学文科学长，并将其一手创办的《新青年》杂志编辑部也迁到北京之后，北京大学便逐渐成为新文化运动的中心。此时此刻，作为一位“科学湛深”的“教育界先进”②，王星拱自然也当仁不让地开始积极投身于新文化运动之中。

据不完全统计，从1918年起，到1927年止，王星拱先后在《新青年》、《新潮》、《东方杂志》、《哲学》、《时事新报·学灯》、《晨报副镌》、《太平洋》、《现代评论》、《北京大学社会科学季刊》等多家报刊上发表了《未有生物以前的地球》、《去兵》、《未有人类以前的生物》、《科学的起源和效果》③、《科

① 王特夫：《王星拱论》，《现代》第6卷第3期（反“读经”“存文”特辑）（1935年4月），第75页。

② 四川省政府教育厅主编：《学术讲演集》第2辑（民国三十年六月），第1页。

③ 该文原载于《新青年》第7卷第1号（1919年12月1日），其前半部分曾以《科学的起源》为题，被收入由夏丏尊、叶圣陶、宋云彬、陈望道等人合编的《开明国文讲义》第1册（开明书店1934年印行），参见该书第229～235页。

学的真实是客观的不是?》、《什么是科学方法?》、《奋斗主义之一个解释》、《罗素的逻辑和宇宙观之概说》、《物和我》、《生物进化与球面沿革之概说》、《环境改造之哲学观》、《环境改造论之根据》、《科学与人生观》、《哲学方法与科学方法》、《今日中国的社会根本问题》、《提出国民会议议案之商榷》、《生命素 Vitamins 之略说》、《谈经济绝交》、《农业与工业》等 20 多篇宣传现代科学知识、批判传统迷信与旧宗教意识或讨论社会政治问题的文章,并因此而"蜚声海内"①。

值得一提的是,早在英国著名哲学家罗素(Bertrand Russell, 1872—1970)于 1920 年向中国知识界介绍马赫主义哲学之前,王星拱便已多次在数篇介绍西方现代科学的文章中提到了英国的马赫主义者皮尔逊和法国的马赫主义者庞加莱(Jules Henri Poincaré, 1854—1912)的著述及思想,并由此成为中国第一个在国内传播马赫主义的学者。此外,王星拱还译有罗素的《哲学中之科学方法》(*Scientific Method in Philosophy*)一书,于 1921 年 11 月由商务印书馆出版。

1922 年 3 月 11 日,北京大学一批学生宣布成立"非宗教大同盟",并发表宣言、通电,以抵制世界基督教学生同盟第十一次大会在北京清华学校召开。月底,王星拱与蔡元培、陈独秀、吴虞(1874—1939)等北大教职员也加入了这一同盟。当时,李大钊(1889—1927)起草了《非宗教者宣言》,

① 四川省政府教育厅主编:《学术讲演集》第 2 辑(民国三十年六月),第 1 页。

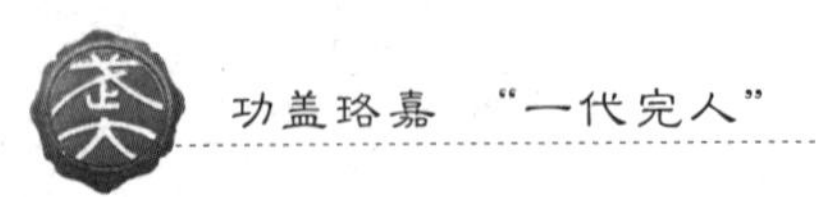

于世界基督教学生同盟第十一次大会召开的当天(4月4日)发表在《晨报》上,王星拱也在宣言上署了名。① 5月,非宗教大同盟出版了《非宗教论》丛刊,其中就收录了王星拱的一篇批评基督教的文章。②

对于王星拱在“五四”前后的新文化运动中所发挥的作用,王特夫评论道:“欧战中突然发展的中国轻工业,刺激着要求发达近代产业的民族意识更加急进,遂在反对帝国主义的名义下,爆发出了‘五四’运动。在民族的意识上说来,‘五四’运动是以扫除那足以障碍这种发展的、封建的、顽固鄙陋的旧思想习惯,和接收那能作为近代生产动力之各种知识为任务的。胡适陈独秀等尽着前者的作用,而王星拱至少也尽了后者的次要作用,所以他们都能在当时成为思想界的权威者”,仅仅只是因为后者“在那时尚只是较为局部的问题,所以王星拱在当时的作用上,相形之下就比较次要了。”③

2. 声援五四爱国运动,积极营救与保护陈独秀

1919年5月,五四运动爆发,随后,北京大学校长蔡元培于5月8日宣布辞职。次日晚8时,北大召开教职员会议,一致决议挽留蔡元培校长,并推举马叙伦(1885—1970)、马寅初(1882—1892)、李大钊、康宝忠(1884—

① 参见《反对宗教之文电又一束》,《晨报》1922年4月4日。

② 以上参见杨天宏:《基督教与近代中国》,四川人民出版社1994年版,第126~155页。

③ 参见王特夫:《王星拱论》。

1919)、徐宝璜(1894—1930)、王星拱、沈士远(1881—1955)等人为代表,赴教育部请愿。10日下午1时,王星拱等人齐赴教育部谒见时任教育总长傅增湘(1872—1950),请其设法挽留蔡校长。与此同时,北大的众多教职员也纷纷向社会各界表示,如果不能挽回蔡校长,将决定总辞职。① 经过北大师生的极力抗争,到了6月初,北洋军阀政府迫于舆论压力,不得不请蔡元培回长北大。9月,蔡元培校长回到北大复职。

6月9日,陈独秀起草了《北京市民宣言》,并交由胡适译成英文,然后与高一涵连夜印成大量中英文对照的传单。作为一份"平民征服政府"的斗争纲领,《北京市民宣言》向北洋政府提出了废除中日密约,免除徐树铮、曹汝霖、陆宗舆、章宗祥、段芝贵、王怀庆六人官职,市民须有绝对集会言论自由权等五项要求,并严正声明:"倘政府不愿和平,不完全听从市民之希望,我等学生、商人、劳工、军人等,惟有直接行动,以图根本之改造。"②宣言印好后,陈独秀便与高一涵一同到中央公园(今中山公园)茶馆等处去散发。《北京市民宣言》在市民群众中引起了极大的震动,同时也引起了当局的注意,北洋军阀政府视之为"扔炸弹",严令警署迅速捉拿印发传单的人。

6月11日下午,陈独秀又邀王星拱、高一涵、程演生、邓

① 参见《蔡校长辞职后所闻》,《晨报》1919年5月11日。

② 参见任建树:《陈独秀传(上)——从秀才到总书记》,上海人民出版社1989年版,第154～155页。

初(时任北京大学内务部佥事)等同乡好友共进晚餐,并于饭后兵分两路,由陈独秀、邓初和高一涵等人去新世界游艺场散发传单,王星拱和程演生则前往城南游艺园。① 当晚10时,陈独秀在散发传单时被拘捕入狱。陈独秀被捕后,王星拱立即参与了全国各界人士对陈独秀的营救行动。他与马裕藻(1878—1945)、马叙伦、马寅初、程演生、刘师培(1884—1919)等数十位教授联名致函京师警察厅,文中声称:“查陈独秀此次行动,果如报纸所载,诚不免有越轨之嫌。然原其用心,无非激于爱国之愚悃。夙仰钧厅维持地方,向主息事宁人,商学各界钦感同深。可否于陈独秀宽其既往,以示国家爱护士类,曲予裁成之至意。合词吁请,俯准将陈独秀交保省释。”②经过多方努力,在被关押了98天之后,陈独秀最终于9月16日下午4时获释。

出狱后,陈独秀被邀请参加各界欢迎会,发表演讲,还于1920年1月秘密离京南下,先后到上海、武汉等地发表演讲。这些行动令北京政府更加不安,于是派军警进行监视,企图候其回京后再次将其逮捕。2月7日,陈独秀“甫至京二小时,即被警察追踪而至”③,于是赶紧前往位于府右街12号的王星拱家中暂时躲藏起来。王星拱找来了李大

---

① 参见高一涵:《李大钊同志护送陈独秀出险》,《文史资料选辑》第61辑,中华书局1979年版,第62页。另据胡适晚年回忆,当晚他亦曾与陈独秀、高一涵二人一同散发传单。参见胡适:《胡适口述自传》,台湾传记文学出版社1981年版,第195页。

② 转引自万仕国:《刘师培年谱》,广陵书社2003年版,第274~275页。

③ 高一涵:《李大钊同志略传》,《中央副刊》第60号(1927年5月23日)。

钊，二人经过商议，决定将陈独秀乔装成商人，由李大钊护送其逃离北京。于是，陈独秀“与守常偕乘驴车由通州至乐平①。守常割去胡须，戴上瓜皮小帽，手挂旱烟袋，盘膝坐车上，独秀着王宅厨役油背心，望之俨然两商人也。沿途因守常操北音，故无人盘问而安然脱险矣”。“独秀脱离北大后，即往沪，从事中国共产党之组织，守常最先加入。”②

纵观王星拱在五四运动中的具体表现，尽管他并没有诸如在大庭广众面前发表慷慨激昂的演说之类的“轰轰烈烈”的壮举，但无论是通过散发传单的方式积极宣传爱国主张，还是设法营救、保释、藏匿陈独秀及协助其脱险等行动，都不愧为甘冒坐牢乃至杀头危险的英勇义举。仅从这些默默无闻、鲜为人知的事迹当中，人们也完全可以充分领略其“爱国民主斗士”的大无畏风范。③

20多年后，王星拱在重庆《世界学生》上发表了《“五四”的回忆》一文，对这场运动的历史背景、基本性质及其成功的主要原因进行了简要的回顾与分析：“若就其原动力而言，五四运动乃是浓炽的情感运动……并不是‘莫名其妙’的盲从，而是‘得吾心之所同然’的共同表现……总括起来说：此一运动，是先有发动而后有计划，不是先有计划而后

---

① 李大钊，字守常，“乐平”系对李大钊家乡河北乐亭之误写。

② 参见高一涵：《李大钊同志略传》，《中央副刊》第60号(1927年5月23日)。

③ 王星拱的上述事迹，早已被影视工作者搬上银幕，在1991年为纪念中国共产党成立70周年所拍摄的电影《开天辟地》及2001年为纪念中国共产党成立80周年所拍摄的电视剧《日出东方》的第二集和第五集中，均有王星拱协助李大钊掩护陈独秀脱险经过的生动描述。

有发动。依常理来说，是不会成功的；其所以获得成功者，因为是以吾人共同具有的浓炽的爱国情感为基础也。”①

3. 参与发起工读互助团

在五四运动期间，以著名社会活动家王光祈(1892—1936)为代表的一部分中国知识分子，由于受托尔斯泰的泛劳动主义、克鲁泡特金的无政府主义与互助论以及空想社会主义的新村主义等思想的影响，倡导成立“工读互助团”，作为“新社会的胎儿”，进而逐渐实现“各尽所能，各取所需”的社会理想。王星拱对此亦积极响应，1919 年 12 月，他与王光祈、蔡元培、陈独秀、周作人(1885—1967)、李大钊、顾孟余(1888—1972)、陶履恭、程演生、高一涵、张崧年(1893—1986)、李辛白(1875—1951)、孟寿椿(1894—?)、徐彦之(1897—1940)、陈溥贤、罗家伦等人一道，发起成立了北京工读互助团。他们在募款启事中明确指出，组织工读互助团的目的，即是为了“帮助北京的青年，实行半工半读主义，庶几可以达教育和职业合一的理想。倘然试办有效，可以推行全国。不但可以救济教育界和经济的危机，并且可以免得新思想的青年，和旧思想的家庭发生许多无谓的冲突”②。

北京工读互助团成立后，天津、武昌、上海、南京、广州、长沙、扬州等地也相继成立了类似的各种名称的工读互助

① 王星拱:《“五四”的回忆》,《世界学生》第 1 卷第 5 期(五四特辑),世界学生月刊社编印(1942 年 5 月 25 日),第 3 页。

② 《工读互助团募款启事》,《新潮》第 2 卷第 2 号(1919 年 12 月),又见《新青年》第 7 卷第 2 号(1920 年 1 月 1 日)。

团组织。然而，为时不长，这些组织就因遇到种种无法克服的困难而陆续解体。在短短一年多的时间里，全国各地的工读互助运动便先后无声无息地走向了消亡。而当年与王星拱一起发起成立工读互助团的陈独秀、李大钊等人，则又纷纷接受了马克思主义，成为中国早期的共产主义者，并与毛泽东（1893—1976）、恽代英（1895—1931）、施存统（1898—1970）等其他曾参与工读互助运动的青年知识分子一起，在全国各地建立了最早的共产主义小组。

4. **参与“科玄论战”，“加入拥护科学的战团”**

从1923年开始，中国思想界发生了一场影响深远的科学与玄学的大论战，又称人生观论战。丁文江（1887—1936）与张君劢（1887—1969）分别作为科学派与玄学派的主要代表人物，率先展开了激烈的辩论。对此，王星拱“早己[已]也想摇旗呐喊，加入拥护科学的战团；但是因授课过于忙碌，没有做到这一层”①。是年7月，王星拱在繁忙的教学科研之余，抽空撰写了《科学与人生观》一文，针对张君劢的“科学无论如何发达，而人生观问题之解决，决非科学所能为力，惟赖诸人类之自身而已”、“盖人生观，既无客观标准，故惟有返求之于己”等观点，王星拱在文中针锋相对地指出：

> 依科学去解释生命问题，应该叫做“人生之科学观”。和依科学去解释宇宙问题，应该叫做“宇宙之科学观”一样……依科学态度而整理思想，构造

① 王星拱：《科学与人生观》，《晨报副镌》1923年7月9日。

意见，以至于身体力行，可以叫做“科学的人生观”。

……科学是凭藉因果和齐一两个原理而构造起来的；人生问题无论为生命之观念，或生活之态度，都不能逃出这两个原理的金刚圈，所以科学可以解决人生问题。

……智慧之维持生活与改良生活，在经常的状况之下，总要比本能高千万倍。科学为智慧发达之最高点。①

1923 年 12 月，上海亚东图书馆将科学与玄学论战双方的 30 篇论文结集出版，并以王星拱《科学与人生观》一文的标题作为整部文集的书名。而王星拱在这场论战中所表现出来的学术素养和水准，也得到了不少学术界人士的高度肯定，如后来曾应王星拱之聘到国立武汉大学任教的著名教育家、哲学家范寿康②，虽然并不赞成丁文江、王星拱、唐钺(1891—1987)等人“以为人生观的解决全赖狭义的科学，狭义的科学能够解决人生观的全部”的观点，并认为王星拱对于人生观问题“还应当慎重研究才是”，但也充分肯定“诸氏里面对于人生观的见解虽颇繁多，然而最得要领的要算梁启超和王星拱二氏”。③

---

① 王星拱：《科学与人生观》，《晨报副镌》1923 年 7 月 9 日。

② 范寿康(1897—1983)，字允藏，浙江上虞人，著名教育家、哲学家，1933 年 8 月至 1938 年 4 月任国立武汉大学文学院哲学教育系教授，其间还曾兼任《国立武汉大学文哲季刊》主编、出版委员会委员、教授会主席等职。

③ 参见范寿康：《评所谓“科学与玄学之争”》，《科学与人生观》，上海亚东图书馆 1923 年版。

1930年9月,王星拱的《科学概论》一书出版后,丁文江为之作短序一则,其中指出:"《科学概论》是武汉大学校长王星拱先生的名著,用不着我来介绍的。假如我大胆的加以批评,我觉得他所说的科学范围还嫌狭隘一点。支配人生不外乎情感与知识。在知识界内科学方法万能。凡不是用科学方法研究的结论都不是知识。胡适之先生常说:'哲学是假科学。'我们可以说,'科学是真哲学。'这两句话很可以做本书的补充。"①面对丁文江等科学界同仁的批评与商榷意见,王星拱始终以一种宽大的胸怀来对待,他曾对人表示,他对科学与哲学的界论,未必全面,还可以深入研究,②足见其在学术问题上谦虚谨慎的学者风范。用他自己后来在武大教导学生的话来说,"虚怀若谷,才能学习到踏实有用之物;心高气傲,便无涵容万有之量"③。

(三)参与校政　举足轻重

1. 多次担任评议员等要职

在五四运动前后,经过蔡元培校长所主持的改革与改造,北京大学的内部组织体系最终确定划分为四个部分:评议会,司立法;行政会议,司行政;教务会议,司学术;总务

① 丁文江:《序》,王星拱:《科学概论》,商务印书馆1930年版。

② 金绍先:《记王抚五校长二三事》,武汉大学成都校友会主办:《王星拱校长纪念专刊》,1996年,第33页。

③ 殷正慈:《我所知道的王抚五先生》,《学府纪闻·国立武汉大学》,第61页。

处，司事务。其中，“教务会议仿欧洲大学制，总务处仿美国市政制，评议会、行政会议两者，为北大所首倡。评议会与教务会议之会员，由教授互选，取得模克拉西之义也；行政会议及各委员会之会员，为校长所推举，经评议会通过，半采得模克拉西主义，半采效能主义；总务长及总务委员为校长所委任，纯采效能主义。盖学术重得模克拉西，事务则重效能也”。对于这一整套全新的、堪称世界首创的大学管理体制，当时的《申报》记者曾高度称赞道：“欧洲大学组织，有得模克拉西之精神而乏效能，美洲大学反之，北大合欧美两洲大学之组织，使效能与得模克拉西并存，诚为世界大学中之最新组织，记者为北大贺，为我国学术前途贺。”①

北京大学的评议会会员，由全体教授互相选举产生，每五人中选出一人。在 20 世纪 20 年代初，北大的教授数量通常都在 80 人上下，故评议员一般为 15～17 人。当时，“凡校中章程、规律、预算，均须经评议会通过。”②评议会的议决事项主要包括：学系之设立废止及变更；校内各机关之设立废止及变更；各种规则；各行政委员会委员之委任；本校预算及决算；教育总长及校长咨询事件；赠予学位；关于高等教育事件将建议于教育部者；关于校内其他重要事件。③ 行政会议“以各常设委员会委员长组织之，校长为当

① 以上内容参见申江：《北京大学新组织》，《申报》1920 年 2 月 23 日。

② 《本校二十三周年纪念日特刊·现行组织》，《北京大学日刊》第 771 号（1920 年 12 月 17 日）。

③ 参见王学珍、郭建荣主编：《北京大学史料》第 2 卷（1912—1937），第 83 页。

然议长，教务长为当然会员，总务长为当然会员兼书记，协助校长，推行全校大政”，“各委员会由校长从教员中指派，征求评议会同意”。① 至于教务会议，则由各系主任合组，“操全校学术之大政”。②

从1919年开始，王星拱曾多次当选为评议员、部分委员会的委员长或委员以及化学系主任等职，其参与校政的范围涉及到学校的立法、行政与学术三大方面，在北大的整个校务工作中扮演了举足轻重的角色。

在行政方面，从1919年12月开始，王星拱曾先后当选和担任出版委员会委员、教职员会递补委员、预算委员会委员、财务主任、财务委员、考试委员、月刊编辑员、自然科学季刊编辑员、组织委员会委员长、聘任委员会委员、财务委员会委员长、仪器委员会委员长等多项要职，广泛和深入地参与了学校的各种校务行政工作。

在立法方面，1920年10月，王星拱首次当选为北京大学评议员。此后，除在1925—1926学年度向学校请假回乡担任安徽省立第一高级中学校长外，北大每年改选评议员，王星拱均以较高的票数获得连任。在担任评议员期间，王星拱多次出席评议会，参与讨论和议决了许多重大校务事项，为北大的改革和发展作出了自己应有的贡献。

在学术方面，1922年11月30日和12月7日，北京大

① 参见《国立北京大学内部组织试行章程》，《北京大学日刊》第505号(1919年12月6日)。

② 参见申江：《北京大学新组织》，《申报》1920年2月23日。

学化学系教授会两次进行改选，王星拱最终当选为主任，1923 年 3 月 26 日又当选为化学系主任，直至 1925 年 11 月卸任。[①] 在王星拱担任系主任期间，北京大学化学系的课程设置相当充实。仅以 1923—1924 学年度为例，该学年开设的课程就有普通化学、有机化学、物理化学、普通化学实验、定性分析、定量分析、有机化学实验、物理化学实验、高等分析化学、试金术、高等无机化学、高等有机化学、高等物理化学、应用化学、化学史、电化学、胶体化学、金相学、冶金化学、燃料及抗火物、燃烧化学、化学工程大意、法化学（理论及实验）、药化学（理论及实验）、生物化学、煤膏化学、有机工艺制造等 20 多门，其中，许多高年级课程，如胶体化学、电化学，在当时属于化学学科的前沿。[②]

此外，在 1923 年 3 月 30 日、1924 年 4 月 25 日和 1925 年 3 月 16 日连续三年的教务长改选中，王星拱的得票数均不及顾孟余而未能当选。[③]

---

① 参见《北京大学布告》,《北京大学日刊》第 1122 号（1922 年 12 月 1 日）；《北京大学布告》,《北京大学日刊》第 1129 号（1922 年 12 月 10 日）；《评议会布告》,《北京大学日刊》第 1198 号（1923 年 3 月 27 日）；《校长布告》,《北京大学日刊》第 1639 号（1925 年 3 月 6 日）；《校长布告》,《北京大学日刊》第 1802 号（1925 年 11 月 9 日）。

② 参见《化学系指导书》（十三至十四年度）,《北京大学日刊》第 1521 号（1924 年 9 月 18 日）及徐振亚、孙亦梁:《北京大学化学系的八十五年》,《中国科技史料》第 16 卷第 3 期（1995 年）,第 59 页。

③ 参见《评议会布告》,《北京大学日刊》第 1202 号（1923 年 3 月 31 日）；《校长布告》,《北京大学日刊》第 1455 号（1924 年 4 月 26 日）；《校长布告》,《北京大学日刊》第 1648 号（1925 年 3 月 17 日）。

2. **积极参与“索薪”运动**

1921年春，直系军阀控制下的北京政府因为财政困难，竟然断绝了北京几所国立高等学校的教育经费和教职员薪俸，使这几所高校无法维持正常运转，教职工的生活也难以为继。3月12日，北京大学教职员会召开临时大会，最后决议“自三月十四日起暂行停止职务，要求政府于直辖各铁路收入项下，拨付教职员积欠薪俸及国立六校常年经费”，并选出包括王星拱在内的11位教职员为委员，负责执行这一决议。① 随后，包括北大在内的八所高校组织了一个“北京国立专门以上各校教职员联席会议”，开展了长达4个多月的索薪与争取教育经费独立的斗争，并最终获得了胜利。

1922年4月底，王星拱、王绍瀛、李大钊、周象贤(1885—1960)4位教职员代表在学校日刊上发布启事，希望全体教职员开会改选出席北京八校教职员联席会议的代表。② 4月29日，蔡元培校长召集了教职员全体大会，以“报告校费交涉经过情形及公推代表出席八校教职员联席会议事”③。

当日，在蔡元培校长做完报告后，“各教职员次第发言”，其中，以王星拱的发言“为最详切”。他明确表示反对罢课(“总辞职等于罢课”)，但同时又强调指出，“反对罢课

① 参见《教育经费独立之大运动》，《晨报》1921年3月13日。

② 《王绍瀛等启事》，《北京大学日刊》第1013号(1922年4月28日)。

③ 《蔡元培启事》，《北京大学日刊》第1014号(1922年4月29日)。

的理由，并不是道德上的”，而是“效果上的”，因为“政府既不拿钱来办学校”，那么广大教职员罢课，自然都不必负“道德上的责任”。然而，如果从“罢课所发生的效果”上来考虑，则是“好的少而坏的多”。他所说的“好的效果”，是指“政府发给经费”，这是通过罢课的方式未必能争取到的，即使可以，也许还会有其他的替代办法，但是，罢课所产生的“坏效果”——主要是严重影响广大学生的学业，“是不能用别的方法来补救的”。因此，他极力“主张维持学校生活”。①

至于“维持学校生活的办法”，王星拱认为“很简单”，“就是照常上课”，“只要北京城里还有秩序，我们总总是上课”。至于广大教职员因政府拖欠薪金而出现的生活困苦状况，王星拱也毫不讳言地指出，“我们教育界中人，大概都是无产阶级里的人。这是无可掩饰的，而且是无须掩饰的，因为无钱本是书生本色”。至于在如此艰难的条件下该如何“维持个人生活”，他又指出，“学校里已经创设互助会，这自然是很好的。然而我们还得要有外来的源泉。我以为我们对于政府，仍然不能放任。我认为现在政府并没有到绝对没有能力的地步”。因此，他最后提出的方法是：“我们一方面上课，一方面可以多举代表……辅助校长逐日向教育部国务院去严重交涉。他不发不能禁止我不索。如此进行，或者总可闹一点经费下来。若是一句话不说，不但我们

① 以上参见《王星拱教授在本校教职员大会的演词》，《北京大学日刊》第1020号(1922年5月6日)。

个人的生活不能支持，而且让政府里的人真要骂我们教育界中人为易受欺哄的书呆子了。”①

王星拱的发言得到了大多数教职员的赞同，大家“旋推定临时代表，由代表团议决进行”。②经过北京各大高校广大教职员几个月的继续努力，直至当年9月，北京政府方才拨发了两个月的教育经费，使各校得以勉强开学上课。

从1922年到1924年，在出席北京各高校教职员联席会议的北大教职员临时代表团的数次换届改选中，王星拱均以高票当选，屡获连任，并代表北大多次参与了北京高校继续对北洋军阀政府追讨历年积欠经费的长期斗争。③

3. **多次参与挽留校长蔡元培**

从1917年到1927年，在名义上长达10年的任期中，北京大学校长蔡元培，曾因各种原因，先后七次向教育部提出辞职。由于蔡元培先生乃德高望重之学界泰斗，素为北大师生员工所敬仰与爱戴，因此，他的每一次辞职都必定会受到大多数北大师生的极力挽留，这对王星拱来说，自然也不例外。如前文所述，在1919年5月的“五四”运动中，在蔡元培校长辞职后，王星拱曾作为北大教职员的代表之一，赴教育部请愿挽留蔡校长，而在此之后，他还曾在1922年10月的“讲义风潮”与1923年1月的“驱彭挽蔡”运动中参

---

①② 参见《王星拱教授在本校教职员大会的演词》，《北京大学日刊》第1020号(1922年5月6日)。

③ 参见《本校教职员临时代表团启事》，《北京大学日刊》第1389号(1924年1月18日)；《本校临时代表改选纪事》，《北京大学日刊》第1526号(1924年9月24日)。

与过挽留蔡元培校长的行动。

1922年秋，为了减轻学校经费负担，北京大学评议会决定自该年度起，向在校学生征收讲义费，作为逐步废除讲义制度的一项过渡性的“预备”措施，并将所得经费移作扩充图书馆之用。此举遭到了广大学生的强烈反对，并酿成了一场大规模的“讲义风潮”。10月18日，数十名北大学生包围了校长室，对相关职员肆意谩骂，甚至还发出入室殴打的恫吓。蔡元培校长因痛心于学校纪律遭到破坏，当日便愤而向教育部提出辞职。随后，蒋梦麟、沈士远、李大钊、李辛白、冯祖荀（1880—1940）等身居要职的教职员也纷纷提出辞职，全体职员亦立即召开临时大会，并宣言自10月19日暂时停止职务，不再办公。①

在这样的局面下，包括王星拱在内的7名评议员挺身而出，于10月19日召开临时评议会，首先通过了18日总务、教务联席会议的三条议决案，主要包括按照校章开除唆使闹事的学生冯省三、继续授课并要求全体学生在24小时内向各自的系主任声明有否参与暴动（不声明者即认为参与），接着又议决：(1) 布告教务会议十月十八日议决案三条；(2) 通知全体教员照常上课，并布告学生；(3) 请托注册部职员于未复职以前先行维持上课事宜；(4) 以上所议决各项，即由本会负责执行；(5) 将以上议决各项公函通告教

① 参见《北京大学全体职员暂时停止职务宣言》、《蒋梦麟启事》、《沈士远启事》、《李守常启事》、《李辛白启事》、《冯祖荀启事》、《校长办公室启事》、《蔡校长辞职呈文》、《本校全体职员临时大会纪事》,《北京大学日刊》第1089号(1922年10月19日)。

育部，并要求教育部挽留校长。① 10 月 23 日，由王星拱等 6 名评议员召开的临时评议会检查了 8 位学生代表送来的 20 本签名簿，最后议决，由于"签名者已居最大多数，可无疑义，应即推举代表，持本会公函往见校长，请校长即日复职"②。一日后，蔡元培校长回校视事，全校职员亦开会议决一致复职，照常办公。25 日下午，蔡元培校长召集全校师生召开大会，"以示肯亲之意"。③ 至此，"讲义风潮"方才宣告平息。

1922 年 11 月，北洋军阀政府任命"早已见恶于国人"的"无耻政客"④彭允彝(1878—1943)为教育总长。当时，正值直系军阀和部分官僚政客制造冤案，逮捕了时任财政总长、北大法科兼课讲师罗文干(1888—1941)，后因证据不足，又将其无罪释放。1923 年初，彭允彝在内阁会议上非法提议再次逮捕罗文干，导致其再度入狱。这种卑劣的行径引起了社会各界人士的极大愤慨。1 月 17 日，北京大学校长蔡元培发表严正声明："元培为保持人格起见，不能与主张干涉司法独立蹂躏人权之教育当局，再生关系，业已呈请总统辞去国立北京大学校长之职。自本日起，不再到校办事。"⑤1 月 18 日，经王星拱、李大钊、朱希祖(1879—

①② 参见王学珍、郭建荣主编：《北京大学史料》第二卷(1912—1937)，第 790～791 页，第 794 页。

③ 参见平心：《北大学潮平定后之师生大会》，《申报》1922 年 10 月 28、29 日。

④ 参见《学潮将愈不可收拾》，《晨报》1923 年 1 月 25 日。

⑤ 《蔡元培启事》，《北京大学日刊》第 1160 号(1923 年 1 月 20 日)。

1944)、马裕藻、谭熙鸿等五位评议员提议，北京大学评议会召开特别会议，并投票推举出王星拱、陈星恢、马裕藻三人代表评议会处理一切临时事务。对于蔡元培校长辞职一事，评议会议决：“本会同人全体，对于校长之行动，深有同感，本应随同辞职。但因欲顾全学生之学业，本日开会议决，暂行以本会名义，会同总务长及教务长，维持本校一切事务，至教育当局问题及校长去留问题有明白的解决之日为止。”①

与此同时，包括王星拱在内的20名北大教职员，还以“北京大学教职员全体代表”的名义，联名上书大总统黎元洪，恳请其“立即罢免彭允彝教育总长之职，并切实慰留蔡校长，以安教育而弭学潮”。② 1月21日，北大教职员召开全体大会，“一致议决组织一临时代表会，办理挽留校长及其他一切相关事宜”，王星拱即为该会的20多位成员之一。③ 1月22日，由该会选出的蒋梦麟、顾孟余、王星拱、陈星恢、杨栋林等5名代表，前往总统府向黎元洪大总统请愿，要求“速批蔡校长辞呈”、“罢免彭允彝”、“批示教职员挽蔡驱彭呈文”。④

---

① 参见王学珍、郭建荣主编：《北京大学史料》第二卷(1912—1937)，第174页。

② 参见《本校教职员全体呈总统文》，《北京大学日刊》第1160号(1923年1月20日)。

③ 参见《本校教职员临时委员会委员启事》，《北京大学日刊》第1165号(1923年1月26日)。

④ 参见《昨晚北大教职员临时代表联席会议之情形》，《北大学生新闻》1923年1月22日。

由上可见，王星拱在北大师生与北京学界所掀起的这场大规模的“驱彭挽蔡”运动中，扮演过非常重要的角色。但由于军阀政府态度强硬，对蔡、彭二人均予“慰留”，致使蔡元培下定决心，远走欧陆，从此再也没有回过北大。蔡元培出国期间，名义上仍然是北京大学校长，其实际职务则一直由蒋梦麟代理。

4. 反对《国立大学校条例》

1924 年 2 月 23 日，北洋政府教育部在事先并未向教育界公开征求意见的前提下，突然颁布了一项新的《国立大学校条例》。与以往的大学条例相比，新条例最显著的一个变化，便是要求“国立大学校得设董事会，审议学校进行计划及预算、决算暨其他重要事项”，董事会由“例任董事”(校长)、“部派董事”(由教育总长就部员中指派)和“聘任董事”(由董事会推选呈请教育总长聘任，第一届董事由教育总长直接聘任)组成，“国立大学校董事会议议决事项应由校长呈请教育总长核准施行”。①

3 月 8 日，北京大学评议会开始讨论《国立大学校条例》，并特别讨论了其中的董事会一事，最后推举顾孟余、陈大齐、王星拱、沈兼士(1887—1947)4 人负责起草意见书。3 月 14 日，评议会专门召开临时会议讨论大学条例问题，王星拱在会上明确提出：“我们便是要使人知道，我们反对董事会。”最后，评议会修改通过了由顾孟余、王星拱等人起草

① 参见《国立大学校条例》，《政府公报》(1924 年 3 月)，王学珍、郭建荣主编：《北京大学史料》第二卷(1912—1937)，第 103 页。

的宣言。[①] 该宣言声称对于该条例“予以根本否认”，并庄严宣告：“此种无补实际、有违潮流、轻率制定、流弊滋多之大学条例，吾人誓必废除之，以保学界之安宁与秩序，以维大学之独立与尊严。”[②]

3 月 15 日，包括王星拱在内的 60 名北大教授联名致函蒋梦麟校长，指出教育部的这一新颁大学条例“既悖乎理，复昧于事，况以如此重要条例之变更，未闻教育部曾向教育界公开的讨论，率而颁布，其蔑视学校及教员之人格，殊为可愤”，然后进一步明确指出，“该条例中谬误之甚者，尤为设置董事会一层，及其所订董事任务与产生之方法”。通过具体、细致和深入的分析，他们认为，在国立大学中设立董事会，必将会使教育事业卷入政治漩涡，严重侵害其独立性，“同人只见其有弊而无利”。因此，他们恳请校长就此事“向教育部严重交涉，根本取消”。[③]

3 月 24 日，北京大学评议会还直接致函教育部，“务请从速将本年二月二十三日公布新定大学条例之部令撤消，藉谋大学之发展”。[④] 但该函发出后，教育部始终未予回复，也没有明令取消该大学条例。1925 年 3 月，经过改组后

① 参见屏：《北大反对大学条例续闻》，《晨报》1924 年 3 月 19 日；王学珍、郭建荣主编：《北京大学史料》第二卷（1912—1937），第 178 页。

② 参见《国立北京大学评议会对于教育部新定国立大学校条例之宣言》，《北京大学日刊》第 1421 号（1924 年 3 月 17 日）。

③ 参见《本校教授致校长公函：为教部新颁大学条例事》，《北京大学日刊》第 1421 号（1924 年 3 月 17 日）。

④ 参见江篱：《北大继续反对大学条例：评议会致教育部函》，《申报》1924 年 3 月 30 日。

的北洋政府教育部又重新拟订了新的大学条例，并送交各大高校。北京大学评议会因感于该条例“较之前次颁布之条例，不但无正本清源之改革，且有变本加厉之错谬”、“失当之点甚多”，于是再次致函教育部，“请将上年三月所颁布之大学条例明令取消，并请勿颁布此次所拟订条例，以免纠纷”。①

正是在北大评议会的据理力争、强烈抵制与不懈反对下，教育部先后颁行的这些严重侵害大学独立地位与学术自由环境的大学条例，始终未能在北大真正执行。这所全国最高学府在蔡元培校长主政时期已基本形成并坚持奉行的学术独立、“教授治校”的优良传统，即使是在蔡元培离去之后，也因为有了包括王星拱等具有深厚自由、民主意识的北大教授们的集体努力抗争，而得到了有力的捍卫与良好的传承。

5. **反对脱离教育部**

1925年8月初，时任教育总长章士钊下令解散国立北京女子师范大学，引起了教育界众多人士的强烈愤慨与激烈反对。北京大学学生会就“因章士钊摧残一般教育及女师大”，请求学校“宣布与教育部脱离关系”。② 当时，北大代理校长蒋梦麟因家事南归，校务交由教务长顾孟余代理。8月18日，顾孟余召集评议会，讨论反对章士钊一事，但事

① 参见《北大再请取消大学条例》，《中华教育界》第14卷第9期(1925年3月)。

② 参见《评议会布告》，《北京大学日刊》第1748号(1925年8月22日)。

先却并未声明事由。当日，共有包括王星拱在内的15位评议员到会。在这次评议会上，著名的无政府主义者、评议员李煜瀛(1881—1973)教授提议，“章士钊摧残女师大，实为教育界罪人，学生既反对章士钊，君侪亦应十三[二]分援助，北京大学宜与教育部宣告脱离关系，一致驱章”。此议一出，赞成与反对的两方便展开了激烈的辩论，“反对者有两点理由，(一)评议会无此权力，(二)教育不应卷入政潮旋涡”。在长达三个小时的争论之后，主席顾孟余宣告讨论终结，开始投票表决。① 最初表决的问题是学校对于此事应否有所表示，在赞成者以一票的微弱优势获得多数后，接着又开始表决应否与教育部脱离，这时皮宗石②教授退席而去，王星拱、王世杰③等人则声明评议会对于此案没有表决权，应交由全体教授大会议决，但主席顾孟余仍然将此案付诸表决，最后，赞成与教育部脱离关系者一共六票，达到多数，此案遂告通过。④ 评议会最终议决：“以本会名义宣布不承认章士钊为教育总长，拒绝收受章士钊签署之教

① 以上内容参见《北京大学宣告脱离教部关系》，《申报》1925年8月22日。

② 皮宗石(1887—1967)，字皓白，湖南长沙人，著名经济学家，1928—1936年任教于国立武汉大学法学院(1928—1929年名为社会科学院)，1928—1933年任院长，1933—1936年任教务长，还曾兼任经济系、法律系主任等职。

③ 王世杰(1891—1981)，字雪艇，湖北崇阳人，著名法学家、教育家、政治家，1929年2月至1933年4月任国立武汉大学首任校长，后历任国民政府教育部长、国民参政会秘书长、国民党中央宣传部部长、国民政府外交部长、“总统府”秘书长、“中央研究院”院长等职。

④ 以上内容参见《这回为本校脱离教育部事抗议的始末》，《北京大学日刊》第1763、1764号(1925年9月21、22日)。

育部文件。”①随后，在代理校长蒋梦麟尚未返校的情况下，教务长顾孟余甚至都没有电告蒋校长，便先后通过退回教育部文件、致函财政部公开声明等方式，代替蒋梦麟校长执行了脱离教育部的具体程序。②

在评议会通过与教育部脱离关系的决议之后，“多数北大教授以事前并未与闻，而事后亦未经全体讨论，评议会并无此权限可以通过如此重大案件，且大学为研究学问之府，不应有政治的行动，极端反对”。于是，多数教授决定“提出抗议，促评议会反省，如评议会不理，而学校当局又贸然执行该议案，则拟对于评议会为不信任之表示，速谋改组”。③ 8月19日，颜任光(1888—1968)、胡适、陶履恭、燕树棠(1891—1984)、陈源(1896—1970)五位教授首先致书评议会表示反对。④ 8月21日，王星拱也加入了这一行列，他与这五位教授及李四光、丁燮林(1893—1974)、王世杰、高一涵、皮宗石、周览⑤、胡濬济、张歆海(1898—1972)、陈翰笙

① 《评议会布告》,《北京大学日刊》第1748号(1925年8月22日)。

② 参见《这回为本校脱离教育部事抗议的始末》,《北京大学日刊》第1763、1764号(1925年9月21、22日)。

③ 参见《北京大学宣告脱离教部关系》,《申报》1925年8月22日。

④ 参见《致评议会书》,《北京大学日刊》第1748号(1925年8月22日)。

⑤ 周览(1889—1971),字荫松,后改名为周鲠生,湖南长沙人,著名法学家、教育家,1928年任国立武汉大学筹备委员会委员及评议员,1929—1939年任教于国立武汉大学法学院,曾先后兼任政治系、法律系主任及法科研究所所长、教务长等职,1939年赴美国讲学和研究,1945年7月至1949年8月任国立武汉大学校长。

(1897—2004)、邓以蛰(1892—1973)、高仁山(1894—1928)等一共17人联名致函全校教职员，声明自己对此事的基本看法。他们一致认为，“学校为教学的机关，不应该自己滚到政治漩涡里去，尤不应该自己滚到党派政争的漩涡里去”。自从1919年底以来，北京的教育界参与各种政治活动已有六年的时间，虽然并非完全是劳而无功，但取得的效果仍抵不过各校所受的牺牲。对于章士钊个人，尽管他们也承认他“在今日社会里是一个开倒车走回头路的人”，在教育总长任内有“许多浮夸的政策与轻躁的行为”，应当“根本反对”。但他们认为：“我们尽可用个人的资格或私人团体的资格去攻击他或反对他，不应该轻用学校机关的名义；就令学校机关万不能不有所表示，亦不当轻用妨害学校进行的手段。因为学校里大部分的教员学生究竟是做学问事业的；少数人的活动，如果牵动学校全体，便可以妨害多数人教学的机会，实际上便是剥夺他们教学的自由。叫嚣哄闹的风气造成之后，多数的教员学生虽欲专心教学，也就不能了”。因此，他们最后提出了三项主张：

（一）本校应该早日脱离一般的政潮与学潮，努力向学问的路上走，为国家留一个研究学术的机关。

（二）本校同人要做学校以外的活动的，应该各以个人的名义出去活动，不要牵动学校。

（三）本校评议会今后应该用其大部分的精力去谋学校内部的改革，不当轻易干预其职权以

外的事业。①

代理校长蒋梦麟回校后，包括王星拱在内的10多名教授，分别于8月23日和25日连续两次致函蒋校长，恳请其召集评议会教务会议联席会议复议此案。在顾孟余、李煜瀛、马裕藻等八位教授的强烈反对，以及陈大齐、朱家骅(1893—1963)、张凤举(1895—1996)、王烈(1887—1957)等四位教授的努力调停下，王星拱等人作出让步，同意将此会改为没有复议权的谈话会，“表决案只取建议书的形式，对学校无拘束力”。8月28日，该谈话会召开，胡适教授提出对校长的建议书一件：“同人建议于校长请其对于本月十八日评议会议决案斟酌情形停止执行。”签名同意者12人，未签名者亦有12人。王世杰教授提出对评议会建议书一件：“同人愿建议评议会请求议定：评议会凡对于政治问题，以及其他与本校无直接关系之重大问题，倘有所议决，须经评议会之二度议决；或经由评议会与教务会议联席会议之复决；或经由教授大会之复决；始能执行。”签名同意者22人，未签名者仅有李煜瀛、沈士远2人。②

8月31日，蒋梦麟校长主持召开评议会，复议脱离教育部一案。蒋梦麟在评议会上声称：“本问题有两种主张，然

① 以上内容参见《为北大脱离教部关系事致本校同事的公函》，《北京大学日刊》第1748号(1925年8月22日)。

② 以上内容参见《八月二十八日评议会教务会议谈话会》，《北京大学日刊》第1749号(1925年8月29日)及《这回为本校脱离教育部事抗议的始末》，《北京大学日刊》第1763、1764号(1925年9月21、22日)。

今日为对外关系起见，不宜内部自召破裂，示人以弱，此案即经议决，宜继续执行脱离教部，一切由本人负责办理。"①当日，蒋梦麟布告全校教职员，声称28日的评议会教务会议谈话会中，赞成与反对停止执行脱离教育部议案的签名各占一半，"使麟难于适从。故以仍旧执行，较有根据"，与此同时，提交评议会的建议案应当经过"慎密之手续后，始能发生效力"，而评议会8月18日的议决案"既未经评议会之变更，似宜继续执行"，因此，对于脱离教育部一案，他"斟酌情形，不得不继续执行"。② 至此，王星拱等人反对北大与教育部脱离关系的努力，最终宣告失败。

9月21～22日，包括王星拱在内的20名教授，在学校校刊上发表声明，详细地回顾了他们此次进行抗争的具体理由及全过程，最后指出：

> 我们这一回为了一个主张出来抗争，起初即声明完全以学校为前提，毫无固执个人成见之意。我们对于这回本校脱离教部的事件竟不能挽救，我们很惭愧。现在本校对于这一类的事件既议决了一层保障，以后本校同人若能严格的尊重该项议决的精神，充分运用这点点保障，使本校早日脱离一般的政潮与学潮，回向内部改革上多做一番努力，那末，我们这回所受的种种诬蔑与毁谤，也

① 参见《北大宣告决定脱离教部》，《晨报》1925年9月1日。

② 《蒋梦麟启事》，《北京大学日刊》第1750号(1925年9月1日)。

就很值得了。①

对于此次事件的全过程，有学者进行了高度评价，认为“这是中国教育界的一次民主试验，它的示范的意义要大于它实际的功用”，并进而分析指出，在此次事件中，主张脱离教育部者多为法日派，反对者则多为英美派。尽管在这次“民主试验”的背后，从头到尾都掺杂着不同派系间互相斗争的因素，但蒋梦麟校长最终维持原案的做法，仍然“是磊落的，是合乎民主程序的”。②

在北京大学宣告脱离教育部之后，当时的媒体认为，“查年来北大与教部之关系，事实上只有经费问题”。随后，教育总长章士钊亦立即决定对北大实行“经济绝交”，“扬言不再为北大拨款，并拟通告银行界不向北大通融，而北大方面对于此层，亦拟有对抗办法”。③ 在北大师生及社会各界人士的压力下，章士钊最终于 11 月 10 日辞去教育总长一职，出任执政府秘书长，北京学界的第二次“驱章”运动再次以胜利告终。

6. 仓促南下，永别北大

1924 年 11 月，孙中山应段祺瑞(1865—1936)、张作霖(1875—1928)、冯玉祥(1882—1948)等人之邀，北上共商国

---

① 《这回为本校脱离教育部事抗议的始末》，《北京大学日刊》第 1763、1764 号(1925 年 9 月 21、22 日)。

② 以上参见韩石山：《少不读鲁迅　老不读胡适》，中国友谊出版公司 2005 年版，第 164～170 页。

③ 参见《北大宣告决定脱离教部》，《晨报》1925 年 9 月 1 日。

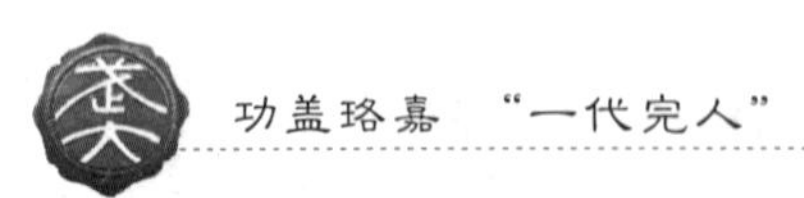

是。11 月 28 日，北京大学评议会议决，由石瑛、王星拱、王世杰、丁燮林、沈兼士、顾孟余、余文灿等人组织临时委员会（以石瑛为委员长），办理欢迎孙中山先生一事。① 1925 年 3 月 12 日，孙中山在北京病逝。3 月 19 日，在孙中山的移灵大典上，包括王星拱在内的全体在京国民党员近 200 人，一同为其执绋出殡。② 1927 年 3 月，为纪念孙中山先生逝世二周年，北京大学学生会决定于 12 日下午在学校三院大礼堂举行讲演会，并邀请了包括王星拱在内的 8 位教授担任演讲，③这大概是王星拱在北京大学任教期间所参加的最后一项重要活动。

1927 年 4 月 28 日，张作霖在北京杀害了中国共产党的创始人之一李大钊，王星拱因与李大钊关系密切，受到牵连，当局准备将其逮捕。幸得中国大学中共秘密党员、王星拱夫人叶玉芝的妹夫丁曰华及时通风报信，王星拱才赶紧携夫人及四个子女连夜离开北京，赶到天津乘船南下，前往南京，就此极其仓促地结束了自己在北大长达十年的执教生涯。

王星拱离开北京大学后，仍然为北大的众多师生所念念不忘。1928 年 9 月，南京国民政府任命李煜瀛为国立北

---

① 参见王学珍、郭建荣主编：《北京大学史料》第二卷（1912—1937），第 182 页。

② 参见《孙先生移灵大典纪·执绋人员》，《民国日报》1925 年 3 月 23 日。该文将“周鲠生”误作“周鲤生”，将“王抚五”误作“王拴五”。

③ 《学生会通告》，《北京大学日刊》第 2058、2059 号（1927 年 3 月 11、12 日）。

平大学①校长，李书华为副校长，随后，李书华又函聘王星拱出任北平大学理学院院长。但此时的王星拱，早已无意重返北大，而当时北平大学内部复杂的派系斗争局势，在客观上亦更是令其望而却步。10月20日，王星拱复函李书华，以自己"学谫材疏，深恐不足以肩此巨任"，且已被中央建设委员会委员长张静江(1876—1950)聘为该会专任委员，"亟思竭尽棉薄，以副静江先生之盛意"，以及"刻眷属均已来京，南北游移，亦觉稍形劳费"等为由，予以婉拒，并推荐李麟玉(1889—1975)教授为院长人选，称其"学粹品端，士林素仰，若任斯职，内外咸宜"，可使北平大学理学院"继续发展为全国科学研究之中心，是则吾国学术界莫大之幸福矣"。②

1929年2月，已经在国立武汉大学担任理工学院院长、化学系教授等要职的王星拱，仍然被当时的国立北平大学北大学院宣布聘为第二院主任并暂兼总务长。③ 1929年7

---

① 1927年8月，张作霖的安国军政府将包括北京大学在内的北京九所国立高校合并为国立京师大学校。1928年6月，南京国民政府将京师大学校改名为国立中华大学，9月，又将中华大学改名为国立北平大学。

② 参见王星拱1928年10月20日函件，其原稿见《名人信札：(民国国立武汉大学校长、中山大学校长、著名教育家)王星拱》，孔夫子拍卖网 http://pm.kongfz.com/now_item_pic_4662153/，正文见《王星拱函件》，上海档案信息网 http://www.archives.sh.cn/docs/200804/d_187029.html。

③ 参见《院长布告》，《北大日刊》第2142号(1929年4月13日)，"第二院"即理学院，后因王星拱并未前往赴任，北大又于3月15日宣告由王烈代理二院主任兼代总务长，参见《本院布告》，《北大日刊》第2144号(1929年4月16日)。

月3日，北大各学系联合会议向北大学生会提交了“下期应添聘之教授及讲师人选”，并“乞速转学校当局”，其中，北大哲学系和教育系学生均将王星拱列入“应增聘之教授”的名单中。① 甚至直到1930年5月，在北京大学编印的职员录中，也仍然列有王星拱的名字，以及为他“虚位以待”地保留了一年多的“二院主任兼总务长”的职务！② 以上这些事例均充分反映了王星拱在北大师生心目中的重要地位。但此时此刻，王星拱早已将其主要精力都投入于国立武汉大学的建设和发展，从此再也没有回到北京大学。

三、情牵桑梓　心系教育

（一）旅京思皖　关怀故土

王星拱对自己的家乡安徽一直都怀有深厚的感情，在北大任教期间，他无时无刻不关心家乡的各项事业尤其是教育事业的发展。在教学、科研及处理北大校务之余，他时常与胡适、程演生、高一涵等在京的皖籍学者聚会，讨论研究安徽的政治、社会与文化教育问题。

民国初年，在北洋军阀倪嗣冲（1868—1924）的黑暗统治下，安徽省的教育事业横遭摧残，日渐衰败，几乎已经到

① 参见《学生会通告》，《北大日刊》第2208号（1929年7月5日）。

② 参见《国立北京大学职员录》（中华民国十九年五月），王学珍、郭建荣主编：《北京大学史料》第二卷（1912—1937），第363页。

了“奄奄一息”的地步。据1915—1916年的全国教育总调查,安徽的教育地位居于全国倒数第二。1915—1921年间,安徽的教育经费也已经下降到全国倒数第二。①

1920年,由于皖系军阀在直皖战争中失败,倪嗣冲彻底倒台,政治压力的舒解,使安徽教育界空前活跃,进而掀起了一场教育革新的浪潮。早在当年年初,旅居北京的部分安徽籍大学教职员,便吸收了一部分安徽学生,成立了安徽旅京学会,该学会即附设于王星拱所在的北京大学第二院,北大的皖籍教授多加入其中。8月,该学会又决定筹备成立旅京皖事改进会,对家乡的各项事务表现出了更多的关注。② 当时,安徽学界人士革新教育的首要目标,便是要物色一位合适的教育厅长人选。由于北洋军阀政府不得人心,由教育部任命的各省教育厅长,常为当地人士所拒绝而无法到任,安徽省当时亦陷入此种僵局。后来,经过旅京安徽学界人士与教育部的反复协商与相互妥协,教育部于10月12日提出由张继煦③出任安徽省教育厅厅长,受到了安徽学界的普遍支持与欢迎。④

① 以上参见戴文秀:《“六二”运动的回顾》,中国人民政治协商会议安徽省委员会文史资料研究委员会编:《文史资料选辑》1980年第1辑,安徽人民出版社1980年版,第108页;戴惠珍、王鹤鸣、杨雨润等著:《安徽现代史》,安徽人民出版社1997年版,第72页。

② 参见周宁:《地缘与学缘:一九二〇年代的安徽教育界(1920—1926)》,复旦大学博士学位论文,2007年,第22～24页。

③ 张继煦(1876—1956),字春霆,湖北枝江人,1922—1924年先后任国立武昌高等师范学校、国立武昌师范大学(均为武汉大学前身)代理校长、校长。

④ 参见周宁:《地缘与学缘:一九二〇年代的安徽教育界(1920—1926)》,第34～35页。

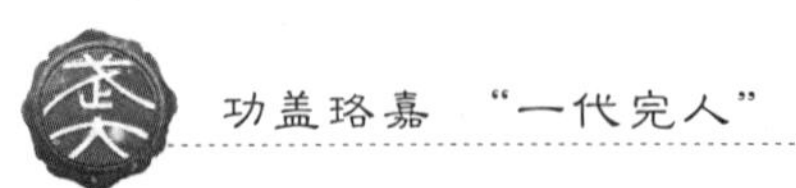

10 月 21 日，旅京皖事改进会推派高一涵、王星拱、李辛白、胡春霖(1882—1941)、徐光廉等 8 人为代表，到教育部拜会张继煦，与其畅谈安徽教育的前途问题。在高一涵首先发言后，张继煦向大家表示，他此次出任安徽教育厅长，"是抱奋斗的宗旨"，在他到任后，"拟招集各县视学员，开一讲演会，敦请京内名人，演讲教育方针"，此外，还"拟设法使中等以上学校，趋于平民式的教育"，并"拟扩充国民学校，以张教育之本"。总之，他此次赴任，"当抱积极宗旨，极力建设新教育，为安徽造福"。①

针对张继煦提出的这两条意见，王星拱随即作出了重要补充："厅长所谓讲演会，是高等的讲演，非通俗讲演，同人等希望厅长，在通俗教育上，须加注意，且若欲使通俗教育普及，务必先使视学员，有循环通俗讲演之能力"；至于教育由"贵族式"趋于"平民式"这一方面，"其补救方法甚多，优秀之寒苦的学生，类能受津贴之资助，此种津贴，大概言之，可分两种：(1) 公津贴，即由国家或地方团体津贴者。(2) 私津贴，即由个人或私法人津贴者。因此学生受津贴之机会愈多，而造就人材之机会亦增加……希望厅长到敝省扩充公津贴，并提倡私津贴"。②

11 月中旬，张继煦离京赴任，旅京安徽同乡会特地召开欢送大会，为其设筵饯行。张继煦到任后，立即进行大刀阔斧的教育改革，受到了安徽各校师生的普遍欢迎。

1921 年 6 月 2 日，安庆学生联合会为争取教育经费独

①② 参见《张继煦与安徽教育之前途》，《晨报》1920 年 10 月 23 日。

立，反对前安徽督军倪嗣冲之侄倪道烺(1879—1951)伙同军阀马联甲(1865—1924)侵占教育经费，组织安庆全城各中学学生向省议会请愿，史称“六二学潮”。学生们的正义举动，遭到了军阀政府的血腥镇压，造成50多人受伤①，是为震惊全国的安庆“六二惨案”。惨案发生后，安庆各界人士组织了“六二惨案后援会”，联合全国各地的舆论界共同声讨军阀政府的暴行。此时此刻，王星拱与苏雪林(1897—1999)、钱少梅、鲁邦瞻(1893—?)、何异、瞿世庄、高鸣谦、张东野(1889—1974)、杨亮功(1895—1992)等9人，作为皖籍旅京教育界代表，亦前往国务院请愿。② 他们大力支持安徽到北京的请愿代表，为之积极奔走，一面揭露军阀政府镇压学生、歧视教育的恶行，以伸张正义，一面努力争取教育经费的增加与独立，力求做到专款专用，以免大小军阀挪用。在社会各界人士的坚决斗争和不懈努力下，迫于强大的社会压力，安徽省议会终于同意将全省的教育经费由80万元增加到153万元，并专门成立省教育经费管理处，由教育界人士进行管理，最终争得了教育经费独立权。在这一事件中，“王星拱等这一行动，起了较大的督促和影响作用”③。

① 其中省立第一师范学校学生姜高琦、省立第一中学学生周肇基2人后来因伤势过重而死亡。

② 参见孔祥梁整理:《北洋军阀统治下的安徽》，中国人民政治协商会议安徽省委员会文史资料研究委员会编:《军阀祸皖》，安徽人民出版社1987年版，第13页。

③ 金杏村:《毕生尽瘁于教育事业的王星拱先生》，政协安庆市委文史资料研究委员会、《安庆文史资料》编辑部编:《安庆文史资料》总第15辑(安庆人物史料专辑(一))，1986年，第85页。

1921年7月，在“六二学潮”逐渐平息之时，安徽省教育会也开始进行会长改选。当时，安徽教育界主要为“两江派”、“龙门派”与“高等派”三大派系所把持。① “高等派”、“龙门派”以安庆籍人士为主，他们推举王星拱为会长候选人，“两江派”以芜湖人为主，他们针锋相对，推出安徽教育界元老、时任安徽省立第一师范学校校长李光炯②(1870—1941)与之竞争。两帮人马之间互相攻讦，引起一场大纷争。对于“高等派”主张由王星拱出任安徽教育会会长的提议，芜湖省立第五中学学监高语罕(1888—1948)曾表示：

> 抚五来当会长，以他的人格、学识和热心，我们都极端赞成，不过我的主张以光炯为正会长，抚五副之为最适宜。因为现在大难之冲，抚五初出大学教室，骤入恶魔社会，绝对的危险，莫如以老先生光炯对付此种环境，而抚五悉心规画全省教育改进事宜。③

---

① “两江派”指毕业于南京两江师范的皖籍学生；“龙门派”是安徽师范学堂的毕业生，该学堂建在安庆城内龙门口，故名；“高等派”则为安徽高等学堂毕业生。参见周乾：《胡适与民国时期安徽大学的初创》，《安徽大学学报(哲学社会科学版)》第31卷第6期(2007年11月)。

② 李光炯，名德膏，字光炯，后以字行。

③ 《刘希平、卢仲农、汪雨相、高语罕为省教育会改选事致胡适之、陈独秀、李辛白、高一涵、王抚五诸君书》(油印)，《胡适日记》(手稿本，1921年8月3日)，转引自周宁：《地缘与学缘：一九二〇年代的安徽教育界(1920—1926)》，第64页。

随后，高语罕等人又专门致电王星拱，暗示其主动放弃竞选，但王星拱并未回电。高语罕随即又致函王星拱，向其陈述了具体理由：

> 弟告香谷曰："抚五之为人，我辈之思想主张，皆相去不甚远，在安徽社会中，除北大同学外，只有此二三同志差堪打成一片。惟彼之取得会长底来由，若是在为人保护饭碗或缓和学潮底动机之上，弟等绝对不敢与闻。且安徽现在当风雨飘摇之会，抚五初出大学教室，遽以一身当此难冲，若能处之裕如固好，不然则教育前途危险实甚，不□我辈爱护学者之意。莫如以李光炯或光明甫为正会长，以抚五为副会长，兼办某种学校一两年后，经验既多，教育界中某也贤，某也愚，某事当兴，某事当革，□可有几分把握，然后再居首席，庶可以胜任愉快云云。"……至于我等主张光炯或明甫为正会长，实以彼两人者，在安徽教育界中已有甚长之历史，且其攘利不先，赴义恐后之精神，久为教育界人士所钦佩，以之支撑，或应付现在安徽时局，实较足下属宜。我辈对于李、光两人并不是十分赞成，所以如此者，为大局计，不得不牺牲小己之主张也……①

① 《刘希平、卢仲农、汪雨相、高语罕为省教育会改选事致胡适之、陈独秀、李辛白、高一涵、王抚五诸君书》(油印)，转引自周宁：《地缘与学缘：一九二〇年代的安徽教育界(1920—1926)》，第65页。

对于这封来信，王星拱仍然未予回复。尽管高语罕所说的“抚五初出大学教室，骤入恶魔社会，绝对的危险”之类言论，更多的只是他推举李光炯、反对王星拱出任教育会会长的一个托辞，却也不失其道理。当时的安徽教育界，人际关系复杂，派系矛盾丛生，彼此间斗争不止，颇为世人所诟病。即以此次省教育会会长改选而论，由于各派系之间斗争激烈，互不相让，经过数次投票，仍无法选出能令各派人士普遍承认的合法人选，并且还因投票的程序等问题而争吵不休，使得省教育会的工作在无形之中陷于瘫痪。8 月，旅外皖籍学界名流纷纷回乡参加暑期讲演会，目睹此次改选僵局，便以中立者的姿态进行调停，并提出“改造省教育会为委员制”。最终，在胡适、陶行知等皖籍学界名流的推动下，委员制省教育会开始筹备，此次改选风潮亦暂时得以平息。①

这次省教育会改选风波过后，王星拱仍然与安徽教育界保持着密切的联系。如在 1923 年 3 月 4 日，王星拱曾与胡适、高一涵、李辛白、李德膏、胡春霖、程振钧（1886—1933）、张贻侗、丁绪贤、余之风、卢中岩、吴复振（1880—1974）等十余位皖籍学界名流联名致电上海《民国日报》及江苏省教育会，向其控诉制造“六二惨案”的元凶马联甲为扩充军费而非法截夺安徽教育专款的恶行。②

1923 年 8 月初，王星拱的家乡怀宁教育界人士发起“倒

---

① 以上内容参见周宁：《地缘与学缘：一九二〇年代的安徽教育界（1920—1926）》，第 61～74 页。

② 参见周宁辑注：《北洋时期胡适等安徽学人关心皖省教育史料辑佚》，《民国档案》2008 年第 2 期。

江”风潮，使时任安徽省教育厅厅长江暐[①](1879—1950)愤然辞职离去。8 月 18 日，安徽旅京学界召开紧急会议，并推定高一涵、王星拱、余香谷、丁庶为 4 人回皖表示慰留。经过他们 4 人的多方调解与疏通，江暐最终于 9 月初有条件地答应复职，此次风潮遂告平息。[②]

1924 年 11 月，段祺瑞重新上台执政后，安徽学生充分利用直系与皖系军阀之间的矛盾，就“六二惨案”问题重新向段政府直接提起诉讼。当时，为了能使这个问题得到顺利的解决，安徽旅京同乡会特别组织了反倪、马军阀委员会，并推定王星拱、袁大化(1851—1935)、高一涵等人为委员，大力支援安徽学生所进行的各种民主运动，特别是帮助争取姜案早日获得解决，并由安徽教育会和学生联合会委托安徽旅京名流陶行知、王星拱及安徽旅京学生会梁济康、杭承泽等人就近在京督促办理。[③]

(二) 倡建安大　艰难筹备

民国初年，安徽教育落后的一个重要表现，便是缺乏一所省属大学。五四运动后不久，安徽学术教育界的不少有识之士，纷纷提出了筹办安徽大学的建议。1921 年 8 月，安徽省教育会组织暑期讲演会，并邀请胡适、洪范五(1892—

---

① 江暐，字彤候，后以字行。

② 参见周宁:《地缘与学缘:一九二〇年代的安徽教育界(1920—1926)》，第 110～111 页。

③ 以上参见李云鹤、翟宗文、李仲宾:《现代安徽学生民主运动(初稿)》，《安徽史学通讯》1957 年第 1 期。

1963)、陶行知、孙洪芬(1889—1953)、刘贻燕、梅光迪(1890—1945)、蔡晓舟(1885—1933)、程振钧、王星拱等皖籍著名学者回乡,举行系列学术演讲。① 在这次暑期讲演会上,胡适、陶行知、王星拱等人先后提出了创办安徽大学的倡议,并发起了“安徽大学期成会”。当时,受“六二学潮”的影响,安徽政局动荡不宁,安徽旅京同乡会提出“皖人治皖”的口号,提议由地位显赫、为政清廉且一向关心家乡文化教育发展的许世英(1873—1964)担任安徽省省长,此建议最终为北京政府所采纳。在接到任命之前,许世英便已明确表态支持筹建安徽大学。是年10月,许世英回安徽出任省长,11月,便公布了安徽大学期成会简章,规定“本会以联络同志,促进安徽大学之成立为宗旨”。②

1922年3月20日,在省长许世英的支持下,安徽大学期成会在省教育厅召开大会,讨论发起安徽大学筹备处的具体事宜。大会推举期成会发起人及赞成人为安徽大学筹备处评议员,王星拱与江朝宗(1861—1943)、许世英、柏文蔚(1876—1946)、高一涵、李辛白、梅光迪、章伯钧(1895—1969)、孙洪芬、杨亮功等60位皖籍政界与学界名流均名列其中。此后大会最后还宣布,当日之会,即为安徽大学筹备处的成立大会。③

① 参见周宁:《地缘与学缘:一九二〇年代的安徽教育界(1920—1926)》,第72页。

② 以上参见周乾:《胡适与民国时期安徽大学的初创》及《安徽大学简史》编写组编:《安徽大学简史》,安徽大学出版社2008年版,第4页。

③ 以上参见周宁:《北洋政府时期省立安徽大学的筹办与纷争》,《安徽大学学报(哲学社会科学版)》第33卷第3期(2009年5月)。

当时，远在北京的王星拱，对于安徽大学的筹备工作非常支持。如在当年的6月1日晚上，胡适就曾“到抚五处，与同乡讨论安徽大学事”①。7月，王星拱还专程南下，在安庆发表演说，全面阐述了“安徽大学设立之必要”，主要包括如下几条：

> （一）养成生产人才，以救人民之穷困。
>
> （二）适应社会人才之需要，现时社会一般人舆论，以为既有东南大学，安徽大学无设立之必要。孰意一大学必有一大学之精神特色，东南大学之精神，未必适合安徽社会之需要。
>
> （三）安徽设有大学可以集合人才，维持社会之中心。②

对于安徽大学创办经费的筹措，在王星拱与高一涵等人的鼓动下，省长许世英决定通过削减义务教育与中等学校经费的方式予以腾挪拨付，但此举遭到了全省教育界的激烈反对，最后未能实行。在这样的背景下，安徽大学筹备处于7月9日在省教育会召开全体职员大会，“集议进行方法”。在这次大会上，王星拱与高一涵、江彤候等人被加推为交际股干事，而他所主张的组织计划书应分科系、经费两条的提议，亦经大会表决通过。最后，大会公推王星拱、高一涵等10人为代表，晋谒省长许世英接洽经费，希望能从剩余金、募捐、庚子赔款中筹措创办安徽大学所需经费。③

① 胡适著、曹伯言整理:《胡适日记全编(三)》,第682页。

②③ 参见《安徽大学之筹备》,《晨报》1922年7月15日。

遗憾的是，这一计划最终未能实现。此后，筹备处又提出了种种筹款建议和办法，但最后均告落空。

正在此时，安徽政坛的斗争再次激化，也使安徽大学的筹建遇到严重困难。由于许世英并无多少实权，在安徽地方军阀势力的夹缝之中，处境艰难，于是，在上台仅3个月后，他便于1922年3月向北京政府递交了辞呈，并最终于1923年2月去职。随后，军阀出身的吕调元(1865—1932)出任省长，此人只知聚敛钱财，扩展个人势力，对安徽的经济、文化和教育事业毫不关心，不仅对筹建大学一事态度消极，而且还经常克扣正常教育经费，这使得安徽大学的筹建工作更形艰难，在事实上陷入停顿。

1923年9月，由安徽省教育厅报省政府批准，决定将安徽工业专门学校停办后的经费，储备作为将来的安徽大学工科之用，并设立安徽大学工科筹备组，将原安徽大学筹备处并入该组。① 该筹备组以王星拱为主任，筹备员有邵逸周、刘贻燕等，但最终“亦徒有其名，无成效而罢”。② 1924年8月，“卢绍刘长皖教厅，与财厅长胡思义会呈省长马联甲，陈述安大筹备之必要，并以义教特捐之厘金烟酒附加，移作大学基金。事虽定案，未见实行”。③

1924年11月，安福系政客王揖唐(1878—1948)出任安徽省省长，表示将支持安徽的教育事业。1925年4月，“江

---

① 参见周乾:《民国时期的安徽大学》，张召奎、周怀宇、金宏慧主编:《安徽重要历史事件丛书·教坛古今》，安徽人民出版社1999年版，第134页。

②③ 参见黄世农:《安徽大学筹备问题》，安徽省政府教育厅编辑处发行:《安徽教育周刊》第2期(1928年1月2日)，第21～22页，第22页。

彤候长皖教厅,呈请以卷烟营业凭证税为大学基金”[①],这一提议得到了王揖唐的同意,也推动了安徽大学筹建工作的重新启动。与此同时,王揖唐还亲自聘请胡适出任安徽教育高等顾问,省教育厅也聘请王星拱为安徽省立第一高级中学校长,并邀请了其他一些在京皖籍教授回乡办学。[②]然而,这一方案刚确定不久,北京政局发生变化,奉系军阀控制了中央政权,1925 年 6 月,王揖唐被解除省长职务,由军旅出身的吴炳湘(1874—1930)取代。吴炳湘为人“审慎迟疑”,不热心教育,加之安徽财政窘迫,他上任后对筹建安徽大学“意在缓办,事遂停顿”。[③] 当年 7 月,教育厅厅长江彤候曾“呈请以王星拱为安徽大学筹备主任;省长吴炳湘竟以模棱之词批复,谓宜先从整理中小学着手,提高中小学学生程度,然后筹设大学。语虽中肯,却未免使安大之筹备受一番打击也”[④]。

1926 年 4 月,高世读(1873—1954)出任安徽省省长,他对安徽的高等教育事业颇表关心,上任之初,即在省立学校联合会的欢迎宴会上,明确提出筹办安徽大学之议。[⑤] 6 月,高世读任命洪逵为省教育厅厅长,他“深以安徽无大学

① 参见黄世农:《安徽大学筹备问题》,安徽省政府教育厅编辑处发行:《安徽教育周刊》第 2 期(1928 年 1 月 2 日),第 22 页。

② 参见周乾:《胡适与民国时期安徽大学的初创》。

③ 参见《安徽师范大学校史》编写组编:《安徽师范大学校史》,安徽人民出版社 2008 年版,第 13 页。

④ 黄世农:《安徽大学筹备问题》,《安徽教育周刊》第 2 期(1928 年 1 月 2 日),第 22 页。

⑤ 参见《皖省学校联合会欢宴高世读》,《新闻报》1926 年 5 月 14 日。

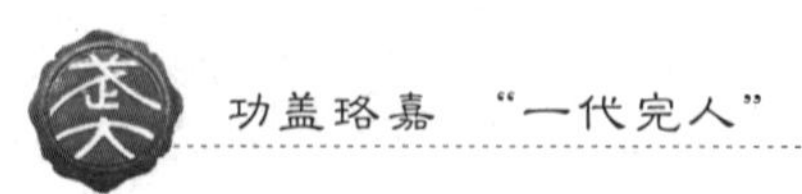

为憾事，即令教厅积极筹备”①。而洪逵在就职后，“鉴于大学建设，不容再缓，始呈准省署，重行组设安徽大学筹备处，兼任处长通盘筹划”②。与此同时，他还主持拟订了《征请皖贤会商筹设安徽大学办法》。当时，省长高世读要求安徽大学“三个月筹备竣事，校址既以对江之高级中学，本年度秋天始业，即须招生上课，先办文理两科，至于工商、经济、法律等科，陆续筹备成立”③。按照章程规定，筹备处下分总务、设备、基金三股，王星拱被委任为总务股主任。由于筹备处的11位职员中，绝大多数非为怀宁人，即属“高等系”，引起了安徽教育界其他地域与派系人士的强烈不满。6月25日，洪逵宴请省内教育界重要人物就此事进行沟通和解释，向众人表示大学筹备完全取公开主义，并宣布将邀请省内外教育专家，召开安徽大学计划会议。

对于安徽大学筹备工作出现的这些新气象，王星拱感到欢欣鼓舞，他于7月4日致信胡适，称“芰舲④来此后，积极筹备本省大学，刻已定本月十九日开计划会议。届时望兄来省指导一切。此事关于作育专材，徵存文献，具非浅鲜。且兄为首先提倡安徽大学之人，既承‘推之于前’，更望其‘操之于后’也。又闻兄将赴欧，何妨偕一涵等一作旧地之游，省中凡识兄者，因望兄之来，藉以叙渴别之怀，即不识

① 《安徽大学之积极筹备》，《申报》1926年6月20日。

② 转引自《安徽师范大学校史》，第13页。

③ 转引自《安徽大学简史》，第5页。

④ 洪逵，号芰舲。

兄者,亦望兄之来,可以聆言论而瞻风采也。余盼面谈……”①这封信表明,王星拱非常希望胡适能更加积极地指导安徽大学的筹建工作,甚至亲自出面来主持这项事业。

7 月 21 日,安徽大学计划会议正式召开,25 日闭幕,47 名与会代表讨论通过了安徽大学组织大纲案、校长选举会规则案、设科次序案、筹备本科委员会案、教职员任用标准及其服务保障案、安大招生及管理学生应取严格案、安大招生办法案、预算案、设补习班案、本科招生兼收男女学生案等多项重要议案。② 8 月,安徽大学筹备处正式向省政府呈送了《安徽大学组织大纲》草案。

然而,在筹建中的安徽大学的校长人选问题上,安徽教育厅与省政府之间以及教育界内部均产生了巨大的分歧。教育厅长洪逵极力保荐王星拱为安徽大学校长,他与王星拱同为怀宁人,同属“高等系”,早年还曾一同前往英国留学,回国后又同在北京教育界服务多年,交情非常深厚,而在洪逵出任安徽教育厅厅长的过程中,王星拱也曾发挥过重要作用,加以王星拱本人学问、道德俱佳,在学术、教育界极具声望,对安徽大学的筹办工作也颇为热心,出力较多,社会舆论上的呼声也比较高,不论于公于私,均为洪逵眼中最理想的一位人选。但也正是因为洪逵与王星拱之间的这些特殊关系,令社会上的不少人士认为此举有任人唯亲、一

① 耿云志主编:《胡适遗稿及秘藏书信》第 23 册,黄山书社 1994 年版,第 670 页。

② 参见《安徽大学计划会议闭幕》,《申报》1926 年 7 月 28 日。

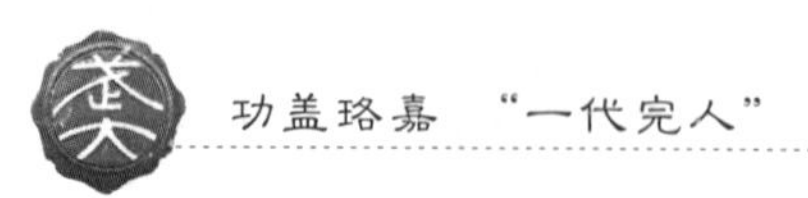

手包办之嫌，因此，这个建议刚一提出，省长高世读便立即表示反对。在遭到拒绝后，洪逵在此问题上仍不肯退让，甚至表达了辞职之意，并明确提出其去留以安大校长人选为定。尽管洪逵的态度非常坚决，王星拱本人对此事却十分消极。自从遭到省署反对后，王星拱便心灰意冷，先是致函省立学校联合会，辞去该会轮值主席，继而又以北大假期已满为由，表示不日将随刘贻燕等人北上，并于 8 月中旬最终离皖，返回北大。9 月初，洪逵亦被高世读撤去教育厅厅长之职。①

1926 年 10 月，安徽大学计划处成立，筹备处同时撤销，省长高世读聘请晚期桐城派领袖学者姚永朴（1861？—1939）为安徽大学校长。不过，此时早已过开学之期，学校招生、聘请教员均感困难，且各项建筑均未告竣，随后经费又发生困难，因此，安徽大学虽有名义上的校长，但不过是空有其名而已。姚永朴上任后仅 4 个月，就因无法应对各种内部矛盾，于 1927 年 2 月辞职，安徽大学的筹备事务再一次停顿下来。

从 1921 年 8 月胡适首倡建立安徽大学，到 1927 年 2 月安徽大学的筹办工作再一次陷入停顿，在短短五年半的时间里，安徽大学的创办之路，可谓一波三折，充满坎坷。对于安徽大学的筹备在这几年里“所以不能即行成功”的主要原因，曾有人专门撰文分析道：“大学为最高学府，事体艰

① 参见周乾：《胡适与民国时期安徽大学的初创》及周宁：《北洋政府时期省立安徽大学的筹办与纷争》。

重，筹备不易，固其主因。而时局纷更，经费未确定，实亦安大筹备之障碍。而皖中教育界之派别纷纭，倾轧多而互助少，亦其原因之一也。”①在他看来，“安大筹备之先决问题，厥惟经费确定与人才集中。经费为办事之母，经费不能确定，则无米之炊，巧妇难能。是以当先以确定经费为第一要着……至于人才如不集中，即使大学能成，亦只徒具虚名而无实际”②。

对于王星拱本人来说，他不仅是创办安徽大学最早的倡议者之一，而且在安徽大学的多次筹建过程中，均扮演了重要角色。无奈时局纷乱，世事艰辛，在军阀混战不休、政局动荡不宁，而安徽教育界内部的派系斗争亦错综复杂、无休无止的背景下，计划中的安徽大学，无法得到确定和足够的筹办经费，也无法获得一个相对稳定的人事安排，因此，包括王星拱在内的安徽教育界有志之士们，对于安徽大学的创办工作，纵有天大的热情，并为此付出巨大的努力，也依然付之东流，于事无补。只有到了1927年南京国民政府建立并逐渐在形式上统一全国，安徽省随之成为南京政府统治的中心区域，省内的军阀割据混战状况逐步消失，政局也日趋稳定之后，安徽教育事业的发展，才由此获得了一个较为稳定的社会政治环境。不久后，安徽大学的筹办，在历尽艰辛之后，终于大功告成，而王星拱与安徽教育界及安徽大学之间的未解之缘，也在此时最终得到了进一步延续的

①②　黄世农：《安徽大学筹备问题》，安徽省政府教育厅编辑处发行：《安徽教育周刊》第2期(1928年1月2日)，第23页。

机会。

（三）学界名流 功业卓著

20世纪20年代初，仅仅30岁出头的王星拱，不仅在自己的家乡安徽省内堪称名流人物，即使就全国范围来说，也有着极高的社会声望。曾有论者将王星拱与陈独秀、胡适、高一涵等“活跃在或者曾经活跃在北大，对全国有巨大影响力的学者、教授”相提并论，称其为“国家名流”，而与那些“主要在省内服务的知识分子”即“省级名流”区分开来。① 也正是由于王星拱在学术、教育界的影响力远远地超出了一校或一省的范围，在20世纪20年代中后期，除了数次参与安徽大学的筹建工作外，他还曾多次参与过多所国立大学以及全国性学术机关的筹建工作。

1920年初，广东军政府为了在广州筹办西南大学，特邀请陈独秀南下一同商议。当年10月1日，陈独秀在一封信中透露了时任北大教授的王星拱对于此事的基本态度，信中说：“增高一国学术程度，自然非增高大学程度不可；增高大学程度，自然非增高大学教授程度不可；此时中国要增高大学教授程度，非多多聘请外国学者不可：这是一定的道理。章行严先生前在北京大学时，即力说北京大学教授底程度已和学生底需要不相应，非改聘外国学者不可。王抚五先生也主张西南大学教授只用外国专门学者，他自己情

① 参见周宁：《地缘与学缘：一九二〇年代的安徽教育界(1920—1926)》，第72页。

愿辞去北京大学的教授来当助教。”①由此可见王星拱对于提高中国大学学术水平的心情之恳挚、急切与自我牺牲决心之大。只是由于种种原因,西南大学最终未能成功组建。

1924年2月4日,广东革命政府陆海军大元帅孙中山发布“着创建国立广东大学令”,饬将国立广东高等师范学校、广东公立法科大学和广东公立农业专门学校合并为国立广东大学②,并派邹鲁(1885—1954)为筹备主任。③ 2月21日,国立广东大学筹备处正式成立,随后,时任国立北京大学教授的王星拱,即被筹备主任邹鲁函聘为该大学的35位筹备员之一。从3月3日到7月14日止,国立广东大学筹备处共举行会议27次,其中第6次会议议决“于暑假期中,约集各处筹备员来粤,开一筹备大会,将历次筹备会议议决各事项,再行复议决定”。7月12日,王星拱与李煜瀛、周鲠生、石瑛、皮宗石、费鸿年(1900—1993)等10多位筹备员或新聘教授先后到粤。④ 当王星拱与王世杰、周鲠生、皮宗石等多位当时同在北京大学任教的老同盟会会员到来后,“孙中山先生对他们很客气,找他们谈了话,在广东大学

① 陈独秀:《答赵仁铸(大学教授问题)》,《独秀文存》(四),亚东图书馆1922年版,第245页。

② 孙中山于1925年去世后,为表示纪念,国立广东大学于1926年8月更名为国立中山大学。

③ 参见《着创建国立广东大学令》(1924年2月4日)及《委派邹鲁职务令》(1924年2月4日),广东省社会科学院历史研究所、中国社会科学院近代史研究所中华民国史研究室、中山大学历史系孙中山研究室合编:《孙中山全集》第9卷,中华书局1986年版,第433～434页。

④ 参见《广大筹备大会记(一)》,《申报》1924年7月23日。

礼堂讲解三民主义时，北京来的几位年轻教授与宋庆龄一起坐在主席台上。他们在广州还参观了刚成立不久的黄埔军校”①。7 月 15～27 日，国立广东大学在校本部所在地召开了第一次筹备大会，与会的 20 多名筹备员对历次筹备会议所通过的 88 项决议案详加讨论，分别审查，作出决议。会后，邹鲁于 8 月 22 日呈报孙中山：“兹自七月十五日起至七月二十五日止，由鲁与省外各筹备员石瑛、王星拱、王世杰、周览、皮宗石，暨本省筹备员伍朝枢、廖仲恺、孙科、汪兆铭、许崇清、黄昌谷、梁龙（已聘为法科学长）、邓植仪、陈耀祖、何春帆、程天固等，逐日开会，悉以审查。谨将议决之国立广东大学规程，国立广东大学特别会计规程，国立广东大学预科各组、本科各系课程，备文呈报鉴核。”②9 月 1 日，孙中山对筹备大会所订的各项规程予以批复，正式宣告筹备处的任务已基本完成，而王星拱在为国立广东大学的筹备工作作出了自己的贡献之后，其作为筹备员的使命亦告终结。

1927 年 6 月，南京国民政府决定成立大学院③，并首先在浙江、江苏两省开始试行大学区制。与此同时，国民政府教育行政委员会还决定将江苏境内的国立东南大学、国立河海工科大学、江苏法政大学、江苏医科大学、上海商科大学、南京工业专门学校、江苏省立第一农业学校、上海商业

① 皮公亮：《我的父亲皮宗石》（手稿，未发表），2011 年。

② 台湾“国立中山大学校友会”编印：《国立中山大学成立五十周年特刊》，1974 年，第 25 页。

③ 1928 年 10 月改为教育部。

专门学校、苏州工业专门学校等9所公立高校合并，组建国立第四中山大学，同时成立第四中山大学区。① 该校成立后，刚刚从北京南下不久的王星拱，便被聘为该校自然科学院化学系副教授兼哲学院哲学系副教授。②

国民政府1927年6月公布的《大学区组织条例》规定："大学区设高等教育部，设部长一人，管理本部各学院及区内其它大学及专门学校及留学事项。"③次年1月28日公布的《修正大学区组织条例》，又将此条的相关文句更改为"管理本区各学院及留学事项，并监督区内私立大学及专门学校"④。1927年7月初，第四中山大学校长张乃燕(1894—1958)本已聘定周鲠生为该大学区高等教育部部长，⑤但数日后又改聘王星拱为高等教育部部长。⑥ 不久后，该职务又由自然科学院院长胡刚复(1892—1966)接任。

1927年9月27日，武汉政治分会曾由唐生智(1889—1970)、顾孟余、孔庚(1873—1950)、邓寿荃(1886—1946)、

---

① 1928年2月，国立第四中山大学改为江苏大学。4月，又更名为国立中央大学，大学区也随之改为中央大学区。

② 当时，该校尚未设置正教授职位，参见《江苏大学及前身四中大校务会议等有关事项》、《国立中央大学一览》(1928)、《中大召开校务等会议纪录、决议、通知有关文件》(1928、1930)等，中国第二历史档案馆藏国立中央大学档案，全宗号六四八，案卷号738、821、908。

③ 《大学区组织条例》(1927年6月)，中国第二历史档案馆编:《中华民国史档案资料汇编》第五辑第一编教育(一)，江苏古籍出版社1991年版，第24页。

④ 《修正大学区组织条例》(1928年1月28日)，中国第二历史档案馆编:《中华民国史档案资料汇编》第五辑第一编教育(一)，第33页。

⑤ 参见《第四中山大学各部院长聘定》，《申报》1927年7月6日。

⑥ 参见《第四中山大学行政部职员一览》，《申报》1927年7月13日。

陈公博(1892—1946)5人以常委名义,委任王星拱代理安徽省教育厅厅长。① 1928年3月,南京国民政府明令安徽省政府改组,教育厅厅长改由韩安担任。②3月31日,国民党中央执行委员会又任命金维系(1888—1981)、韩安、王星拱等7人为安徽省党务指导委员,4月10日,王星拱等人在南京宣誓就职。③

1927年10月1日,中华民国大学院正式宣告成立,院长蔡元培聘请了数十位学术教育界的专家学者,负责筹备中央研究院及组织各种委员会。11月6日,大学院发表了各委员正式名单,王星拱与翁文灏(1889—1071)、李煜瀛、任鸿隽、唐钺、王琎(1888—1966)、姜立桴(夫)(1890—1978)等著名学者一道,同被列为科学教育委员会委员。④ 1928年5月15～28日,大学院在南京主持召开了第一次全国教育会议,王星拱担任了本次大会的31名筹备委员及6名常务委员之一,⑤为这场轰动一时并且惠及全国教育界的大会的顺利召开,付出了大量心血,作出了自己应有的贡献。

①②③ 参见安徽省地方志编纂委员会编:《安徽省志·大事记》,方志出版社1998年版,第223页,第227页,第228页。

④ 参见《中国大学院各委员》,《申报》1927年11月7日。

⑤ 参见《全国教育会议今日开幕·大会筹备委员一览》,《全国教育会议特刊》(第一号),《申报》1928年5月15日。

第二章　创建武大　主持校政(1928—1934)

1928年夏，王星拱从南京来到武汉，开始参与国立武汉大学的筹建工作，从此，他便与这所后来被世人誉为“后起之秀”的新兴名校结下了不解之缘，并且在武大一干就是17年之久。武大建校之初，他在身兼多职、事繁责重的情况下，居然还短暂地接受过来自家乡的盛情邀请，在武汉大学副校长的任职期内，勉为代理省立安徽大学校长一职，并在武汉与安庆两地之间辛苦奔波，对两所学校的建设和发展均贡献良多；但终因个人精力与时空所限，分身乏术，难以做到两方兼顾，加以安徽教育界人际关系复杂，环境恶劣，令其难以施展宏图，最终于一年

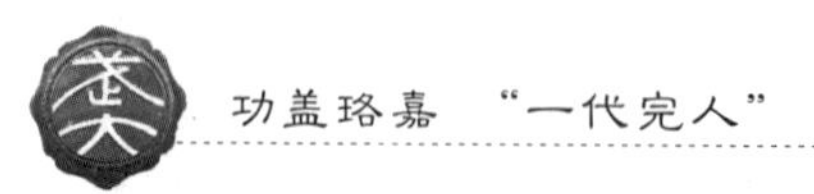

之内辞去安徽大学校长之职，将全部精力投入到武汉大学的建设之中，并一步一步地走上了校长的岗位。

一、从筹备委员到代理校长

（一）国立武大 筹办缘起

1928年诞生的国立武汉大学，虽系新创，但亦有较为悠久的历史渊源。该校最早的历史前身，为清末湖广总督张之洞（1837—1909）于1893年11月奏请光绪皇帝创办的湖北自强学堂，它位于当时武昌城内大朝街（今复兴路）口的三佛阁，是武汉乃至湖北地区最早的近代新式学堂。1902年，张之洞将自强学堂改名为方言学堂，并将校址迁至武昌东厂口原湖北农务学堂旧址。1911年3月，新任湖北提学使王寿彭（1875—1929）以经费不足为由，将方言学堂与湖北农业高等学堂一同停办。辛亥革命爆发后不久，湖北都督黎元洪（1864—1928）又将方言学堂校舍移作武昌军官学校。

民国初年，北京国民政府教育部根据师范人才的需要，划全国为六大师范区，每大区设国立高等师范学校一所（北京另设女子高师一所），其中，湖北区包括湖北、湖南、江西三省，高师设于武昌。1913年7月7日，教育部委派贺孝齐（1886？—1945）负责筹办国立武昌高等师范学校（以下简称“武昌高师”）；8月中旬，湖北都督黎元洪批饬拨定武昌军官学校全部房屋为武昌高师校舍；11月1日，武昌高师正式成立。武昌高师是在原湖北方言学堂的基础上建立起来

的，“横舍图书多仍其旧，而规模少宏远矣”①。1922年11月，北京国民政府公布了《学校系统改革案》，其中规定“依旧制设立之高等师范学校，应于相当时期内提高程度，收受高级中学毕业生，修业年限四年，称为师范大学校”②。根据这一改革方案，武昌高师评议会及主任会议于1923年6月决定，学校自下学年起改名为国立武昌师范大学(该校名于1924年2月获教育部批准)。1925年9月，国立武昌师范大学又改名为国立武昌大学。

1926年秋，国民革命军北伐军攻占武昌，国立武昌大学暂行停办。11月，广州国民政府在决定迁都武汉之后，计划“将武大改为中央中山大学……志在成立中央最高学府，培植中国一般建设人才，该大学于中国前途之关系，当其巨也”③。年底，武汉国民政府最终决定将国立武昌大学与国立武昌商科大学、省立医科大学、省立法科大学、省立文科大学等校合并，组建国立武昌中山大学(后来又接收了私立中华大学、北京中俄大学、上海大学的部分师生)。1927年2月，国立武昌中山大学正式宣告成立，下设文、理、法、经济、医5科17系及预科文、理2部。年底，武昌中山大学被当时盘踞在武汉的桂系军阀勒令解散，其校舍、文卷、图书、仪器、器具等所有校产，由湘鄂临时政务委员会派员暂行保管。

① 《校史》，《国立武汉大学第十六届毕业纪念刊》，1947年，国立武汉大学档案，1947—174。

② 《学校系统改革案》(教令第23号)(1922年11月11日)，《新教育》第5卷第5期(1922年12月)。

③ 《武昌大学拟从事扩充》，《广州民国日报》1926年11月9日。

1928年2月18日，刘树杞①出任湖北省教育厅厅长。他一方面大力恢复和整顿全省的中小学教育，另一方面对于高等教育也至为关注。上任后不久，刘树杞便决定筹办湖北大学，并确定以前国立武昌中山大学一院为校址。② 5月2日，湖北省政府第八次政务会议通过了刘树杞提出的筹备湖北大学案。③ 5月18日，中华民国大学院收到刘树杞的呈文一件，内称：“窃厅长以湖北为全国交通中心，又系辛亥首义之区，最高学府之设，实不容缓。拟就中山大学原有基础，改组湖北大学。先设筹备委员会，着手筹备，已拟具湖北大学筹备委员会简章等八条，提经湖北省政府政务会议核，转武汉政治分会鉴核施行矣。理合抄同提议书及上项简章，呈请钧院鉴核批准，迅予指令祗遵，实为公便。”④5月25日，大学院院长蔡元培就该呈文指令湖北省教育厅厅长刘树杞，称“各省设立大学，须预得大学院许可。现在湖北设立大学，尚属可行”，而仅仅只是对刘树杞呈送的湖北大学筹备委员会简章草案提出了一点修改意见。⑤

---

① 刘树杞(1890—1935)，字楚青，湖北蒲圻人，著名化学家、教育家，1928—1929年先后任国立武汉大学筹备委员会主任委员、代理校长、建筑设备委员会委员、工学院筹备主任等职。

② 参见《鄂省筹备湖北大学》，《申报》1928年4月4日。

③ 参见《湖北省政府第八次政务会议议事录》，《湖北省政府第一至九十一次政务会议纪录》(1928—1929)，湖北省档案馆藏民国湖北省政府档案，全宗号LS1，目录号1，案卷号32。

④ 《湖北教育厅长刘树杞来呈》(大学院来文第2005号)，大学院公报编辑处：《大学院公报》第1年第7期，1928年7月，第45页。

⑤ 参见《中华民国大学院指令》(第467号)，《武汉大学筹备委员会简章》(1928)，湖北省档案馆藏民国湖北省教育厅档案，全宗号LS10，目录号6，案卷号159。

据当年曾与王星拱等人一同参与国立武汉大学的筹备工作、后来又继王星拱之后出任该校第三任校长的周鲠生回忆,“武汉大学初提议设立的时候,究竟是省立或国立性质并没确定,实则名称也没定”①,“最初湖北教育当局提议改建大学,对于新大学的性质,颇偏于省办”②。当时,适逢第一次全国教育会议在南京召开。5 月 26 日,在大会进行到第 12 天的时候,曾有人提议:“大学以国办为原则,先就南京、北京、武昌、成都、广州、沈阳、西安七区设立国立大学,其余各省,俟国库充裕时,再分期设立之。”③而对于蔡元培个人来说,在武汉地区设立一所国立大学,乃是其早已有之的一项计划。早在民国元年蔡元培担任教育总长期间,便“以国立大学太少,规定于北京外,再在南京、汉口、成都、广州各设大学一所”④。1922 年 7 月,蔡元培又在中华教育改进社第一次年会上提议,“国立大学,为全国高深学术之总枢……依元年教育部计划,全国共设五校:除北京大学及南京之东南大学粗具规模、更求完备外,当更设西南大学于广东,西部大学于成都,中部大学于武汉”⑤。也正因

① 《大学之目的》(五月卅日纪念周周鲠生教授讲演),《国立武汉大学周刊》第 130 期(1932 年 6 月 7 日)。

② 《本校第十九周年校庆暨三十六年度开学典礼校长报告》(1947 年 10 月 31 日),《国立武汉大学周刊》第 374 期(1947 年 11 月 1 日)。

③ 参见《议高等教育组报告》,《全国教育会议特刊》第 13 号,《申报》1928 年 5 月 27 日。

④ 蔡元培:《我在教育界的经验》(1937 年 12 月),《蔡元培全集》第 7 卷,第 197 页。

⑤ 蔡元培:《国立大学与省立大学分别设立议》,《新教育》第 5 卷第 3 期(1922 年 10 月),转引自高平叔编:《蔡元培全集》第 4 卷,中华书局 1984 年版,第 221 页。

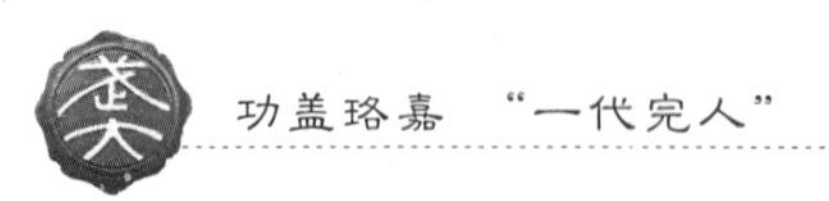

为此，面对刘树杞所提出的筹备湖北大学的计划，蔡元培“在裁可这个议案的时候，即时决定为国立大学，与北大中大等并重”①，要求这所新建的大学“必须避免地域性而明定为国立”②。对此，周鲠生高度评价和感慨道：“这一着十分表显蔡先生在教育上眼光远大，而其对于本校基础的确定及其前途发展，关系再大没有的了。”③

当时，由于蔡元培与南京国民政府当局在很多问题上发生分歧，其一手推行的大学院与大学区制改革也因为遭到许多政界及教育界人士的激烈反对而面临失败，因此，蔡元培决意辞去国民党中央政治会议委员、中央特别委员会常务委员、国民政府常务委员、代理司法部长、大学院院长及监察院院长等各项职务，专任中央研究院院长，并离开南京到上海定居。临行前，蔡元培决定按照其原有计划，集中精力在武汉地区筹办好一所国立大学，于是，他特地约集了当时在南京工作的王世杰、王星拱、皮宗石、周鲠生等几位原在北京大学共事的老同事坦诚交谈，希望他们都能前往武昌，一同创办国立武汉大学。据说，他们最初商定的筹备委员名单中原有时任司法部秘书长皮宗石，但皮宗石主动向蔡元培提出，武汉大学的筹办工作他一定会去参与，但不必列名为筹备委员。④ 经过一番商议，蔡元培最终于6月中

① 《大学之目的》(五月卅日纪念周周鲠生教授讲演)，《国立武汉大学周刊》第130期(1932年6月7日)。

②③ 《本校第十九周年校庆暨三十六年度开学典礼校长报告》(1947年10月31日)，《国立武汉大学周刊》第374期(1947年11月1日)。

④ 参见皮公亮：《我的父亲皮宗石》(手稿，未发表)，2011年。

旬致电国民党中央政治会议武汉分会主席李宗仁(1891—1969):“鄂省大学定名为国立武汉大学,拟由院聘刘树杞为该校筹备委员会主任,王世杰、李四光、曾昭安①、任凯南、麦焕章、涂允檀、周鲠生、黄建中为委员。”②7月初,因王世杰提出辞职,蔡元培又改派王星拱为国立武汉大学筹备委员,并在中央政治会议武汉分会第13次常会上得以通过。③随后,皮宗石最先动身,从南京来到武汉,陈源、周鲠生、王星拱等北大同事稍后亦陆续抵汉。④

王星拱第一次来到武汉,约在1923年初。当时,湖北教育界举行“寒期讲演会”,王星拱与李大钊、朱希祖、张仲琳(1886—1962)、麦克乐(Charles Harold McCloy, 1886—1959)等著名学者一同受邀参加。2月1日,他首先在中华

① 原名曾瑊益(1892—1978),字昭安,后以字行。

② 参见《中央政治会议武汉分会第九次常会议事日程》(1928年6月19日),《中央政治会议武汉分会月报》第1卷第1期(1928年7月),“会议录”,第57~58页。在这9名筹备委员中,刘树杞时任湖北省政府委员兼教育厅厅长,王世杰时任国民政府法制局局长,李四光时任国立中央研究院地质研究所所长,曾昭安为原国立武昌中山大学校务委员会委员、教务委员会主席,任凯南(1884—1949)为原省立湖南大学校长,麦焕章(1889—1940)时任国民党汉口特别市党部党务指导委员会宣传部长,涂允檀(1897—1976)时任国民党汉口特别市党部党务指导委员会常务委员兼组织部长、民众训练委员会委员,周鲠生时任国立中央大学政治系主任,黄建中(1889—1959)时任湖北省民政厅秘书。其中,刘树杞、王世杰、李四光、涂允檀、黄建中均为湖北人,任凯南、周鲠生为湖南人,曾昭安为江西人(但幼时便已迁居湖北宜昌),麦焕章为广西人。

③ 参见《武汉大学筹备委员会简章》(1928年)及《电大学院蔡院长改派王星拱为筹备委员已提交本会议决赞同由》,《中央政治会议武汉分会月报》第1卷第2期(1928年8月),“电文”,第1页。

④ 参见皮公亮:《我的父亲皮宗石》(手稿,未发表),2011年。

大学讲演了“环境改造之理论”的第一讲和第二讲，2 月 2 日上午，又来到武昌高师(国立武汉大学前身)，完成了该讲题的第三讲。① 时隔五年之后，当他再次来到这个华中重镇时，却已不再是座上贵宾与匆匆过客了，而是换了另外一个非常重要的“主人公”般的身份——国立武汉大学筹备委员会委员。于是，继 1924 年参与创办国立广东大学之后，王星拱再一次肩负起参与创办一所新兴国立大学的重任。从此，他便与其他几位筹备委员一道，倾尽全力地投身于国立武汉大学的创建工作之中，在武汉这个风云际会的辛亥革命首义之地，开启了其学术与教育生涯的新阶段。这一年，王星拱刚满四十岁，对于一名教育工作者来说，这正是一个年富力强而又具有较为丰富的教育经验与社会阅历的黄金年龄。

(二) 全面参与　身兼多职

据不完全统计，从 1928 年 7 月成为国立武汉大学的筹备委员，到 1933 年 4 月第二次出任武汉大学代理校长，从 40 岁到 45 岁，在短短五年的时间里，王星拱在武大担任过的各项职务，竟达 22 种之多！其中，较为重要的职务，主要有如下十余种。

1. 筹备委员会委员、理工学院筹备主任(1928 年 7 月～9 月)

在被任命为国立武汉大学筹备委员会委员之初，王星

① 参见《江声日刊》第 421 号(1923 年 2 月 3 日)，转见张静如、马模贞、廖英、钱自强编：《李大钊生平史料编年》，上海人民出版社 1984 年版，第 200～201 页。

拱因病迟迟未能到会，从而错过了其他几位委员于6月21日至7月20日之间召开的六次谈话会，也错过了武大最早一批规章制度的制订。7月24日，国立武汉大学筹备委员会召开成立会，并以武昌方言街前国立武昌中山大学第一院为办公地点。① 7月28日，大学院院长蔡元培电令筹备主任刘树杞暂行兼代国立武汉大学校长职务。② 8月1日，代理校长刘树杞就职视事。③

在任命刘树杞为武汉大学代理校长的同时，蔡元培还指定闻一多(1899—1946)为文学院筹备主任，王星拱为理工学院筹备主任，皮宗石为社会科学院筹备主任，梁明致为预科主任。④ 上述四人到校后，经与代理校长刘树杞等将临时校务会磋商就绪，于9月14日召开成立会，开始办理招生、开学及聘任教员等事宜，同时宣告筹备委员会解除责任。⑤ 临时校务会的成立，标志着国立武汉大学正式宣告诞生。

10月初，王星拱在出席了国立武汉大学的前两次校务会议之后，旋即离开武汉，返回南京处理自己在中央大学的

---

① 刘树杞:《呈报筹备委员会正式成立日期》,《本校及中央政治会议武汉分会关于筹建国立武大的文件》,国立武汉大学档案,1928-1。

② 参见《中华民国大学院有关武大筹委会人选刘树杞代理校长的来文来电》,国立武汉大学档案,1928-2。

③ 刘树杞:《呈报就代理校长职及分函各机关》,《本校及中央政治会议武汉分会关于筹建国立武大的文件》。

④ 参见《中华民国大学院有关武大筹委会人选刘树杞代理校长的来文来电》。

⑤ 刘树杞:《组织临时校务会呈报大学院政分会》,《本校及中央政治会议武汉分会关于筹建国立武大的文件》。

一些未尽事项。10 月 31 日，国立武汉大学在武昌东厂口前国立武昌中山大学校舍正式开学上课。① 11 月 20 日，第 9 次校务会议议决于 12 月 6 日举行开学典礼，②但 12 月 4 日的第 11 次校务会议又决定，等到校舍修缮完竣，并电催周鲠生、王世杰、王星拱等人到校后再定期举行。③ 12 月 26 日，王星拱还在南京出席了国立中央大学第 46 次筹备会议。④ 随后，他便辞去了在中央大学的所有职务，再次来汉，全心致力于国立武汉大学的各项校务工作。1929 年 1 月 5 日，在所有筹备工作均已准备就绪，王星拱等人也已经到校，教育部及地方各级党政机关均派代表出席的情况下，国立武汉大学在开学两个多月以后，终于补行了盛大的首次开学典礼。⑤

2. 建筑设备委员会委员(1928 年 7 月—1939 年，1947 年 4 月—1949 年?)

国立武汉大学在筹建之初，仍是沿用武昌东厂口前国立武昌中山大学的旧有校舍继续办学。从 1902 年的湖北方言学堂，到 1913 年的国立武昌高等师范学校，再到 1923

---

① 1929 年 10 月 18 日，国立武汉大学第 50 次校务会议议决通过《规定本大学纪念日案》，决定将每年的 10 月 31 日作为“本大学成立纪念日”。参见《国立武汉大学校务会议纪录》(第一册)，第 181 页，国立武汉大学档案，1929—22。

②③ 参见《国立武汉大学校务会议纪录》(第一册)，第 34 页，第 45 页。

④ 参见《中大筹备会议纪录》(1928 年)，中国第二历史档案馆藏国立中央大学档案，全宗号六四八，案卷号 906。

⑤ 参见《本大学第七次总理纪念周纪录》，《国立武汉大学周刊》第 6、7 期(1929 年 1 月 7、14 日)。

年的国立武昌师范大学、1925 年的国立武昌大学，直至 1927 年的国立武昌中山大学和 1928 年的国立武汉大学，在 20 多年的时间里，这所学校的校名如走马灯一样变换，而校址却一直蜗居于武昌东厂口方圆 40 余亩的弹丸之地，未曾有过变动；校舍虽经多次修缮，但仍显狭小、简陋、陈旧，“除一栋图书馆、一栋教学楼、二栋学生宿舍为二层砖木结构外，其余校舍均为木结构平房”①，且“历年甚久，颓朽者多”②。由于“原有校舍过于狭陋，一切较周密之设备及完整之布置均不易着手”③，加以地处武昌闹市中心，完全没有任何拓展扩充之余地，也就根本无法满足一所现代大学的发展需要。有鉴于此，身为国立武汉大学筹备委员之一的李四光，“首先提议以一百五十万元巨款于武昌郊外另建新校舍，改造环境”④，并得到了其他筹备委员的高度赞同。7 月初，李四光正式“提出建设计划大纲，拟以洪山为校址，建筑费一百万至一百五十万元”，并“分呈大学院，政分会采择”。⑤ 大学院院长蔡元培立即予以批准，并命令组织国立武汉大学建筑设备委员会，以李四光为委员长，麦焕章、王

---

① 沈中清:《工作报告——参与国立武汉大学新校舍建设的回忆(国立武汉大学新校舍建筑简史)》，1982 年 3 月，第 3 页。武汉大学档案馆藏档案，全宗号 4，年代号 1982，分类号 X22，案卷号 6。

② 《本校新校舍建筑设备概况》，《国立武汉大学一览》(中华民国十九年度)，第 124 页。

③ 《新校舍建筑设备概况》，《国立武汉大学一览》(中华民国二十年度)，第 153 页。

④ 《本校第十九周年校庆暨三十六年度开学典礼校长报告》(1947 年 10 月 31 日)，《国立武汉大学周刊》第 374 期(1947 年 11 月 1 日)。

⑤ 参见《武汉大学提出建设计划》，《申报》1928 年 7 月 23 日。

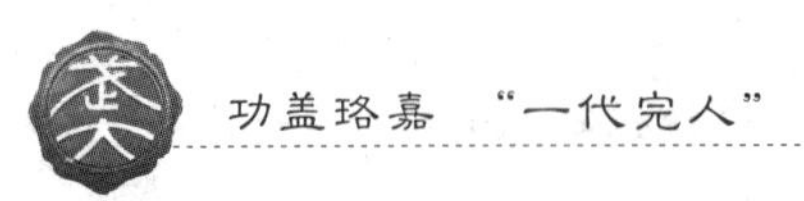

星拱、叶雅各(1894—1967)、刘树杞为委员,并由叶雅各兼任秘书。随后,学校又奉中国国民党中央政治会议武汉分会的指令,加派张知本(1881—1976)、胡宗铎(1892—1962)、白志鲲、张难先(1873—1968)、石瑛、王世杰为委员。①

据曾任武大建筑设备委员会工程处工程技术员的沈中清回忆:"国立武汉大学建筑设备委员会对于校址选择的要求,认为北京清华大学和上海交通大学的校舍,均在市外郊区建设,环境僻静,有利于教学,有利于学生身心锻炼,征用土地亦比较容易,并有发展前途,可为借鉴。"②据王世杰一年后对全校师生的报告中所说:"那时,适逢叶雅各先生——前金陵大学森林系主任,后受聘于湖北省政府计划改进农业事务者——于武昌东湖一带考察农林状况之后,对大家说武昌东湖一带是最适宜的大学校址,其天然风景不唯国内各校舍所无,即国外大学亦所罕有;于是李先生③等亲去该地察看。"④乘着一个秋高气爽的好天气,李四光、刘树杞、张难先、石瑛、叶雅各、王星拱等建筑设备委员会委员,循着湖北省陆军测量局绘制的地图,一同来到东湖之滨的落驾山⑤,经过考察,一致认为此处是理想的建校地

① 参见《本校及武汉政治分会有关武大建筑设备委员会文件》,国立武汉大学档案,1928-4。

② 沈中清:《工作报告——参与国立武汉大学新校舍建设的回忆(国立武汉大学新校舍建筑简史)》,第3页。

③ 即李四光。

④ 《本周纪念周校长王世杰先生报告》,《国立武汉大学周刊》第36期(1929年11月17日)。

⑤ 后由国立武汉大学文学院首任院长闻一多教授更名为"珞珈山"。

址。① 1928年11月28日,在王星拱缺席的情况下,国立武汉大学建筑设备委员会召开第一次会议,决定以武昌城外卓刀泉东湖嘴一带为新校舍建设地点,并向中央和湖北省政府申请150万元作为建筑设备费(其中以100万为建筑费,50万为设备费),由中央与湖北省政府各拨一半。②

国立武汉大学建筑设备委员会"对学校是独立的机关,其收入和支出,完全是与学校经常费分离的"③,"举凡新校舍的建筑设备计划,均由该委员会采定;一切建筑设备费用,均由该委员会收受支付。不与学校经常费混一"④。由于当时建筑设备委员会委员长李四光同时身兼中央研究院地质研究所所长及北京大学地质系主任等职,经常奔走于北平与武汉之间,无法长期留在学校工作,因此,当李四光不在学校时,其委员长之职便需要有人来代理。从1929年底到1931年初,建筑设备委员长的职务先后由时任理学院首任院长王星拱和工学院首任院长石瑛代理,1931年以后则由工学院第二任院长邵逸周代理。国立武汉大学首任校长王世杰在1932年3月时曾指出:"这几位代理的先生一方面担任课务,一方面主持建筑等事,工作是永远在一种紧张状态中。"⑤在代理建筑设备委员会委员长一年多的时间

① 参见沈中清:《工作报告——参与国立武汉大学新校舍建设的回忆(国立武汉大学新校舍建筑简史)》,第4页。

② 参见《武汉大学建筑设备委员会第一次会议》,《本校及武汉政治分会有关武大建筑设备委员会文件》。

③⑤ 《王校长纪念周演说辞》,《国立武汉大学周刊》第119期(1932年3月12日)。

④ 《本校新校舍建筑设备概况》,《国立武汉大学一览》(中华民国十九年度),第124页。

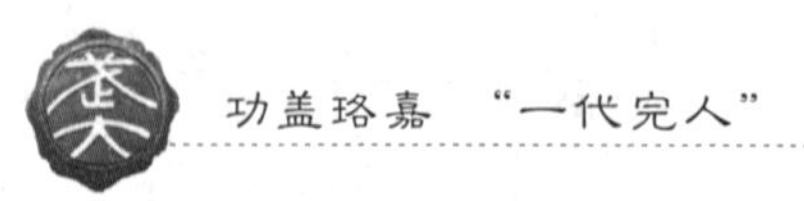

里，王星拱曾多次主持或参与建筑设备委员会常会，先后审议通过了建筑工程师合同、建筑计划概图、新校舍建筑办公房屋经费、洪山至落驾山新校址马路工程、收买新校址内圈定土地、新校舍内修路布景工作、购地契约格式、教职员住宅包工合同、自来水装置计划、动力室暨工厂房屋包工等多项议案。① 在邵逸周于 1931 年 2 月代理委员长职务之后，王星拱作为建筑设备委员会委员之一，也仍然继续为武汉大学珞珈山新校舍的建设付出了大量心血。

1938 年，因侵华日军逼近武汉，国立武汉大学被迫放弃了珞珈山新校舍，西迁至四川乐山，学校建筑设备委员会也在不久后暂告停顿。抗战胜利后，武汉大学于 1946 年秋复员武昌珞珈山，因珞珈山校舍“一切修复事宜，亟待进行”，于是，学校决定自 1947 年 4 月 1 日起，“仍旧恢复建筑设备委员会，以专责成，而符规划”。当时，王星拱已经转任国立中山大学校长，由于他与李四光、王世杰、黄建中、邵逸周等几位“原任委员”，“均因职务关系，距校较远，集会不易”，故学校又加聘了熊国藻、谭岳泉（1899—?）、桂质廷（1895—1961）、曹诚克、赵师梅（1894—1984）等 5 人为委

① 以上参见《国立武汉大学建筑设备委员会第三次常会》，《国立武汉大学周刊》第 31 期（1929 年 10 月 14 日）；《国立武汉大学建筑设备委员会第四次常会纪录》，《国立武汉大学周刊》第 35 期（1929 年 11 月 11 日）；《国立武汉大学建筑设备委员会第六次常会》，《国立武汉大学周刊》第 43 期（1930 年 1 月 5 日）；《国立武汉大学建筑设备委员会第十四次常会纪录》，《国立武汉大学周刊》第 73 期（1930 年 11 月 9 日）；《建筑设备委员会第十五次常会纪录》，《国立武汉大学周刊》第 76 期（1930 年 11 月 30 日）；《建筑设备委员会第十七次常会纪录》，《国立武汉大学周刊》第 82 期（1931 年 2 月 1 日）。

员,在委员长李四光未到校时,由赵师梅兼代委员长之职。① 此后,在国立武汉大学1947年和1948年编印的该学年度教职员录中,均列有王星拱的名字——即使是在王星拱离开武汉大学之后的两三年间,他也仍然以"前任本校校长、现任中山大学校长"的身份,在名义上继续兼任国立武汉大学建筑设备委员会委员之职。②

3. 理工学院院长(1928年9月—1929年3月)、理学院院长(1929年3月—1933年4月,1935年10月—1939年11月)兼代物理学系主任(1935年10月—1936年10月)

1928年9月国立武汉大学成立后,下设文学院、社会科学院和理工学院三个学院,并分别由各学院原筹备主任担任院长,其中王星拱为理工学院院长。最初,理工学院仅设有数学系和化学系两个理科学系,基础十分薄弱。1929年3月4日,国立武汉大学第一次评议会议决添设工学院(与理学院分立)。③ 此后,王星拱由理工学院院长改任理学院院长。1933年4月,王星拱再次出任代理校长后,理学院院长由查谦(1896—1975)教授代理。1935年10月,因查谦出

---

① 以上参见《国立武汉大学呈教育部文》(武字第3419号),《国立武大1947年恢复建筑设备委员会、成立民众法律顾问处文件》,国立武汉大学档案,1947—27。

② 参见《国立武汉大学教职员录》(三十六学年度),国立武汉大学档案,1947—72;《国立武汉大学教职员录》(三十七学年度),国立武汉大学档案,1948—46。

③ 参见《国立武汉大学第一次评议会议事录》,《国立武汉大学周刊》第12期(1929年3月11日)。

国，王星拱又以校长身份暂时兼代理学院院长及物理系主任。1936年10月，查谦回国后，再次出任物理系主任，但理学院院长一职仍由王星拱继续兼任。直到1939年11月，王星拱聘桂质廷教授为理学院院长，他才第二次卸下这一重任。

4. 理学院、化学系教授(1928年9月—1936年)

作为国立武汉大学的创办人之一，王星拱也理所当然地成为了这所新兴大学的首批教授。从1929年到1933年，王星拱主要为武大理学院化学系本科二年级学生讲授“高等无机化学”课程；1931—1934年为化学系三、四年级学生讲授“生物化学”，为化学系四年级学生讲授“化学史”；1932—1935年为物理学系一年级学生讲授“化学实验”；1933—1935年为数学系、生物学系一年级学生讲授“化学实验”；1933—1934年为生物学系二年级学生讲授“生物化学”；1931—1932年甚至还为哲学系本科二年级学生开设了“科学概论”课程(以上均为必修课程)。①

作为一名化学教授，王星拱的学术水平得到了学校乃至全国学术界的充分认可。1929年，中华教育文化基金董事会“以国立武汉大学办理尚称完善”，在学校设置了物理、化学、植物三种讲座，其中的化学讲座即由王星拱所担任。②

---

① 以上参见1929—1935年间各年度的《国立武汉大学一览》所载之各学院课程指导书。

② 参见《武昌大学设科学讲座》，《申报》1930年6月15日。此时国立武汉大学定名已有将近2年的时间，但仍有人根据旧有习惯继续称之为“武昌大学”。

到了1935年,已正式担任国立武汉大学校长一年多的王星拱,随着校务行政工作的日益繁忙,便不再担任任何课程的讲授;而从1936年开始,王星拱的名字甚至已不再出现于武汉大学的教员名录之中,大学校长这个职位对他而言,已完全成为了“专职”。①

5. **仪器委员会主席、委员长**(1928**年**12**月**—1933**年**5**月**)

1928年12月11日,国立武汉大学第12次校务会议议决组织仪器委员会,并聘请王星拱为主席(1929年后改称委员长)。② 在国立武汉大学组建之初,由前武昌中山大学遗留下来的仪器设备数量极少,且简陋不堪,连普通教学都不能满足。在王星拱等人的领导下,武汉大学的仪器设备经陆续购置、不断扩充,至1929年底,已勉强可供普通教学之需。1930年以后,仪器设备支出经费在全校经费预算中已占有重要份额。经过数年努力,到1933年,武汉大学的仪器设备价值已超过30万元,其中包括理学院的数学模型120多件、物理学仪器1300多件、化学仪器350多件、生物学仪器200多件、动植矿物标本及模型9500多件,以及工学院的测量仪器室、动力室、电器试验室、水力实验室、材料试验室、模型室及数个校办实习工厂等。③ 1933年4月底,王星拱第二次出任国立武汉大学代理校长。5月12日,第

① 参见1935—1938年间各年度的《国立武汉大学一览》所载之各学院课程指导书及职教员履历。

② 参见《国立武汉大学校务会议纪录》(第一册),第49页。

③ 以上参见1929—1933年间各年度的《国立武汉大学一览》所载之各学院概况。

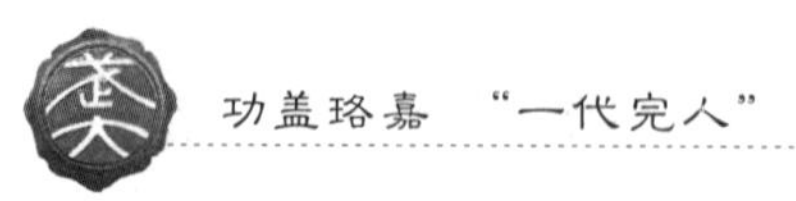

198次校务会议改推新任理学院院长查谦接任仪器委员会委员长。①

6. **评议员(1928—1929年)**

武大改建之初，学校制订的《国立武汉大学组织大纲》第四章“机关”第十三条规定，大学设评议会、校务会和学院会，其中，评议会“以教育部代表一人、中央政治会议武汉分会代表一人、本大学教授代表每院一人及本大学校长、各学院长、预科主任组织之，校长为当然主席”，其职权主要包括：(1) 议订本大学学制；(2) 议决本大学教育方针；(3) 筹画本大学经费；(4) 保管本大学财产及基金；(5) 审查本大学预算决算；(6) 裁决本大学教职员及学生之纪律事项。②

根据这项规定，国立武汉大学于1928年底组织评议会，主要成员包括代理校长刘树杞、教育部代表周览(周鲠生)、武汉政治分会代表翁敬棠(1885—1957)、文学院院长闻一多、社会科学院院长皮宗石、理工学院院长王星拱、文学院教授举出代表陈登恪(1897—1973)、社会科学院教授举出代表燕树棠、理工学院教授举出代表曾昭安等人，以刘树杞为主席。③ 1929年上半年，评议会曾讨论通过多项议案，包括增设工学院、筹办土木工程学系及采矿冶金学系，

---

① 参见《国立武汉大学校务会议纪录》(第四册)，第151页，国立武汉大学档案，1932－23。

② 参见《国立武汉大学组织大纲》(十八年三月四日修正)，《国立武汉大学周刊》第14期(1929年3月25日)。

③ 《本大学评议会评议员题名录》，《国立武汉大学周刊》第5期(1928年12月31日)。

增设哲学系、法律学系及商学系，议定经费及预算，修正本大学组织大纲、教员聘任及教职员待遇规则、评议会议事规则、校务会议事规则、学院会议事规则等。①

1929年7月26日，国民政府公布施行了《大学组织法》，其中规定大学设校务会，但并无设评议会的任何规定，从而与《国立武汉大学组织大纲》之间产生了抵触。为求与《大学组织法》相符合，武大重新制定了《国立武汉大学组织规程》，删去了原《组织大纲》中有关评议会的内容，并于1929年11月9日获教育部指令核准。此后，国立武汉大学便取消了评议会制度，而将原有评议会的全部职能转而集中于校务会议。据笔者统计，从1928年10月2日国立武汉大学第1次校务会议召开，到1933年4月25日第9次临时校务会议宣布王星拱为代理校长，武大一共举行过207次校务会议(其中包括9次临时校务会议和1次特别会议)，而王星拱就出席过其中的150次，并曾以代理校长、副校长、教务长等身份亲自主持过其中的29次，②始终在学校的各项校务决策与处理过程中扮演着重要角色。

7. **代理校长**(1929 **年** 3 **月**—1929 **年** 5 **月**)

1929年1月10日，国立武汉大学代理校长刘树杞以校务工作“一切布置，粗有端倪”，但“扩充整理，头绪纷繁”，而

① 参见《国立武汉大学第一次评议会议事录》,《国立武汉大学第二次评议会议事录》,《国立武汉大学周刊》第12期(1929年3月11日);《国立武汉大学评议会临时会议纪录》,《国立武汉大学周刊》第25期(1929年6月10日)。

② 以上参见《国立武汉大学校务会议纪录》(第一册至第四册),国立武汉大学档案,1929—22,1930—13,1932—52,1932—23。

自己“本任湖北省政府委员兼教育厅厅长，综揽全省教育行政，事繁责重，委无余力再兼校长职务”为由，向教育部呈请辞职，并推荐李四光为继任人选，而在李四光未到职前，则“请令饬理工学院院长王星拱暂行代理”。① 2 月，教育部批准刘树杞的辞呈，并任命王世杰为国立武汉大学首任校长，其到职前仍由王星拱兼代校长职务。

3 月 11 日，刘树杞在武大第 12 次“总理纪念周”上发表了离任讲话，他对全校师生表示：“二位王先生知识的优越，道德的高尚，和经验的丰富，都是兄弟素所深悉而敬佩的。此后武汉大学的发达，是可以预祝的……从今日起，本校由王星拱先生负责了。”而王星拱则指出：“王雪艇先生有精博的学问，高尚的道德，与宏毅的能力，他来做我们学校的校长，我们的学校必定有一日千里的发展。但是，他因为在中央方面一时摆脱不开，所以暂时不能到校，并且叫兄弟暂行代理，兄弟力薄学浅，只能够做到暂时承乏的限度罢了。现在我们同人尽力敦促王先生早日来校，我希望同学诸君，对于王先生有同样的敦促。”②3 月 14 日，王星拱正式布告全校，宣布“本代校长遵于本日代行职务”③。

从“暂时承乏”代理校长之职时起，王星拱便与全校师

---

① 以上参见刘树杞：《呈请辞去国立武汉大学代理校长兼职并荐贤自代》，《本校刘树杞请辞代理校长兼职（推荐李四光为校长）报告》，国立武汉大学档案，1929－1。

② 参见《本大学第十二次总理纪念周纪录》（十八年三月十一日），《国立武汉大学周刊》第 13 期（1929 年 3 月 18 日）。

③ 参见《本校布告》，《国立武汉大学周刊》第 13 期（1929 年 3 月 18 日）。

生不断向王世杰去电去函，催促其“早日莅校视事，以慰众望”，并希望他在到任前，为武大多添聘名教授，同时向中央政府交涉落实武大建设经费来源等问题。另一方面，他又辛勤工作，以努力尽到代理校长的责任。从 3 月 15 日到 5 月 21 日，在短短两个多月的时间里，王星拱以代理校长的身份，一共主持了 12 次校务会议，讨论通过了关于学校经费、校舍建设、院系添设、教职员聘任、教学制度、课程设置、考试制度、招生方法、学籍管理、体育运动、对外交往等各方面内容的数十个议案，①在王世杰校长到任前，保证了武汉大学的各项校务工作紧张有序地正常运转。

1929 年 5 月 22 日，王世杰校长抵达学校，武大全体师生为其举行了盛大的欢迎会。王星拱在会上发表了简单的讲话，表达了自己的“两点愉快”：“从公的方面讲，令我们感到最愉快的就是经王校长的努力，建筑费已有眉目，新建筑一旦成功……各方面的困难都可以消除或减少。至于私的方面：我个人代理校长已经两月有余，只感到材力的不足，犹如是以一个人的能力担任一千个人的职务，真觉吃累得很。现在王校长已经来校了，一切的责任要王校长担负起来了，我个人担负个人的事，真觉爽快许多。”②虽是自谦之辞，却也从一个侧面反映出王星拱在代理校长职位上的认真负责与任劳任怨。

---

①　以上参见《国立武汉大学校务会议纪录》(第一册)，第 77～114 页。

②　《国立武汉大学全体学生举行王校长莅校欢迎会志盛》(十八年五月二十二日)，《国立武汉大学周刊》第 23 期(1929 年 5 月 27 日)。

8. **副校长**(1929 **年** 6 **月**—1930 **年** 10 **月**)

1929 年，在国民政府教育部大学委员会第 11 次会议上，中央大学校长张乃燕提出国立大学酌设副校长案，当经议决：“国立大学得设副校长。”①根据教育部的通知，国立武汉大学评议会于 1929 年 6 月 5 日召开临时会议，议决呈请教育部修正组织大纲第八条第二项为“本大学得设副校长一人，由校长聘任，并呈报教育部备案。副校长赞助校长处理校务，校长因故缺职时，由副校长代理之”。② 随后，王世杰校长聘理学院院长王星拱兼任副校长之职。1930 年 10 月，教育部又下令裁撤副校长。此后近 20 年间，武汉大学遵从部令，始终未再设置副校长之职，王星拱也由此成了国立武汉大学 20 多年历史上唯一的一位“副校长”。

9. **教务长**(1930 **年** 2 **月**—1933 **年** 4 **月**)

1929 年 11 月 9 日经教育部核准的《国立武汉大学组织规程》第九条规定：“本大学得设教务长一人，由校长聘任，处理全校教务及学术设备事宜。教务长得由副校长兼任。”③根据这条规定，1930 年 2 月 27 日召开的国立武汉大学第 65 次校务会议议决照章设置教务长，并推定由王星

① 参见《教育部关于国立大学得设副校长的训令》，国立武汉大学档案，1929—4。

② 参见《国立武汉大学评议会临时会议纪录》，《国立武汉大学周刊》第 25 期(1929 年 6 月 10 日)。

③ 《为修正组织规程草案呈教育部文》，《国立武汉大学周刊》第 36 期(1929 年 11 月 17 日)。

拱副校长兼任。[①] 3 月 6 日，第 66 次校务会议审查通过了由周鲠生拟订的《本大学教务长职务规则》。[②] 该项规则规定，教务长主要处理课程考试成绩、教员选聘、学术设备、学术研究及学术出版以及其他关于学则之执行等事项，并在此过程中，“对于相关委员会及各学院、各部有指导权”；此外，“教务长于必要时得召集各学院院长会议”，并在这项会议中担任“当然主席”。[③] 4 月 17 日，第 72 次校务会议议决：“教务长对于校务会议所设立之各种委员会，有当然列席权。”[④] 10 月，武大遵教育部令裁撤副校长一职，教务长也就成了事实上的“副校长”，其实际行政权力仅次于校长。1933 年 4 月，王星拱再次出任代理校长后，原有教务长一职由皮宗石接任。

10. **化学系主任**(1930 **年** 9 **月—**1934 **年** 10 **月**)

1930 年 9 月 22 日，国立武汉大学第 90 次校务会议议决：“本年度各系，已有三年级者，概依照大学组织法设系主任，任期一年，院长得兼系主任。”[⑤] 随后，王星拱即以理学院院长的身份兼任化学系主任。[⑥] 1933 年 4 月，王星拱再次出任代理校长后，仍继续兼任化学系主任之职。1934 年，教育部派员视察武汉大学后，在 7 月 20 日发出的第

---

①②④⑤　参见《国立武汉大学校务会议纪录》(第二册)，第 38 页，第 40 页，第 58 页，第 110 页。

③　参见《本大学教务长职务规则》，《国立武汉大学一览》(中华民国十九年度)，第 157 页。

⑥　《系主任聘定消息》，《国立武汉大学周刊》第 67 期(1930 年 9 月 28 日)。

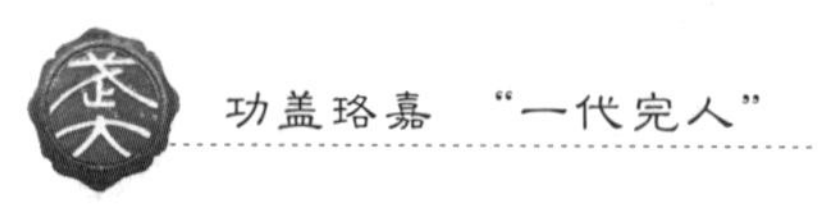

8815号训令中指出:“该校为新兴大学,校长职务繁重,原有化学系主任一职,宜另聘专家担任,以专责成。”①根据这道训令,王星拱于1934年10月聘黄叔寅教授接任化学系主任。

11. 特别(种)基金保管委员会委员长(1931年6月—1933年5月)

1931年6月5日,国立武汉大学第122次校务会议议决设立特别基金保管委员会②,负责“保管各种杂项收入(如刊物收入捐款及中华文化基金董事会津贴等),以备校款枯竭时紧急之需及供本校特种设备扩充之用”。该委员会由各院院长及财务委员会委员长组织,以王星拱为委员长。③ 1933年5月12日,王星拱任代理校长后,第198次校务会议改推皮宗石为特种基金保管委员会委员长。④

12. 聘任委员会委员长(1931年11月—1933年5月)

1931年11月13日,国立武汉大学第139次校务会议议决推定王星拱、陈剑翛、汤璪真(1898—1951)、周鲠生、邵逸周等5人为聘任委员会委员,王星拱为当然委员长。⑤根据11月6日第138次校务会议通过的《聘任委员会组织章

① 《教育部致国立武汉大学训令》(7月20日),中国第二历史档案馆编:《中华民国史档案资料汇编》第五辑第一编教育(一),第202页。

② 后定名为特种基金保管委员会,其规则草案于1933年5月26日由第199次校务会议修正通过。

③⑤ 参见《国立武汉大学校务会议纪录》(第三册),第47～48页,第110页。

④ 参见《国立武汉大学校务会议纪录》(第四册),第150～151页。

程》之规定,该委员会的主要职责为"审定各学院教员候补人资格事项"。① 在王星拱担任聘任委员会委员长一年多的时间里,武大曾先后聘请了丁燮和、查谦、章韫胎(1897—1977)、刘秉麟(1891—1956)、吴其昌(1904—1944)、刘永济(1887—1966)、陈祖源(1901—?)等众多知名学者来校任教,极大地充实了学校的师资力量。1933 年 5 月 12 日,王星拱任代理校长后,第 198 次校务会议改推皮宗石为聘任委员会委员长。②

除上述各项重要职务外,从 1928 年到 1933 年,王星拱在国立武汉大学曾经兼任过的其他职务,还有图书委员会委员、课程委员会委员、编定新预算委员会委员、考试委员会委员、预科算学委员会委员长、财务委员会委员、基本英文课程委员会主席、教职员党义研究会常务委员、毕业考试委员会委员,等等,大大小小的不同职务总计多达 22 种!在如此短暂的时间之内,其所担任的职位之多,事务之繁,责任之重,其他教职员鲜有能比肩者,而这在武汉大学百余年的历史上,亦堪称前无古人,后亦难有来者。所有这些职务,实在是对"能者多劳"所能作出的最显著、最生动和最为彻底的诠释。在这 5 年间,王星拱以其卓越的才能、旺盛的精力和辛勤的劳动,为国立武汉大学的创办和发展立下了汗马功劳,所谓"劳苦功高",实莫过于此!

① 参见《聘任委员会组织章程》,《国立武汉大学一览》(中华民国二十年度),第 170～171 页。

② 参见《国立武汉大学校务会议纪录》(第四册),第 151 页。

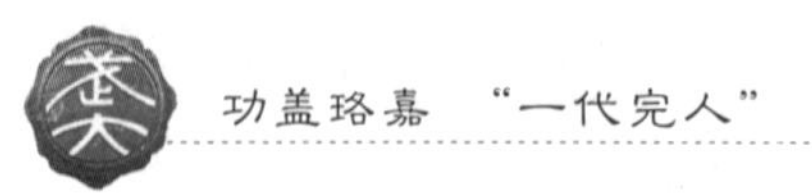

而更令人难以想象的是，从 1929 年 7 月到 1930 年 6 月，当王星拱在初创的国立武汉大学身兼副校长、教务长、理学院院长、建筑设备委员会委员等多种要职的时候，他甚至还同时兼任过远在数百公里以外的另一所新兴高等学府的校长之职！——他的家乡、安徽省城安庆新建的一所与他有着密切渊源的——安徽大学。

二、兼任安徽大学校长

（一）勉力受命　兼长安大

1927 年 4 月南京国民政府成立后，王星拱的家乡安徽省逐渐为南京政府所直接控制，军阀割据混战的状况逐步消失，社会政治局面也日趋稳定，在此之前曾多次搁浅的安徽大学的筹备工作，此时也得到了一个重新启动的契机和良好的外部条件。

1927 年 10 月，新上任的安徽省政府主席陈调元（1886—1943）重新组织了安徽大学筹备委员会，预定全年度经费 72 万元，划全省契税收入为基金，由筹备委员会推举刘文典（1889—1958）为文学院筹备主任，吴承宗为工学院筹备主任，韩安为农学院筹备主任。1928 年 2 月，筹备工作就绪，开始招收大学预科学生。4 月 10 日，安徽大学举行首次开学典礼，首批预科生正式入学上课。8 月，筹备委员会推举刘文典为文学院院长兼预科主任，开始招收文、法本科学生。因一时没有理想的校长人选，故暂由刘文典主持

校务。11 月，刘文典因顶撞蒋介石(1887—1975)入狱。① 1929 年 1 月底，由于安徽大学筹备委员会多数委员已辞职，特别是刘文典的去职，更使得校务无法维持，因此，安徽省政府决定对安徽大学进行接收改组。2 月 1 日，省政府第 77 次委员会会议通过了《安徽省立大学组织大纲》，正式定校名为“安徽省立大学”。2 月 15 日，省政府第 46 次委员谈话会又决议聘教育厅厅长程天放(1899—1967)兼任安徽大学校长。② 6 月，程天放辞职，省政府又开始考虑其他校长人选。

据杨亮功回忆，“那时我在吴淞帮助胡适之先生办理中国公学”，一日，胡适突然示之以《申报》上的一则新闻——“兼任安徽大学校长程天放辞职，继任以杨亮功的可能性最大”，然后对他说：“安庆去不得的，安徽学风甚坏，说不定今日欢迎你的人，就是明天反对你的人。”过了一天，胡适又对他说：“安徽大学校长问题不能久悬，我想推荐抚五继任。”杨亮功答道：“王先生最为适当。”于是，胡适当即便拟定了一封发给时任安徽省政府委员孙养癯的电报，推荐王星拱继任安徽大学校长，并要求杨亮功一同署名，“不意这件电报竟然奏效”。后来，孙养癯告诉杨亮功说：“当时省政府本有意于抚五和你两人中择一继任，胡先生既有电来推荐抚

① 以上主要参见《校史》，《安徽大学一览》(中华民国二十五年度)，第 1 页；周乾：《王星拱与省立安徽大学早期发展》，《江淮文史》2007 年第 1 期；周乾：《胡适与民国时期安徽大学的初创》。

② 以上参见《程厅长兼长安大后之设施》，安徽省政府教育厅编辑处发行：《安徽教育行政周刊》第 2 卷第 5 期(1929 年 3 月 11 日)，第 16 页。

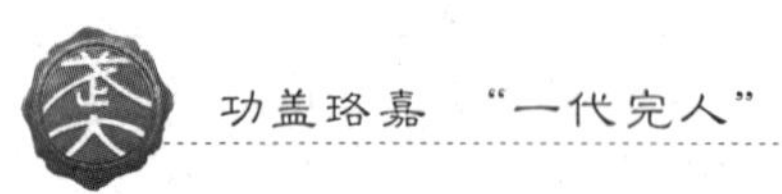

五，当然就决定了。”①1929年7月30日，安徽省政府委员会会议决定聘请王星拱出任安徽大学校长。②

当时，王星拱刚刚被国立武汉大学聘为副校长，7月初，他“接到家电，以乃兄在籍病故，促其速归，王氏接电后，即于五日乘轮返皖，校务暂由法学院院长皮宗石代为处理”③。此时此刻，接到家乡人士的邀请，他的心情无疑是非常矛盾的。一方面，他已在国立武汉大学同时兼任副校长、教务长、理学院院长、建筑设备委员会委员等多个要职，可谓事繁责重，是武大教职员队伍中不可或缺的重要人物，与此同时，武大自改建近一年来，各项校务工作逐渐步入正轨，发展势头蒸蒸日上，各方面的条件也较为优越，在武大担任副校长，对于个人而言也将会有良好的发展前途。另一方面，安徽大学只是一所成立不久的省立大学，基础薄弱，条件简陋，其中的个人发展空间显然无法与国立武汉大学相提并论。但王星拱毕竟是一个乡土情结很重的人，不仅深深地热爱着自己的家乡，而且尤其关心家乡教育事业的发展，特别是他很早就曾继胡适之后提出过创办安徽大学的倡议，亦曾多次参与安徽大学艰辛曲折而又屡仆屡起的筹建过程，他的教育生涯，早已同家乡的这所新兴高等学府不可分割地紧密联系在一起，因此，面对着来自乡邦的诚挚邀请和如此难得的一个造福桑梓的绝好机会，对于王星

① 以上参见杨亮功:《百花亭两年》，台湾《传记文学》第3卷第1期(1963年7月)，第27页。

② 参见周乾:《胡适与民国时期安徽大学的初创》。

③ 《武汉大学近讯》，《申报》1929年7月11日。

拱来说，实在是盛情难却。

不过，安徽大学极其简陋的办学条件，还是让王星拱有些望而却步。当时，安徽大学甚至连固定的校舍都没有。在建校之初，学校以百子桥法政专门学校旧址房舍为第二院，供学生住宿；另租锡麟街圣公会一部分房产为第一院，作为教室、办公室及图书馆。① 与此同时，学校每年的经费数额也不确定。正是因为考虑到这两个重要因素，王星拱从一开始便“坚辞校长不就”②，并且多次上书安徽省政府，“以安大一切组织，囿于简陋，犹可徐图改进，惟无固定校舍，致乞怜于外侨，实与一省最高学府名实不副，故慎重迟回，必得请乃已”。③ 当时，由辛亥革命党人方振武(1885—1941)担任主席的安徽省政府，对安徽大学的建设和发展给予了极大的支持。省政府决定，在盐税项下拨 30 万元作为安徽大学校舍建筑设备费，并责成财政厅在 2 个月内筹足，同时还决定安大每年经常费为 73 万元，列入该年度预算。安徽省政府的这一给力举措，最终打动了王星拱，鉴于省府“既毅然以改进安大为倡”，而自己身为安徽人，“又安敢不勉力图维，以协赞桑梓百年树人之大计”。④ 于是，经过一番慎重考虑，出于支持家乡教育事业发展的赤诚之情，并通过与安徽省政府之间据理力争的“讨价还价”，在如愿以偿地

① 参见《校史》，《安徽大学一览》(中华民国二十五年度)，第 1 页。

② 朱延本：《安大今日之重要问题》，《安徽大学校刊》第 18 期(1929 年 12 月 12 日)。

③④ 参见《本校建筑设备之初步计划》，《安徽大学校刊》第 26 期(1930 年 3 月 7 日)。

得到了对方的鼎力支持之后，经省政府一再敦促，王星拱最终同意出任安徽大学校长。对此，不少当地教育界人士都非常看好，认为"该校前途，当有一番进展也"①。

考虑到自己在武汉大学还有要职在身，王星拱在接受了安徽省政府的聘请后，又请求政府当局同时聘请当时正在上海中国公学担任副校长的杨亮功回乡，协助他一同主持安徽大学校务，并得到了省政府的同意。他还亲自致信胡适和杨亮功，邀约杨亮功"回省一行帮他筹划"。② 在胡适的支持下，杨亮功于9月初回到安庆，不久后即被王星拱聘为安徽大学秘书长、文学院院长兼中文系教授。

（二）精心谋划 奠定初基

王星拱就任安徽大学校长后，举家迁至安庆市近圣街38号居住，并自提门联曰："端居近圣，景行维贤。"③1929年9月底，在安徽大学新学期开学后不久，王星拱便在学校校刊上发表短文一篇，表明自己"此次回皖办学的态度"：

> 我此次承乏安大，原是抱了一个"知其不可而为之"的态度。我们都知道：安徽的事是不好办的，安徽的教育事业，尤其不好办。至于安徽大学呢，他的基础太幼稚，经费又不巩固，所以大家都

---

① 《王抚五先生继长安大》，安徽省政府教育厅编辑处发行：《安徽教育行政周刊》第2卷第27期（1929年8月12日），第30页。

② 参见杨亮功：《百花亭两年》。

③ 参见怀宁县教育局编：《怀宁县教育志（1898—2002）》，安徽大学出版社2005年版，第137页。

视为畏途。我当然也不是例外。但是我却被邦人君子大义的督责，和个人责任心的驱使，不得不牺牲成见，来担任这个遗大投艰的责任了。

我们现在的工作，可以分为两部分。一部分是目前事务的处理，一部分是永久基础的奠定。这两部分工作，固然可以同时进行，但是因为要达到意义较重大的第二层的目标，于是第一层的工作，必定有疏忽和迂滞的地方；这是我们所极端抱歉的。果使永久的基础可以因此而奠定，则过去和现在所受的损伤，将来还可以有取偿的余地。否则也不过敷衍一时，充其量不过维持现状。敷衍一时和维持现状，都不是我们所希望于安徽大学的。如果社会人士以我们的意见为然，还希望大家都给予我们以友谊的赞助。①

后来，王星拱又在一次“总理纪念周”的报告中指出，安徽之所以有必要设立大学，主要是为了“继续历史上本省前辈对于文化贡献的精神”、“为准备本省物质的建设”、“为谋本省青年求学的便利”。② 而王星拱本人也正是怀着这种造福家乡文化、教育及其他相关建设事业的崇高使命感，来履行自己作为安徽大学校长的职责的。1930 年 3 月，他又

① 王星拱：《写在校刊前面》，《安徽大学校刊》第 1 期(1929 年 9 月 27 日)。

② 参见查曮：《明日之安大——听罢王抚五先生纪念周报告后之感想》，《安徽大学校刊》第 5 期(1929 年 10 月 25 日)。

回忆道，他刚刚接长安大时，对于学校的建设和发展，曾有“经费独立”、“教授治校”、“设备完善”与“聘请名教授”等四个“最高理想”。① 由于客观环境的制约，在王星拱主政安徽大学短短几个月的时间里，这些“最高理想”实在无法一一达成，但在其直接或间接的领导下，这所初生的省立大学，还是在很多方面或多或少地取得了一定的办学成果。

1. **添设院系，完善学科**

在王星拱出任安徽大学校长之时，学校仅设有文学院和法学院。1929 年 7 月 26 日，国民政府公布了《大学组织法》，其中第四条和第五条分别规定：“大学分文、理、法、教育、农、工、商、医各学院”；“凡具备三学院以上者始得称大学，不合上项条件者为独立学院，得分两科”。② 8 月 15 日由教育部颁布的《大学规程》第二条又补充规定：“大学依《大学组织法》第五条第一项之规定，至少须具备三学院，并遵照中华民国教育宗旨及其实施方针，大学教育注重实用科学之原则，必须包含理学院或农、工、医各学院之一。”③由于达不到“至少须具备三学院”及“必须包含理学院或农、工、医各学院之一”的标准，安徽大学有被除名并降格为“独立学院”之虞。另一方面，如果没有实力强大的理工科，学校也很难在全国高校中占得较高的学术地位。当年，教育

① 参见《王校长在本次纪念周中之报告》，《安徽大学校刊》第 27 期（1930 年 3 月 14 日）。

② 《大学组织法》，《中华民国法规大全》第 7 册（教育），商务印书馆 1936 年版，第 3666 页。

③ 《大学规程》，《中华民国法规大全》第 7 册（教育），第 3667 页。

部还公布了《改进高等教育计划》,并在"现有各大学应设法整理办法"这一条目中有针对地提出:"安徽大学现仅两院,湖南大学现仅六系,应改称学院,逐渐谋院系的充实。"①所有这些教育法规,都在客观上给缺少理学院的安徽大学施加了巨大压力,也加快促成了安徽大学尽快增设理学院的进程。

事实上,早在程天放担任安徽大学校长时,便已"聘朱世明为理学院筹备主任,积极筹设理学院"②,但最终未及实现。巧合的是,王星拱正是安徽大学历史上第一位理科专业出身的校长,对于理科的发展自然也至为重视。因此,他甫一上任,便不顾条件简陋,立即着手聘请教员,开办理学院。1929 年 8 月,安徽大学理学院正式成立,首先设立物理学系,并于 9 月开始招生,共招收了首届 5 名学生。1930 年春,为了加快理学院的发展,王星拱又毅然决定理学院破格提前招生,再次招收物理学专业学生 10 人,同时还增设了数学系和化学系。③ 这些措施,使安徽大学成为了合乎法令并且名副其实的"大学",也初步摆脱了被"降格"的危险。

不仅如此,王星拱还远远不满足于安徽大学只是拥有文、法、理三个学院的学科规模和格局,继而为之设定了更为宏伟的长远规划。他在上任后主持修订的《安徽省立大

① 《改进高等教育计划》(民国十八年教育部公布),《中华民国法规大全》第 7 册(教育),第 3662 页。

② 《校史》,《安徽大学一览》(中华民国二十五年度),第 1 页。

③ 以上参见周乾:《民国时期省立安徽大学的院系设置与发展》,《安徽大学学报(哲学社会科学版)》第 32 卷第 5 期(2008 年 9 月)。

学组织大纲草案》，第六条便明确规定，“本大学设文学院、理学院、法学院、教育学院、农学院、工学院、医学院七院，各院设若干系”，此即为学校的长远发展目标；第七条又规定，“本大学开办伊始，先设文学院、理学院、法学院及预科，其余各院逐渐添设”；第八条则规定，“隶属于各院之各学系亦分别缓急，斟酌情形，先后次第设立”。① 由此可见，王星拱希望通过循序渐进的学科扩充与发展，逐渐将安徽大学最终建成一所学科门类齐全完整，文、理、法、教育、农、工、医七大学院并驾齐驱的一流大学。

2. **广揽名师，提高待遇**

安徽大学在建校之初，其基本状况便是办学条件简陋、教师队伍薄弱、教育经费短缺。针对这种局面，王星拱非常务实地采取了先请大师、再建大楼、逐步提高的治校方略。② 自上任伊始，他便将充实师资力量、提高教师水准作为自己的一项重要任务，并从上海、北平等地聘请了一大批全国一流的专家学者来到安徽大学执教。他曾指出，“安庆地方小，学校又无基础”，因此，安徽大学的各位教授，完全是凭着“负责人杨陶张邓各先生和兄弟自己的私人交谊请来的”。③ 首先是美国纽约大学哲学博士、时任中国公学副

---

① 参见《安徽省立大学组织大纲草案》，《安徽大学校刊》第 1 期(1929 年 9 月 27 日)。

② 参见汪青松、王先民、吴毅安主编：《安庆师范学院 110 年发展史》，安徽人民出版社 2008 年版，第 22 页。

③ 参见《王校长在本次纪念周中之报告》，《安徽大学校刊》第 27 期(1930 年 3 月 14 日)。

校长的杨亮功,“以王先生再三敦促,亦不得不回皖帮忙”①,出任文学院院长;当时正在国立中山大学任教的德国法兰克福大学经济学博士陶因(1894—1952),也“因感于王校长回皖牺牲之精神,并承其多方敦勉,不得不下一决心,离开可留恋之广州中大,回皖担任教职”②,出任法学院院长兼教务长;此外,王星拱还聘请了法国巴黎大学物理学硕士张其濬(1900—1983)出任理学院院长,法国巴黎大学哲学系毕业的邓季宣(1893—1972)为预科主任,从美国留学归来的著名诗人朱湘(1904—1933)为外语系主任。这几个位居关键职务上的重要人物到校后,又开始致力于为安大物色和延揽更多的优秀师资前来任教。于是,这种主要依靠“私人交谊”延揽人才的风气和做法,便逐渐步入了一个良性循环的轨道。1929 年 10 月 14 日,杨亮功在学校“总理纪念周”上向广大师生报告说,“惟以各种关系动手太迟,聘请教授,极感困难,所幸大部份教授,均能徇情辞去原有职务,共同撑持,殊属难得”③;陶因则称自己“前赴京沪杭等处,敦聘教授,虽为时已晚,但因情感关系,多允辞去原有职务,不日当可陆续来校”④。1930 年 3 月 24 日,杨亮功在“总理纪念周”上介绍新聘的程憬教授时,亦不乏幽默地说:“程先生是暨南大学的史学系主任,这次是绑票绑来的。”⑤此外,英文教授丁国鉴、数学教授郑坚白、教育学教授郝跃

①②③④ 《开课后之第一次纪念周》,《安徽大学校刊》第 5 期(1929 年 10 月 19 日)。

⑤ 《杨院长在本次纪念周报告》,《安徽大学校刊》第 29 期(1930 年 3 月 28 日)。

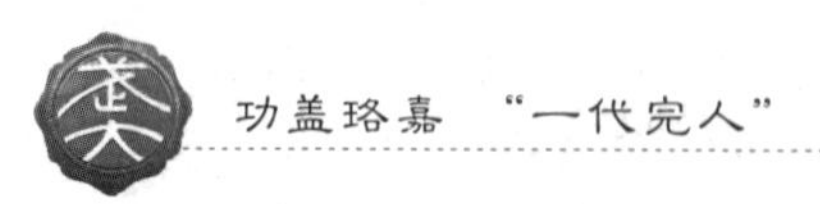

东、生物学教授胡国镠等，此时亦纷纷加盟安徽大学。总之，安徽大学的教授们，“深信王校长平日为人，从不空言相号召，故接受函邀，相率归来，分任教职，期以经验所得，通力合作，以慰皖士求知之渴”①。这些名师的到来，极大地充实了安徽大学的师资队伍，同时也提高了安徽大学在全国高等教育界的地位和影响。拿王星拱自己的话来说，“会集到这许多有名的先生，这是在本省从来未有的盛举……自去年到现在一学期中，可说自有省城以来，没有会集到这么多的先生”。同时，这也是王星拱的四个“最高理想”中自认为实现得最好的一个，虽然“没有做到我们预想的地步”，但也“已做到了相当的地步”。② 一时间，安大师资力量之雄厚、整齐，几乎可以与不少国立大学相媲美，从而引起了许多大学的羡慕。③

当然，要吸收和维系优良的师资，光靠“私人交谊”和“感情留人”也是远远不够的，还得在提高教师待遇上多下功夫。为此，王星拱集中了学校有限的财力，用以提高教师薪金，并在扩大教员队伍的同时，尽量减少职员数量。据统计，在安徽大学1929—1930年度向省政府申领的经常费54万元中，教授费为35.04万元(内含教授俸给14.4万元，讲师俸给7.2万元，助教俸给14.4万元，图书6万元，仪器6万元)，办公费18.96万元(内含校长俸给0.6万元，职员俸

① 转引自周乾:《王星拱与省立安徽大学早期发展》。

② 参见《王校长在本次纪念周中之报告》,《安徽大学校刊》第27期(1930年3月14日)。

③ 参见周乾:《王星拱与省立安徽大学早期发展》。

给 6 万元，工资1.2万元，校长公费0.36万元，办公费7.776万元，杂费 3.024 万元)，①前者将近后者的两倍。当时，有人认为安大"聘请教授耗费得太多"，对此，王星拱明确地回应道，"别的方面费用可以省，对于教务方面不能省"，如果连聘请教授的费用都要节省的话，"那简直不必办大学了"。②

不过，在这段时期，安徽大学在优秀师资的延揽方面也出现过一些遗憾。如著名作家郁达夫(1896—1945)，本已接受安徽大学的聘请，于 1929 年 9 月 29 日抵校。③ 当时，由于北京大学此时也聘请了这位前任教员返校任教，王星拱还特意于郁达夫到校的次日(9 月 30 日)致电北大代理校长陈大齐，称"郁达夫先生已来皖就安大教授，北大乞另设法"④。10 月 3 日，郁达夫答应在安徽大学讲授"文学概论"一课，但就在此时，安徽省教育厅厅长、安大前任校长程天放却攻击他是"堕落文人"，并将其列入"赤化分子"名单，准备加以迫害。郁达夫迫不得已，只得于 10 月 6 日只身逃离安庆。⑤ 对此，一位安大校友在晚年回忆时非常惋惜地表

---

① 以上参见《安徽省立大学十八年度经临两费分配一览表》、《安徽省立大学十八年度教授办公两费比较表》，《省立安徽大学概况》，第 5～6 页，安徽省政府教育厅编辑处发行：《一年来之安徽教育》，1930 年。

② 参见《王校长在本次纪念周中之报告》，《安徽大学校刊》第 27 期(1930 年 3 月 14 日)及《体育与其他四育的关系》，《安徽大学校刊》第 28 期(1930 年 3 月 22 日)。

③ 参见《本校教授陆续到校》，《安徽大学校刊》第 2 期(1929 年 10 月 4 日)。

④ 《王星拱先生致陈校长电》，《北大日刊》第 2245 号(1929 年 10 月 2 日)。

⑤ 参见刘炎生：《郁达夫传》，百花洲文艺出版社 1996 年版，第 217 页。

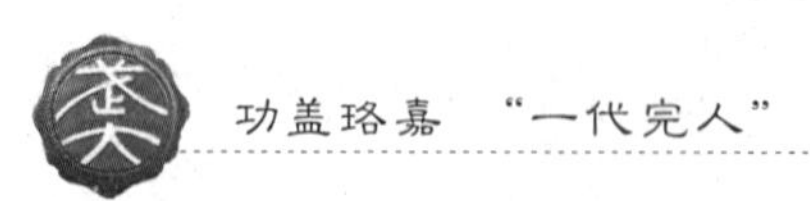

示，学校“此时曾聘请郁达夫来文学院任教授，白鹏飞为法律系主任，但当时省党政方面认为郁思想左倾，勒令解聘。白籍广西，具桂系色彩，也表示不欢迎，致白未来就聘。此二君均系学术界权威，如若能来执教，其予安大贡献必多，惜受政治干扰，诚安大历史上一大憾事也”①。

3. **“教授治校”，民主办学**

在担任安徽大学校长期间，王星拱极力主张“教授治校”。他指出：“大学是学术机关，与行政机关不同，关于研究学术的种种设施，非有专门知识的人计画不可，我们学校组织大纲，就是按着教授治校的精神拟定的，纵然这不是一年半年所可实行，但以后我们总可以这样做，不使学校随政治的变迁为转移，政治的变动是不能预知的，学校为百年树人之所，那能一日风两日雨的变动，如果我们能实现这种办法，又把经费独立起来，学校基础自然巩固，学校发展也可以无碍了。”②当时，学校颁行的《安徽省立大学组织大纲草案》明确规定，学校设教务处、总务处、秘书处和图书馆等机构，并由校长与各院院长、预科主任及教授代表（每院一人）共同组成评议会，讨论、审议和裁决包括本大学教育方针、学制、院系增设或变更、预算决算、教职员及学生纪律事项等在内的重大问题；由校长与主任秘书、教务长、总务长、

① 胡松叔口述、孙孟平整理：《抗战前安徽大学简介》，安庆市政协文史资料委员会、《安庆文史资料》编辑部编：《安庆文史资料》第28辑（教育史料专辑），2000年4月，第27页。

② 《王校长在本次纪念周中之报告》，《安徽大学校刊》第27期（1930年3月14日）。

各院院长、预科主任、图书馆馆长组成校务会议，讨论和决定各院系课程及设备、学校风纪、各院处办事效率、国内省内学术机关之联络、学术出版物之奖励及刊行、召集预算决算并提出于评议会以及其他关于全校的事项，等等。①

当然，“教授治校”的实现，亦非一朝一夕之功，王星拱自己也承认：“学校初起自然不能实现这种办法，要经过一二年相当的时间才能采用这种办法。”②由于种种原因，在他的任期内，学校的评议会始终未能成立，各种校务工作主要是以校务会议为核心来进行的。但无论如何，校务会议这种体制本身也多多少少体现了民主治校的原则。此外，王星拱还与广大教职员一起，重新制定了学校的各种规章制度，并在校务会议下设立了一系列的各种管理委员会，所有这些制度方面的建设，使学校的“内部组织渐臻完备”③，对学校日后的长远发展也起到了重要作用。

4. 物质建设，举步维艰

尽管王星拱在推进安徽大学的学科、师资、教学管理及制度建设等方面均取得了重大进展，然而，在校舍及图书仪器设备等硬件设施的建设方面，却步履维艰，遭遇了严重的困难。王星拱接任校长时，安徽大学已经成立了一年多，但

---

① 参见《安徽省立大学组织大纲草案》，《安徽大学校刊》第 1、2 期(1929 年 9 月 27 日、10 月 4 日)。

② 《王校长在本次纪念周中之报告》，《安徽大学校刊》第 27 期(1930 年 3 月 14 日)。

③ 参见《省立安徽大学一览》(1931 年)，转引自周乾：《王星拱与省立安徽大学早期发展》。

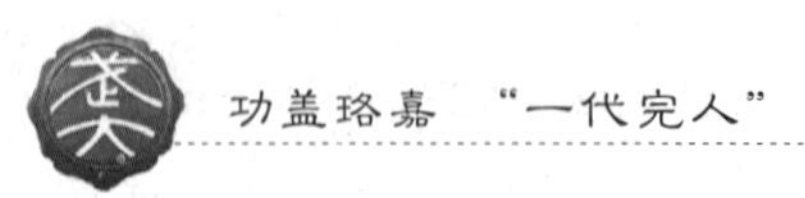

校舍问题仍未解决。正如1929年底安大某期校刊所言,"教部大学立案之规定,'凡立案大学必有一定校舍';本大学暂借前教会学校校舍,现该校预备复活,催索校舍甚急,本校新校舍还在梦中"①。对此,王星拱感到了莫大的压力,他在给省政府的报告中指出:"唯此校基础薄弱,校舍尚无,遑问其他用是?"②在筹措经费、兴建校舍方面,王星拱曾提出过一个宏大的计划:"一,是请省政府拨特款三十万元,用之于建筑和设备,使我们学校能所在一般好的大学水平线以上,不但设备费三十万元,二,还有每月经费六万可以用来逐期发展,并且,三,还要设法保障经费独立,在那一时,我们很勇敢的计划着,预备组织一个基金委员会,由省政府指定一项特别收入,做为安大逐年的基金,做到这一层,安大的发展,才可自由。"③

当时,省政府虽然同意了在该年度分别拨付给安徽大学建筑设备费30万元与经常费73万元,作为王星拱接长安大的条件,无奈时局多变,1929年9月中下旬,在王星拱出任安徽大学校长后没多久,安徽省主席方振武在南京被蒋介石非法扣押,其部下余亚农(1887—1959)、鲍刚(1897—1940)、石友三(1891—1940)等则先后发动兵变。于是,"省府议定之经费,因军事影响,殆成泡影"④。此后,

①④ 朱延本:《安大今日之重要问题》,《安徽大学校刊》第18期(1929年12月12日)。

② 转引自周乾:《王星拱与省立安徽大学早期发展》。

③ 《王校长在本次纪念周中之报告》,《安徽大学校刊》第27期(1930年3月14日)。

安徽的政局一直都动荡不宁，从1929年9月到1930年6月，在王星拱兼长安大不到一年的时间内，安徽省主席一职，竟先后更换了六人之多！平均每个人的任期尚不满两个月。政坛既混乱如此，自然无法给安徽大学的建设与发展提供有力的外部支持，“事实上不但特款三十万无办法，即每月经常费六万元，也未能如数照领”①。无奈之下，王星拱只得在学校厉行节俭，决定“除课程必定力求充实之外，其他用度概从撙节，务期于每月实领4万元中陆续节余，移充建筑之用”，并且相信，即使“圣公会之房屋虽收索有期，而本校师生不至于栖留无所”。②

对于修筑校舍一事，王星拱始终没有放弃。1930年1月，早已回到武汉大学的王星拱，仍在与代理安徽大学校长的杨亮功“往返商榷”，拟定了一个新的建筑设备计划，经校务会议通过后，又提交给省政府备案。学校在给省政府的呈文中指出，“窃维职校永久基础之树立，自以建筑校舍为唯一要图，虽仪器图书，关系课业甚重，尚不能取办于一时，至于校舍建筑，非有次第之规画，较长之时间，断难遽臻美备”，该呈文还列举了三项筹措经费的办法，以供省政府采择。随后，该项计划得到了省政府的同意。③

除了校舍问题难以解决之外，安徽大学的图书仪器设

① 《王校长在本次纪念周中之报告》，《安徽大学校刊》第27期(1930年3月14日)。

② 参见周乾：《王星拱与省立安徽大学早期发展》。

③ 参见《本校建筑设备之初步计划》，《安徽大学校刊》第26期(1930年3月7日)。

备等基本办学资源也少得可怜。据统计，1929 年，全校仅有图书 6110 册，仪器 3551 件。① 对此，王星拱一针见血地指出：“设备完善，是大学所应该讲求的，我们学校不但图书仪器很少，就连房屋都还没有，我们原来计画校舍建筑的标准，决不是随便的做几幢房子就算事，房子是要合乎现代大学所需要的……说到图书方面，我们学校的图书，实在可怜，旧的人家常藏有万卷以上的书的，本校教授李范之先生家中有三万卷楼，一个大学的藏书还不及私人，真是可耻，旧书我们姑且不说，新的出版书不知有多少，本校也不能一一购置，我们原来希望是本校藏书至少能供给各种研究的应用，讲到仪器方面，尤难完备……我们固然不能把各种仪器药品都办完备，但总要使一般学理上的试验有所取资，这才合乎最近大学的需要，这才使我们学校达到新时代大学的水平线以上。”②这些既尖锐又切实的批评意见，对于安徽大学在物质建设方面的继续推进，当不无策励作用。

总之，尽管当时的安徽大学因先天不足，还存在着诸多不如人意之处，但自从王星拱“来皖后，学校一切，焕然一新”③，各项事业渐入正轨，走上了稳步发展的道路，而他个人亦在广大师生心目中树立了崇高的威望。

① 参见《省立安徽大学概况》，第 12 页，第 14 页，安徽省政府教育厅编辑处发行：《一年来之安徽教育》，1930 年。

② 《王校长在本次纪念周中之报告》，《安徽大学校刊》第 27 期（1930 年 3 月 14 日）。

③ 朱延本：《安大今日之重要问题》，《安徽大学校刊》第 18 期（1929 年 12 月 12 日）。

(三) 分身乏术　终辞兼职

1. 两地奔波,辛勤劳碌

由于安徽大学校长一职对于王星拱来说只是一个“兼职”,其主要职务仍在数百里之外的武汉大学,而且武大方面的事务比安大更为繁重。因此,在出任安徽大学校长一个多月之后,王星拱便又回到了武汉,将主要精力投入于武汉大学的各项校务工作之中。在王星拱校长离校期间,安徽大学的校务工作主要由文学院院长杨亮功代理。

当然,即使有杨亮功代理校务,王星拱也不能对安大完全置之不理。事实上,从安徽省政府决定聘请王星拱为安徽大学校长的那一刻起,王星拱便开始了在武汉与安庆两地之间来回奔波长达半年有余的艰辛历程:1929 年 7 月,他回到家乡为兄长处理后事;8 月,又返回武汉大学处理校务;大约在 8 月底、9 月初,他来到安徽大学就任校长;10 月初,又回到武汉大学;①约在 10 月中下旬,再次回到安大,并于当月 22 日聘张和声为本校秘书,25 日又召集全校各院、处、组、馆负责人举行校务会议;②10 月底再次返回武

① 据国立武汉大学校务会议记录显示,1929 年 8 月 7 日和 8 月 27 日,王星拱曾先后出席该校第 44 次和 45 次校务会议,而从 9 月 9 日的第 46 次校务会议开始,直至 10 月 4 日的第 48 次校务会议则无一参加(有几次乃是由张珽教授代为出席),10 月 11 日又出席了第 49 次校务会议,参见《国立武汉大学校务会议纪录》(第一册),第 139～175 页。

② 参见《张和声任本大学秘书》、《星期五之校务会议》,《安徽大学校刊》第 7 期(1929 年 10 月 26 日)。

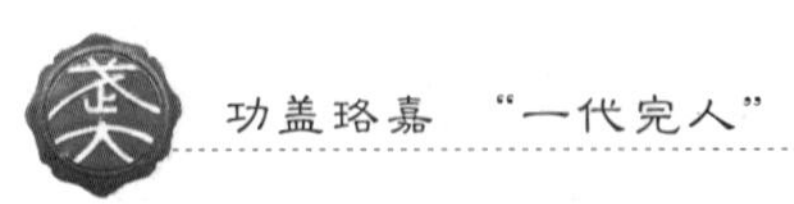

汉大学后，便长期留驻武汉；直到1930年3月，经杨亮功"亲赴武汉促驾"，才又回到安徽大学住了一段时间，但"此后便未再回省了"。①

由于有了杨亮功、陶因、张其濬、邓季宣等一批得力助手各司其职、通力合作，再加上学校又初步建立了一整套行之有效的行政管理体系，因此，校中的各项事务，并未因王星拱长期不在学校而受到太大的影响，正如陶因在某次"总理纪念周"上所言："校长因事尚未回校，杨院长因中国公学的责任尚未了，这次特到上海去结束，大概只要十天可以回校，校中已去电催促，好在校内一切就绪，秩序尚好，虽然重要职员走了一二位，也还不要紧。"②

但尽管如此，长期不能回校处理校务，时日一久，不仅王星拱本人心存不安，也引起了安徽教育界某些人士的强烈不满，如省教育厅厅长程天放后来就指出，"王校长星拱就职后，常川驻汉，在校时期不过月余"，而安徽大学"内部重要人士意见又未能一致，以致彼此发生冲突，各院长教授相率离校，四百青年之学业牺牲甚巨"。③ 另一方面，安大的大部分师生也都极其热切地渴盼他能辞去武汉大学的各种职务，早日回乡专任安徽大学校长。有人将"校长回校问题"与"校舍问题"、"经费问题"相提并论，一同视为当时安大所面临的三个最重要的问题，称"因本校一切久远大计，

① 参见杨亮功:《百花亭两年》。

② 《第四次总理纪念周纪录》,《安徽大学校刊》第10期(1929年11月6日)。

③ 转引自周乾:《王星拱与省立安徽大学早期发展》。

均赖学校当局运筹画策，且求大学精神之严整，亦须校长在校监督，而王校长却远处武汉。王校长留鄂之原因，多为上项问题不克解决，因抱悲观”，“前日回皖之希望，亦复无形打消，而安大前途之危，殆不可测也”。① 有人提出，“校中现在结束中，而王校长仍留武汉，对于本期结束，不能与以权衡，关于明年的计划，又不能有所策定……我们应该马上自动的召集全体大会，周详讨论，推出留校代表，敦促王校长克日返校，计划本校明年发展的一切……不然，王校长始终不回，而我们又是散沙一般，坐视成败；那末，明年发展，又是问题，恐怕就是开学时期，亦不知企待何日！”②还有人在对王星拱校长“束手消极”的原因表示充分理解的同时，又鼓励他“本‘百折不挠’的精神，继续进行”，③并且发出强烈的呼吁：“本期行将结束，希望校长速将武汉事务摆脱，早日返校，结束本期，部署将来；再不能坐任安大于不生不死之境。我最后的希望是：王抚五先生即日返校，为安大建设新的校舍，为安大添聘著名教授！”④

1930 年 3 月，在代理校长杨亮功的一再敦促下，安徽大学“全校教职员和同学每日所盼望的王校长”，终于又回到

① 参见朱延本：《安大今日之重要问题》，《安徽大学校刊》第 18 期(1929 年 12 月 12 日)。

② 恕然：《在未放假以前》，《安徽大学校刊》第 20 期(1929 年 12 月 26 日)。

③ 啸风：《我对于本校明年的两个希望》，《安徽大学校刊》第 20 期(1929 年 12 月 26 日)。

④ 啸风：《我对于本校明年的两个希望》(续)，《安徽大学校刊》第 23 期(1930 年 1 月 16 日)。

了学校。3 月 10 日，学校举行“总理纪念周”，主席杨亮功告诉广大师生，王星拱校长此次回校，一是要为了“学校永久基础的奠定”，而与省政府交涉校舍修建问题，二是要对学校内部事务进行一番整理，并且“希望王校长能在校多耽搁一些时间把这两件事办好才离开我们”。接着，王星拱对安大师生发表了热情洋溢的讲话，他说，“兄弟今日到此地来说话，不禁发生两种情感，一是惭愧，一是喜欢”。惭愧，是因为学校“经费困难，个人才力不济，不能担负责任，在学校住了没有多时就离开，许多困难问题，不能解决”，而喜欢，则是因为“兄弟离开学校多时，学校经过许多困难，而精神仍然很奋发，秩序也很整齐……这都是各位先生热心维持和诸位同学努力求学所得到的结果，这种向上的精神，我们要永远的保持”。①

随后，他又逐一向大家报告了自己先前对学校所抱有的四大“最高理想”，而在这四大理想一时难以实现的情况下，“现在我们在可能范围以内，仍然应该尽力谋学校发展才对”。接着，他又提出了安大在新学期的三个最新的发展计划——“校舍的建筑”、“教务内容充实”与“事务的整理”，其中“最迫不及待的”仍然是“校舍的建筑”。他指出，“校舍如果还不建筑，则暑假以后连做纪念周的地方都没有，个人这时本来不想回来，但是总不能置大学于不生不死之境，所以不得不回来与省政府交涉”。在他看来，“教务内容的充

① 以上参见《王校长在本次纪念周中之报告》，《安徽大学校刊》第 27 期(1930 年 3 月 14 日)。

实，可以说已做到大部分，现在所要做的是校舍的建筑和事务的整理，本来兄弟现在不得回来，但是个人负了责任，又见各位先生这样热心，同学这样努力，希望把学校办好，如果因兄弟个人去留问题，一切不顾，拂衣而去，使学校没有办法，这是很对不起大家的，如果把上所说的两件事做好，到暑假后，兄弟才脱离责任，那时就是兄弟不在此地，兄弟既是本省人，又与本校有一段历史的关系，自然还尽力帮助学校前进”。最后，他还对广大师生进行了精神上的鼓励："去年兄弟在这里讲话的时候是秋天，霜雪相继而来，今天在这里讲话，已经是春天，春天有发展的气象，去年最高的理想，经过严冷的霜雪给打落了，现在只想就可能范围内发展，当与春天的草木欣欣向荣的气象相同。"①

2. 心灰意冷，断然辞职

安徽大学的师生固然希望王星拱能为安大作出更多的贡献，武汉大学的师生又何尝不希望王星拱能将全副精力投入到武大的建设和发展中去。以一己之身，同时兼领两所相距数百公里的大学的校级领导职务，本身就是不可能的事情，作为一时的权宜之计，尚可暂且应付，而从长远考虑，则两者之中必须要有所取舍，必定要放弃和牺牲一方。一边是基础较好、发展迅猛的邻省的国立大学，一边是地位略低、规模初具的家乡的省立大学，两相比较，王星拱还是倾向于选择能为自己提供更好的发展平台、更加便于充分

① 以上参见《王校长在本次纪念周中之报告》，《安徽大学校刊》第27期(1930年3月14日)。

施展个人才华和抱负的国立武汉大学。而在事实上，王星拱在兼任安徽大学校长期间，名义上的任职时间将近一年，但实际在校的时间却不过月余，大部分时间都是留在武汉大学处理各种校务，已经用自己的实际行动给出了一个明显的答案。

需要特别指出的是，促使王星拱最终放弃安徽大学校长职务的另一个重要原因，仍是安徽教育界的人际关系、矛盾斗争之复杂与环境之恶劣。1930 年 3 月，当王星拱再次回到安大后不久，安徽大学和安庆城内出现了署名为“安徽省教育革进会”的传单，恶毒攻击和诽谤王星拱在安徽大学的管理方针和工作成绩，这份传单在校园内外引起了轩然大波，并激起了安大师生的极大愤怒。① 3 月 17 日，王星拱在安徽大学“总理纪念周”上，对这一事件进行了公开的正面回应：“这个只有置之不理，我不干很容易……兄弟终久是不能负责，非去不可的”，然而，考虑到学校校舍的建筑与本学期学生学业的维持两项重要工作尚未完成，因此，他“不能自图一时之痛快，而贻学校以无穷之憾……不能因兄弟个人进退的问题，而引起学校的纠纷，因纠纷而使学校停顿”，而就其个人而言，“对于外方攻击，兄弟虽没有百折不回的革命精神，但也不是那末怕事的，随便的任他们践踏，被一纸传单，就吓跑了”。②

---

① 参见周乾：《王星拱与省立安徽大学早期发展》。

② 《体育与其他四育的关系》，《安徽大学校刊》第 28 期（1930 年 3 月 22 日）。

当月下旬，王星拱又回到了武汉大学。在他离开后，从3月31日起，安庆当地的《民岩报》连续几天刊登了一篇署名为“安徽大学全体师生”的《紧急启事》。该启事声称：“查最近外间发现无聊分子假造安徽教育革进会名义，擅发宣言，侮辱本校校长及本校名誉，言辞乖谬，背叛事实，群情一致愤慨，其用心不外一班失意分子，一种无人格的表现。安徽大学负有继承我皖学先哲之光芒，而为后进青年谋研究高深学问之使命，在此积极建设之际，决非少量魍魅之徒所能破坏……去秋王抚五先生继长斯校，对于内容之增进及艰苦之精神，社会上自有一种公正评判，决非无赖所能诋毁。”①

回到武汉后，王星拱经过反复思量，决定立即辞去安徽大学校长之职，并于4月初向安徽省代理主席、省教育厅厅长程天放递交了辞呈。王星拱在辞呈中称安徽大学的各项事业已步入正轨，“学校内部，已由各院长、主任努力进行，广聘名师，多方教遵，而学生亦能专心求学”，而自身因受武汉大学事务的牵制，加以“材力绵薄，旷职多时，以外承钧座之提挈，内资各部之维持，陨越幸免已非易易，何敢不自揣量更有希求，侈谈美善，轻任重远。倘长此迁延，不唯兆覆之虞，且将贻恋栈之诮。难进易退，古训昭垂，星拱不才，未敢自薄，为此函呈钧座，即日请准批准”，与此同时，他还极力推荐杨亮功为继任校长人选，称“杨亮功先生品学优粹，任事勤敏，且专供教育，上学期维护本校，致力尤多……钧

① 转引自周乾：《王星拱与省立安徽大学早期发展》。

座使之继任，必能展其所长，安大前途实利赖焉”。①

王星拱的辞职，令安徽大学广大师生非常震惊和不舍，尤其是“全体同学逖听之余，莫不惊相骇汗，如失宗主”②。杨亮功立即致电王星拱，请其打消辞意，并亲自来到汉口予以挽留，“但是王校长的辞意是表示非常坚决的”。应安大师生的要求，安徽省政府也致电表示慰留。安徽大学校务会议与全体学生均选出了几位代表，与杨亮功一同去王星拱家中进行挽留。据三位学生代表后来所说，尽管他们知道“王先生是武汉大学的主脑，所兼职务，俱皆重要”，但王校长并不仅仅是因为这个原因才“懒得回安徽”，因为王校长曾向他们表示，“如果安徽环境是允许他能有做事的可能，亦乐得摆脱武大关系，牺牲那边朋友的交情，到安徽来切实做一番事；但是，现在情形，如此糟糕，纵实[使]回来，于事何易呢?”针对王星拱校长“不能不辞职的苦衷”，主要是“本省政治环境的关系”、“在武汉校务方面的关系”、“个人与学校前途的关系”这三大因素，几位学生代表“逐一解释，并以是悲沈的态度，陈述王校长在此时有不能辞职的理由”，而杨亮功也在一旁力加劝说，于是，“王校长顾念安大全体同学的诚意，与维系学校内部局面的关系”，终于答应打消辞意。③

随后，王星拱校长又向大家表示，“他对于安大的愿望，

① 参见周乾:《王星拱与省立安徽大学早期发展》。

② 《王校长决即返校》,《安徽大学校刊》第37期(1930年5月24日)。

③ 参见《杨院长在纪念周中之报告》,《安徽大学校刊》第32期(1930年4月19日)。

始终没有偿得”,在当年暑假,他将努力促成两件重要工作,使“安大前途发展,更有保障”。一是考虑到“我们学校因为政治关系的牵掣,经济权完全操于政府,对于学校自由伸张发展的机会颇少”,故决定在暑期“往京沪一带,劝募点基金,另设一种基金委员会,以巩固安大经济的基础”;二是“创设董事会或类似董事会的机关”,因为“安大如果仅为政府的附设机关,那么和政治的关系,就非常密切,若有董事会组织,则可以离政治的波潮,而成为一种纯粹教育机关,与学术团体,董事会可以切实计划学校的发展”,“再者安徽学者名流散居各地,对于安大的事漠不关心,若是有董事会,可以联合安徽名流学者,为本省最高学府而尽力”。① 王星拱当年在北大执教时,曾极力反对教育部在国立大学中推行董事会制度,认为这将会使教育事业卷入政治漩涡,岂料短短数年过后,时移势迁,在他看来,省立安徽大学当时所面临的内外环境,与几年前的国立北京大学已不可同日而语,如果能在这样一所基础未牢的省立大学里,建立起一个独立自主、不受政府控制的董事会组织,反倒能使教育远离政治,从而起到与自己当年在北大竭力抵制由政府部门强制推行的董事会制度一样“殊途同归”的成效。

王星拱的这番话,令几位学生代表深受感动,回到学校后,他们告诉广大同学,“我们知道王校长关心学校是多么深切,也只苦于在现实的环境里面,不能伸其怀抱罢了”,同

① 以上参见《学生代表赴武汉挽留王校长之经过》,《安徽大学校刊》第32期(1930年4月19日)。

时，还向大家发出号召：“诸位同学，校长已容忍一切不可名言的痛苦，采纳我们的要求，不再辞职了，虽然，学校已恢复原状，但是前途的危机，并未化除，在这个时候，我们一面要努力读书，在社会上造成一种优美的声誉；另一方面应追随学校当局之后，与外面危难的环境，共同奋斗，以使我们明日的安大，能根深蒂固，永垂不朽，迸发学术的光芒，在世界文化史上占一席地。”①

4 月 10 日，王星拱还手书一封致安大全体同学书，由三位学生代表带回学校，信中声称：“吴，查，王三代表来汉，递致盛意，恳挚动人，星拱负疾已深，闻之益滋感愧，安大为全省最高学府，诚须竭力扶持，星拱终当于巩固基础上为安大尽力，以图报答厚意于万一也……”②

不料数日后，王星拱竟然再次提出辞职！随后，安徽大学又派出了四位同学来汉挽留。对于王星拱屡请辞职的根本原因，一位安徽大学的“重要职员”，曾在当年 6 月初匿名接受《时事新报》记者的采访，作出了如下解释：“王校长接程天放之任，程对之颇多疑忌，临时费既不发给，校舍无从建筑，嗣王校长拟以经常费节余之款建校舍，又一再延置，不予通过。及王③程将交代主席之时，始通过。而风潮已大起，王已一再辞职矣。”他还指出，当时身为安徽省政府代

---

① 以上参见《学生代表赴武汉挽留王校长之经过》，《安徽大学校刊》第 32 期(1930 年 4 月 19 日)。

② 《学生代表携回之王校长致同学书》，《安徽大学校刊》第 32 期(1930 年 4 月 19 日)。

③ 此处的“王”字疑为衍文。

理主席的程天放，还有利用杨亮功以“倒王”之意，而只是由于“斯时学生及教职员曾一再向程表示，坚决留王”，才一时无法公开表示接受王星拱的辞呈。①

4月25日，安徽大学学生发现，“外界无聊份子，近复假安大校务促进会名义，散发宣言”，于是，他们“当即召集全体大会，议决除在各报登紧要启事，揭破捣乱份子之阴谋外，并急电在鄂之王校长暨洪根等四代表”，该电文称“校内一切如常，祈校长速偕代表回校”。② 就在当天，以“安徽省立大学全体学生代表大会”的名义，发布了《紧要启事(二)》，对某些人士假借“拥戴”杨亮功之名反对王星拱校长、以图破坏安大内部团结的卑劣行径，进行了义正词严的揭露与谴责，表明了团结一致爱护学校的坚定立场。③ 与此同时，杨亮功也专门发布了一则启事，称“安徽大学内部各院院长及各主任，均以校长王抚五先生进退为进退，对内对外，迭有坚决鲜明之表示，意见完全一致，恐外界不明真相，假借拥戴为名，妄事挑拨离间，特此郑重声明，诸希公鉴！”④事实上，杨亮功不仅多次连同陶因、张其濬等人联名致函安徽省政府，恳请省府对王星拱校长力加挽留，他甚至

① 《安徽大学风潮之内幕》,《教育杂志》第22卷第6号(1930年6月),第245页。

② 参见《本校全体同学之有电》,《安徽大学校刊》第35期(1930年5月10日)。

③ 《本大学全体学生紧要启事(二)》,《安徽大学校刊》第35期(1930年5月10日)。

④ 《杨亮功启事》,《安徽大学校刊》第35期(1930年5月10日)。

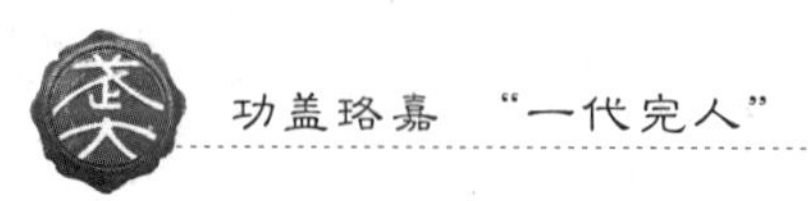

还曾明确指出，如果王星拱离校，安徽大学将“失其中心一切”，只有王星拱回校，才能“固学校根本”，并多次表示自己准备与王星拱“同进退”。① 所有这些表示，正是对外界势力企图挑拨离间他与王星拱之间关系的有力回击。②

4月25日，王星拱和几位学生代表在武汉“接到校务维持会的宣言，又接到匿名信恐吓信多起”，当时，王星拱因“已得到建筑案通过的消息，意思本稍有活动，继见同学又有什么校务维持会的组织，态度自然又比较坚决起来”。③另一方面，4月25日至26日，安徽省政府连续三次致电王星拱，继续对其进行挽留，但据前述安大某“重要职员”的分析，程天放当时“虽曾发留王之电，但系转述学生之请求，不加可否，此种挽留，直等拒绝”④，这就在很大程度上导致王星拱“不回的意思分外坚决，而有第三次的辞职”。他向洪根等学生代表表示：“纵然回校困难只是加多，失望同无望是一样的没法解决，从此个人只可以私人的关系，以精神上

① 参见周乾：《王星拱与省立安徽大学早期发展》。

② 1930年5月27日的《新闻报》曾报道：“安徽大学自王星拱辞校长职后，校内即呈不安现象，嗣经各方挽留，王之辞职问题，似可解决。乃枝节横生，风潮扩大。其原因系因当王解职之际，各院院长及主任，均联名向王辞职，表示同去留，其中文学院院长杨亮功未列名，于是其他主任院长等，对杨不满，并有谓杨欲取王而代。意见既生，精神涣散，各教员相约不上课。以致停课有一星期。”（参见《安徽大学风潮之内幕》，《教育杂志》第22卷第6号（1930年6月），第245页。）此说恐与事实不符。

③ 以上参见《赴鄂四代表回校》，《安徽大学校刊》第35期（1930年5月10日）。

④ 《安徽大学风潮之内幕》，《教育杂志》第22卷第6号（1930年6月），第245页。

来维持学校，至于各院长教授在本学期内，省政府未明令解决以前，当然可以照常维持下去，下半年怎样，那是没办法的。”①

4 月 27 日，在未告知学生代表的情况下，王星拱又断然致电省政府，其内容大意为，“承敦促回校，盛意可感，惟个人已决定不回，希望维持前电原意，即日发表杨先生或别人，以后关于此事，恕不答复”。于是，等到陶因与张和声二人作为教授代表于 4 月 30 日抵达武汉时，已知此事已无可挽回，便只好与王星拱一同讨论“善后办法”。他们“一致趋向教授治校的办法，主张设一个评议会，学校如有了这种组织，那一切可以不受外方面的牵掣……评议会是由本校教授选举组织而成，辅助并监督校长做事的，可以辞退教授，可以聘请教授，以后教授便不以任何校长个人为去留，而实现教务精神独立”，至于王星拱先前所主张组织的校董会，则正好“与评议会可以两存并利”。关于评议会组织法，王星拱与陶因还立即邀请武大的法学专家来拟定。当几位学生代表就此事请求王星拱“仍以校长名义负责请求省府备案”时，他又向大家表示：“很希望全体同学用全力来促成它，评议会如成立，则学校永远的没有什么问题了，那末，我去不去，也就更不成什么问题了。”这四位学生代表在武汉停留了两个星期，其间还曾请求武大的张珽(1884—1950)、徐天闵等皖籍教授“代为劝驾”，但最终仍无功而返。临行

① 以上参见《赴鄂四代表回校》，《安徽大学校刊》第 35 期(1930 年 5 月 10 日)。

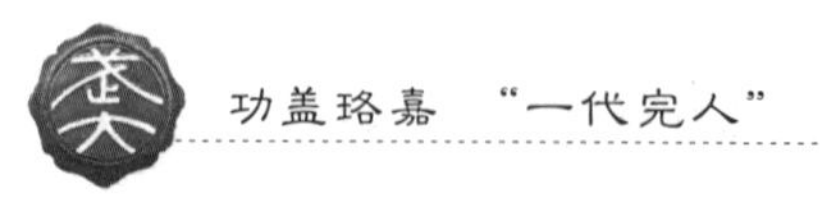

时，王星拱又郑重地嘱咐他们“转达全体同学说，以挽留我回校的精神，转个方向，促成教授治校的原则的实现，以永远的巩固安大的基础”。当日，王星拱再次致函安大全体同学，明确指出：

> ……星拱在现在状况之下，实无能力，可以负此重责，能维持而不维持，是为不尽心，不能维持而强维持，是为不量力，星拱在过去勉守尽心之义，在现不能不为量力之谋，在诸同学或以为星拱返校，则困难可以解决，其实星拱返校，则困难丛生，更有层出不穷之势，与其返校而终不免贻误于学校，何如去职而给予学校以转机，而曰穷则变，变则通，星拱之任安大校长，即由困难而底于穷矣，若诸同学仍执而不变，则安大又何由而通乎，诸同学向学情殷，星拱岂无同情之感，惟委曲求全，既非所长，逞□□事，更非所愿，故不能不出于辞职之一途耳……①

5月2日，他又致函洪根等四位学生代表，称“局势困难，责任重大，星拱纵不脱离，亦难副诸同学之厚望……星拱此后自当仍负道德上之责任，誓必于学校基础及诸同学学业前途上力图襄助，以求补救愆尤于万一”。②

事已至此，安徽大学的广大同学仍不肯放弃。看到王

①② 以上参见《赴鄂四代表回校》，《安徽大学校刊》第35期（1930年5月10日）。

星拱校长“忽萌退念”一个多月以来，“未见打消辞意”，他们“朝夕盼望，眠食不宁，今且暑假在迩，百端待理，整顿设施，在在需人负责，王校长回校时机，益感迫切”，遂于5月15日召开全体学生代表大会，“佥以王校长去秋接班以来，昕夕经营，力图发展，学校精神，大有蒸蒸日上之势，若一旦远引，不独学校发展无望，适足引起其他纠纷，影响所及，岂有限量，为学校前途计，为个人学业计，非王校长主持不可”，于是，他们再次推举了几位代表，“赴汉坚挽王校长”，同时还上书新任安徽省主席马福祥(1876—1936)，称“王校长中途引退，校政失纲”，并“伏恳钧府迅予派员赴汉，切实慰留，以慰众望，而维教育”。① 马福祥随即“派专员任文渊持函赴汉慰留，并恳电王校长从速返校”②。

此时此刻，安徽大学校内的秩序已是一片混乱，这场巨大的风潮甚至已经发展到了“全国注意”的地步。据当时报刊登载的一封发自5月17日的函件称：“安大风潮现已扩大，文学院长杨亮功，被学生攻击赴沪。法学院长陶因，亦被学生攻击赴鄂。理学院长张其濬，预科主任邓继[季]宣等，已相率辞职，并散布宣言，将杨亮功谋充校长之内幕宣

① 参见《王校长决即返校》，《安徽大学校刊》第37期(1930年5月24日)。另据1930年5月27日的《新闻报》所载，“至十三日学生开代表会，始议决请教员一律上课，并再派代表赴鄂挽王，又向省府声明，万一须换校长，决不可委杨亮功。各教员已于十五日一律上课，学生方面又派代表四人赴鄂留王。杨亮功闻已离皖”。(参见《安徽大学风潮之内幕》，《教育杂志》第22卷第6号(1930年6月)，第245页。)

② 参见周乾：《王星拱与省立安徽大学早期发展》。

布。现校内功课或上或停,秩序大坏。省府派科员任文渊赴鄂留王,现尚未结果。此时王纵能回,恐亦无法收拾。其中原因,至为复杂。据闻教厅长程天放,现亦往外县查学,(昨赴贵池将再到潜山徽州)藉避风潮之波及。学生方面,现亦分王派杨派,倾轧渐甚。该校根基未固,遭此风潮,识者颇为该校前途忧也。”对此,前述安大某“重要职员”又解释道,由于“受外界之影响”,学校内部出现了“拥王与倒王之分野”,“嗣意见愈闹愈深,以致相率离校,成现在之现象”,由于此时“学校已不可收拾”,故在他看来,王星拱“回亦无益,故决不回”。①

5月21日,王星拱复电马福祥,坚定地向其表示:

> 星拱材骞德薄,校任难胜,业已迭陈钧府辞职在案,今承主席来电,嘉勉挽留,复派任秘书来汉面促,感愧无极,伏念主席情意隆厚,学生成绩重要,谨拟于日内返皖一行,惟有须先恳者,武大方面,星拱未能久离,此次来皖,只能停住数日,敦请各院长教授返校后,即须返汉,又此次只能办理学期结束事宜,务恳钧府先行准予辞职,并恳至迟于六月三十以前发表继任,如彼时继任尚难产生,即请钧府派人接收,以免贻误学校前途,而增益个人罪戾……②

① 以上参见《安徽大学风潮之内幕》,《教育杂志》第22卷第6号(1930年6月),第245页。

② 参见《王校长决即返校》,《安徽大学校刊》第37期(1930年5月24日)。

同时,王星拱还致函安大全体教职员,恳求大家"继续维持,照常上课"。① 他原定于5月28日返回安大办理卸职手续,不料武汉大学校务会议竟以其在学校"负责甚重,又值考期,近诸待主持"为理由,"万难允其离校",并致电通知安大。安大方面立即回电,"请该校促王校长回皖"。6月3日,王星拱又复电向安大全体教职员致歉:"弟因意外事故发生,未能返后[校],有乖前约,罪甚,伏祈诸先生念及学生成绩重要,赐予结束,是所盼祷,至于事务方面,仍由弟负责执行。"②在前述安大某"重要职员"看来,"现在王既不回,倒王者已达目的,气势极胜,拥王者已退而默守矣",至于学校本身,则"前途甚为危险,须看新任发表后如何"。③

1930年6月,在多次挽留未果后,安徽省政府最终决定接受王星拱的辞呈,并根据王星拱的推荐,任命杨亮功继任安徽大学校长。王星拱辞职后不久,安徽大学法学院院长陶因、理学院院长张其濬及化学系讲师徐贤恭(1902—1994)等人,也相继步其后尘,先后辞职,并继续追随着王星拱的足迹,于当年下半年先后来到国立武汉大学任教。而杨亮功在继任校长前后,亦始终对王星拱保持着高度的尊重。当年暑假前夕,他曾"写一封长信给王先生报告学校一

① 参见《王校长决即返校》,《安徽大学校刊》第37期(1930年5月24日)。

② 以上参见《王校长不果返校　因武大发生特别事故》,《安徽大学校刊》第39期(1930年6月7日)。

③ 参见《安徽大学风潮之内幕》,《教育杂志》第22卷第6号(1930年6月),第245页。

年经过情形，以便结束我这段代理任务”；在新学年开学后，他又“同张和声赴武汉去看王抚五先生，说明大学改组情形”。①

3. **情系安大，终身关怀**

王星拱虽然离开了安徽大学，但并未完全与之断绝往来，而是在精神上、道义上乃至实际行动上继续支持着这所与自己有着深厚渊源的高等学府的建设与发展。由他筹划了很长时间的安徽大学董事会，也最终于1932年7月宣告成立，包括他本人在内的15名皖籍名流和学者被推举为首任董事。1933年1月4日，安徽大学董事会第一次会议在上海召开，并作出了筹集5万元款项支持安大的校舍建设等项决议。② 从此以后，王星拱便与安徽大学董事会的其他十余位董事一起，充分利用自己广泛的社会关系和影响，继续积极地为安徽大学的发展贡献自己的力量。

抗战爆发后不久，安徽大学在辗转迁徙与颠沛流离之中，最终于1939年3月宣布停办，这是安徽高等教育事业的一项巨大损失。在抗战胜利前后，教育部与安徽省政府均希望能早日恢复安徽大学。当时，教育部方面及在渝的安徽同乡，“对恢复安大虽同富热忱”，但“对恢复安大办法，与省方不尽一致”。为沟通各方面意见，安徽省政府委员兼教育厅厅长汪少伦(1902—1982)特邀请了包括王星拱在内的20多位在渝安徽同乡，共同商讨了由汪少伦所提出的安

① 参见杨亮功:《百花亭两年》。

② 参见《安徽大学简史》，第27页。

徽大学恢复后应改为国立或是仍为省立、校址应设何处、与战时创建的安徽学院之间的关系如何、应设哪些院系、前安大流失的图书仪器应如何索回等五大问题。其中，对于第一个问题，“意见很一致，均主张改国立”。①

1945年10月30日，已经被教育部任命为国立中山大学校长的王星拱，又领衔出面，联合了其他22位皖籍著名学者、政要，一同联名上书时任教育部长朱家骅，从“我皖学术文化之历史”、“吾皖今后建设之需要”、“该校过去对我省之贡献”、“建国与复员之工作”等四个方面，详细地陈述了“安徽大学亟宜恢复”的各种理由，并请求教育部“迅予指派专人筹复安徽大学，并依照高等教育由国家办理之原则，将该校改为国立，编列预算，以奠该校之基础，而利吾皖之教育”。②

1946年11月，安徽大学终于在安庆成功复校，并改为国立。1947年，王星拱的次子王焕晰在家乡考取了国立安徽大学化学系。1948年3月，因夫人在籍去世，王星拱回到家乡，并以年老多病等原因为由，多次向教育部提出辞去中山大学校长之职。对于王星拱的去留问题，中山大学语言学系教授周达夫(1914—?)曾于是年6月7日，别出心裁地向教育部长朱家骅提出过一个很有意思的建议：

王抚五先生宜调长安徽大学，因(1) 王校长体力恐不耐此校繁剧，故乡之起居饮食或较适宜。

---

① 以上参见汪少伦:《两年来安徽教育之检讨》，正中书局1946年版，第40～41页。

② 参见《安徽师范大学校史》，第62～63页。

(2) 王校长用人有皖籍,难免此校粤籍旧人误会。若在安徽本省,自甚相宜。(3) 王校长与武汉大学关系深,此间之与武汉,中隔湘省,不若安大与武大,声气更可相通。(4) 安大现状,似亦亟须易人整理。①

当时,王星拱已病入膏肓,身体虚弱,生命垂危,若令其以高龄抱病之身,再次出任安徽大学校长,显然是极不现实的。但不管怎样,已经回归故里的王星拱,此时也有机会对这所家乡的最高学府倾注更多的关心了。1948 年,他曾欣然为国立安徽大学三七级毕业纪念册题词:“敬业乐群。”②

值得一提的是,王焕晰先生于 1951 年从安徽大学毕业后,曾留校任教至 1954 年,而继他本人之后,他的大女儿、女婿以及外孙后来也都先后考上了上世纪 50 年代在新省会合肥重建的安徽大学,一家四代人均有缘成为安大校友,这在安徽大学短短数十年的发展历史上,恐怕也是绝无仅有的一段传奇佳话吧!

三、从代理校长到校长

(一) 牺牲学术 全心奉献

王星拱作为国立武汉大学的主要创办人之一,从 1928

① 转引自桑兵:《1948 年中山大学易长与国民党的派系之争》,《学术研究》2008 年第 1 期。

② 参见《国立安徽大学三七级毕业同学录》(1948 年)。

年担任筹备委员会委员、建筑设备委员会委员、理工学院院长、评议员，到 1929 年担任理学院院长、代理校长、副校长，再到 1930 年的教务长、化学系主任及 1931 年的聘任委员会委员长，加上其他各种各样的大量兼职，可以说是全程参与了国立武汉大学从草创到早期发展几乎所有领域的校务工作，亲身经历和见证了这所新兴的国立大学从诞生到一步步成长壮大的全过程，而他自己也成为了这所学校不可或缺的重要领导人物。

在多个重要职位上的繁重的教育行政工作，也不可避免地严重影响到了他的学术研究与教学工作，令其难以兼顾，无法再在自己的专业领域投入足够的精力。王星拱本是一位出色的化学家和哲学家，也是较早在国内开展科学普及工作的先驱。1917—1927 年在北京大学任教期间，王星拱在学术研究上硕果累累，不仅先后出版了专著《科学方法论》和译著《哲学中的科学方法论》，还时有多篇关于化学、生物学、哲学、宗教学、科学概论甚至社会科学方面的各类论文、评论或学术演讲录发表于各类报刊上。但自从他 1928 年来到国立武汉大学工作后，除了 1930 年 9 月在商务印书馆出版了《科学概论》一书，以及 1932 年 12 月在《国立武汉大学理科季刊》第 3 卷第 2 期上发表了一篇名为《细胞及体素之通透问题》之外，此后便再无任何学术专著及专业论文问世。这也从一个侧面反映出，一名优秀的学者若是全身心地投入于教育行政工作，将会给他自身的学术研究事业带来多大的冲击和影响。

对于这一点，王星拱自己也深感不安，在 1929 年 6 月被国立武汉大学校长王世杰聘为副校长之后，王星拱曾公开向全校师生表示：

> 兄弟个人因为王校长的劝勉，现在勉强担任副校长的职务了。兄弟素无事务才，对于这个职务，实在是不敢轻于担任。而且兄弟以为学问与事业是不能同时都有成就的，因为这两件事的兴趣是不同的。譬如说：有一个人正在用功读书的时候，忽然有一种事务来分他的心，结果必定是书是读不好，事也是做不好。教授是要读书，副校长是要做事；兄弟是愿意在读书方面尽力，对于做事方面，没有什么兴趣。不过现在学校基础尚未巩固的时候，王校长有许多对外的事情，要努力去进行，他要兄弟分工任事，兄弟也只得暂时勉强担任。到了开学以后，学校各种事务渐入于顺序发展的时期，兄弟还只负教授的责任。①

由此可见，王星拱对于学术研究与教育行政工作之间的矛盾冲突，是有着清晰的认识的。他相信，由于这两件事的兴趣不同，性质各异，而一个人的精力又毕竟是有限的，故“学问与事业是不能同时都有成就的”，一旦有所分心，则“结果必定是书是读不好，事也是做不好”，故必须有所取舍。同时，他也诚挚地表达了自己的意愿——愿意在学术方面尽力，努力做好一名普通的教授，而不愿意在自己的能

① 《本大学第二十五次总理纪念周纪录》（十八年六月十七日），《国立武汉大学周刊》第 27 期（1929 年 6 月 24 日）。

力和兴趣都不足以胜任的副校长职位上耗费时日。但由于学校初创，基础未牢，很多繁重的行政事务需要不少专人负责处理，特别是王世杰校长经常要为落实学校的建筑经费以及疏通各种社会关系而长期出门在外，具体的校务工作更是需要有一位得力能员代为全面主持；又由于王星拱的个人资历与威望均令广大师生深为信服，也就成了副校长、教务长等重要行政职务的最佳人选。

因此，虽然王星拱的个人兴趣和意愿更多地在于学术研究与教学工作方面，但为了神圣、崇高的教育事业，为了学校建设和发展的“大局”，他还是被迫在自己的学术兴趣与学术研究事业上作出了重大牺牲，将主要精力投入于学校的行政管理工作，一步步地从代理校长、副校长、教务长的职位走向再度担任代理校长，并最终成为国立武汉大学的第二任正式校长。而这一步一旦迈出，便再无回头路可走。对此，不少武大化学系的学生后来也纷纷表示了惋惜之情，他们互相传言道：“抚五先生本是一位杰出的化学教授，可惜转业行政工作，反而掩盖了他的长才。”①1935 年以后，王星拱便不再从事任何教学工作，但对于自己的化学研究事业，依然是恋恋不舍，并没有完全放弃。据 1937—1941 年间曾就读于武汉大学外文系的著名散文家吴鲁芹②(1918—1983)回忆，王星拱校长在“处理学校行政之外，还

① 殷正慈：《我所知道的王抚五先生》，《学府纪闻・国立武汉大学》，第 59 页。

② 本名吴鸿藻，字鲁芹，后以字行。

不忘他的本行，一星期中有几个下午是在实验室中做他的实验的”①。但也正是由于“处理学校行政”工作的紧密限制，使他在自己“本行”里的深入发展受到了根本的阻碍，也丧失了更多的机会。如在1937年，中华教育文化基金董事会曾指名资助王星拱前往英国研究一年，但当时已身为一校之长的王星拱，显然是不可能轻易弃校远行的，于是，他便将这一美差让给了时任化学系主任黄叔寅(1902—1961)教授，并另聘陶延桥教授代理系主任一职，从而再次主动放弃和牺牲了自己在专业发展上的一次绝好的机会。

(二) 水到渠成　接长武大

1933年4月20日，中国国民党中央政治会议决议，任命国立武汉大学校长王世杰为教育部部长，并电派该校理学院院长王星拱为代理校长。于是，在时隔4年之后，王星拱再一次担任起代理校长的职务。所不同者，1929年的代理校长，是在原代理校长刘树杞辞职、而新任校长王世杰一时无法到任的情况下，由王星拱暂行代理校务，等到2个多月后王世杰到任之时，即自行解除职务；而1933年的代理校长，是在王世杰校长被任命为教育部部长之后，王星拱即开始以代理校长的身份全面接长武大，在平稳地度过了一年的“过渡期”之后，即被任命为正式校长，也是国立武汉大学历史上的第二任校长。

① 吴鲁芹:《我的“误人”与“误己”生活》，台湾《传记文学》第26卷第2期(1975年2月)，第37页。

据王世杰1939年在重庆回忆:“六年前余离武汉大学时,原拟推荐周鲠生继任,皮皓白以王为教务长,周为教授,谓宜推荐王抚五,予不得已允之。”①王世杰与周鲠生在早年留学英国时便已相识,后又先后获得法国巴黎大学法学博士学位,其间都曾参加过巴黎的中国工人和留学生阻止中国代表团在凡尔赛和约上签字的爱国运动,回国后又在北京大学第三院(法学院)共事多年,分别担任法律系和政治系主任。相近的学科专业背景与社会工作经历,使他们二人之间的关系极为密切,王世杰拟推荐周鲠生接任校长之职也就不足为奇了。然而,周鲠生当时仅为政治系主任,若遽然升格为校长,恐一时难以服众。因此,时任法学院院长皮宗石从大局出发,主张由行政地位较周鲠生更高的王星拱接任校长,毕竟王星拱作为教务长,本身已是仅次于校长的全校第二号领导人,由他来继任校长,方才显得更为顺理成章,令人信服。于是,王世杰最终还是采纳了皮宗石的建议,改推王星拱为校长。

尽管如此,王世杰仍然对王星拱某些性格上的弱点心存疑虑。在他看来,“抚五为人太和缓,寡决断”②,“抚五为人甚好,然优柔寡断,胸襟亦不豁达,此其短也”③。而长期与王星拱共事的武汉大学哲学教育系主任(后任文学院院长)高翰教授则认为,王星拱“待人接物,恳切诚挚。个人生

① 《王世杰日记》(手稿本)第二册(民国二十八年一月～民国二十九年十二月),台湾“中央研究院”近代史研究所编印发行,1990年,第75页。

②③ 《王世杰日记》(手稿本)第二册,第42页,第75页。

活，简单朴素。他治学态度，十分谨严。常识尤其丰富。但性格上却倔强而有脾气，常常择善而固执之。不过，这种固执，是对事而非对人。也因此而使得很多人认为他乃是学者典范，而非治事长才。人本来谁都有弱点，抚五先生这种性格上的弱点，也可说就是他作人有原则的长处”①。王世杰与高翰对王星拱的看法尤其是对其“弱点”的分析，虽不尽相同，但对于王星拱的为人，二人的基本判断并无二致，一个说他“为人甚好”，一个说他“待人接物，恳切诚挚”，这表明王星拱至少在人品方面是没有什么争议、令人无可挑剔的。至于他的某些弱点和短处，无论是“太和缓”、“优柔寡断，胸襟亦不豁达”也好，抑或是“倔强而有脾气”、“择善而固执之”也罢，这固然会不可避免地影响到其教育行政管理工作的具体效能，但从根本上来说，亦是“瑕不掩瑜”，丝毫无损于其人格的光辉，毕竟，人非圣贤，孰能无过？！

抛开个人品质、性格等因素不论，仅就从事高等教育行政管理工作的资历、经验及个人能力而言，王星拱此时全面接长武汉大学的校务工作，应该说已经具备了足够的条件。首先，王星拱既精通中国的传统文化，又较为深入地接触和了解过西方社会的现代文明和科学知识，可谓“学贯中西”；他既是优秀的化学家，从西方发达国家的一流高等学府获得过硕士学位，又在科学普及事业及哲学研究方面卓有建树，并在自然科学与社会科学的诸多领域里有着广泛的涉

① 殷正慈：《高公翰先生谈文学院》，《学府纪闻·国立武汉大学》，第37页。

猎，已完全突破了学科壁垒，能够比较全面地了解和把握各种不同门类的现代科学各自的专业特点和发展趋势，真正做到了"沟通文理"。而较高的学术水平与开阔的学术视野，正是一名大学校长所应具有的基本素质。

其次，王星拱还具备了丰富的高等教育管理经验。此前，他曾在民国初年的全国最高学府——国立北京大学任教十年，担任过评议员、化学系主任、组织委员会委员长、财务委员会委员长、仪器委员会委员长等重要职务，积极参与过北京大学的多种制度创设与校务行政工作，对北大的革新和发展贡献良多；又曾担任过第四中山大学区高等教育部部长，管理过江苏全省的高等教育；作为国立武汉大学的主要创办人之一，在这所新兴的高等学府已工作五年，担任过多种要职，为武大的创办和发展作出过突出的贡献，对武大各方面的情况也非常了解和熟悉；甚至在武汉大学副校长的任职期内，还兼任过安徽大学的校长，在大部分时间都无法到校任事，而只能在数百公里之外的另一所高校进行"遥领"的情况下，也仍然通过合理的人事安排与制度建设，保证了安徽大学的各项校务工作均能井井有条地正常运作，为自己家乡新建的这所省立大学的早期发展奠定了初步的基础。所有这些，都充分证明了王星拱已完全具备"独当一面"的卓越领导才能。

仅就王星拱 1928—1933 年在武大工作的五年经历而言，作为筹备委员会委员和理工学院筹备主任，他参与了所在学校和学院从酝酿到正式诞生的具体创办过程；作为评议员和校务会议的重要成员，他参与和主持过多次评议会和校务会议，从而参与了武大多项规章制度的制订与修改及众多重大校务事项的决策与处理工作；作为一度的代理校长、副校长和教务长，他全面地代理过校长的职务，或是直接协助校长处理过众多事关全局的校务行政工作；作为理工学院院长、理学院院长和化学系主任，他直接推进了自己所在学院、学系的学科发展和建设；作为教务长、课程委员会委员、预科算学委员会委员长、基本英文课程委员会主席、考试委员会委员，他对教学管理工作的各个方面和环节日渐熟练与精通；作为建筑设备委员会委员、图书委员会委员、仪器委员会主席（委员长）、财务委员会委员以及特别（种）基金保管委员会委员长，他在筹措和支配、管理办学经费，推进校舍建设，购置图书、仪器设备等办学资源各方面均有不小的贡献；作为聘任委员会委员长，他也严格把关，为学校招揽了不少优秀的教学科研人才……在短短五年的时间里，身兼多种要职，在各个不同的岗位上充分历练，不断摸索、积累经验，这使得王星拱迅速了解和熟悉了学校教育行政事务的方方面面，也使其对大学管理工作逐渐形成了一种宏观上的整体认识和全局性的掌控能力，为他日后逐渐走上全面接长一所新兴国立大学的领导职位，作好了充足的准备。另一方面，在如此短暂的时间内，能够在如此众多的工作领域里，为武大的发展作出过如此全面而重要的贡献的，恐怕全武大也很难找出第二人了。即使是在王世杰担任武大校长期间，由于他经常需要离校去处理各种校外事务，校内的绝大多数事务也多是由王星拱代为处理的。因此，到了王世杰行将离任之际，王星拱作为他最为得

力的助手，也就当仁不让地成了继任校长的最佳人选。

从客观条件来看，国立武汉大学首任校长王世杰在其四年任期内的卓越成就，也已经为他的继任者们奠定了良好的基础。据周鲠生 1947 年 10 月 31 日在国立武汉大学第十九周年校庆暨三十六年度开学典礼上的报告所言，武大改建之初，在李四光先生“首先提议以一百五十万元巨款于武昌郊外另建新校舍，改造环境”之后，“真正实现李四光先生的理想而创立本校规模的，则是第一任校长王世杰先生”，王世杰校长“于民十八年由京辞官来主校政，当时学校尚在东厂口，珞珈山新校址圈地手续尚未办了，而所谓新校舍之建筑费一百二十五万①中，实际领到的只有二十万元，加以省政府已改变，情势变迁，一切都有落空之象。王先生在最困难的时期就职，不到一年，珞珈山新校舍工程居然开始，再过两年武汉大学居然迁到珞珈山新校舍授课了。及至民二十二年王先生因被任为教育部长离开学校，本校建筑设备以及制度人事都已树立规模，我们继任的人、至今大部犹可说是萧规曹随。他对本校创建的伟大功绩，真是不可磨灭的”。②

诚如周鲠生所言，在王世杰的四年校长任期内，经过全校师生的共同努力，武汉大学的建设和发展已基本走上正轨。因此，作为后继者，只需做到“萧规曹随”，沿着王世杰

① 此处应为“一百五十万元”之误。

② 以上引文参见《本校第十九周年校庆暨三十六年度开学典礼校长报告》，《国立武汉大学周刊》第 374 期(1947 年 11 月 1 日)。

等人开辟的道路继续走下去即可，而完全没有必要对学校的各项制度及人事进行较大的变动。此时此刻，以王星拱丰富的教育经验和稳健的个人能力而言，加以其沉稳、和缓而又固执的性格特征，可谓完全符合“萧规曹随”的基本要求，作为王世杰所开创事业的继承者和守成者，是再合适不过的人选了。诚如 1941 年毕业于国立武汉大学史学系的著名历史学家、台湾“中央研究院”院士严耕望（1916—1996）后来所言，“雪公校长是一位有气魄有冲劲的创业长才，而抚公校长则是一位善于守成的良才”①。有王星拱这位“守成的良才”来打理校务，武汉大学的发展必定能保持蒸蒸日上的强劲势头，至少不至于被断送，王世杰大可放心地晋京赴任。

1933 年 4 月 24 日，刚刚被任命为教育部部长的王世杰，在“总理纪念周”上向全校师生发表了离任讲话，表达了依依惜别之情——一方面，他“感觉非常难过。如果接受这个职务，不但与本人素愿相违，而且对不住本校同事与同学……应该做而没有做，打算做而没有做的事体如此之多，此时如果走开，不与本校同人共同努力，私衷自极难过”；但另一方面，“如果兄弟对于这个职务绝对拒绝，许多朋友，又以为值此整个政局异常危险的时候，任何人都应该鼓起勇气冲入困难的环境中去苦斗，不应该规避畏缩……如果完全拒绝，许多人必认为本人畏难苟安，对于本校以外的事业，缺乏同情心”。因此，这种矛盾的心情，使他“感觉得十分不

① 严耕望：《我与两位王校长》，《学府纪闻·国立武汉大学》，第 71 页。

安”,但值得欣慰的是,“好在政府已决定请王抚五先生主持校务;各位院长各位先生也一致表示,愿对本校未来的发展,竭力负责”。说到这里,王世杰又不吝言辞,在全校师生面前将王星拱数年来的辛勤劳作进行了高度的称赞和肯定:

> 近四五年来,抚五先生暨各位教职员先生,对于校务发展,均竭知尽能,不辞劳苦。抚五先生忠诚劳苦,尤为全校所共仰。校事得抚五先生主持,当能平稳发展。这是兄弟的绝大安慰。因此,上星期末,兄弟已电复行政院,应允于短期间内勉强担任教育部的职务。①

4月25日,国立武汉大学召开第9次临时校务会议,确定了王星拱出任代理校长之后,与之有关的几个重要职务的人事安排与变动——其原有教务长一职,改推原法学院院长皮宗石担任;原有理学院院长一职,改推查谦教授代理;而皮宗石所腾出的法学院院长一职,则由原商学系主任杨端六(1887—1966)教授代理。② 从此,皮宗石、查谦、杨端六等人便开始成为王星拱的得力助手。

(三) 平稳过渡 代理“扶正”

第二次出任代理校长,王星拱的心态可以说是诚惶诚

① 以上引文参见《上周纪念周王校长报告词》,《国立武汉大学周刊》第163期(1933年5月1日)。

② 参见《国立武汉大学校务会议纪录》(第四册),第147~148页。

恐、如履薄冰。在王世杰于5月1日离开武汉,赴南京就任教育部长之职的同时,王星拱在“总理纪念周”上向全校师生表明了自己的心迹。他首先指出:“现在校长往中央去,是学校重大的损失。虽然是暂时的,但是这个损失还是很重大的”,而武大师生之所以“要经受这样重大的损失”,主要是因为要“牺牲局部的利益,救济全部的利益”——为了更好地整理和维持全国的教育事业,为了改善学校与社会之间的关系,也出于王世杰校长与中央政府各界人士的私人友谊起见,“我们不能不让校长到中央去”。而对于自己出任代理校长的职责,王星拱则小心翼翼地表示:

> 至于校长离校之时,本校的校长职务,叫兄弟暂时代理。兄弟材具不够,身体也不好,本不敢担任,但是过于顾虑,又恐怕对不住朋友。好在本校的进行,是由校长和各位先生原定有确定的程序,——如图书馆法学院之建筑,机械序[系]之设置,研究所农学院之准备,以及一切充实内容之计划,——现在我们还是照着这个程序去进行。我们同校长说过:将来到了中央政局比较稳定的时候,我们须得请校长回来。或者是到了中央完全无办法的时候,我们也须得请校长回来。还有一层,兄弟在代理的时间,自然是竭尽能力和诸位先生共同负责照原定的程序往前进行。但是到了无力前进的时候,兄弟决不因循敷衍而阻止学校的进步。到了那个时候,还得要校长提早回来,免得

把一个方兴未艾的学校,因为代理失职而停顿了。①

尽管王星拱处处言辞谦虚,谨小慎微,但他在第二次担任代理校长期间的实际表现,显然无负于他所肩负的重大责任。从1933年5月开始的一年间,武汉大学的各项校务工作按照既定的计划和轨迹继续向前推进,真正实现了王世杰所期待的"平稳发展":

1933年6月,国立武汉大学第二届毕业生共112人顺利毕业;

7月,学校从武昌、南京、上海三地招考录取新生共171名;

8月,总图书馆建筑工程开工;

9月,成立农学院筹备处,由代理校长王星拱亲自兼任筹备处主任,同时,工学院增设机械工程学系;

10月,学校将普通体育改为必修课,并举行毕业考试补考;

11月,代理校长王星拱重新聘定了全校各学系系主任;

12月,湖北省政府委托学校设置水利讲座并补助经费;

1934年3月,湖北省政府开始自1月起按月补助武汉大学建筑设备费2000元,汉口市党部委托武汉大学设置奖

① 以上引文参见《上周纪念周王代校长报告词》,《国立武汉大学周刊》第164期(1933年5月8日)。

学金名额 3 名；

4 月，已故中华民国大总统黎元洪之子黎绍基、黎绍业兄弟将其先父筹设江汉大学之基金约 10 万元全部移捐给武汉大学，学校将其用于修筑体育馆之用；

5 月，学校同时举行第 5 次春季运动会与第 2 次美术展览会；①

……

总之，在王星拱第二次代理国立武汉大学校长的一年时间里，学校在校舍建设、设备添置、经费筹措、学科发展、科学研究、教学管理等方面，均取得了平稳的发展和长足的进步。功业既昭著如此，其校长之职由“代理”到“扶正”也就为期不远了。

1934 年 5 月 15 日，国民政府行政院作出决议，正式任命王星拱为国立武汉大学第二任校长。②

---

① 以上内容主要参见《沿革概要》，《国立武汉大学一览》（中华民国廿三年度），第 8～10 页。

② 参见郭廷以：《中华民国史事日志》第 3 册，台湾“中央研究院”近代史研究所编印发行，1984 年，第 368 页。

第三章　教育思想　办学理念(1928—1937)

与所有杰出的大学校长一样,王星拱也有着自己广博、深邃而独特的教育思想与办学理念,其内容涉及到从大学的根本任务和使命,到大学生的培养目标与训练方式,从教学、科研的基本原则,到求学、治学的具体态度与方法等有关大学教育的诸多方面。

在大学与政治、社会的关系问题上,王星拱认为大学应当抱持不管政治的态度,才能得到学术独立的结果;大学教育应当适应社会的需要,但又不能消极地、无条件地去适应社会,而应积极主动地去改良社会。在教学与科研的基本原则方面,他认为大学应该正确地处理理论

与应用之间的关系，既应当探研高深的理论，同时也要注重各种专门技能的培养，为此，必须特别注重各门基础课程及特殊科目的教学。在人才培养的目标与方式方面，他认为大学生应当德、智、体、群四育齐头并进，并特别强调人格的培养应当与知识的提高并重，大学在道德方面应当树立国民的表率。

由于王星拱在教育方面发表的著述很少，又不像当时的很多知识分子一样有写日记的习惯。因此，他在大学校园内以及社会上的各种场合所发表的众多演讲，便成了其教育思想与办学理念的主要表达方式与“载体”。与此同时，他还通过自己的言传身教与身体力行，努力将这些思想理念贯通于多年的办学实践之中，真正做到了“知行合一”。

一、保持学术独立　积极改良社会

作为国立武汉大学的主要创办人之一，王星拱在这所新兴大学成立伊始，就对其寄予了殷切的期望。1929 年 1 月 7 日，王星拱以理工学院院长的身份，在武大第 7 次“总理纪念周”上发表演讲，指出新成立的武汉大学，在文化上应当“担负起重要的使命”。他说：

……武汉必须要有一个武汉大学以履行过去和现在的历史上、地理上的特别任务。就历史上说，中国大哲学家老子是产生在战国时期的楚国，楚国的治地就是本省——湖北；谁都知道他是代

表南方的哲学,和北方孔子的哲学并驾齐驱,一直影响几千年来的中国。中国大文学家的屈原、宋玉,开后代伟大文艺的源泉,他们也是生产在楚国。那么,就历史上讲,文艺上讲,武汉大学却应该应运而生,以继承并发扬伟大的思想和文学。

就地点言,武汉是中国内部交通的中枢。湖南的锑、锡,湖北的铁、煤,江西的瓷……都在武汉聚售的;所以武汉是国内货物的聚中处。在新中国的建设下面,新的武汉大学也应该有优良的理工科的设立,以促进这工商业的发展并以提高中国政治和经济的地位。就这点看来,新武汉大学的理工科也应该积极进行,力求完善。

再就政治上说,武汉是北洋军阀视为最重要的区域,因为他举足轻重;去岁以前共产党的占领湖北,也是这种意思的。所以,为安定全国计,为把这几省的民众思想纠正划一计,这个以三民主义为精髓的武汉大学尤其是负有伟大的使命。①

3月11日,刚刚接替刘树杞暂行代理校长一职的王星拱,又在第12次“总理纪念周”上指出:

我们武汉大学,为全国四大学区之一,他在我国文化上,占据重要的位置,是值得我们大家共同

① 《本大学第七次总理纪念周纪录》(十八年一月七日),《国立武汉大学周刊》第7期(1929年1月14日)。

努力的。我们要秉承学术独立的精神，以满足我们共同求知的欲望，使武汉大学，不愧为全国知识的中心，这是我们大家对于武汉大学所抱持的极热烈的希望。①

在这里，王星拱明确地指出了使武汉大学成为“全国知识的中心”的一个重要前提，即是要“秉承学术独立的精神”。诚然，在任何时代与社会条件下，学术与教育都不可能完全脱离一定的政治、社会环境而实现绝对的独立，王星拱当然也很清楚这一点，同时，作为一名在1910年清末时期便已加入中国同盟会的国民党老党员，王星拱有时也必须做一些表面上的政治文章，如明确提出武汉大学“以三民主义为精髓”，华中几省的民众思想应“纠正划一”等。但在另一方面，相对的学术独立也是可以实现的，而其必要的前提便是与政治保持一定的距离。在学术、教育与政治及社会之间的关系这一问题上，王星拱曾发表过自己独到的见解。

（一）“从事研究学术的人，是要不管政治才好”

在王星拱看来，人类社会中的军事、政治与教育“这三种事业最大的不同点，在它们收效的缓速。军事的收效最快，政治次之，教育又次之”。与军事的收效迅速相比，政治

① 《本大学第十二次总理纪念周纪录》（十八年三月十一日），《国立武汉大学周刊》第13期（1929年3月18日）。

的收效要相对缓慢一些,“一种政策实施后的结果,不是即刻可以看得出来的”,任何行之有效的政策,“都要经过长久的时间,才能收得到的。所以政治家要有深远的眼光。不可狃于目前的功利”。[①] 而政治与教育的关系,正类同于军事与政治的关系——“同样的比例,可以移到政治和教育之间。政治的收效缓于军事,而教育的收效则更缓于政治”。因为政治的收效可以通过国家行政权力的施行而取得较为迅速的结果,而“教育乃是百年树人之大计,它的任务是要研究学术的。有一些关于物质方面的学术,乃是公共的中立的,不但是无党派的,并且是无国籍的。即就一班关于精神方面的学术而言,我们在学校里边——尤其是在大学里边,也不是用一张命令式的教条所能了事的,必定要经过居安资深的历程,才能得到笃信力行的结果”。与政治的收效迅速相比,“一种学术之影响于民族之兴衰,及国家之隆替,往往都是在数十年之后”。作为一名学问渊博、常识丰富,并且较早在中国传播和普及现代科学知识,同时还一直试图在大学教学中极力革除“文理分驰”弊病的科学先驱,王星拱在这个重要的问题上,为武大师生提出了“多不胜举”的丰富例证。如在人文社会科学领域,亚当·斯密的原富论“在工业先进的英国,它实在曾经做过鼓励工业的工具”,卢梭的民约论则“实在是法国革命的急先锋”;在自然科学方

① 以上引文参见《王副校长纪念周演辞》,《国立武汉大学周刊》第31期(1929年10月14日)。

面也是如此，如“德国毫夫蛮①和他的朋友研究有机物之制造，把德国在欧战以前变成世界唯一的染料制造国家，增进德国经济的地位真正不少；巴斯笃②研究微霉，改良了法国蚕业，又增加了一班医学的知识”。也正因为学术与教育的收效较政治更为缓慢，通常都是在数十年之后才能看到明显的社会影响，因此，“我们研究学术，不能有求速效的心思”。③

在将军事、政治、教育三种事业的不同性质简要地论述清楚之后，王星拱顺理成章地得出了自己的结论：“从事于这三种事业的人所应当采取的精神和方法，也应该不同。在政治里边，倘若使用军事的眼光，必定损失政治的效能，在教育里边，倘若掺杂政治的工作，也必定摇动教育的基础。所以我们从事研究学术的人，是要不管政治才好。”④

一方面，王星拱不希望用政治的方法来干涉教育，另一方面，他也不主张从事教育的人去过问政治。诚然，“人要依赖社会而生存，凡是社会上各种公众事业，都是与他有关系”，“政治是和布帛菽粟一般，它们都是不可一日离的东西”，因此，“凡是公民都负有政治上的责任”。⑤然而，强调公民的政治责任，并非是让人人都去管政治，而应当让从事不同事业的人群更好地合理分工，各司其职。在政治方面，由于“现在是训政时期，一切的事情都要受党的训练，训政

① 今译为霍夫曼。

② 今译为巴斯德。

③④⑤ 以上引文参见《王副校长纪念周演辞》，《国立武汉大学周刊》第31期(1929年10月14日)。

的工作就是要使国民了解本党的主义和行使国民所有的政权。这时期是以党治为方法;到了将来宪政时期的时候,民治就是目的,只要我们笃信本党主义,有了充分的学识,将来致力于国家社会的地方是很多的,现在我们不用管"①。在王星拱看来,如果本应办教育或者受教育的人"分心"去管政治,则"不但与教育有损,而且于政治也是无益。从前我们以为无人管政治是危险,现在我们知道管政治的太多也是危险;从前我们以为管政治的人无知识是很危险,现在我们知道管政治的人没有充分的知识,也是危险"②;而恰恰相反的是,若是广大师生一心一意、集中精力将教育办好了,对于政治也将会是一种间接的促进——"只有从努力读书中,得到正确的知识;把知识普遍传到国民,将来的国家才能安定"③,"我们在这个时候,若是在增进知识修养人格上多做功夫,所得的总结果,必定比在现在政治的范围里求速效还要好得多"④。

总之,王星拱将"不管政治"视为实现"学术独立"的重要前提,认为"我们在这个时候,必定要抱持不管政治的态度,才能造成研究的空气,才能希望得到学术独立的结果,

① 《上周纪念周王教务长报告》,《国立武汉大学周刊》第83期(1931年2月8日)。

②④ 《王副校长纪念周演辞》,《国立武汉大学周刊》第31期(1929年10月14日)。

③ 《本大学第十三次总理纪念周纪录》(十八年三月二十五日),《国立武汉大学周刊》第15期(1929年4月1日)。

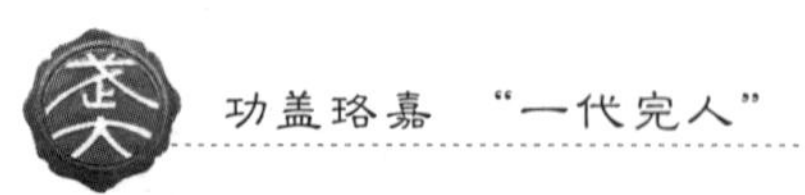

才能把武昌变成文昌，才能从武汉（专名词）的名义而收到文华（非专名词）的实在”①。

早在向武大师生发出“不管政治”的号召之前半年多的时间里，王星拱本人便已公开向大家表明了自己的这一心迹。1929 年 3 月 11 日，这位已有近 20 年“党龄”的中国同盟会老会员，在第 12 次“总理纪念周”演讲的一开始，便不无自谦地声称：“兄弟对于党务方面，所做的工作不多；对于政治方面，完全是外行，所以没有多少可以报告……”②由此可见，此时的王星拱，已将政治置于脑后，并将全部的精力都投入到中国高等教育事业的发展之中，同时也开始了“以身作则”地向武大师生示范“不管政治”基本立场的“身教”过程。

需要指出的是，王星拱所谓的“不管政治”并非是教导

① 在 1929 年 10 月 7 日“总理纪念周”上的这次演讲中，王星拱指出，他因为错过了该学年的开学典礼，曾将王世杰校长与各教员代表的开学演讲“捧读一遍”，其中，预科教员代表韦润珊演讲的最后一段称：“武昌，是三国时孙权所命名的，他的意思是‘以武而昌’。武汉大学为全国中区最高学府，各位要改武昌为‘文昌’，负以文而昌的责任。”（见《本大学举行开学典礼时校长及各学院教授代表演说词》，《国立武汉大学周刊》第 29 期（1929 年 9 月 30 日））这令他“不禁发生了许多横竖错综的联想”，于是便催生了这次演讲的主要内容。王星拱继而提到：“去年有一天，兄弟和几位朋友上到蛇山‘绝顶’，看见山前是武汉大学，山后是文华书院。我们笑着说，武汉对文华，是最工稳不过的对字；但是我们的志愿与责任，并不是要使汉而武，实在是要使华而文。”以上引文除注明外，均出自《王副校长纪念周演辞》，《国立武汉大学周刊》第 31 期（1929 年 10 月 14 日）。

② 《本大学第十二次总理纪念周纪录》（十八年三月十一日），《国立武汉大学周刊》第 13 期（1929 年 3 月 18 日）。

武大师生对政治完全不闻不问，进而完全与政治绝缘，这在事实上也无法做到。恰恰相反，在与政治保持一定的距离，从而努力让学术与教育获得一个相对独立地位的同时，他也积极引导广大学生关心国家大事，对国家政治、经济、军事、社会等方面的基本国情及时局有一个基本的了解。为此，王星拱除了自己经常在学校每周举行一次的“总理纪念周”上亲自向全校学生报告、分析国内外时事之外，还经常邀请校内外诸多著名的专家学者，以学术演讲的形式向武大学生透彻、深入地介绍国家的政治、社会状况。

（二）“改良社会，使社会需要它所应当需要的东西”

如果说王星拱对待政治是抱着一种“出世”的态度的话，那么，他在学术、教育与社会的关系问题上，则又可以说是一种“入世”的态度。在他看来，大学的教育不仅应当适应社会的需要，而且更应当负起改良社会的责任。从大学的根本任务和使命上来说，王星拱认为：“大学是为国家社会造就人才的。我们要使我们的国家成一个健全充实的国家，使我们的社会成一个新时代的为人类求共同进步的社会，我们必定要有可以担任这样使命的人材。”①

就当时而言，中国社会所亟待解决的首要任务，便是尽快实现工业化和近代化。王星拱指出：“欧美列强所以能到

① 《大学的任务》(王抚五先生讲)，《国立武汉大学周刊》第148期(1932年12月19日)。

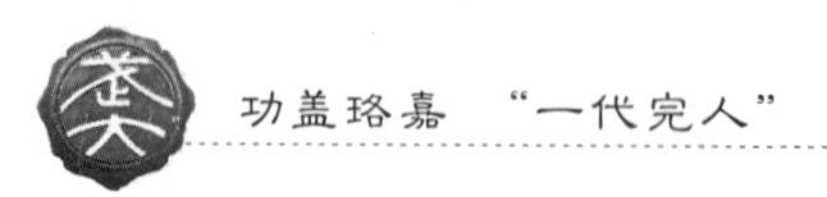

现在的地步，从历史上看来，是发源于文艺复兴，成功于工业革命。什么是工业革命，简而言之，就是生产方法之变更。凡是强盛的国家都经过了这个途径，我们东邻的日本也不是例外。我们要想把中华民国树立成为一个近代的国家，从实行的细微节目说起来，自然有许多和外国不同的地方；然就其大者而言，也必须依随这条路往前进行，并没有什么巧捷的途径。”而中国自从清末“维新”以来，已有三四十年的时间，尽管在这段时期内，中国社会在政治、思想乃至生活习惯诸方面都发生了不少的变迁，“却有一项重要的人类工作没有变；这项工作，就是生产的方法”，不论是农业还是工商业，“仍然不出于手工的范围……这样的延长下去，只有愈变愈坏，不会有良好的结果的。所以我们想复兴民族，必须变更生产方法，而我们所研求的学术，就是变更生产方法之重要的策源”。“要变更生产方法，并不是只要农工，——虽然农工是直接生产的工具”，事实上，除了工学、农学等实用学科之外，其他的几类学科在改变社会生产方式、推进社会工业化与近代化进程中的具体功用，亦不可小视，具体而言，“自然科学之考察物质之原理，社会科学之推求人类之性质与组织，文学之引导思想转移风气，都是在这一种人类工作之中所必须备有的分子。不过在我们现在所处的环境之中，我们要认清同一的目标，共同努力而已”。总之，在王星拱看来，在我们国家长期积贫积弱、并深陷于内忧外患的困境之时，“我们应当以努力学术为复兴民族的

方法”。①

面对当时中国社会衰败、落后的状况，特别是“百孔千疮”的经济局势——“未有的工业不能振兴，原有的农业又逐渐衰落，以致外货充斥，农村破产，经济的基础一天一天地倒塌下来”②，王星拱向广大大学生发出了强烈的呼吁：

> 我们要挽救这样严重的困难，自然要在应用方面做切实的工夫。我们大学学生，不能学魏晋人士只讲求超世离俗的风格，也不能学乾嘉诸子，专门研究艰涩零碎的典章。即宋儒的理学，其偏重正心诚意而忽略格物致知的方法，也不能树立我们全部的学术标准。我们应当研究稻麦如何种植，牛羊如何畜牧，火车如何开，无线电如何收发，以及合作如何组织，行政效能如何增加，以求应付我们目前的紧急需要。我们应当时时刻刻底把社会需要当做研究的对象。换言之，学校里所学的东西，不能和社会距离太远，以至于不能适应社会之要求。这也就是一班人士所常说的“不能读死书而忘却了活社会”的意思。这是我们所时常懔懔遵从的警戒。③

尽管大学教育应当适应社会的需要这种看法本身可以

---

① 以上引文参见《本期开学校长训辞》，《国立武汉大学周刊》第242期(1935年9月30日)。

②③ 王星拱：《大学之使命》(在汉口广播电台讲演)，《中兴周刊》第106期(1935年8月)，第4页。

说是一个没有争议的共识，但大学能否以及怎样去适应社会需要，则又是一个需要深入探讨的问题。特别是在当时动荡不安的社会条件下，“近年教育界内外人士，都感觉到：学校里所学的东西，多半和社会里的需要不相符合，所以社会里不能充分地使用我们的材力，而我们想服务于社会，也往往因此而感受困难”①。当时，大学生的失业现象已经成为了一个社会问题，很多接受过高等教育、学习和掌握了各种专门技能的高级人才，却难有自己的用武之地。有些人看到这种局面，便错误地认为，“社会上并不需要专门的技能”，“现在中国专门人材太多了，所以人浮于事，闹成失业的恐慌”，或是“大学毕业学生人数太多，社会上不能容纳”。这些论断，固然是基于一些表面的事实而发，却难免显得过于片面和肤浅。对此，王星拱首先从社会的角度进行了解释。他提醒大家，中国的高等教育仅就数量与规模而言，与西方发达国家的差距都是很惊人的——“拿日本来比，日本大学学生人数，占全国国民人数千分之一，而中国大学学生人数，不过占全国国民人数万分之一。拿美国来比，美国著名大学约有三十个，又四十八州各洲[州]有一个州立大学，连同各私立大学，不下二百余处，其著名大学中学生人数之多者，竟至八千余人。我国大学及大学学生之数目，若与此相比，还是相差甚远”②。然而，即使在这样的情况下，中国

① 王星拱：《序》，《国立武汉大学民二三级毕业纪念刊》（民国二十三年六月）。

② 王星拱：《大学之使命》（在汉口广播电台讲演），《中兴周刊》第106期（1935年8月），第5页。

的大学毕业生仍然存在着大量的失业现象。在王星拱看来，造成这种局面的根本原因决非高等专门人才真的“过剩”了，而主要是在于中国社会的落后，各项近代事业不甚发达——“专门的技能是近代健全的社会所应当需要的。至于在目前状况之中，专门技能之不需要，乃是由于政治未入轨道，秩序不能安宁，工业未曾发展，经济陷于破产，强邻尽力侵略——种种特别的病态的情形而来的”①；“我们所以或受供求不相衔接的困难，不是因为供的太多，还是因为求的太少。社会上不开工厂，我们所学的机械工程有什么用？社会上不改良农业，我们所学的农林学有什么用？社会上没有大规模的公司和组织，我们所学的会计学，科学管理有什么用？总之，如果我们所学的是二十世纪所需用的学识，而我们的社会仍然没有脱离十八世纪的状态，这个困难终是没有方法来解除”②。

也正是因为代表了现代先进科学文化发展方向的大学教育，与发展缓慢、长期落后、迟迟走不出传统禁锢的中国社会之间，产生了如此深刻的矛盾，这才导致了“我们大学学生，虽是想去适应社会之需要，也是无从适应，驯至于供求两方不相衔接”③。而要解决这一矛盾，不是大学与社会任何一方单方面的努力就能完全做到的，而必须依靠双方的共同努力和通力合作才有可能实现。就社会一方而言，

① 《大学的任务》(续)(王抚五先生讲),《国立武汉大学周刊》第149期(1932年12月26日)。

②③ 王星拱:《大学之使命》(在汉口广播电台讲演),《中兴周刊》第106期(1935年8月),第5～6页,第5页。

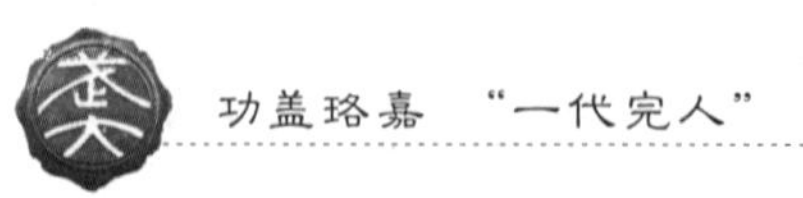

王星拱殷切地期望：

> 在社会方面，我们须要致力于改进环境的事业……倘若校内所学习的是二十世纪的知识，而校外的社会仍然没有改变十八世纪的情形，那么，这两方面的情势总是扞格不相入的。所以我们在学校里，固然不能忘了社会需要的对象，同时，我们的社会也须得前进于近代化的历程之中，使培养民生和充实国力的事业，继续不断地发生，于是我们所学习的东西，在社会上才能得着充分的应用。这是于社会于个人双方都有利益的。①

> 我们对于社会，也有一种希望和要求，这个希望和要求就是社会上各种近代事业之发达。必须如此，我们大学学生才有效力的地方；必须如此，我们的国家才有改进而为近代国家——与列强平等的国家的机会。所以这并不是专为大学学生求出路的问题，乃是为我们全民族——整个国家求出路的问题……我们的民族若不努力于这些有近代性质的新事业，我们永远不能建设起来一个近代国家。换言之，就是国家不能自立。以不能自立的国家，不但不能抵抗列强，并且不配和他们做朋友。而国内经济情形，自然也有每况愈下之趋势，将来不但大学学生失业，即出洋的学生，以及

① 王星拱：《序》，《国立武汉大学民二三级毕业纪念刊》（民国二十三年六月）。

中小学学生，乃至于没有受过教育的人民，都有失业的危险，那就要成为更严重的社会问题了……希望并要求政府和社会，发展各种近代事业，使有专门学识的人材，能够致力于社会国家而增进我们中华民族之地位。①

另一方面，王星拱又不主张以消极被动的态度，坐等社会在自身有了充分的发展和改进之后再来扶助教育，而是试图以学术和教育为手段，来引导广大学生积极主动地改良社会，推动社会的进步。事实上，在他眼中，这才是更高层次上的“适应社会”。针对某些人认定“社会上并不需要专门的技能”，于是便打着“适应社会需要”的幌子，进而提出“出了学校就可以吃饭的科目，我们就去教它，我们就去学它。这就是适应”的主张，王星拱一针见血地指出：

生物的适应，固然是进化历程中的重大关键，然而适应的解释，也不是很简单的一件事。至于在人类社会之中，我们更不能无条件底讲适应。一个病态社会里所需要的东西，和一个健全社会里所需要的东西不同，所以要适应一个病态社会的条件，和适应一个健全的社会的条件不同。我们不能只管社会的需要是什么东西，我们应当改良社会，使社会需要它所应当需要的东西。②

① 王星拱：《大学之使命》(在汉口广播电台讲演)，《中兴周刊》第 106 期(1935 年 8 月)，第 4～5 页。

② 《大学的任务》(续)(王抚五先生讲)，《国立武汉大学周刊》第 149 期(1932 年 12 月 26 日)。

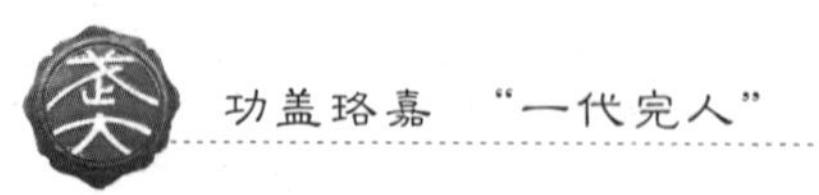

> 我们要适应世界上进步的大环境，不要适应国内落后的小环境。我们要适应人家已经走到二十世纪的环境，不要适应我们还留在十七十八世纪的环境。①

在王星拱看来，既然要“改良社会”，努力去追求和适应“世界上进步的大环境”和“人家已经走到二十世纪的环境”，我们便不能自我禁锢于“国内落后的小环境”与“还留在十七十八世纪的环境”之中，而应处处以“一个健全社会里所需要的东西”为标准，来改造“病态社会”。如在落后、病态的社会之中，“专门技能之不需要，乃是由于……种种特别的病态的情形而来的”，然而以健全社会的标准而言，“我们应该感受专门技能之缺乏，不应该恐惧专门技能之过剩”。② 因此，大学的重要任务便是要“造就具有专门技能的人材”，并努力使社会需要各种专门的技能。对于社会上“有人以为多数大学学生所学的专门知识，不够精深，不足以满足各种事业所需要的条件”之责备，也应当虚心接受，“并且愿意努力提高大学之标准，充实大学之内容”。③

诚然，仅靠大学师生单方面的努力，是不足以打破相对领先的高等教育与远远滞后的社会状况之间严重脱节的局

---

① 《抗战与教育》（总理纪念周校长讲演），《国立武汉大学周刊》第 292 期（1937 年 11 月 15 日）。

② 《大学的任务》（续）（王抚五先生讲），《国立武汉大学周刊》第 149 期（1932 年 12 月 26 日）。

③ 参见王星拱：《大学之使命》（在汉口广播电台讲演），《中兴周刊》第 106 期（1935 年 8 月），第 5 页。

面的。对此，王星拱总是积极地反复鼓励广大师生，不必过多地计较个人得失，而应勇于承担和履行知识分子应有的社会责任。他指出："我们的责任，就是去求切实的学问。有学问而社会不能用，是社会负我；没有学问而求用于社会，那是我负社会。宁使社会负我，不使我负社会，这是我们所应当保持的态度，尤其是在大学里，是应当如此的。"①

二、探求高深理论　注重实用技能

在高等学校的教学与科研中，如何对待和处理好理论与应用之间的关系，是每一位学者和教育行政管理者都必须直面的问题。在这个问题上，王星拱的基本态度是两者必须兼顾，不可偏废。他认为："大学的任务，在道德方面要树立国民的表率，在知识方面要探求高深的理论，在技能方面要研究推进社会进步的事业。"②至于高深的理论与各种专门技能之间的具体关系，王星拱更有精彩的论述。

（一）"依大学的标准而言"，"不能漠视高深的理论"

王星拱认为："大学应当探研高深的理论。"这本应是现代大学的基本功能和任务之一，但在当时的中国竟为不少

① 《上周纪念周校长报告》，《国立武汉大学周刊》第195期(1934年4月2日)。

② 《大学的任务》(续)(王抚五先生讲)，《国立武汉大学周刊》第149期(1932年12月26日)。

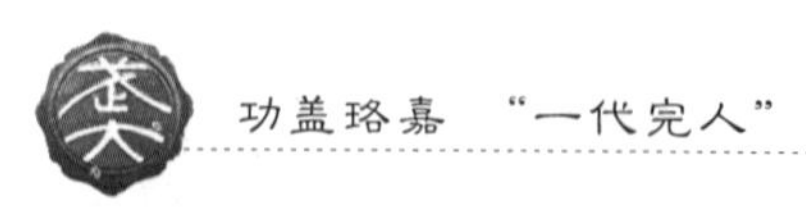

人所不理解。“他们以为：中国在危亡紧迫的时期，我们还要谈什么空疏的理论”。对此，王星拱指出，“我想我们固然不能不讲应用，也不能天天在那里求切近的应用”。① 他主要从三个方面深入阐述了科学理论研究的重要性及其与实际应用之间的具体关系：

第一，“我们需要一种‘为理论而理论’的知识”②。“学术之发展，虽然最终总是有利于人类，然而最初往往与实用无关：这是历史的事实”③。“近代学术之最初的起源，本不是从应用方面发生的。希腊学术之所以发展成为古时代的学术之花，是因为它有非功利的精神。欧洲文艺复兴，也是为求正确的知识，不是为求切近的应用。纯粹理论的知识，是和艺术一样，不能用它的功利的价值来批评的”。从根本上说，纯粹的理论是与应用无关的，而只是为了满足人类的求知欲望，它与艺术一样，都是“无用之用”。然而，纯粹的理论又是人类的学术与精神世界所不可或缺的，而处处讲求应用，在事实上也是做不到的——“诸君不必奇怪，任凭那一位极端讲究应用的人，他每天所做无用的事情，还多得很呢？”④

第二，“理论之最后的目的是应用”。在这里，王星拱以吃饭问题为例，对应用的直接性与间接性进行了生动而透彻的比较与分析：

---

①②④ 以上引文参见《大学的任务》（王抚五先生讲），《国立武汉大学周刊》第148期（1932年12月19日）。

③ 《抗战与教育》（总理纪念周校长讲演），《国立武汉大学周刊》第292期（1937年11月15日）。

退一步讲,纵令人类的活动,都是以应用为目的,然而达到此项目的的方法,有直接的和间接的二者之不同。野蛮人的方法多是直接的,文明人的方法多是间接的。而且文明的程度愈高,则其所用的方法之间接性也愈远。换一句话说,活动的动机和应用的结果,两项中间有极大的距离。譬如我们为着要解决吃饭的问题,于是我们去种田,这总算是切近的应用了——虽是不如渔人和猎者以捉住一只鱼或一个野兽,当时虽可以饱肚子,那样的切近。但是,为要保障收获的安全,增加收获的分量,我们要研究地质学,去考察土壤是否适宜,我们要研究气象学,去测度天时如何变迁。因为要研究地质学,又要研究化学;因为要研究气象,又要研究天文。因为化学又牵涉物理,因为天文又牵涉到数学。而且为着"以羡补不足",又要研究农村经济,为着"贸迁有无",又要研究运输的便利;为着"各安其所有",又要研究法律。因为这些研究,又要牵涉到许多其他的地方。我们试看看:为着种田吃饭的问题,绕了这一个大圈子。这个大圈里所包涵的东西,是和吃饭直接无关系的,然而又是和吃饭间接有关系的。或者也可以说:是和个人吃饭无关系的,然而又是和大家共同吃饭有关系的。倘若我们个个都种田,那饭又能吃成吗?又能吃得好吗?孟子在周末的时候,尚且不赞成许行的泛劳动主义,况且在现在分

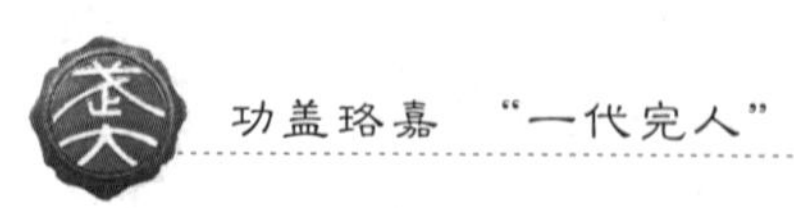

工组织极端发展的时代我们那能只讲直接应用呢？这样看来：理论之最后的目的还是应[用]。然而倘若我们天天只把直接应用的目标摆在眼前，反而不能得着圆满的应用的结果。这就是文明人类和野蛮人类的区别。①

第三，“理论和应用往往有错综的关系”。“在科学史上，有许多的研究，先是为应用去做的，但是后来成了理论方面的发明；又有许多的研究，先是完全在理论上进行的，但是以后收了最大的应用效果”。对于王星拱这样熟悉现代科学发展历程的著名学者来说，这样的事例可以说多不胜举。其中，“为应用而研究而在理论方面得结果”的事例，主要有“加脑耳②研究气体在圆筒内之膨胀和收缩，原是想增加汽机的能率，然而因此而发明了热力学第二定律，——科学中第一级的普遍的定律。德斐耳研究白金的接触作用，原是为工业制造而进行，然而因此而成立了热化学的基础”。而“为理论而研究，而在应用方面得结果”的事例，则又有“豪夫蛮研究有机物质之构造，是理论的问题。而德国人造染料的工业因此而发生。欧战以前，全世界所用的染料都是从德国供给出来的。巴斯笃在德国兵团攻巴黎的时候，还在一个楼上试验微霉，也是理论的知识。后来把微霉学应用到蚕病治疗上去，法国的丝业因此而改良发

① 《大学的任务》(王抚五先生讲)，《国立武汉大学周刊》第148期(1932年12月19日)。

② 今译为卡诺。

达，而收入大为增加。他们说，德国一八七〇年战争的赔款，是巴斯笃一个人偿还的”。不仅如此，王星拱还对当时尚处于学术前沿的某些理论研究成果的应用前景作出了敏锐的预断：“现在镭质和X光线的研究，也都是在理论方面的探求。在医学方面的虽有一点应用，但是还是很少的。然而，谁能够用一种肯定的口吻去断定：将来世界上的最大问题——能力供给问题——不能由此而解决呢！”①

鉴于理论的上述重要意义，王星拱得出结论：“我们固然不能漠视应用，但我们也不能为应用而抛弃理论。这种理论方面的探求，是大学所应当去做的。所以大学不应当只在教学上做工夫，还得要在研究上去努力。”②在他看来，研究高深的科学理论不仅是大学的根本任务之一，同时也是大学区别于一般专门学校的一个重要标志，他曾提出：“依大学的标准而言，我们不能漠视高深的理论；换一句话说：我们不能把一个大学变成一个职业学校，或是一个专门学校。”③面对当时高等学校人才培养中普遍存在的重应用、轻理论的倾向与做法，王星拱也明确地提出了自己的不同意见：

关于人材造就之标准，有理论和应用两方面。现在一班人士，往往偏重于片段的应用，而轻视根

---

①② 以上引文参见《大学的任务》(王抚五先生讲)，《国立武汉大学周刊》第148期(1932年12月19日)。

③ 《开学典礼校长报告》，《国立武汉大学周刊》第209期(1934年9月24日)。

本的理论。在现在百业凋敝的时候，这固然不是错误，但是仍然是一种偏见。应用的知识，在经常状况之中，是可以无问题的。倘若遇了不同的环境，或者有一个困难发生，必须有理论的源泉，方才可以应付或解决。中国是一个产业落后的国家，而且我们有我们的特殊的历史，我们想在短时间以内，追得上世界上的列强，更应当有通盘计划和因时制宜的地方。凡此等等，都需要有理论来作根据。所以我们对于切近的片段的应用，固然是应当注重，但是对于广阔的稳固的理论之基础，仍然是不能轻忽的。①

（二）“大学应当研究推进社会进步的事业”

王星拱在高度重视高深科学理论研究的同时，也没有忽视各种具有实用性质的专门技能的重要性。他曾指出：“在技能方面，大学应当研究推进社会进步的事业。”②其理由也主要有三：

第一，“人类之所以能够首出庶物，文明人类之所以能够高出于野蛮人类，大部分的理由，就是因为他们有特殊的技能”，同样的道理，“近代文明人类的工作，是要有特殊的

① 《上周纪念周校长报告》，《国立武汉大学周刊》第 189 期（1934 年 1 月 1 日）。

② 《大学的任务》（续）（王抚五先生讲），《国立武汉大学周刊》第 149 期（1932 年 12 月 26 日）。

技能的”;第二,“自从文艺复兴之后,科学渐渐昌明了。自从工业革命之后机器的应用也逐日加多了。于是我们物质的生活,固然感受了极大的变迁,进而至于社会上的、政治上的、教育上的种种制度,也都相随而变更原来的格式。以及人类的种种活动都受这个变迁的影响……自科学发明而产生工业,自工业扩张而改变人类的生活状况,却是处处都有复杂化的趋向。换一句话说,近代的各种人类事业,都含有专门化的性质。要从事于这些专门化的事业,都需要特殊的技能”;第三,“中国是个工业落后的国家……我们要发展工业,以及与工业相关连的各种事业,都必须要有具有专门技能的人才”。①

由于意识到了专门技能与理论知识同样重要,特别是在当时的中国“急迫需要应用”的社会条件下,王星拱也非常重视各种具有专门技能的人才的培养,并将其与探求高深的理论并重,同列为大学的根本任务之一。“从来有人主张,大学应当只研究理论的知识,具体的办法,就是只设文理两科,至于具有专门技能的人才的造就,应当设专门学校去负这个责任”。王星拱早年在北京大学任教时,当时的蔡元培校长便是如此主张,并通过学科专业的不断调整来逐步付诸实施的。对于这样的观点和做法,王星拱以一种非常审慎的态度来应对。一方面,他坦率地承认,“这样的制度,在欧美各国也有实行的,并且成效甚佳”。但另一方面,

① 以上引文参见《大学的任务》(续)(王抚五先生讲),《国立武汉大学周刊》第149期(1932年12月26日)。

他又敏锐地注意到，中国与西方国家“国情”不同，尤其是在经济实力以及高等教育发展的规模与水平上，还存在着巨大差距，在西方行之有效的某些具体的高等教育模式，如果不加变通地移植到中国来，“恐怕不能得同样的结果”。与西方国家相比，中国的高等教育还相当“稚嫩”，综合性大学的学科力量尚且十分薄弱，就更不用提各种专门学校了，因此，“如果在大学里不能养成专门的技能，在经费较少规模较小的专门学校里边，更不能养成专门的技能，所以这个责任，还是大学所应当负的”。①

正是因为考虑到大学应当兼负起研究高深理论与培养实用技能的责任，因此，在武汉大学的学科建设方面，王星拱校长在对文、理等基础学科高度重视、毫不放松的同时，也大力着手推动法、工、农等应用学科的发展。在他的任期内，法、工两科于 1935 年率先成立研究所（文、理两科研究所则在 7 年后才设立），农学院在经历 3 年的筹备后，于 1936 年正式设立，而在 1933 年以前仅设有土木工程系一个系的工学院，也在 6 年的时间内，先后增设机械工程系、电机工程系、矿冶工程系及机械专修科，规模迅速扩大，水平也不断提高，实现了大发展。王星拱还反复教导武大学生，在“不能漠视高深的理论”的同时，也要注意理论与应用的“并重”，以努力培养社会所需要的各种专门技能，他还特别鼓励理、工、农三学院的学生，“现在是急迫需要应用的时

① 以上引文参见《大学的任务》（续）（王抚五先生讲），《国立武汉大学周刊》第 149 期（1932 年 12 月 26 日）。

期，我希望实科方面的同学，更加努力于实验的工作，把工场农场实验室，当做我们的‘甜家’，天天拿实验室来解决切近应用的问题。这也是我们应当注重的趋向”①。

(三) 兼顾“基础的理论”与“切近的应用”，实行“通才教育”

王星拱校长对理论与应用的同样重视，在武汉大学当时的课程设置中得到了明显的体现。1934 年 3 月，他曾公开指出：“我们学校里的课程，有一定的标准，于切近的应用和基础的理论，自然都应当顾到。”②实际上，早在王星拱担任武汉大学教务长之初，他已经对学校的课程设置形成了一些最基本的看法。在他看来，武汉大学的本科课程设置，应该具备以下这些基本特点：

1. 注重打好基础，弥补中学教育之不足

当时，由于中国的中学教育不甚发达，难以为高等学校提供足够的知识基础全面、扎实的合格生源，这在武汉大学自然也不例外，“还有学生在未入大学以前，基本知识不够的情形，也是我们所应该顾到的。近来因为时局不妥，以致各处的中学，往往不能办好，所以学生在未入大学之前，对于各种学科，多未曾经过坚苦的训练。到了大学以后，因为

① 《开学典礼校长报告》，《国立武汉大学周刊》第 209 期(1934 年 9 月 24 日)。

② 《上周纪念周校长报告》，《国立武汉大学周刊》第 195 期(1934 年 4 月 2 日)。

学龄的不相称，对于这些科目，又不愿意去留心。但是基本知识究竟是基本的，是不能忽略的”。针对这种情况，王星拱认为，“我们在支配课程的时候，须在一二年级里边，除了各系必修的科目以外，还添设在高中未学或学而未精的科目，以为补救”；“要免除这个危险，我们并没有什么精巧的方法——也只有一个呆笨的方法。于是一二年级里边，一方面要开创分系专修的途径，一方面要培补普通必要的基础”。他还特别提醒一二年级的同学，在初入大学的阶段，千万不能“眼高手低”，如果“对于有些基础的浅显的东西……不肯去经过烦琐的历程”，则往往会出现“说起来大概都知道一点，做起来却感受困难”的结果，“尤其是聪明的人，更易于陷入这一种的错误”。①

当时，武汉大学大多数不同院系、专业的学生都必须修习的基础课，主要有国文、基本英文、数学、论理学②等。据曾于1929年2月考取武大文预科插班生、1934年6月毕业于武大经济系的著名经济学家张培刚（1913—2011）回忆，武汉大学当时已经开始形成一个良好的校风和教学惯例，那就是“凡是本科一年级的基础课，不论是为本系学生开的，或是为外系学生开的，都必须派最强或较高水平的老师去讲授”。③ 如张培刚所在的经济系本科一年级，其国文

① 以上引文参见《副校长王星拱演说辞》，《国立武汉大学周刊》第66期（1930年9月21日）。

② 亦称逻辑学或名学。

③ 参见张培刚：《怀念母校讲授基础课的诸位老师》，《武汉大学学报》（社会科学版增刊）（1993年百年校庆特刊），第25页。

教师为著名小学专家、章(太炎)黄(季刚)训诂学派的主要继承人刘赜(1891—1978)教授,张培刚当年选修的生物学课程,授课教师则是生物系的"台柱"之一何定杰(1895—1973)教授。从这些授课教师的人员安排上可以看出,武大当时对于本科低年级的基础课教学是相当重视的。

在所有的基础课中,学校又极为重视外国文——尤其是英文——的教学工作。1930 年 4 月 3 日,国立武汉大学第 70 次校务会议议决通过了"本科各学系设置基本英文科目案",其中规定:"1. 自下学年始本科各学系第一学年概设基本英文科目,每周三小时;2. 各生基本英文科目于第一学年考试不及格时,应续习一学年(于次年补习),如第二学年仍不及格,即令其他科目及格,亦不得升级。"①5 月,学校又组织成立了基本英文课程委员会,王星拱以教务长的身份担任主席。②9 月,学校又专门成立了第一外国语委员会,王星拱未在其中。到了 1935 年 10 月,出于对英文教学的高度重视,加上自身英文水平极佳,王星拱又开始以校长身份兼任第一外国语委员会委员,直至 1938 年学校西迁四川乐山后为止。严格的英文教学,使得大多数武大学生的英文水平普遍有了大幅度的提高,如当时武大理、工学院毕业生的毕业论文中,就有相当一部分是直接用英文写成的。

2. 贯通文理,打破学科界限,实行"通才教育"

早在王星拱任教于北京大学之初,他便积极响应蔡元

①② 参见《国立武汉大学校务会议纪录》(第二册),第 53 页,第 65 页。

培校长的号召，于1918年开设了一门兼容文理的课程——“科学方法论”，力图在教学实践中极力革除“文理分驰”的弊病。来武汉大学任教后，他又一度为哲学系学生讲授过“科学概论”的课程。在担任教务长期间，他谆谆告诫武大学子们：

> 我们不能忽视本系以外的科目。本来科学的分类，是强订的，不是一定不移的。即学校里所分的各院系，也就是实际上教学的便利而言。其实各种学科，都有彼此相联的关系；以后研究专门的支派，往往有需要其他学术帮助的地方。我们在学校里的时候，不要以[为]本系以外的科目——尤其是与本系相关密切的科目——不过是凑钟点，是不重要的。①

1935年冬，王星拱校长在某次对武大学生训话时，又深刻地指出：“学问之道，研究愈深，分门愈广，其间关系亦愈密，而有赖于各种基本知识者亦愈显。”②正是本着这种“通才教育”的思想和原则，当时的武大规定，凡是学习文科的学生必须选修一门理科课程，反之亦然。而就经济学学生而言，除了数学是必修课之外，还必须从物理学、化学、生物学等课程中再任选一门。如著名经济学家张培刚在武汉

① 《副校长王星拱演说辞》，《国立武汉大学周刊》第66期(1930年9月21日)。

② 参见《呈为呈请实施国难教育事》，《武大1937年成立学生救国会的章程》，国立武汉大学档案，1937－46。

大学读书期间,就曾选修过何定杰教授讲授的生物学课程,这使他收获良多,并且受益终生。据他本人回忆,当他后来赴美国留学,进入哈佛大学研究生院深造后,其导师熊彼特(J. A. Joseph Alois Schumpeter, 1883—1950)教授曾在课堂上讲过经济学的"达尔文学派",其特点在于把达尔文的"进化论"运用到经济演进过程的分析上。不仅如此,熊彼特本人也经常引用生物学上的术语和概念,如他的"创新理论"就曾借用生物学上的"突变"(Mutation)一词,并创造出一个新的经济学术语——"产业突变"(Industrial Mutation)。学到这里,张培刚深有感触:"从这里我体会到,社会科学与自然科学之间,不仅在方法论上,而且在有些理论上,两者确实有相通之处;我更体会到,当年母校规定经济系学生必须选读一门理科课程,是有重要意义的。"①

在王星拱校长等人的大力倡导与切实施行下,从当时武汉大学"贯通文理"的"通才教育"中获益匪浅的,当然远不止张培刚这样的大学者。再如1938年毕业于武汉大学中文系的周辉鹤(1913—1997),50年代时曾经朋友介绍,到南京市立第三中学任教,但该校语文教师过剩,独缺化学教师,学校当局便请他改弦易辙,客串化学课程,他慨然承允。经过摸索与实践,教学效果良好,受到学生的欢迎和好评。短短一年后,他还编写出一本《中学化学概要》,被定为当时各中学的必读参考教材,而他也声誉鹊起,成为南京市

① 张培刚:《怀念母校讲授基础课的诸位老师》,《武汉大学学报》(社会科学版增刊)(1993年百年校庆特刊),第28页。

的优秀化学教师。① 学中文出身的周辉鹤，最终却因为某些特殊原因，阴差阳错地成为一名优秀的中学化学教师，可谓“失之东隅，收之桑榆”，而这也主要得益于他在武汉大学读书期间所受到的良好的“通才教育”，使自己全面发展，学贯文理，成长为一名素质全面、功底扎实的“复合型人才”。

3. 追求高深的理论与特殊的应用

王星拱认为，到了大学高年级尤其是四年级阶段，应当努力让学生多学习一些高深的理论与特殊的应用课程，这主要是因为恶劣的社会环境，使得大学生毕业后缺乏继续钻研学问的机会——“中国本来是贫弱的国家，工业未能发展，因之各种与工业相关联的各种社会事业也未能发展。例如公立的图书馆和研究所，差不多是完全没有的。而且在社会不安定的状况之中，学生在大学毕业后，因为急于谋生活，往往要抛弃原来所学的东西。假使遇着一个学术上的问题，既没有地方去研究，又没有工夫去研究，这不但是个人的损失，自然也是社会的损失。根据这种情形，我们在支配课程的时候，总想利用在学校的时间，让学生多学一些东西。于是在三四年级里边，须添设各种特殊的科目，以为毕业以后便于研究特别问题的基础”②。在王星拱看来，大

① 参见施应霆：《生离死别哀辉鹤》，台北市“国立武汉大学校友会”编印：《珞珈》第132期（1997年7月），第19页。

② 《副校长王星拱演说辞》，《国立武汉大学周刊》第66期（1930年9月21日）。

学生即使是在毕业之后，也应当继续研究学术，故必须抓紧在校学习的时间，多掌握一些高深的理论；与此同时，大学生又必须肩负起领导和改造社会的重任，而这又需要各种专门的技能，故大学高年级的课程设置也应考虑到特殊的应用。

在王星拱等人的领导下，武汉大学的本科课程建设经过数年的不断探索与调整，到 20 世纪 30 年代中期已初步成型。1934 年 3 月和 12 月，王星拱曾两次谈到武大本科课程在前后四年的学习过程中不同阶段的各自特点与逻辑联系：

> 在教务方面，本校的课程逐渐标准化了。一年级注重外国文和相关的科目，二三年级是各系本身课程之集中阶级[段]。四年级的课程，一部分具有特殊的性质，或注重应用，或注重高深的学理，可以随时而小有变迁。①

> 我们在四年课程之中，可以说有三个段落，一年级注重共同相关的基础，二三年级注重本系的必修科目，四年级注重高深的理论及特殊的应用。若把二三年级的课程分析起来，二年级和一年级有一些性质相同的，三年级和四年级有一些性质相同的。②

---

① 《上周纪念周校长报告》，《国立武汉大学周刊》第 195 期(1934 年 4 月 2 日)。

② 《上周纪念周校长报告》，《国立武汉大学周刊》第 223 期(1935 年 1 月 7 日)。

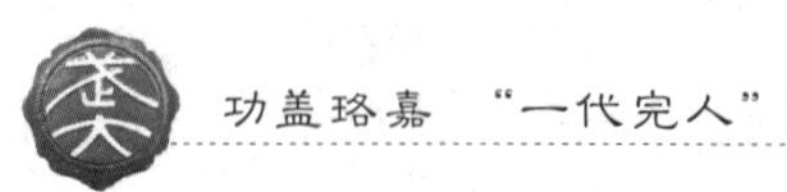

通过王星拱以上所述,我们可以看到,当时武汉大学的本科课程设置,非常符合学习者的认知规律及学术本身的发展规律,不同的年级和阶段有不同的特点,从大学一年级打好基础开始,然后通过二年级、三年级逐步由浅入深、循序渐进地深入学习,逐渐过渡到四年级讲求高深理论与特殊应用的最后阶段,从而比较圆满地完成大学本科四年的全盘教学计划与过程。

当时,武汉大学各学院课程设置的具体指导思想与方针,也大都与王星拱的这些诸如注重基础、贯通文理、实行“通才教育”、高深理论与特殊应用兼顾等教学思想基本吻合。仅以理、工两学院为例,其教学方式与课程设置的主要特点分别如下:

> 理学院课程其已实行及在拟议中者大率均与其他大学理学院相同。一二年级中除设置各系特有科目外,同时注重系外之相关科目,以备以后专门研究之时可收逢源互助之效。三四年级除设置公认的各系必有的课程外,斟酌增设理论及应用的特殊科目(或为必修或为选修),以备毕业后研究各种问题之时,可有较为充实之工具,及较为宽广之途径。①
>
> 工学院所设学程,原理及实用并重,以造成富于工程常识之专门人才为原则。本此原则,在过去四年中,一方面曾努力购置各系基本参考图书,

① 《理学院概况》,《国立武汉大学一览》(中华民国十九年度),第37页。

及各国工程学会年刊杂志等;另一方面,对工厂及实验室之设备,力图充实……①

三、坚持四育并举 树立国民表率

绝大多数的教育家,都主张受教育者应当成为一个全面、和谐发展的人,在德、智、体、群、美、劳等各方面均能齐头并进、协调发展,王星拱自然也不例外。1935 年 1 月,他在湖北省立第一中学发表演讲时便明确指出:“一般说来,教育的目的,大概是不外三点:(一)培养德性——德育;(二)增长知识——智育;(三)强健体格——体育。”②除德、智、体三育外,王星拱对群育也格外重视。

(一)智育思想

1. 论知识的价值

在国立武汉大学创办伊始,王星拱便从不同的角度专门论述了知识的重要性。

首先,王星拱以孙中山先生的心理建设学说为例,指出其“行易知难”之说“一方面可以鼓励我们力行的精神,而其他一方面并不是禁绝求知的欲望”,并以孙中山先生长期以

① 《工学院概况》,《国立武汉大学一览》(中华民国廿二年度),第 107 页。

② 王星拱:《读书的兴趣》(元月七日在省立一中讲演,吴忠亚笔记),《中兴周刊》第 77 期(1935 年 1 月),第 5 页。

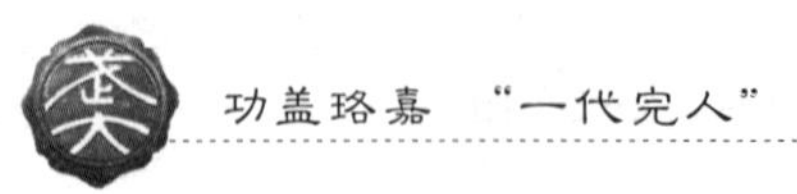

来努力读书、重视科学的事例，来说明他本人实际上就是在“以身作则”地实践“读书不忘革命，革命不忘读书”的这句名言。

其次，从道德的角度看，“总理主张恢复中国旧有的道德，旧有道德也是注重知识的”，虽然中国传统学问的最终目的是治国平天下，“但是其最初的工作是格物致知”，“知识到什么地步，人生的立脚点就在什么地步。所以知识是立身的基础”。

再次，“从人类向上社会进化的立场上看来，道德，知识，技能，都占重要的位置，而尤以知识为基本的主体。因此，鉴别不明，故行为因之而错误，凡道德方面的缺陷，都是由于知识方面不健全，所以苏格拉底说：‘知识即道德’。至于因物致用的技能，更要藉知识做基础；征服天然，本是科学的能事。所以培根说：‘知识即权力’。由此言之，在主观方面的修养，不能脱离知识，在客观方面的应用，尤须以知识为源泉，足见知识是我们重要的宝藏了”。

最后，从政治与社会的需要方面而言，王星拱认为当时中国社会的主要工作便是“训政建设”。“训政乃是教训国民使入政治的正轨”，而如果没有知识，也就谈不上什么“教训”可言，“至于物质建设，更要有专门的知识，那是不待言的，所以无论从哪一方面看来，知识都是重要”。

鉴于“知识”的重要性，王星拱最后提出：“我们要秉承学术独立的精神，以满足我们共同求知的欲望，使武汉大学，不愧为全国知识的中心，这是我们大家对于武汉大学所

抱持的极热烈的希望。”①

2. 论培养读书的兴趣与刻苦的精神

在强调了知识的重要性之后，王星拱又从多个角度阐述了获取知识、求得真学问的途径和方法。他指出，读书要注意两点，一是要专心，二是要增加兴趣。要做到“专心”，则“必先对于读书以外的事一概不管，我很相信大家不会驰骛心志于社会的浮华。就是政治方面的事情，我们也不能分心去管”②。对于读书的兴趣，王星拱则从教育学与心理学的角度对旧式的“贯注”与新式的“启迪”两种不同的教育方法进行了一番比较。他认为旧式的“贯注”法从哲学上说“相当于克欲派的主张，因为它是要学生把读书认为一种义务的压迫”，从心理学的角度而言则是“注重意志，要学生立下坚定的志愿，不顾一切地埋头努力”；而新式的“启迪”法则“相当于乐天派的主张，因为它的着重点是在如何引起学生学习的兴趣，使学生能够跟着先生走”，这种方法“注重情感，要学生感觉读书的乐趣，自动地愿意地朝前努力。简言之，前者是课学生以义务，后者是诱学生以兴趣”。两相比较，大多数人都会倾向于后者，因为“注重情感的启迪当然是要比注重意志的贯注容易收效得多。再就培养德性方面讲，也是如此。采用贯注式来迫人为善，也不如采用启迪式

① 《本大学第十二次总理纪念周纪录》(十八年三月十一日)，《国立武汉大学周刊》第13期(1929年3月18日)。

② 《上周纪念周王教务长报告》，《国立武汉大学周刊》第83期(1931年2月8日)。

来引人向上”。①

至于如何增加读书的兴趣，王星拱提出了两点建议：“第一是要创造兴趣，才有兴趣”。对于一个问题，首先有一种解决欲，等到自己努力将其解决了，便会得到一种愉快的结果，这就是兴趣。如果以后遇着了更难的问题，同样更用心地去解决，则结果将会更好，所得的兴趣必会更大，这与心理学中所谓性格的养成是一样的道理。因此，“至于要如何创造兴趣的话，就是要对于某种问题存着一种要求解决的欲望”。“第二，无论哪种学问都有阶段的不同；初学的时候是很容易的，往往觉得有兴趣，继而又觉得难，兴趣往往因之而断丧，再进一步学下去却又左右逢源而可以发生兴趣了。所以无论何事，中间必定要经过一个困难时期……因此，我们知道无论什么学问之中必有困难，决不都是好玩的，顺适的。大家要发生兴趣，第一要创造兴趣，第二要吃苦而得兴趣”。②

在王星拱看来，培养兴趣与能够吃苦，这两者在求学的过程中是紧密地交织在一起的，因为“有价值的学问，不是可以完全从追求浅薄的兴趣的途径得来的……一个人在开始学习某种学科的时候，往往是可以因为好奇心的吸引而感觉到高兴，但在学习过程中，一定不免要遇着艰深困苦的问题，要能有毅力把这一个难关渡过了，才能真的领得读书

---

① 以上引文参见王星拱：《读书的兴趣》，《中兴周刊》第 77 期（1935 年 1 月），第 5 页。

② 以上引文参见《上周纪念周王教务长报告》，《国立武汉大学周刊》第 83 期（1931 年 2 月 8 日）。

的乐趣”。虽说“知之者不如好之者,好之者不如乐之者”,但首先要“知”然后才能“好”,先要“好”然后才谈得上“乐”,只有努力吃苦,强迫用功,首先经历了“知”这样一个“最初必经的阶段”,才能最终达到“乐”的最高境界。因此,学习任何一门学科,“都是先要努力用苦工来解决艰深的问题,然后才能求得读书的乐趣。求得了读书的乐趣,才能更益努力以至于完成专门的研究。这是我们每个同学对求学应有的态度”。①

鉴于兴趣与刻苦之间存在着这样一种错综的关系,王星拱进一步建议:“我们凡作一件事,如果先预备着吃苦,结果一定是乐多苦少,如果把事情看得太容易,一定是失望大而痛苦多;因为就心理方面讲来,所谓苦乐就是希望的失败与满足,把事情看得太易,当然是容易遇着失败,自己预备着吃苦,当然是容易得着满足,而且经过困苦以后所得着的快乐,那才是真快乐。在学生时代,我们无论学习什么学科,都先要把困难和吃苦当做意料中事。这样,遇着了困难也不觉得是痛苦,经过了困难,那就是真快乐了。俗语所谓‘不经困苦,没有快乐’,又所谓‘苦尽甘来’,都有它颠扑不破的真理。”②

不仅如此,王星拱还将“切实耐劳苦的精神”上升到武汉大学“所应有的精神”的高度,甚至将其列在第一位。首先,从国家方面讲,在一个民族竞争无比激烈的时代,中国

①② 以上引文参见王星拱:《读书的兴趣》,《中兴周刊》第77期(1935年1月),第6页,第6~7页。。

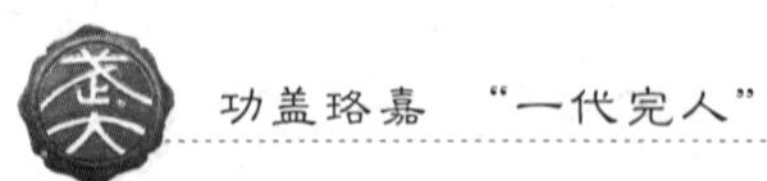

作为一个后进的国家，要想在短时间内追赶上世界上的列强，“非从各方面耐劳耐苦努力前进不可”，同时，为了收复当时已被日寇侵占的东三省和热河等部分疆土，消除空前的国难，“更应当要埋头切实去做有步骤有效果的工作”。其次，从个人方面讲，“无论研求那一种学问，决不是走马看花浅尝中止所能得到结果的。固然，研究学术，应当注重真趣之引起，但是……这不过是在研究开始的时候所必需的。以后应当经过一段艰难困苦的历程，到了学问有了成就以后，又有融会贯通的快乐。如果一种学问之获取是过于便宜的，则其价值必不高，而且享用也必不久。这一段艰难困苦的历程，是应当在大学四年之中经过的。所以我们读书，不能怕麻烦，不能怕艰难。如果遇着一点麻烦，就生了厌恶心，或是遇着一点艰难就生了畏葸心，那就不会有成就”。①

一方面，王星拱反复强调读书、求学应当有吃苦耐劳的精神，另一方面，他又认为求学应当讲求科学的方法，不能“把有用的工夫，花费在无用的琐碎或枯燥的问题上去”，“所谓效能，所谓经济，那是说求学的方法，不是说求学的精神”。也就是说，刻苦读书的精神是不能打半点折扣的，但读书的方法是可以讲究“效能”与“经济”的，“如果有不畏困难的精神，又有减少困难的方法，自然有更好的结果了”。②

3. 论求学的态度与方法

对于求学的态度与方法，王星拱主要提出了以下几点

①② 以上引文参见《补行开学礼王校长报告》，《国立武汉大学周刊》第175期(1933年9月25日)。

意见：

一是要注重理论与应用的统一。由于“各种学问里边，也有事实，也有理论。倘若我们只管庞杂的事实，而不管贯串的理论，其流弊是千头万绪，无所归宿。倘若我们只管抽象的理论，而不管证明原理的事实，其流弊是恍惚玄渺，不可捉摸。我知道有些科学教科书——尤其是一年级所用的——其中包含着百分之三十为理论，百分之七十为事实。我们在读书的时候，也要双方顾到，则结果效率较高”。再以某些具体的学科为例，“我们学习国文，若是只管记诵三都两京赋，必是奇字满纸诘屈钠钩。若是只讲义法，也必定是言中无物，剩了之乎者也几个虚字眼。我们学习算学，算是学演绎的科学，若是不管理论而只做应用的演题，自然是无从下手，但是，若是只管理论而不做演题，那么，那些形式的条文，不但是不能彻底了解，而且是极难记忆的。推而至于各种学问，多少都有这样的原理，随时发现出来。固然，在以后专门研究的时候，因为各支流的学术，有不同的性质，有时偏重一方面，例如调查记录只管事实，推测计算只管理论。然而我们在求学的时代，时间是有限的。我们须得用我们的智力随时审判，把这两个标准都保存在心中，于是我们所费的脑力和所得的结果相比，总是较为经济的”。鉴于武大在 1931 年将学生的课程负担略为减轻，此时，身为教务长的王星拱便借机引导学生多做试验和练习，“因为试验和练习，有时可以引出兴趣，而所需索于脑力的分量较

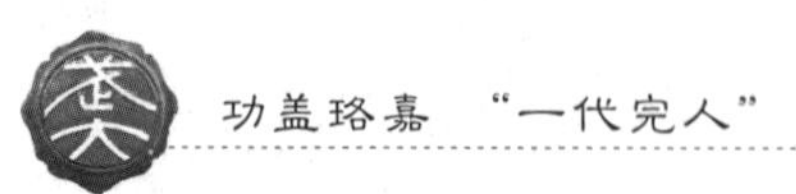

轻，也有配合理论事实两方面的成分的意思"。①

二是要注重广博与专精的结合。王星拱旁征博引了众多古代学者分别评价南北方学者治学风格的名言如"北人学问，渊综广博"（褚季野语）、"南人学问，清通简要"（孙安国语）、"北人看书，如显处视月；南人学问，如牖中窥日"（支道林语）、"北方之人，饱食终日，无所用心；南方之人，群居终日，言不及义"（顾炎武语）等，最后得出自己的结论——"博而无从下手，就成了无所用心；深而不能独到，于是舞弄小聪明，就成了言不及义"，并进而向武大学生指出，"我们应当采取两方面的好处，避免两方面的坏处"。②

三是要讲求循序渐进、熟能生巧的读书方法，并勤于思考和判断。王星拱指出，读书应当经历以下三个步骤周期的循环过程："第一遍是观察大致。陶渊明看书不求甚解，诸葛孔明读书略观大义，但是一个是为着会悟养生的玄理，一个是怕妨碍御国的大事，我们不可引以为训，不过可以把这种方法做第一步的工作罢了。第二遍是详细探求，所有不懂的地方都得用苦功去弄懂，不能放松。第三遍是提要钩玄，融会贯通。一本书要这样读过三遍，才能算得是自己的书。"在读书的过程中也要重视个人的判断，尽管"这自然有大部分是关乎个人的天才。然而天才也是可以由练习培养而增长的。我们在普遍用功的时候，不要忘了特殊重要

① 以上引文参见《求学的方法》（王教务长讲）（续上期），《国立武汉大学周刊》第105期（1931年10月26日）。

② 以上引文参见《求学的态度》（王教务长讲），《国立武汉大学周刊》第157期（1933年3月13日）。

的地方。我们在专注一点的时候,也要时常想到相关的各部。这样的长久练习下去,判断的能力自然可以增加。于是博而不至于无所归宿,深而不至于无所取材”。长此以往,读书自然能慢慢地达到“熟能生巧”的境界——“我们对于一项学问,如果到了纯熟的程度,于是在这项学问范围以内的问题,究竟能够成为问题,或者不成问题,以及与此问题有重要关系或无重要关系的材料,一到眼睛里,就可以辨别出来。”①

4. **论考试的意义与功用**

读书的效果好坏如何,也需要有个客观的标准去衡量,一般来说,主要是通过考试的方式来完成的。在武大,王星拱长期担任考试委员会委员,而他对考试制度本身也有着自己独到的见解。当时,有些武大学生反对考试,认为它是“压迫学生的东西”,对于这种见解,王星拱从多个角度进行了驳斥,并简单地阐述了考试的意义。

首先,王星拱对选举与考试两种最基本的选拔人才方法进行了一番比较,认为这两种制度固然是各有利弊,但相对而言,考试的方法还是要优于选举的。因为选举是偏重德行的,很难有确切的标准,而且“德行的判断是不免参有主观的偏见,至于作为运动贿选,那更是违背德行的标准了”②;而考试则是根据“白纸黑字”的结果来评判,是完全

① 以上引文参见《求学的态度》(王教务长讲),《国立武汉大学周刊》第157期(1933年3月13日)。

② 《上周纪念周王星拱先生报告》,《国立武汉大学周刊》第44期(1930年1月12日)。

客观的，因而也是比较公平的。不仅如此，虽然考试主要是偏重于考查学识的，但也并非完全不能表现“德行”和“器识”，而选举则根本无法做到这一点。总之，尽管“用考试来评定受试者的优劣，或者也不能获得百分之百的公平的结果。但是，我们要想想，除了考试以外，我们还有什么方法能够比较更公平？”①

其次，王星拱还针对部分学生反对考试的种种理由，逐一进行了驳斥。

第一，有人认为包括考试在内的一切制度都是束缚和阻止天才的发展的。对此，王星拱指出：“这话自然也有片面的理由。但是学校是公众的团体，其目的以大多数的学业利益为依归，天才固然可贵，非天才也不能置之不理。倘若学校完全根据发展天才的原则去进行，则一般普通的中才必定弄到无所适从的地步。况且如果是真正的天才，任何制度也不能阻止它的发展啊。”②

第二，有人认为严格的考试方法是蔑视学生的人格。对此，王星拱引用了“责难于君谓之恭”的古语作答，指出“考试是一件极庄严的事情，并不是戏弄或侵侮，那有污蔑人格之可言，倘若说恐怕学生考不出来，所以不考，那才真是污蔑人格咧”③。他还指出：“在从前科举时代，大家都以舞弊为能事，而不以为是道德上的耻辱，这种心理的习惯到

① 《本大学第二十五次总理纪念周纪录》(十八年六月十七日)，《国立武汉大学周刊》第27期(1929年6月24日)。

②③ 《上周纪念周王星拱先生报告》，《国立武汉大学周刊》第44期(1930年1月12日)。

现在还没有免除。所以我们考试的方法更不能不严密。外国学生不同的地方,他们却是把考试中的舞弊看做极其不道德的行为,我们对于这一点的见解,也应当欧化才好呢。”①

第三,有人认为“考试不能得精确公平的结果”。王星拱又指出:“这句话也是以偶然的错误而抹杀全部的功用。平时学得狠好而偶然考不出来,固然也有。但是绝没有平时成绩不佳,而偏偏考得好的。况且考试的题目,注重概括的范围,基本的原理……又何至于有不公平的弊病呢?”②

最后,王星拱还指出了考试的两大功用:一是记录和统计学生的成绩。“教育是社会的事业,他对于社会负着有报告及证明成绩的责任。倘若没有考试,如何能够办到?所以从这一方面讲起来,考试也是一件必要的事体”。二是促进学生的进步。一般而言,分数的高低可以起到“鼓舞用功的效用”,而即使不看重分数,考试也可以给学生一个将所学知识“加以综合的测量”的机会——“平时所学习的是‘日知其所亡’,考试的时候所综合的是‘月无忘其所能’”。③而考试制度要收到这些良好的效果,则“考试的判别不能不公平,惟其因为要不违背公平的原则,所以考试的方法不得不严密”④,“要使考试有利而无弊,必须严厉执行,不然,便失

①④ 《本大学第二十五次总理纪念周纪录》(十八年六月十七日),《国立武汉大学周刊》第27期(1929年6月24日)。

②③ 《上周纪念周王星拱先生报告》,《国立武汉大学周刊》第44期(1930年1月12日)。

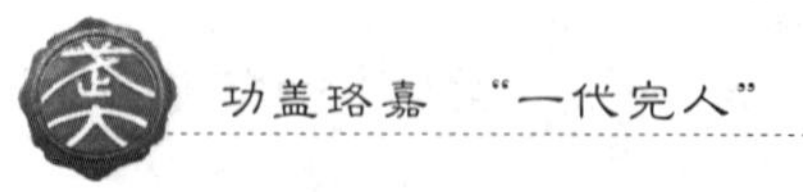

掉考试的意义了”①。

5. **论劳逸结合**

在鼓励学生吃苦耐劳、用功读书的同时，王星拱也不忘提醒广大学生注意放松身心，劳逸结合。他指出：

> 人生本来有两方面：一是应用，一是愉乐。下自低等的动物，上至万物之灵的人类，都是如此……应用固所必需，愉乐亦不可少……在学生读书的时代，当然也要双方并重……我又曾经听见一个英国化学家兰姆塞说：工作的时候，拼命工作，游戏的时候，拼命游戏。这话可以表现西方民族活动的精神。他们把娱乐当作一件正经事情，例如公园、赛会戏院、音乐会，都设备得十分完备，不像我们中国人做事，其名是一年到头不休息，其实是萎靡懈怠，丝毫不吃紧，天天都在那里休息。外国的大学休息的日期，实在是比我们多，但是他们的工作并不比我们少。中国的文明向来只讲内部的实现，不讲外部的活动。在休养有素的人，或者可以得到所谓“乐亦在其中”的趣味，而一般普通人因为没有正当的娱乐，于是流入污邪的途径，以至于破坏道德，危害健康，这是我们所应当改正的。所以，休假是含着有给予我们以正当娱乐来

① 《上周纪念周王星拱先生报告》，《国立武汉大学周刊》第44期（1930年1月12日）。

满我们完美生活的意义。①

因此,王星拱希望武大学生都能做到“工作后娱乐,娱乐后工作”。同时,他还提出了几种排遣烦闷的正当方法,以供广大青年学生参考:

第一,从工作本身之中求乐趣。对于这一点,他“觉得在当学生的时代,比以后在社会上服务的时代容易实现得多”,只要努力读书、做学问到了一定的阶段,“自然有乐趣发生出来”。

第二,在读书产生困倦之时,可以从事于体育运动。“现在体育之中,新奇的方式很多,大可以引起我们的兴趣。我们从事体育,一方面可以排遣烦闷,一方面可以增进健康,这是再好没有的事情”。

第三,“我们还有各种文艺作品,音乐、诗歌、图书之类,可以培育美感,又可以增高一班的文学知识”。

第四,还有一种方法,即是在山明水秀、风景优美的武汉大学珞珈山校园里所特有的,也就是“乃于课余之暇,放情于山水之间”。

最后,王星拱还指出,排遣工作的烦闷应当使用这些正当的方法,而“我们要为国家及个人谋自立,都必须有实在的学识和工作。愤恨是无用的,堕落更是吃亏的。我们的学校所以薄负时誉,是因为我们努力工作,用功读书,纪律整齐,学术空气也逐日渐加浓厚。我们如果要求实在的学

① 《上周纪念周王星拱先生报告》,《国立武汉大学周刊》第44期(1930年1月12日)。

识，成为有用的人材，就须得共同遵守纪律。所有无意识的举动，以及不正当的嗜好，都得要牺牲”。①

6. **论终身求学**

在智育方面，王星拱还有一种理念，即是希望大学生在毕业之后能够继续保持读书的习惯，继续研究个人专门的学术，他曾两次为武大的毕业生写道：“毕业不是学业的终了，乃是学业的开始。”②其主要原因在于：

第一，就学术本身的特点而言，“因为学问的进步无穷，而学校肄业的时期有限。在学校所学习的东西，不过在某种专门范围以内，使我们获得一个研究的方法和能力而已。以后遇着在这个范围以内的问题，我们总[能]够下手，不至于无所适从”③，而在“已往知道了各种专门学术的门径”，打好了学问的基础之后，“以后遇着各种问题，我们能够独自研究了”。因此，王星拱特地向武大学生提出，“我们毕业之后，如果继续从事于学术，固然应当精益求精。如果从事于各种事业，也应当尽量地因所学以致用。即令有时须要从事于其他与专门学术相关甚少的职务，也千万不要抛弃曾经做过我们多年良友的书本。学问须切问而近思，倘若离弃久了，以后是很难找得回来的”，④“学问譬如是一位

① 以上引文参见《上周纪念周校长报告》，《国立武汉大学周刊》第189期(1934年1月1日)。

② 参见王星拱：《序》，《国立武汉大学第二届毕业纪念册》(中华民国廿二年)及王星拱：《序》，《国立武汉大学民二三级毕业纪念刊》(民国二十三年六月)。

③ 王星拱：《序》，《国立武汉大学第二届毕业纪念册》(中华民国廿二年)。

④ 以上引文参见王星拱：《序》，《国立武汉大学民二三级毕业纪念刊》(民国二十三年六月)。

身分狠高的朋友,你离他远,他离你更远了”①。

第二,从服务社会、学以致用的角度而言,“因为我国百业不振,我们时时感受专门人材失业的困难。但是士君子绩学待时,须先求其在我,所以我们不能不有充分的准备。学问之道无穷,我们不能以已有为满足,我们应当就学校里已经获得的学术基础而继续前进,而为优秀充实的专门人材,能够担负国家社会需要专门人材的重要职务。有才而不见用,是社会之不健全,能见用而无才,那就是个人的劣点了”②。

第三,从个人的立身正己、人格修养的角度而言,“学问为立身的根本。根本倘若动摇,如何能够当得住外界的扰乱”③。“有些朋友,当少年的时候,也有激昂的志气,英举的标格,然而因为懒于求学,不能立足,到了后来,或者是放僻恣睢,无所不焉,或者是颓废堕落,不足与有焉。这两种人自然都是诸君所不愿意做的。要防备将来陷入于这样的危险,我们也须得继续求学”④。

综上所述,王星拱的智育思想,包含了重视知识、启发兴趣、乐于吃苦、讲求方法、严格考试、劳逸结合、终身求学等多方面的丰富内容,并主要通过对武大学生发表演讲或题辞的方式表达出来,循循善诱,谆谆告诫,娓娓道来,足以令广大聆教者受益匪浅。

---

①③　王星拱:《序》,《国立武汉大学第二届毕业纪念册》(中华民国廿二年)。

②④　《校长序》,《国立武汉大学民二四毕业纪念刊》,1935年。

(二) 体育思想

1. 对体育的重视

1930年3月中旬，当身兼武汉大学副校长与安徽大学校长之职的王星拱，再次回到安徽大学处理校务时，他的家乡正迎来一场“从未举行过的盛举”——第四届华中运动会在安庆举行。值此良机，他专门为安徽大学学生作了一场题为《体育与其他四育的关系》的演讲，他指出，“运动乃是民族的体质和精神的表现，体育与其他各种教育的关系是很密切的”。

第一，体育与德育的关系。“人类心理方面的动作，要受生理方面的状况的影响……生理有缺陋，心理上便发生病态，所以说，要有良好的品行，必先要有健全的身体”，“有了健全的身体，才不至于有生理病态”，“注重体育对于德育的补助，有两点，一是不致令人……作出不道德的行为，二是不致令人的德性往坏的方面走”。

第二，体育和智育的关系。“身体太弱的人，不能求学，中国的旧式文人，多患吐血毛病，身体健康有缺点，影响于求学的前途很大，求学要有强的身体，作事也是一样”。

第三，体育与美育的关系。“美的观念已经变更了，旧式的审美观念，以为柔弱是美的，尤其是中国人犯病，与美有联带关系，越病就越美，现在的审美的观念，从希腊传播过来，以雄壮伟大为美，中国的旧式审美的观念，是民族堕废的表现，要改革这种观念，应提倡雄壮伟大的审美观念……体育的重要是不言而喻的”。

第四，体育与群育的关系。“群育所注重之点在体育里面表现得都非常完美，例如守秩序，负责任，与容谅敌人”，“容谅敌人，就是作一种正当的竞争，不以取巧及种种不正当的方法得到胜利”。①

在武汉大学工作期间，王星拱的体育思想又有了进一步的发展，并与学校的各种教育工作实践紧密地结合在一起。在他看来，体育的必要性和重要性主要在于以下几个方面：

第一，体育是摆脱民族衰微、振兴国家的一种重要手段。“国人尚习文弱，久有病夫之称，识者耻之。近年经各方提倡，渐知注重国民体育之发展。然尚无若何显著之成效，区区一远东运动会，尚一再受挫，几有一蹶不振之势，若与世界阿令批克②相较，则更有霄壤悬殊，望尘莫及之叹。民族之衰微，国力之不振，此岂非其一因哉。昔罗马之衰也，由于人情之偷惰，体力之尫弱。宜乎西琴洛之言：‘罗马之患，不在外敌之强，而在于罗马人习俗之日侈，体力之日弱！’证之今日之中国，又曷莫不然”③。因此，只有充分重视体育，大力推进体育运动，增强国民的体质，才能让国家和民族从衰微的困境中走出来。

第二，体育乃人的全面发展的客观需要，亦为现代教育

---

① 以上参见《体育与其他四育的关系》,《安徽大学校刊》第 28 期(1930 年 3 月 22 日)。

② 今译为奥林匹克。

③ 王星拱:《发刊词》,《国立武汉大学第六届运动会特刊》(中华民国二十四年四月二十八日出版)。

不可或缺的重要内容。“夫儒家六艺，不忘射御，西方为学，并重三育。可见体力之修养，不问古今中外，均极重视。语云：健全之精神，寓于健全之身体。盖智德虽全，而体力不足以副之，亦一缺憾，三者不可偏废为现代教育之根本原则”①。

第三，体育能予智育以重要支持。结合当时武汉大学教学工作的实际情况而言，如前所述，王星拱为让学生打好学问的基础，弥补高中教育之不足起见，“在一二年级里边，除了各系必修的科目以外，还添设在高中未学或学而未精的科目，以为补救……一方面要开创分系专修的途径，一方面要培补普通必要的基础”，这就导致当时武大低年级学生的课程负担非常繁重。与此同时，他又告诫广大学生“既不能轻视烦琐的工作，又不能忽略本系以外的学科，所以非特别用功不可”。因此，在这样的情况下，拥有一个健康的身体便显得非常重要了——“我们不能因为特别用功而妨害身体，所以体育也是极其重要的。我们可以藉体育来休养精神，而且锻炼身体；那么，我们就不至于像从前读书的人，因为埋头伏案而成了病弱的文人了”；②“现在学校的功课狠忙，伙食又狠苦。力学而又苦行，若是再不注意身体的锻炼，将来吃亏是难以补救的”③。他还引用当年在安徽高等

① 王星拱：《发刊词》，《国立武汉大学第六届运动会特刊》（中华民国二十四年四月二十八日出版）。

② 以上引文参见《副校长王星拱演说辞》，《国立武汉大学周刊》第66期（1930年9月21日）。

③ 《上周纪念周王教务长报告》，《国立武汉大学周刊》第83期（1931年2月8日）。

学堂读书时严复先生的教导来说明问题——“学生分为三等,用功而又保重身体的是第一等,只知道用功的是第二等,不用功的是第三等。当时我总觉得无条件的用功,应该是第一等。现在我却知道他的话到是对的,因为无论是继续求学,或是学以致用,都是要有健康的身体”①。

王星拱还认为,提倡体育运动最好的方法也应与智育和德育一样,即用兴趣去诱导:“本来体育的目的是有二:一个是强健身体,一个是从体育活动中间去找乐趣。从前只注重第一目的,现在是注重到了第二目的。因为拿强健身体的说法去教人学习体育不如拿体育活动的乐趣来诱人学习体育来得容易。”②

在王星拱等人的提倡和推动下,武汉大学的体育教学与各项体育活动均取得了不小的成绩。1933 年 10 月 6 日,国立武汉大学第 208 次校务会议复核通过了由学校体育部拟订的以普通体育为必修课程的审查报告,③并且“规定男女生标准运动五类,各生在学中概须修习,及格方能毕业”④。该规定实行两年后,因“成绩尚佳”,同时“学生运动兴趣日渐浓厚,原定标准自有略为提高之必要”⑤,于是,

① 《上周纪念周王星拱先生报告》,《国立武汉大学周刊》第 44 期(1930 年 1 月 12 日)。

② 王星拱:《读书的兴趣》,《中兴周刊》第 77 期(1935 年 1 月),第 6 页。

③ 参见《国立武汉大学校务会议纪录》(第五册),第 24 页,国立武汉大学档案,1934—40。

④ 《体育概况》,《国立武汉大学一览》(中华民国廿二年度),第 141 页。

⑤ 《体育概况》,《国立武汉大学一览》(中华民国廿四年度),第 165 页。

1935年10月25日召开的第261次校务会议，又议决通过了体育部提交的"请变更普通体育成绩标准案"①。根据新的标准，武汉大学学生的体育运动水平和身体素质又有了进一步的提高。抗战爆发后，武汉大学于1938年西迁四川乐山。1939年5月19日，第355次校务会议又审定通过了由体育部拟订的《本大学体育暂行实施方案》，②使学校的体育法规得到进一步的确立和完善。

除了日常的体育课程，学校平时也经常会因地制宜地开展其他各种类型的体育活动——"本校对于体育原不以造就少数运动家为目的。但于课外运动组织中，亦兼注意技术之训练。定期举行表演，及参加校外比赛，以表现本大学的体育精神，藉以引起其他学生的运动兴趣。校内每年举行春季运动会外，在秋季的时候，更举行各种球类科院比赛。对外遇着有公共表演或比赛，不论胜负，无不参加……学校体育不应以预备表演或比赛为目的，但是表演和比赛确是提倡体育的一种好方法"③。从1929年到1936年，武汉大学共举行了七届春季运动会，各项运动成绩稳步提高，而当时校内的某些篮球比赛，甚至还以王星拱的字号命名为"抚五杯"，以表示对王校长大力提倡体育的钦敬与感激。

① 参见《国立武汉大学校务会议纪录》(第六册)，第46页，国立武汉大学档案，1937-83。

② 参见《第三五五次校务会议常会》，《国立武汉大学周刊》第309期(1939年6月12日)。

③ 参见《体育概况》，《国立武汉大学一览》(中华民国十九年度)，第119～120页。

对于武大学生数年来在体育运动上所取得的成绩，王星拱也不无欣慰地写道："本校对于学生之精神体格，向主平均发展，体育但求普及，使人人均具有坚实之躯体，不斤斤于成绩之特殊优异。故历届运动会以来，虽无惊人之纪录，而学生之健康，则日有进境。斯固差足以引为自慰者也。"①

2. **对军事训练的重视**

在国立武汉大学创建之初，学校的体育课程共分为普通体育、军事训练和国技②三组，所有男女学生须在普通体育和国技中任选一种，所有的男生必须接受两年的军事训练。③ 对于与体育教育性质较为接近的军事训练，王星拱校长同样十分重视。他曾指出："我们对于军事训练和体育，仍是注重的。二者之目的，固然不是完全相同，但是有一部分相同的，就是锻炼身体。我们注重这两项科目，才不至于成为埋头伏案的病弱书生。"④1934 年，针对当时武大学生军训成绩欠佳的情况，他认为"这是狠欠缺的一件事情。我们固然不能期望学生同军队操得同样的好，但是军事训练是必修科目之一，自然也是应当注重的"⑤。为此，

---

① 王星拱:《发刊词》,《国立武汉大学第六届运动会特刊》(中华民国二十四年四月二十八日出版)。

② 即太极拳。

③ 参见《体育概况》,《国立武汉大学一览》(中华民国十九年度),第 118 页。

④ 以上引文参见《求学的方法》(王教务长讲)(续上期),《国立武汉大学周刊》第 105 期(1931 年 10 月 26 日)。

⑤ 《上周纪念周校长报告》,《国立武汉大学周刊》第 195 期(1934 年 4 月 2 日)。

他特地向广大学生申述了军事训练应当注重的几大重要理由：

> 第一，现在是民族竞争的时代……要求复兴民族，不能不充实国力。而普及军事教育，就是充实国力的一个极其重要的方法。
>
> 第二，人类的发展，须有生理和心理——身与心——两方面的健全，才能有进步。中国读书的人，文弱的积习太深。时候久了，就认为文人是应当弱的。并且认为聪明人短寿，是当然的事情。依现在生物学讲来，智慧发展和长寿，不但不是冲突的并且是同存的性质。历史上所以有聪明人短寿的例子，乃是因为他们不肯锻炼体格增进健康的原故。军事训练，就是锻炼体格增进健康的良好工具，和体育有殊途同归的功效。
>
> 第三，分个和共总，本来是各种学问中之共有的问题。数学中之项和群，一班科学中之事实和定律，哲学中之小我和大我，社会科学中之个人和社会，所讨论的范围虽不同，而其所依据的最后原理是一样的。究竟应当注重那一方面，是各有说法不同，但是共总不能离分个而存在，分个亦不能离共总而进行。所以个性和群性是要同时发展的。我们要在个性方面，求学问之深造，要在群性方面，求事业之成功，书案上的书，是要一个人去读的，社会上的事，是要团体去做的。军事训练，

就是团体中同力合作整饬纪律的训练。①

(三) 群育思想

军事训练既关乎体育,也关乎群育。王星拱认为,群育"是从德育分演出来的","群育与德育不同的地方,一是注重个人的修养,一是注重社会的生活,群,就是社会的意思,社会方面的共同生活多,旧的德育是注重私德,群育是注重公德,私德固然很重要,但是公德在新社会,新国家里面尤其重要,我们可以说德育是注重个人的修养,群育是注重社会的生活"。② 在群育方面,王星拱的见解主要有如下几点:

一是要正确处理个性与群性之间的关系。"人类的天性有两种,一是个性,一是群性。我们在个性方面,应发展天才,在群性方面,积极的要启迪同情心,消极的要限制妨害他人权利的各种动机和行为。就学校立场而论,我们有专门学术之研讨,可以发展我们的天才;有师友的熏陶,可以启迪我们同情心;有各种纪律,可以限制我们妨害他人的行动,以养成我们不互相妨害的习惯。"③

二是要正确处理团体与分子的关系,努力保持团体的

---

① 《上周纪念周校长报告》,《国立武汉大学周刊》第 195 期(1934 年 4 月 2 日)。

② 参见《体育与其他四育的关系》,《安徽大学校刊》第 28 期(1930 年 3 月 22 日)。

③ 《上周纪念周校长报告》,《国立武汉大学周刊》第 254 期(1935 年 12 月 30 日)。

目标并尊重团体秩序。一方面，要充分发挥分子的作用，如果“各分子都能够有贡献，那么团体好，才能够有进步，假使分子不健全，或者不尽责任，或者各分子的力量，不然[愿]往同一的方向走，则团体也绝没有什么进步可言”①；另一方面，又要努力保持团体的目标，这是因为，“一个团体，必定有一个共同的目标”，一个高等学府“最终的目标，是研究学术，以求致力于国家社会。因为要实现这个目标，不能不图谋学校这个团体之生存和发展。因为要图谋学校团体之生存和发展，不能不有一定的秩序，共同遵守，以利进行。十年以前，我们注重思想自由。近来四五年，我们注重思想统一……不注重自由，无以求进步，不注重统一，则事无结果”。在大学里固然应当维持思想的自由，各人“必定，并且应当有不同的地方”，但是，“这个不同，不能危害到学校团体的生存和发展。如果危害到这一层，那么，我们原有的目标——研究学术以求致力于国家社会，——就无从实现了。所以我们对于于学校有利益的事情，都应当鼓助，对于学校有妨碍的事情，都应当禁止”。②

三是要保持整肃的纪律，并注重前进的精神。1934年，教育部派员视察武大后，对武大曾有“整肃的纪律有余，发扬的精神不足”之批评，并希望武大能够“于百尺竿头更

① 《上周纪念周王教务长报告》，《国立武汉大学周刊》第83期(1931年2月8日)。

② 以上引文参见《补行开学礼王校长报告》，《国立武汉大学周刊》第175期(1933年9月25日)。

进一步”,“总期于朴实整齐之学风,并见发扬蹈厉之精神”①。而在武大的学生里面,“也有人以为武大的生活是太沉闷了,说得利害一点,是太无生气了”。对此,王星拱从武大改建之初的时代背景,以及创办者们办学理念的思想渊源上进行了解释:“在几年以前,我们认定了就时与地二者而言,要使武大成为一个造就有实用的人才的学校,无论是抵抗国外的敌人,或是拯救国内的民众,都非从切实工作的方面做起不可。整肃纪律,就是切实工作的一个条件。进一层说,凡是一个团体,近而至于学校,远而至于国家,都必须有纪律以规范其行动,才可以收到更高的效率。”与此同时,王星拱还希望武大师生在遵守纪律的同时,也要注重精神方面的发扬,他指出:“前进的精神,也是我们必须注重的。倘若精神委靡,事业做不成,学问也求不得。所以我们既要有英发的精神,同时又要有整齐的步伐。”②

(四) 德育思想

1. “在道德的方面,大学应当树立国民的表率”

王星拱对大学生的道德教育尤为重视,并将“在道德方面要树立国民的表率”列为“大学的任务”之首。联系到古今中外的众多历史事实,他特别强调“士”这一特殊阶层在

① 《教育部致国立武汉大学训令》(7月20日),中国第二历史档案馆编:《中华民国史档案资料汇编》第五辑第一编教育(一),江苏古籍出版社1991年版,第202页。

② 上述引文除注明外,均出自《开学典礼校长报告》,《国立武汉大学周刊》第209期(1934年9月24日)。

道德上所负的责任：

> 从道德方面讲，士为四民之首……所有最高的道德条件，别人所不能履行的，“士”都应当履行。所谓礼义廉耻，国之四维，四维不张，国乃灭亡，这个四维以复兴民族而使国不至灭亡之责任，大部分都在大学学生的肩膀上。因为在顺适的环境之中，不违犯道德的规律，是常人可以做到的事情；在困难环境之中，而不违犯道德的规律，只能责望于受过高等教育的人。现在我们国弱民贫，是在一种困难环境之中，所以大学学生的责任特别大。①

王星拱还具体分析了中国古代与欧洲近代所注重的道德的不同之处，要求大学生能够兼采二者之长，更好地负起道德的责任：

> 就其概略而言，中国古来大学里所注重的道德，是趋于保守的一方面，欧洲大学里所注重的道德，是趋于进取的一方面。现在我们要成立合乎国情而又适应近代趋向的道德标准，这两种的精神都是需要的……我们所说的保守，是重在“立”，所说的进取，是重在“行”。能立而不能行，是僵立，能行而不能立，是乱行。我们要能够立得住，

① 王星拱：《大学之使命》（在汉口广播电台讲演），《中兴周刊》第106期（1935年8月），第4页。

> 能够行得通，这两方面的好处，是不可偏废的。这就是人格教育。这样的道德责任，是要大学学生来做国民的表率的。①

王星拱的前任王世杰校长，也非常重视道德教育，在上任之初，王世杰便要将健全人格的培养列为大学教育的两大目的之一，他对全校师生声称："我个人觉得，在大学教育的计划上，人格的训练纵不能较重于知识的灌输，至少，也应该与知识灌输占同等的地位……从今后起，应该把高尚人格的训练和高深知识的灌输一样地看作本校教育努力的目标。"②王星拱接任校长后，完全延续了这一理念与做法。在担任代理校长期间，他在1933年9月19日的开学典礼上指出："本来大学教育有两层：（一）知识提高，（二）人格培养。各国大学，对于这两个方向之注意，有轻重之不同。武汉大学对于这两点是并重的：这是校长③从前已经说过的。上学期校务会议曾经议决：新生的训育，由教员分别担任指导。（每位教员担任指导十人或二十人。）大纲已经拟就，不日即将讨论详细办法，以便执行。"④出

① 《大学的任务》（王抚五先生讲），《国立武汉大学周刊》第148期（1932年12月19日）。

② 王世杰：《大学教育的目的》，《国立武汉大学周刊》第26期（1929年6月17日）。

③ 此处的"校长"指已经出任教育部长的前任校长王世杰，王星拱初任代理校长时，曾公开表示以后仍须请王世杰回武汉大学复任校长之职，故仍称王世杰为"校长"。

④ 《补行开学礼王校长报告》，《国立武汉大学周刊》第175期（1933年9月25日）。

任正式校长后，王星拱又在 1934 年 9 月 19 日的开学典礼上指出：“各国大学制度不同，有的侧重于知识之创造和联续，有的还要并重人格的培养。我们的学校是采取第二原则的。不但是教室实验室里要有一定的秩序，即在平素的时候也要养成良好的学风。雪艇先生从前在这里曾经详细说过，现在我们还应当特别地注意。”①

王星拱所倡导的人格教育与道德教育，绝不是大而无当的，而是注重引导学生从点滴的小事做起。比如他曾特别强调学生对待教职员应该讲礼貌的问题。从国家的方面来讲，中国素称礼仪之邦，步入现代新社会之后，更应当追求文明礼貌；从学校的角度而言，“我们的学校，尚在幼稚的时期，要现在在校和将来来校的教职员，对于服务学校都具有极浓厚之兴趣，然后学校才能有巩固发展之可能。我们对于教职员，要表现出来虚心受教努力向学的精神，方可以增加教职员乐于从事的兴趣，具体底来讲，礼貌也是应当注意的”②。

2. 言传身教，道德垂范

比在口头上提倡道德教育更为重要、也更加令人信服和感佩的是，王星拱本人就是通过“以身作则”、“言传身教”的方式，以自己平日里的言行举止和所作所为，来对广大学

① 《开学典礼校长报告》，《国立武汉大学周刊》第 209 期（1934 年 9 月 24 日）。

② 《本大学第二十五次总理纪念周纪录》（十八年六月十七日），《国立武汉大学周刊》第 27 期（1929 年 6 月 24 日）。

生长期施行全面而深刻的道德教育的。首先,他那丰富、渊博的学识,平易近人、和蔼可亲的态度与亲和力,本身就让广大学生如沐春风,深受感染。一位 20 世纪 30 年代中期在武大读书的学生曾经写道:

> ……我们底校长,六七年来,为这学府的创建与发展,经营筹划,也着实费了一番苦心;他的健康,因此也蒙到一点不良的影响。在他那张颇为宽硕的脸上,有时会呈现一种黯黄的颜色。然而他底精神,还是很好。
>
> ……在他不言不笑的时候,嘴鼻之间,老是有几条深深的皱纹,做出一个发愁的样子;笑起来吧,也带些苦笑的味儿……那虽则是在发愁的皱脸上,倒透露着一种特殊的神采,有无限的庄严,无限的温厚在。
>
> 说起话来是那么慢吞吞的,并不高朗,也不流畅,而且老喜欢把一句话最后的一两个词儿,重复地念着。可是,只要你稍微心和气平的话,你就会不自主地注意地听下去。纪念周上,如果他有一个重要的报告,或者是一番恳挚的训辞,这时,一定是静极了,五六百听众都屏住了声息,只有他那低柔和缓的声浪在厅空中浮荡。他讲话,不单是态度的温和平静足以动人,而是他立论的精确真实更会令人不得不点头称是。他无论讲一个什么问题,都得原原本本地讲,说是从科学的见地说来是怎样怎样,从哲学的立场看来是怎样怎样,照心

理学上讲又是怎样怎样，他总要念几个外国人名，引几句那些哲人们所讲过的有名的话。这时，你自然不会忘记他是中国研究科学原理的权威者。

平常和你个人谈话也是一样的。决不致因为你只是他底学生而变更他底态度。他依然是恳挚的，温和的，不厌倦的。站在他底面前，也许你起初会觉得自己底渺小；可是不久你就会忘掉这些意识，你只像呼吸在晴天丽日中的春风里面。①

而1935年入学、1939年毕业的武大中文系校友殷正慈，则在多年以后如此描述她当年对王星拱校长的印象：

当我初入珞珈时，尚是十余岁的懵懂女生，心目中的大学校长，是位高不可攀的巨人。在"新生训练周"中，抚五先生莅临训话，那是我第一次看到他。但见身着蓝色长袍，黑色马褂，面容端凝，举止严肃，完全是循循雅素的儒者典范。他除了勉励我们新生应如何用功读书，如何锻炼身体，德、智、体、群，四育齐头并进外，对于女生教育，尤当注意自尊自重，自强不息。在求学期间，不宜广交游，贪逸乐等等。这番谆谆告诫，十分平易近人。打破了我混沌心目中多年来的巨人偶像，他

① 仰郊：《我们底校长》，国立武汉大学欢迎新同学会：《国立武汉大学欢迎新同学特刊》(民国二十五年九月出版)，第59～60页。

原是一位颇有古风的今之君子。①

其次，就道德教育而言，“身教”更重于“言传”，“正人”必先要“正己”。作为一名国立大学校长，王星拱有着良好的工作与生活作风，对待工作认真负责，一丝不苟，并且清廉正直，克己奉公，一尘不染，两袖清风，为人处事公正严明，同时个人生活也极其简朴，堪称处处“为人师表”。

据王星拱的女儿王焕葆回忆，武大在珞珈山建校时，从选址建筑开始，王星拱即废寝忘食地全心投入建校工作，直到最后全部建筑完成，他一路负责了全过程。由于事务繁重，中午工作时间延长，常常不能按时进行午餐，长期下来，严重地影响到了他的身体健康，导致日后形成了严重的胃病。②

最为武汉大学的校友们所津津乐道的，便是王星拱严于律己、公私分明的工作作风。据王焕葆回忆，她在武大附小读书时，有位熟人从学校里拿了一些办公用的笔记本和铅笔给她与姐姐使用，当王星拱问清了这些纸笔的来源后，他便批评女儿说公家的用品不能拿回家来用。两个女儿小学毕业后，又到武昌城内去读中学，因学校离珞珈山的家较远，故在学校寄宿，每隔两周回家一次。当时，政府为国立大学校长配置有专用的小汽车，但王星拱明确地告诉家人，

① 殷正慈：《我所知道的王抚五先生》，《学府纪闻·国立武汉大学》，第58～59页。

② 参见王焕葆：《父亲为我们树立了做人的典范——怀念我的父亲王星拱》，武汉大学成都校友会主办：《王星拱校长纪念专刊》，1996年，第11页。

那是办公用车，不能让家属使用，而他也从未用小汽车接送过女儿上学，他的两个女儿每次都是乘公共汽车往返。有一次，可能是误了公共汽车，为了准时赶回学校，他的夫人让两个女儿坐了小车，事后，王星拱不仅严厉地批评了女儿，而且坚持向学校补交了车费，以严格区别公私事用车。①

要做到完全的公私分明，有时还必须具备坚守原则的精神与不畏权贵的勇气。据1937年毕业于武汉大学外文系的张恩寿校友回忆，在当时，武大每年录取新生，均由校长负责，而每年录取新生前，校长都会召开全校教职员工大会，并严正声明，在录取新生期间，校长本人不听电话，不接受拆阅信件，以示公正，不搞歪门邪道。因此，在公平、公正的招生环境下，武大录取的新生水平都比较高，而且家庭出身来源广泛，既有不少大地主、大资本家及大官僚子女，更有大量贫农与工人子女。② 当时，湖北省主席兼武汉行营主任何成濬(1882—1961)的儿子曾三次报考武大，都因成绩不够未予录取，他曾托人说情，却遭到了王星拱的婉拒，最后只同意允许其子来上课旁听，但不给学籍。一方面，何成濬是全省的最高行政首脑，是当地最有权势的第一号人物，而另一方面，何成濬本人还曾为武大珞珈山新校舍的建设提供过巨大帮助。据王世杰回忆，在武大建校之初，当他

① 参见王焕葆：《父亲为我们树立了做人的典范——怀念我的父亲王星拱》。

② 参见张恩寿：《武大生活回忆点滴》，武汉大学校友总会、武大武汉校友会合编：《武汉大学校友通讯》1993年第1期，第60页。

亲自去向何成濬筹措建筑经费时，何成濬当即找来财政厅长落实了经费，并特别表示："无论省政经费如何困难，此款必须优先筹措。"何成濬对武大建校计划的"热忱赞助"，也令王世杰"终身为之感激"。① 但即使是面对着这样一位曾有大恩于武汉大学的重要权贵人物，王星拱也照常坚持了公正、公平的原则，绝不滥用职权，破坏原则，此事也很快在社会上传为美谈。

王星拱对待他人公正严明，对自己的家人也同样如此。据说，他曾严肃地对自己的子女说："不要以为我是校长，你们就可以读武大，必须与其他考生一样参加统考……成绩合格者才能入校。"②1939 年夏，他的两个女儿在四川乐山高中毕业，同时参加了武汉大学、中央大学、浙江大学和西南联合大学的四校联合招生考试，结果二女儿王焕葆成绩合格，被武大生物系录取，而大女儿王焕理则不幸落榜。据王焕葆所言，"如果按'走后门'的作法，父亲以一校之长去疏通关系，大概姐姐也能入学，但父亲让姐姐去白沙念了一年大学先修班补习功课，次年才正式考入武大，因此姐姐比我晚一年大学毕业。这些小事使父亲无愧于心，名声清白，对我们的教导也十分深刻，在我们人生的旅程中指导我们

① 参见殷正慈:《记王雪艇先生谈珞珈建校》,《学府纪闻·国立武汉大学》,第 32～33 页。

② 参见龙彻渊:《武大校长王星拱二三事》,中国人民政治协商会议四川省威远县委员会学习文史资料委员会编:《威远文史资料选辑》第 14 辑,1996 年,第 245 页。

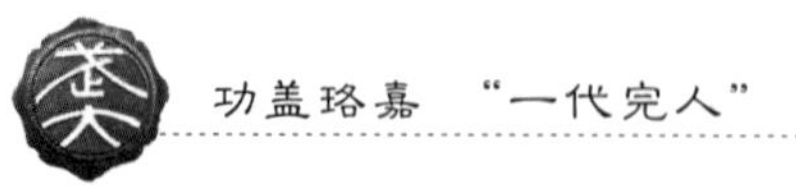

走上正确的道路”。①

从以上这些事例我们可以看出，王星拱在家人、师生乃至全社会面前所表现出来的种种崇高人格风范，已实实在在地诠释和体现了他所提出的“在道德的方面，大学应当树立国民的表率”这一深刻理念。

① 以上参见王焕葆：《父亲为我们树立了做人的典范——怀念我的父亲王星拱》。

第四章　励精图治　名校初成(1928—1937)

国立武汉大学自1928年改建成立，到1938年因抗战爆发而西迁四川乐山，在这前后长达十年的草创阶段中，除代理校长刘树杞曾短暂负责外，先后共有王世杰、王星拱两任正式校长。在首任校长王世杰主政时期，王星拱作为其最重要的助手，曾全力辅助并多次代为主持校政，为武汉大学各方面的建设立下了汗马功劳。自从1933年接任校长之职后，王星拱更是“萧规曹随”，将王世杰作为首任校长而主导开创的宏图伟业继续发扬光大，不仅基本完成了珞珈山新校舍的建设，极大地充实了学校的图书、仪器、设备等重要办学资源，为学校的发展奠定了坚实的物质基础，而且还通过不断延揽优良师资、适时扩充学科专业，在较短的时间内实现了文、法、理、工、农五大学院并驾齐驱的办学格局，在建设学科门类齐全、完善的综合性大学的道路上迈出了一大步。在他的主持下，武汉大学还在 20 世纪 30 年代中期设立了 2 个研究所，开创了研究生教育，成为全国为数不多的拥有研究所、能够招收研究生的高校之一。与此同时，武汉大学的本科教育也硕果累累，培养出大量获得社会认可的优秀人才。全方位的发展与进步，使得学校的社会声誉蒸蒸日上，在不到十年的时间里，国立武汉大学便从一所不甚起眼的普通高校，迅速发展崛起为“民国五大名校”之一，创造了中国高等教育史上的一大奇迹！

一、辟建巍峨黉舍　力争社会支持

（一）参与珞珈山新校舍一期工程建设

1. 力争维护新校址运动

国立武汉大学成立之初，由于学校所沿用的前国立武昌中山大学校舍过于狭小、陈旧、简陋，严重不敷使用，因此，尽快兴建完成规模宏大、坚固适用的新校舍，便成为这所新兴学府在草创阶段所面临的头等大事和首要任务。1928 年底，当武汉大学珞珈山新校址已基本选定，新校舍的建筑经费也得到了初步落实之后，校建筑设备委员会聘请了美国著名建筑工程师开尔斯（Francis Henry Kalse,

1869—?)为武大设计新校舍。1929 年 10 月,建筑设备委员会第三次常会通过了开尔斯的总体规划设计方案。[①] 与此同时,学校还开始着手进行圈定校址、征用土地及修筑道路等前期准备工作。

当时,位于武昌城郊的武汉大学珞珈山新校址内外,分布着大量坟墓,要修筑公路,兴建校舍,必须将这些阻碍交通与建设的坟墓迁移出去。由于当时社会风气不够开化,当地居民的孝亲观念与"风水"观念仍十分浓厚,纷纷反对迁坟,与学校发生了激烈的冲突。部分坟主甚至还联名上书湖北省政府,控告武大"以一大学之建设,重增人民之痛苦,此果何为耶",强烈要求武大另选校址,"迁地为良"。[②] 而湖北省政府竟然也听从了他们的意见,于 1929 年 11 月 6 日函告武大,要求立即停止珞珈山新校舍工程,另选校址进行建设。对此,武大全体师生群情激愤,进行了坚决的抵制和抗争。校长王世杰一方面与湖北省政府严正磋商,要求变更这项决议,另一方面又呈报中央,声明原校址范围绝不可变更,与此同时,各项工事仍按照预定计划继续进行。全校师生均行动起来,以各种方式向各级政府及社会各界表示控诉,积极促成珞珈山新校舍建设照常进行。在这次抗争行动中,王星拱也扮演了重要角色。11 月 8 日,他与皮宗

① 参见《国立武汉大学建筑设备委员会第三次常会》,《国立武汉大学周刊》第 31 期(1929 年 10 月 14 日)。

② 参见《本校关于建筑珞珈山新校舍处理纠纷的文件(一)》,国立武汉大学档案,1929－24。

石、周鲠生、叶雅各、燕树棠、梁明致、张珽、葛扬焕(1899—1972)、闻一多、张有桐等几位教授一同发起组织召开全体教职员大会,①并联名致电南京国民政府行政院长谭延闿(1880—1930)和教育部长蒋梦麟,声称在湖北省政府“函请武大另觅无坟地点重新计划”之后,“同人等闻讯之下,愤骇莫名”,“若必如省府议决,另觅地址,重新规划,实同根本破坏新校舍之计划。自新校舍建筑筹备以来,阅时已一载,其间测地、绘图、筑路、植树等所费已巨万,且本校将来一切设施,悉已按照新校舍规模规划。新校舍计划不成,不但物质、精神两受损失,且将危及本校前途之发展与生命。同人等不忍目击此长江中部之惟一文化建设事业功败垂成,爰召集全体大会,一致议决誓死力争原案,贯彻初衷”,由此,他们希望行政院能“立予电饬鄂省政府撤销最近决议,仍照原案切实奉行,并将该肆行纠众阻挠建设之豪绅陈云五等依法严办,以维教育,而惩奸邪”。②

武大全体师生的集体抗争,得到了时任国民政府主席蒋中正、行政院长谭延闿及教育部长蒋梦麟的大力支持。11月中旬,国民政府、行政院及教育部先后来电或发来训令,要求武汉大学按照原方案继续进行新校舍建设,同时还

① 参见《本校关于建筑珞珈山新校舍处理纠纷的文件(一)》,国立武汉大学档案,1929—24。

② 《本校全体教职员电呈中央力争维持建筑原案》,《国立武汉大学周刊》第36期(1929年11月17日)。

命令湖北省政府对于不肯迁坟者进行开导，勿许抗阻。①这场维护学校利益的斗争，最后以武大师生的胜利而告终。

2. **答复社会质疑**

尽管武大的新校舍建设最终得以顺利进行，但社会上仍有一些人对于武大在珞珈山建设新校舍不甚理解，他们的疑问主要集中在两个方面：一是“现在物质艰难，我们有一个校舍就够了，为什么要费许多金钱去造新校舍”；二是“纵然要造新校舍，在城里造就好了，为什么要跑到乡下去”？②

面对来自社会的质疑，当时身为武汉大学副校长的王星拱认为：“固然，他们的疑问不能阻止我们的进行，但是我们总也要有一个合理的答复才好。”因此，为了给社会各界人士一个合理的解释，1930 年 3 月，王星拱在学校里发表了一次专门的演讲，对这两种疑问进行了全面的剖析和答复，以供武大学生在解答外界质疑时参考。

对于第一个质疑，王星拱从以下三个方面进行了解释。

第一，从“学术设备”的方面来说，现代科学讲求“格物致知”，与中国古代那些偏重“性理”的学术截然不同——

① 参见《本校关于建筑珞珈山新校舍处理纠纷的文件(一)》;《本校关于建筑珞珈山新校舍处理纠纷的文件(二)》，国立武汉大学档案，1929—25;《教育部电令按照定案进行工事》，《国立武汉大学周刊》第 37 期(1929 年 11 月 24 日);《行政院训令》(字第 4087 号)、《行政院来电》(十一月廿四日)、《行政院批》(字第 254 号)，《国立武汉大学周刊》第 38 期(1929 年 12 月 1 日);《国民政府来电》，《国立武汉大学周刊》第 39 期(1929 年 12 月 8 日)。

② 以上引文参见《上周纪念周副校长王星拱先生演讲》，《国立武汉大学周刊》第 53 期(1930 年 4 月 6 日)。

“古代的学者，不妨独坐山洞之中，也可以立言万卷。在现在的时候，若要研究物有本来事有终始的至理，必定要物质方面有许多工具的帮助。没有完备的天文台，如何能够测订星球的位置和行动？没有发动机和工作厂，如何能够考较能力的应用和变迁？就是图书馆的储藏和阅览，也必定要有合宜的建筑，才可以防危险而收利用”。

第二，从“卫生设备”的方面来说，“卫生，在个人身体的发展，和民族健康的维系都有重要的关系……从这一点着想，适当的校舍，不是奢侈，乃是必需”。

第三，从“团体观瞻”的方面来说，古今中外，统治者对于学校的建筑无不重视，封建时代的事例姑且不论，“我们试看看近代兴盛的国家，那一国不是有一些规模宏大的大学呢？再以本国而论，武汉为全国的中心，为工业上商业上政治上重要的地点，为全国四大学区之一，难道不需要一个宏伟美丽的大学，替我们国家一壮观瞻吗？所以，即便不从实质上讲而从形式讲武汉大学也应该有一个很好的新校舍。况且在此四大学区之中，北平因为旧首都的关系，南京因为新首都的关系，广州因为纪念革命策源地的关系，这几区的大学，或者是已有相当的建筑，或者是在建筑方面积极进行；那么，武汉大学，更应当有同样的发展了”。①

对于武汉大学的新校舍为何要建在郊外，王星拱也从三个方面进行了解释。

---

① 以上引文参见《上周纪念周副校长王星拱先生演讲》，《国立武汉大学周刊》第 53 期（1930 年 4 月 6 日）。

第一,“在乡村里面我们能够领略自然的美……可以使文学修养者另外得一个泉源……为享受自然,养成文艺家的自然趣味,学校是建筑在乡村里最好”。

第二,“在乡村里可以观察自然的秩序……为养成尊重秩序的思想习惯,最好是就表现因果关系较为明显,而又不是与日用常识相距太远的自然界里的现象,随时做做观察的工夫。就这一点来讲,学校是建筑在乡村里好”。

第三,“在乡村里可以领受自然界的清洁”。王星拱认为,乡村与城市相比,不光是物质上更为清洁,就是精神上也是如此,城市里的种种丑恶现象常常会耳濡目染地给人带来不良的影响,而乡村里的优美环境和淳朴民风,则非常有益于大学生“身心的修养”与“人格的培植”。尽管大学生身负改革社会的责任,不应离开社会,但“要改革社会,先要立定脚跟。不然不但改革[不了]不良的社会,反来与不良的社会同化了。所以就修养身心培养人格讲起来,也是把学校建筑在乡村里是好得多”。①

即使到了后来珞珈山新校舍部分落成、武汉大学也已迁入新校舍授课之后,社会上对于武大新校舍建设的质疑与批评仍没有消失,且基本论调仍是前两个问题的进一步延续。如有人说:“当现在民穷财尽的时候,你们还在住这样伟大的房子,在这种房子里边住惯的学生,还能够到穷苦社会中去服务吗?”又有人说:“学校是造就服务社会的人才

① 以上引文参见《上周纪念周副校长王星拱先生演讲》,《国立武汉大学周刊》第53期(1930年4月6日)。

的，现在你们远居郊外，和社会太隔绝了，不知道社会上的情形，将来如何能够在社会上去服务呢？"对此，王星拱仍是非常耐心地予以解释。针对第一种疑问，王星拱指出："其实武大的建筑虽伟大，但是并没有耗费逾分的金钱。而且武大的建筑，是为要卫生坚固及适用三种需要，并没有在华美上做工夫。退一步说，我们的建筑和湖山园林的支配，适合于审美的条件，——这也是我们所应当提倡的。美与善究竟是否是同一的，我姑且不去讨论，但是爱美（文艺的美）与爱善（道德的美）同出于人类向上的动机。这种动机，是应当培养的；尤其是从事教育的人，更应当负起这个培养的责任。"对于后一种疑问，王星拱则认为："我想不在城里读书，不一定不能知道社会里一切情形，而在城里读书，却容易沾染社会里不良的习惯。总计起来，还是以在郊外为损失少而利益多。"①

3. 一期工程的完成

根据武汉大学珞珈山新校舍建筑工程师开尔斯的规划设计，新校舍全部工程主要包括：（一）文，理，法，工，医，农六学院，大礼堂，总图书馆，体育馆，总办公厅，饭厅等巨大建筑物十余栋；（二）学生寄宿舍六大栋；（三）电气厂，煤气场，工场各一栋；（四）教职员住宅大小约数十栋；（五）其他零星房屋若干栋；（六）运动场；（七）自来水及林园设备；

① 以上引文参见《上周纪念周校长报告》，《国立武汉大学周刊》第195期（1934年4月2日）。

(八) 校址内及其旁近纵横马路约四十华里。① 由于经费有限,学校只能先期开建一部分校舍,包括文学院、理学院、学生宿舍、学生饭厅、教员宿舍、实习工厂及部分生活服务用房等。1930 年 3 月,在经过长达一年的施工准备与市政建设之后,新校舍一期工程正式开始动工,由汉协盛营造厂承建大部分工程。

到了 1932 年 1 月,一期工程所有建筑及内部设备全面完成,文、理学院大楼与男生宿舍四大栋及学生饭厅(上层被辟为临时礼堂)已巍然屹立于珞珈山西北面的狮子山上,十八栋教授住宅分布在珞珈山东南麓,生活服务区建于珞珈山西面,校办实习工厂则坐落于珞珈山北面的东湖之滨,再加上一些零星的建筑或其它设施,整个校区建筑已粗具规模。2 月,学校师生员工全部迁往新校舍,此时,王星拱一家也由武昌城内的昙华林华平里 4 号,迁至环境优雅、条件舒适的珞珈山东南麓第 301 号教授住宅居住。② 3 月 3 日,国立武汉大学在珞珈山新校舍开始授课,这一天也被定为武大新校舍成立纪念日。③ 5 月 26 日,学校举行了隆重的新校舍落成典礼,蔡元培、任鸿隽、李四光、刘树杞等社会各界名人均来校参加。④

---

① 《本校新校舍建筑设备概况》,《国立武汉大学一览》(中华民国十九年度),第 125 页。

② 1933 年 4 月王星拱任代理校长之后,又迁入一区 326 号前任校长王世杰寓所居住。

③ 参见《国立武汉大学校务会议纪录》(第三册),第 146 页。

④ 参见《国立武汉大学周刊》第 128、129 期(1932 年 5 月 24、31 日)。

武汉大学珞珈山新校舍一期工程的建设经费主要来源有三：一是中央及湖北省政府特拨经费共150万元，由双方各任半数；二是学校1928、1929年度节余款项共约26万元，经教育部核准拨用；三是其它机关补助费，主要包括汉口市政府于1930年12月决议补助理学院经费17万元，以及中华文化教育基金董事会补助理、工两学院设备费数万元。① 由于武大新校舍的实际建设规模大大超过了最初的预算，因此，到1932年初第一期工程落成时，由中央与湖北省政府拨付以及其它机关赞助的经费共约170万元已基本用完，而新校舍的全部工程却只完成了预定计划的一半左右。当时，学校的主要行政机构、图书馆与文、法学院均暂设于文学院大楼内，理、工学院则共同使用理学院大楼，全体学生与部分单身教职员均住在男生宿舍内，尚待建设的主要建筑还有法、工、农、医各学院大楼及理学院附楼（扩建）、总图书馆、体育馆、大礼堂、总办公厅等。因此，首任校长王世杰在1932年5月26日的新校舍落成典礼的报告上最后指出：

> 大学的工作，和大学良好的根基，就非一二人或一二团体所能做好。必外界与以相当的便利与帮助才有成效。本校的工程尚只完成一半，此后需要中央及地方的指导与帮助正切。我们的建设不仅是物质的建设，还有最大的精神建设，无论在

① 参见《本校新校舍建筑设备概况》，《国立武汉大学一览》（中华民国十九年度），第125页。

> 学术建设方面或文化事业方面，我们都在努力。请大家看我们所走的路是不是中华民族的出路，是不是人类向上的路。这是希望于给我们以物质帮助精神帮助之外，更希望各界予以匡助的。①

(二) 主持珞珈山新校舍二期工程建设

1. 极力争取社会各界的经费支持

1933 年 4 月，当武汉大学珞珈山新校舍的后续工程正在紧锣密鼓地筹备中时，首任校长王世杰被任命为教育部长，其校长职务也交由王星拱代理，于是，续建珞珈山新校舍的历史重任，便落到了王星拱身上。此时，需要继续建设的新校舍建筑的工程量仍是非常浩大，正如王星拱在 1933 年 12 月向全校师生所报告的那样：

> 图书馆是学校之精华，而且在本校布置之中，乃是一个中心建筑，是急于要造的。法学院和工学院的学生都是很多的，然而这两院都还没有独立的建筑，以致授课和实验，都感受困难。农学院已经在筹备的期间，连办公处都没有。生物学系，也没有地方，体育馆也是需要建筑的。供给研究的图书，还是不够得很，工学院已经成立了机械系，而蒸气机尚且没有购置。这是我们需要建筑

① 《本校新校舍落成典礼王校长报告词》，《国立武汉大学周刊》第 129 期(1932 年 5 月 31 日)。

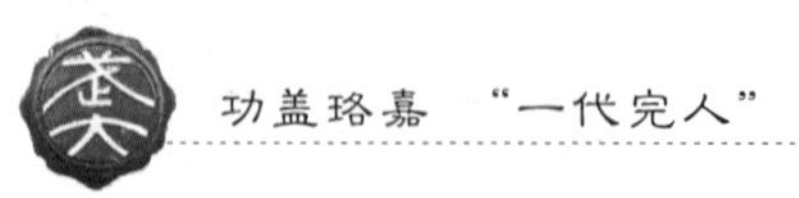

设备的情形。①

要完成珞珈山新校舍工程的续建工作,其首要的条件便是筹措到足够的经费。对学校较为有利的是,由于新校舍一期工程的巨大成功及其在社会上的良好反响,使得二期工程的经费筹措与具体的施工建设也相对容易了很多。中央与湖北省政府在拨付完预定的 150 万元建筑设备经费后,仍对武汉大学的新校舍建设继续追加了大量拨款。据沈中清回忆,截至 1937 年 7 月全面抗战爆发,武大呈请中央追加建筑设备费总共为 103.18 万元;从 1934 年 1 月起,湖北省政府也另外按月补助建筑设备费 2.2 万元,每年计 26.4 万元,三年共计补助 79.2 万元。② 除了政府拨款,社会各界团体与人士也源源不断地提供了大量经费赞助,正如王世杰晚年所忆,武汉大学珞珈山新校舍的建设,“除初期各项奔走筹款外,此后办学有了成绩,声名好了,各方慷慨捐助也多了”③。在王星拱继任武汉大学校长之后,社会上各机关团体与人士慷慨赞助武汉大学珞珈山新校舍建设的事迹,主要有以下数起。

(1) 平汉铁路管理局、管理中英庚款董事会与国立武汉大学工学院的建设。

① 《上周纪念周校长报告》,《国立武汉大学周刊》第 189 期(1934 年 1 月 1 日)。

② 参见沈中清:《工作报告——参与国立武汉大学新校舍建设的回忆(国立武汉大学新校舍建筑简史)》,第 4 页。

③ 殷正慈:《记王雪艇先生谈珞珈建校》,《学府纪闻·国立武汉大学》,第 35 页。

继中华文化教育基金董事会之后，平汉铁路管理局成为第二家资助武汉大学新校舍建设的社会团体。早在1932年4月，国立武汉大学便与平汉铁路管理局签订了技术合作合同，其中规定由武汉大学理、工两学院担任平汉铁路各项材料之试验及调查等技术工作，平汉铁路管理局则每月津贴武汉大学8000元，用于理、工学院扩充建筑设备、购买仪器药品及增设讲座之用。该合同的有效期为3年，期满后经双方同意，仍予续订。①

1931年4月，国民政府行政院设立管理中英庚款董事会(Board of Trustees for the Administration of the Indemnity Funds Remitted by the British Government)，其董事长正是王星拱当年在北大任教时的同事朱家骅。管理中英庚款董事会成立伊始，武汉大学便函请其资助工学院试验室建筑费及设备费30万元，并年拨讲座费6万元。该会复函称："此时款项尚未过付利息，更无从计算所有教育文化机关之请求补助各案，经议决，俟将来利息收到并支配标准确定，再行讨论。"②1932年6月，王世杰校长又向管理中英庚款董事会重申前请，但该会再次复函婉拒："查本会成立仅及一载，所借与各机关款项今年虽开始计算利息，然为数尚微，实难即言分配于文化教育事业之用，一俟本会所收利息

① 参见《国立武大1934年与平汉铁路局有关技术合作材料》，国立武汉大学档案，1934－14。

② 《管理中英庚款董事会公函》(第93号)，《国立武大1931年申报受理中英庚款董事会有关资助工学院实验室的文件》，国立武汉大学档案，1931－24。

达到可能分配时，当尽先将贵校前函提会讨论。”①

王星拱接任校长后，又于 1933 年 12 月 5 日致函管理中英庚款董事会，代表武大第三次向该会提出经费补助申请。函中指出，一年多以来，“敝校班次逐渐加多，规模亦扩大，工学院之建筑设备刻不容缓，而兼负研究责任之讲座亦有设置之亟需”，故“此项资助，关于本校之进行与发展至为重要”。② 12 月 12 日，管理中英庚款董事会董事长朱家骅在回函中称，中英庚款已结算利息者“为数尚属不多。利息之积存，依上月份会计报告，仅国币四十余万；而各地教育文化机关之请求补助，截至六月底止，已达五千万左右；相差过远，挹注实难”，同时息金的详细支配办法尚在拟订中，未经确定，故只能“俟将来支配时尽先提会讨论”。③ 对于武大的再三申请，朱家骅本人也至为重视，除公函回复外，他又于 12 月 23 日专门以个人名义致信王星拱与周鲠生，具体解释和承诺道，中英庚款“俟积有成数，拟于明年夏季以后开始支配，将来讨论请款案时，对于贵校事自当特别注意，并与各董事言之”④。

---

① 《管理中英庚款董事会公函》(第 735 号)，《国立武大 1932 年申请建筑设备费的公函》，国立武汉大学档案，1932－12。

② 参见《国立武汉大学公函稿》(第 977 号)，《国立武大及管理中英庚款董事会有关津助工学院建筑设备费和讲座费的函件》，国立武汉大学档案，1933－8。

③ 参见《管理中英庚款董事会公函》(第 5070 号)，《国立武大及管理中英庚款董事会有关津助工学院建筑设备费和讲座费的函件》。

④ 参见《国立武大及管理中英庚款董事会有关津助工学院建筑设备费和讲座费的函件》。

1934年6月26日，管理中英庚款董事会再次致函国立武汉大学，告知全国各教育文化机关请款次数已多至120余起，请款总额已达5600万元以上，但中英庚款息金收入可供支配者，仅有131.7万余元，其中能用于补助各高等教育及研究机关的更不过42万元。尽管如此，管理中英庚款董事会对武汉大学的请款要求仍非常照顾，该会根据“就需要最切者，作比较集中补助”，以及“于可能范围内，力求普遍。例如所请之款在两类以上者，则斟酌情形，择一补助，补助建筑费者不复补助设备之费”这两条原则，决定补助武汉大学工学院建筑费12万元，分3年平均拨给，并另赠讲座1席，每年补助1万元，以3年为限。对于武大原请补助工学院建筑设备费30万元及讲座费6万元，该会“审查此案，极表同情；虽核定补助之数，有异所嘱，然在前述息金收入情形之下，实觉已尽绵薄；区区此表，当荷深谅”。① 由上可见，武汉大学的请款数量尚不到全国各教育文化机关请款总额的百分之一，最终得到的补助却超过了补助总额的十分之一，在中英庚款息金收入十分紧张的情况下，实际所获补助也超过了原请款项的三分之一，由此可见管理中英庚款董事会对于武汉大学的建设与发展所提供的支持力度之大！

武汉大学工学院的建筑与设备原定预算为40万元，该预算经中央政府核准，拨给20万元，自1934年7月起拨，

① 以上参见《管理中英庚款董事会公函》(第7292号)，《国立武大1934年有关利用中英庚款开设讲座和建设工学院材料》，国立武汉大学档案，1934—8。

每月拨2万元，加上管理中英庚款董事会赞助的12万元，其不足之8万元，又由学校指定将平汉铁路管理局每月津贴武大的8000元连续挪用10个月，即可达预算之数。正是在中央政府、管理中英庚款董事会和平汉铁路管理局的大力支持下，武汉大学工学院大楼才得以在王星拱校长的任期内顺利开工并落成。

不仅如此，在管理中英庚款董事会补助武大工学院建筑费12万元及讲座费3万元分3年拨付完毕之后，武汉大学又于1937年1月函请补助华中水工试验所设备费及农艺系设备费各8万元，共计16万元。6月底，经该会第46次董事会议议决，决定补助武汉大学15万元，并指定以3万元为讲座费，2.5万元为工学院建筑费，6万元为水工试验所设备费，3.5万元为农艺系设备费，自1937年起，分3年平均拨给。该会在复函中还声称：“查本届息金支配之困难，较历届为甚，上述补助贵大学之数，较诸原请数额，相差极微，于贵大学将来之进展，不无小补，区区之意，谅荷鉴及。”①后来虽因全面抗战爆发，国难日深，这笔补助经费大部分均告落空，但管理中英庚款董事会数年间对于武汉大学的热情帮助与不遗余力的鼎力支持，亦将永远被载入武汉大学的发展史册。

（2）湖南省政府与国立武汉大学法学院的建设。

1932年初，武大珞珈山新校舍一期工程完工后，中央

① 以上参见《武汉大学与管理中英庚款董事会1937年关于拨给学校费用的文件》，国立武汉大学档案，1937—32。

及地方政府拨款已用尽，而总图书馆与法学院两项工程亟需兴工。根据预算，图书馆建筑及设备费约为35万元，法学院约为15万元，为筹措此款，学校特于当年暑假派湖南籍教授任凯南回乡，向湖南省主席何键(1887—1956)和财政厅厅长张开琏(1890—1955)恳求援助，得到当面允诺，同意担认其中一种重要建筑物之建造费，并自次年1月起开始分期拨款。

由于此款迟迟未能兑现，到了1933年7月，王星拱又以代理校长名义致函湖南省政府，指出武汉大学总图书馆与法学院因建筑经费"为数甚巨，非得各方实力援助，断难早观厥成，本校同人，深冀长江中部各省政府力予赞助，湘省与本校关系夙密，本校学生人数，若就省份比较，亦以湘省为最多，迩来贵省政府对于建设及教育，力求进步，即本校一切进行计划，亦在夙承赞许之中，极为感纫！故本校同人及湘省在校员生，对于贵省政府物质上之援助，尤具热烈之期望……兹特备具本校总图书馆及法学院建筑计划节略各一份，重申前请，并仍托任凯南先生晋谒台潜而谋一切，敬恳惠予察核，就此两种建筑物中择一协助其建筑费之全部或一部，倘荷惠允，并乞指定拨款日期及方法，俾便按期具领，依照原定计划及时兴工，早观厥成，不胜企祷之至！"①

经再三恳请，湖南省政府最终在1934年9月函复国立

① 《国立武大1933年及有关单位关于建筑图书馆的函件》，国立武汉大学档案，1933-11。

武汉大学，决定协助武大法学院建筑费12万元，自当年10月起按月拨付5000元。① 法学院大楼则迟至1935年8月方才开工，一年后落成，实际造价为18万余元，其不足之数由学校自行筹集经费予以弥补。

(3) 黎元洪父子与国立武汉大学宋卿体育馆的建设。

1934年3月，已故中华民国大总统黎元洪之子黎绍基、黎绍业联名致函国立武汉大学，表示愿将其父生前用来筹办江汉大学的十万元遗产赠予武大，黎氏兄弟在来函中称：

> 先君在世，鉴于武汉最高学府之缺乏，曾拟创办江汉大学于武昌，收容有志求学之士，以期造就。筹款十万元，购中兴煤矿公司股票一千股(计十万元)作为基金。遭时多故，事未竟而先君弃世。绍基等于先君遗志，不敢辄忘，每思继作，而力感不足。贵校创办以来，惨淡经营，成绩昭著，拟将此项基金转移贵校，用以培植人才，藉了先君心愿。尚祈将此款用途及保管方法见示，并望派员莅津，商量手续，是为至幸。②

校长王星拱接函后，立即予以回复，盛赞黎氏兄弟“作育愿弘，孝思弥笃，曷胜钦佩”，并按照他们的意见，拟定了该款项的具体用途及保管办法：

---

① 参见《国立武汉大学校务会议纪录》(第五册)，第99页。

② 参见《国立武大1934年利用黎绍基、黎绍业捐款(中兴煤矿公司股票)建体育馆材料》，国立武汉大学档案，1934－12。

一、中兴公司股票票额洋十万元过户后，由校抵借现金，用以建筑体育馆，颜其额曰“宋卿体育馆”；

二、在宋卿体育馆内特辟一适当部份为宋卿前大总统纪念堂，即在堂内设辛亥革命首义文献保存处，由校指定专人，负责搜集、编纂辛亥首义史实刊行；

三、中兴公司股票十万元之股权，由学校委托黎重光①先生或黎仲修②先生及另一经校指定之一代表共同行使之；

四、上述用途及保管办法双方请凭李仲揆、李介如先生作见证人。③

与此同时，王星拱还派学校事务部主任熊国藻携带复函前往天津，与黎氏兄弟面商。黎氏兄弟阅信后，认为武大所拟定的该款项用途及保管办法“甚为妥善”，便将这些股票当面交予熊国藻带回武汉，以办理过户手续。④

在黎氏兄弟将黎元洪的这笔遗产捐赠给武汉大学后不久，还发生了一段小小的插曲。据说，黎元洪生前非常看好武昌珞珈山的“风水”，曾表达过死后安葬于此的愿望。1935 年 11 月，国民政府在武昌为黎元洪举行国葬，此前，其

---

① 黎绍基，字重光。

② 黎绍业，字仲修。

③④ 参见《国立武大 1934 年利用黎绍基、黎绍业捐款(中兴煤矿公司股票)建体育馆材料》。

家人曾多次与武大交涉，表示如果能让黎大总统葬在珞珈山，黎家愿另捐巨款，为武大盖一座总办公楼。当时，武大早有修建总办公楼的规划，甚至早已完成设计方案，其模型就存放在工学院楼顶，只是苦于经费不济而迟迟未能动工。然而，由于珞珈山原本就是坟冢遍地的荒山野岭，当初武大在此建设新校舍时，不知费了多少力气，打了多少官司，才将山岭间的累累荒坟全部迁出。1932 年 3 月 18 日，国立武汉大学第 153 次校务会议议决：“在政府圈定本校校址界内一切土地既经学校依法收有，作为学校建筑设备之用，校内外任何私人或团体概不得在此界内取得土地或营新坟。”① 到了此时此刻，面对黎家的巨额捐款许诺，王星拱校长宁可不盖行政办公楼，也仍然要坚决履行学校过去曾作出的决议，因此，尽管黎氏父子曾经为武汉大学的建设提供过巨大的帮助，但终因黎元洪的这一遗愿有悖于学校的有关规定，最后还是遭到了王星拱校长的婉言谢绝。于是，最终仍无法如愿的黎大总统，便只好屈尊下葬于珞珈山附近的卓刀泉了。对此，武汉大学校友袁恒昌曾评价道：“这种坚守原则不用权术的君子之风，其沉毅精神，即此小事也令人肃然起敬。”②

2. 二期工程的基本完成

自从 1933 年王星拱校长上任后，在中央与地方各级政

① 《国立武汉大学校务会议纪录》(第四册)，第 10 页。

② 袁恒昌：《第八宿舍——武大公墓》，《学府纪闻 · 国立武汉大学》，第 353 页。

府及社会各界人士的大力支持下，武汉大学珞珈山新校舍二期工程的建设经费陆续到位，得以依次顺利进行，整个建设规模也逐渐超过了一期工程。其中，总图书馆于1935年9月落成，工学院大楼于1936年1月竣工，理学院大楼扩建工程于1936年6月完工，法学院大楼于1936年8月落成，宋卿体育馆和华中水工试验所约在1937年初竣工，农学院大楼则在1937年7月，当工程刚刚进展至二层楼面时，因全面抗战的爆发而被迫停工。

据统计，从1929年3月到1931年12月，在首任校长王世杰的任期内全部完成的珞珈山新校舍一期工程，共建成各类校舍35429平方米，总造价149.73万元；从1931年10月到1937年7月，主要在王星拱校长的任期内基本完成的二期工程，则总共建成各类校舍43167平方米，总造价193.22万元。①

武汉大学珞珈山新校舍的二期工程不仅在建设规模上超过了一期工程，而且在建筑工艺上也较好地弥补了一期工程的某些不足之处。如教育部在1934年派员视察武汉大学之后，在发给学校的训令中，既高度肯定了"该校新建校舍，环境优美，并力能注重设备，于教学研究，殊称适宜。学校一切设施，率遵规章以行"，但同时也指出了新校舍的一些具体缺陷，如"该校理学院教室，光线多欠充足，各实验室亦嫌狭小，宿舍门窗向壁设置，未能利用天然美景，以后

① 以上内容主要参见沈中清：《工作报告——参与国立武汉大学新校舍建设的回忆(国立武汉大学新校舍建筑简史)》，第12～13页。

新建筑固须注意美观，但同时犹须顾及实用方面”。① 而武大新校舍的二期工程，则在很多方面有了较好的改进，如工学院大楼采用钢梁屋架和透光玻璃作屋顶，中央为一个集中采光的封闭天井，四周房间则以回廊相连，阳光可从顶部直射厅内，形成了一个明亮的“玻璃中庭”和开阔的“共享空间”，这种建筑手法和设计艺术的应用，在世界范围内都是比较早的。再如总图书馆的屋顶采用钢筋混凝土框架和组合式钢桁架混合结构承重，宋卿体育馆的屋顶采用跨度达 22.6 米的三绞拱钢架结构承重，这些建筑工艺当时在世界上也都是比较先进的。而理学院大楼在完成扩建之后，实验室的狭小状况亦有了很大的改观。

1934 年，当武汉大学珞珈山新校舍二期工程正在建设时，社会上曾有人批评说：“武大只管外观的建筑，不管内容的设备，我们只看见他们天天做房子。”对此，王星拱校长指出：“这是不正确的观察。我们自创始到现在，从没有轻视过设备。所以我们有一个委员会，叫做建筑设备委员会，并不是单独的建筑委员会。所以我们的图书仪器，也已经准备到相当的程度。”王星拱还解释道，在过去的几年中，武大只是侧重于建筑而已，而并非只管建筑而不管设备，因为在建校伊始，“我们认定了没有适宜的建筑，不能符合于一个近代大学的需要”，因此，在学校初创、新校舍的建设才刚刚开始的阶段，必定要侧重于建筑。但到了新校舍一期工程

① 参见《教育部致国立武汉大学训令》(7 月 20 日)，中国第二历史档案馆编：《中华民国史档案资料汇编》第五辑第一编教育(一)，第 202 页。

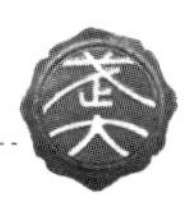

已全部落成、整个校舍建筑已粗具规模的现在，自应当建筑与设备并重。而到了校舍建设全面完成的将来，则自会逐渐开始侧重于设备。①

事实上，在王星拱以各种身份参与和主持武汉大学校政的近十年间，武大的图书仪器设备均有较大幅度的增长。在国立武汉大学刚刚成立的1928年，学校图书馆藏书量为44592册，1932年达到94180册，1936年又达到160973册。仪器设备价值总额1931年为20多万元，1933年超过30万元，1934年接近40万元，1935年超过50万元，1936年超过60万元，1937年更达到76万余元。② 无论数量、质量，均在全国高校中名列前茅，而这些也充分证明，武汉大学在投入巨资建设规模宏大的新校舍建筑的同时，亦丝毫没有忽视图书仪器设备的购置与充实。

3. 珞珈山新校舍建设的中止及其总结

1935年初，因武汉大学的临时建筑经费即将期满终止，王星拱校长特地赴京接洽，请求继续拨发临时建筑费。教务长皮宗石在给全校师生的报告中指出："我们很急切地希望政府体念本校的特殊情形——还在草创途中的情形——准许我们的请求。使我们在举行十周年纪念时，能够完成本校的建设！"③然而，仅仅两年多以后，日本帝国主

① 以上参见《开学典礼校长报告》，《国立武汉大学周刊》第209期(1934年9月24日)。

② 以上参见1929—1938年间各年度的《国立武汉大学一览》。

③ 《上周纪念周教务长报告》，《国立武汉大学周刊》第225期(1935年3月4日)。

义悍然发动的全面侵华战争，最终毁掉了国立武汉大学在建校十周年校庆之前完成全部新校舍建设的机会。1937年7月，全面抗战爆发后，武汉大学农学院大楼即被迫停工，此外，因经费所限而未及动工的主要校舍建筑，还有理学院第二院、大礼堂、办公厅等。至此，带着这样一些不小的遗憾，30年代武汉大学的珞珈山新校舍建设工程，被迫就此划上了一个不太完满的句号。等到1938年10月31日——即国立武汉大学成立十周年校庆纪念日到来之时，学校早已为躲避国难，于半年前西迁至四川乐山，而此时武汉大学校本部所在的珞珈山校园，也已随同武汉三镇一道，在几天前沦陷于日寇的铁蹄之下……

据国立武汉大学事务部会计员董永森1937年的口头报告，从1929年3月到1937年7月为止，武汉大学在珞珈山新校址共建成各类校舍建筑78596平方米，耗费建筑设备经费总计达400万元，其中，收购土地、规划设计及市政建设等前期施工准备工作计57.08万元，校舍建筑安装工程计342.92万元。在这400万元的建筑设备经费中，原由中央及湖北省政府核准的第一期建筑设备费为150万元，后来呈请中央追加的建筑设备费为103.18万元，包括湖北省政府、汉口特别市政府、湖南省政府、管理中英庚款董事会、江汉工程局、黎绍基黎绍业兄弟等在内的各方面补助和捐助的建筑设备费总计146.82万元。① 由此可见，武汉大

① 参见沈中清:《工作报告——参与国立武汉大学新校舍建设的回忆(国立武汉大学新校舍建筑简史)》,第4页。

学能够拥有如此宏大规模的校园建筑群，除了依靠自身的不懈努力外，更是当时的各级政府与社会各界人士共同关爱与大力支持所凝结成的累累硕果。这一点，对于国内其它兄弟高校(尤其是西部的国立四川大学)的校舍建设也提供了一个非常重要的参考思路。如在 1935 年 11 月，曾任国立武汉大学的前身——国立武昌大学教务长的著名教育家陈礼江(1895—1984)，在作为教育部视察专员对国立四川大学的师生发表讲话时，就曾以武汉大学珞珈山新校舍建设为例，提示川大师生："我们还须得唤起一般社会人士的注意，使他们知道大学的重要，而且请他们帮忙。譬如说，武汉大学，从前将要扩充校舍时，无论湖南人湖北人，都争着来捐款修建房子。因为他们都争着这样想，'这大学是我们大家的！'所以新校舍不久就扩充得很有个样子了。"① 无独有偶，时任国立四川大学校长任鸿隽，当时亦曾如此概括武汉大学珞珈山新校舍建设的重大意义："永久的计划，如武汉大学，由中央及地方筹款，在城外另建新校舍，不惟校舍问题解决，而且延聘教授及学生问题也同时解决。"②

尽管最后未能全部建成，留下了不少缺憾，但武汉大学的珞珈山新校舍建筑群，也仍然是 20 世纪上半叶中国高校中比较罕见的通过一次性完整规划设计，在较短的时间内

① 陈礼江：《川大之特殊任务》，《川大周刊》第 4 卷第 9 期(1935 年 11 月 11 日)，第 5 页，转引自王东杰：《政治、社会与文化视野下的大学"国立化"：以四川大学为例(1925—1939)》，四川大学博士学位论文，2002 年，第 102 页。

② 转引自王东杰：《政治、社会与文化视野下的大学"国立化"：以四川大学为例(1925—1939)》，第 87 页。

一气呵成，而且规模也最为庞大的大学校园建筑群。其设计思想之先进，建筑风格之新颖，开中国大学校园建筑之先河。半个多世纪过去了，这批造型华美、气势恢弘的校舍建筑，始终巍然屹立于武汉市风景秀丽的东湖之滨、珞珈山麓，并早已成为武汉大学的形象标志；它们不仅大部分保存完好，至今仍在使用，而且随着岁月的积淀，其价值也日益彰显。2001 年 6 月 25 日，中华人民共和国国务院正式公布了第五批全国重点文物保护单位，“武汉大学早期建筑”与北京大学“未名湖燕园建筑”、“清华大学早期建筑”及“东北大学旧址”同时入围。历史名校建筑被列为国家级重点文物保护单位，这在历史上还是第一次，这些建筑均具有较高的历史价值、科学价值和艺术价值，堪称中国近代大学建筑的佳作和典范。此次入围全国重点文物保护单位的“武汉大学早期建筑”，共包括 15 处 26 栋建筑，总面积达 54054.52平方米，其规模在一同入选的几所高校的早期建筑群中居于首位，其中除六一纪念亭（建于 1948 年）与李达故居（建于 1954 年）外，其余 13 处 24 栋建筑均是在 20 世纪 30 年代中前期王世杰、王星拱两位校长的任职期内陆续建成的。有关专家认为，武汉大学早期建筑是“现代化和民族化的完美结合”，在全国高等学校校舍建筑史上，是不可多得的精品，具有极高的文物价值；它们不仅是中国近代教育的历史见证，也是中国建筑走向现代和中西文化思想在建筑、美学等领域相互借鉴和交流的重要标志，在中国建筑史上占据了重要地位。而作为这批优秀校园建筑的主要缔造者之一，在当时曾长期以国立武汉大学代理校长、副校

长、校长及建筑设备委员会委员、代理委员长等身份，为了珞珈山新校舍的建设长期奔波劳碌、呕心沥血的王星拱，他的名字也将与王世杰、李四光、开尔斯等武大先贤们一道，永远被深深地镌刻于武汉大学珞珈山校园建设的恢弘史册之中。

二、延揽一流师资　构筑学术重镇

(一) 建校初期的学科基础

如前所述，根据 1929 年国民政府公布施行的《大学组织法》以及教育部颁布的《大学规程》中的有关规定，大学须至少具备文、理、法、教育、农、工、商、医各种学院中的三个学院，且必须包含理、农、工、医各学院之一，才能称作大学，否则只能称为独立学院。而在 1928 年 9 月国立武汉大学刚刚成立之时，学校仅设有文学院(下设中国文学系、外国文学系)、社会科学院(下设政治经济学系)和理工学院(下设数学系、化学系)3 个学院及 5 个学系，学科基础十分薄弱，根据上述法规，只能勉强够上"大学"的门槛。

在武大第一代领导人的悉心筹划和全校师生的共同努力下，学校的办学规模逐渐扩大，学科结构也不断完善。1929 年 3 月，理、工学院分立，同时文学院增设哲学系，社会科学院增设法律学系和商学系(1933 年停办)，理学院增设生物学系。6 月，社会科学院改称法学院。9 月，工学院开办土木工程学系。1930 年 9 月，文学院又增设史学系，同时哲学系改称哲学教育系(1938年又改为哲学系),法学院政治经济系分立为政治学系与经济学系,理学院增设物理学系。

1931年,当国立武汉大学珞珈山新校舍建设正在如火如荼地进行之时,学校在武昌城外街道口大学路的起点处,建起了一座巍峨雄壮的校门牌坊,正面上书“国立武汉大学”的六字校名①,背面则刻有由中文系首任系主任刘赜教授手书的“文、法、理、工、农、医”六字。这也正式表明,初创的国立武汉大学,将以建成一所文、法、理、工、农、医六大学院并驾齐驱的综合性大学,作为自己的一个重要的奋斗目标。而在珞珈山校园的整体规划设计中,也包含了文、法、理、工、农、医六大学院大楼,它们如众星拱月一般,散布在狮子山顶的总图书馆周围。1932年初,在国立武汉大学举校迁往珞珈山新校舍前夕,1月15日召开的第147次校务会议还通过决议:“本校东厂口校舍应永远保存,为将来创设医科(办实习医院)以及办大学推广部(University Extension)之用。”②这一决议也为十多年后武汉大学医学学科的创办与发展预留了足够的空间。

1933年,当王星拱再次出任国立武汉大学代理校长时,由于学校文、法、理三学院的学系设置已基本定型,且较为完善,而工学院则仅设有一个学系,综合实力相对薄弱,因此,这位新任校长在学科建设上所面临的主要任务,即是

① 其题写者现已不可考。

② 参见《国立武汉大学校务会议纪录》(第三册),第139页。

在巩固、充实文、法、理三学院各学系的同时，大力推动工学院的扩充与发展，并尽快增设农学院和医学院，以最终实现六大学院并驾齐驱的学科格局。王星拱上任后，只用了两年多的时间，便将工学院的1个系扩充为3个系，农学院也于1936年正式宣告成立，朝着六大学院的办学目标迈进了一大步。但终因抗战爆发，医学院未及设立，农学院后来也被并入中央大学，建设文、法、理、工、农、医六大学院并驾齐驱的综合性大学的宏伟理想遭受了重大的挫折。

20世纪30年代中期，在王星拱等人的领导下，国立武汉大学的文、法、理、工、农五大学院，虽成立时间有先有后，起点有高有低，规模大小有别，学术水平及在国内外学术界的地位亦不尽相同，但都无一例外地获得了长足的发展和进步。

(二) 文、法、理学院的师资配置

1. 文学院

当时，武汉大学文学院下设中文、外文、哲学教育、史学四系。中文系教授有刘赜、刘永济、刘异、谭戒甫(1887—1974)、朱世溱①(1896—1988)、徐天闵(1888—1957)、苏雪林等，多为国学功底深厚的优秀学者；外文系教授有陈源、方重(1902—1992)、袁昌英(1894—1973)、陈登恪、费鉴照(1906—1945)、李儒勉(1900—1956)、胡光廷(1894—1960)、陈尧成(1900—1986)、陈嘉、顾如、朱利安·贝尔

① 朱世溱，字东润，后以字行。

(Julian Bell，1908—1937)等，多有留学海外经历；哲学教育系教授有高翰(1902—1996)、胡稼胎①(1899—1968)、万卓恒(1902—1947)、程迺颐(1900—1970)、罗伦(1900—1967)、范寿康、王凤岗(1899—1977)、普施泽(1901—1980)等，均有留学海外经历，其中又以留学美国者居多；史学系教授有李剑农(1880—1963)、吴其昌、方壮猷(1902—1970)、韦润珊、陈祖源、郭斌佳(1906—?)、汪诒荪等，其中，吴其昌与方壮猷同为清华大学国学研究院第一期毕业生，其余教授则多有留学海外经历。

特别值得一提的是，20 世纪 30 年代初先后担任武汉大学副校长、教务长等职的王星拱，虽是化学专业出身，但在哲学领域的造诣也非常深厚。1930 年 9 月，王星拱的《科学概论》一书，被列为“国立武汉大学丛书”之一，由商务印书馆出版，成为武汉大学历史上第一部公开出版发行的哲学著作，在学术界影响很大。1931 年，王星拱还为武大哲学教育系二年级学生开设了“科学概论”的必修课，向武大学生充分展示了自己学贯文理的深厚学术功底。

2. **法学院**

如果说武汉大学文学院在全国堪称一流的话，那么法学院则更是处于“顶尖级”的水平。在国立武汉大学建校伊始，法学院便聚集了众多全国一流的法学家、政治学家与经济学家，其中又以经济学系的师资力量最为雄厚。不仅如此，武汉大学法学院的学术研究空气也十分浓厚，1934 年

① 原名胡稷咸，字稼胎，后以字行。

教育部派员视察武汉大学之后，曾特别称赞“法学院尤能注意研究”①。关于当时武汉大学法学院及经济学系在全国的地位，一位经济系学生曾有过如下评述：

> 一般人评定一校某院系之优劣，常以此院系在全国各校间所处之地位如何而定。例如就国内比较而言，交大之工学院，北大之文学院，清华之理学院，金陵大学之农学院等，是皆为一般人认为在全国最有地位者。吾校自民国十八年以来，即设有文法理工四院(农学院今年始招生)。文理工三学院在国内既皆已有成绩优良者在，后起之武大，自难赶上。故一般人似鲜有称许吾校该三院者，诚以各有成绩优良者在，颇难获得一般人之注意，并非谓吾校该三院之特劣也。吾校法学院在此种环境之下，自处于较幸运之地位。更以学校当局之重视，及名教授之坐镇，于是近年来，嘉许吾校法学院者，时有所闻。复以法学院之名教授，研究经济科学者较多，故法学院中，又以经济系之声誉较盛。此就年来投考法学院者，以经济系人数最多一点观之，即可见一斑。②

① 《教育部致国立武汉大学训令》(7月20日)，中国第二历史档案馆编：《中华民国史档案资料汇编》第五辑第一编教育(一)，第202页。

② 朱祖植：《介绍经济系》，《国立武汉大学欢迎新同学特刊》(民国二十五年九月出版)，第13～14页。

当时，武汉大学法学院下设法律、政治、经济三系。法律系教授有周鲠生、燕树棠、葛扬焕、胡元义（？—1947）、蒋思道、吴学义（1902—1966）、刘经旺、吴歧、陶天南等，大多曾留学日本；政治系教授有周鲠生、李剑农、时昭瀛（1901—1956）、张有桐（1898—？）、刘迺诚（1901—1976）、缪培基（1905—？）、樊德芬、邵循恪（1910—1976）、鲍必荣等；经济系教授有杨端六、刘秉麟、陶因、戴铭巽、皮宗石、任凯南、伍启元、张峻、朱祖晦（1902—？）、韦从序、钟兆璿等；其中，政治系与经济系的所有教授均有留学海外的经历，而尤以英国伦敦大学毕业者为多，几乎占本系全部教授数量的一半。

3. **理学院**

武汉大学理学院在全国的学术地位虽不及文、法学院，但也汇聚了一批较为优秀的师资队伍，拥有较强的实力，尤其是生物学科，还曾多次取得过世界一流的科研成果。从建校伊始到30年代中期，王星拱曾长期兼任武汉大学理学院院长与仪器委员会委员长，还曾一度兼任过化学系与物理系主任之职，对于理学院的学科建设、师资延揽与仪器设备购置等方面，自然是不遗余力地加以支持。如在仪器设备方面，从1933年王星拱接任校长之职，到1937年抗战爆发，武汉大学理学院的仪器设备价值由30多万元增长到50多万元，其中，数学模型由120多种增加到170多种，物理学仪器由1300多件增加到2000多件，化学仪器由350多种增加到500多种，生物学仪器由200多件增加到500多

件，动植矿物标本及模型由 9500 多件增加到 14000 多件。① 1934 年，教育部派员视察国立武汉大学后，在致学校的训令中指出："该校理学院设备渐臻完备，今后如更慎选师资，并设法使教师切实致力研究，自更能增进教学效率。"② 自从 1932 年武汉大学迁入珞珈山新校舍后，由于学校的硬件设施有了根本性改观，教学、科研与生活条件更加优越，这也为武汉大学理工科的发展创造了一个良好的物质条件，也极其有利于学校延揽到更多、更好的优秀学者前来任教。

当时，武汉大学理学院下设数学、物理、化学、生物四系。数学系教授有曾昭安、萧君绛(1893—1944)、汤璪真、吴大任(1908—1997)、吴维清(？—1935?)、叶志、程纶、刘正经(1900—1959)等，前四人均曾留学海外，后四人则均为北京大学毕业；物理系教授有吴南薰(1881—1962)、潘祖武、张其濬、查谦、葛正权(1896—1988)、严顺章(1904—1974)、江仁寿(1906—1988)、马师亮(1904—1980)等；化学系教授有陈鼎铭、魏文悌、黄叔寅、陶延桥、邬保良(1900—1955)、叶峤(1900—1990)、徐贤恭、钟兴厚(1901—1984)等；生物系教授有张珽、何定杰、叶雅各、钟心煊(1892—1961)、章韫胎、汤佩松(1903—2001)、高尚荫(1909—1989)等；其中，物理、化学、生物三系的所有教授均有留学海外经历，分布较为集中的主要有英国伦敦大学、法国巴黎大学、

① 以上参见 1933—1938 年间各年度的《国立武汉大学一览》所载之各学院概况。

② 《教育部致国立武汉大学训令》(7 月 20 日)，中国第二历史档案馆编：《中华民国史档案资料汇编》第五辑第一编教育(一)，第 202 页。

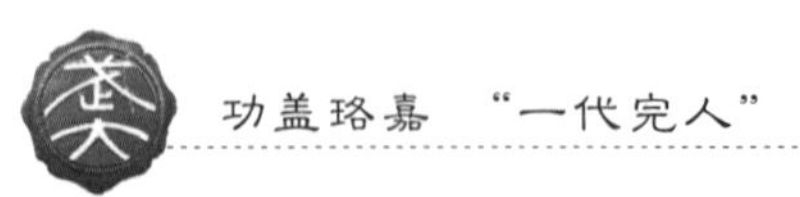

德国柏林大学、美国哈佛大学以及耶鲁大学等世界名校。

特别值得一提的是，1933 年 10 月，美国约翰·霍普金斯大学博士、哈佛大学博士后，著名植物生理学家、普通生理学家和生物化学家汤佩松应邀来到武汉大学生物系任教。在武汉大学工作的 5 年间，汤佩松建立了我国第一个普通生理实验室，编写了我国第一部普通生理学讲义，完成了 7 篇有关细胞呼吸动力学的论文、1 篇有关光合作用的论文和其他一些论文，并由此成为中国植物生理学的奠基人之一。尤其是在 1936 年 2 月，汤佩松与武汉大学生物系大四学生宋秉南合作，在英国《自然》杂志（*Nature*）上发表了题为 Change in Optical Rotation of Glucose in Dilute Solutions of Boric Acid 的论文，观测研究了混合于几种特定浓度硼酸溶液中葡萄糖的氢离子浓度指数（pH 值）及旋光度的变化；同年 10 月，又与武汉大学生物系助教林春猷合作，在美国《科学》杂志（*Science*）上发表了题为 Downward Shift of pH Caused by Addition of Glucose to Boric Acid Buffer Solutions 的论文，报导了使用氢醌电极测量硼酸溶液中不同浓度的葡萄糖的氢离子浓度指数的结果，由此成为当时中国同时在《自然》与《科学》两大世界顶级学术刊物上发表论文的第一人。① 这也充分证明，当时的武汉大学生物系，无论是在

① 1948 年，时任国立清华大学教授的汤佩松，又在 *Nature* 上发表了一篇题为 On the Rhythmic Respiration in Sea Urchin Eggs 的论文，介绍了自己 1937 年在武汉大学学报报道的一个发现。

科学研究还是在本科教学方面,均已基本达到世界一流水平。

(三) 工学院的扩充与发展

与文、法、理诸学科相比,武汉大学的工科起步较晚,1929 年才正式设立工学院,最初仅设有土木工程学系一个系,但后来的发展势头却十分迅猛,在国内的学术地位也迅速提升,大有“后来居上”之势。

1933 年 4 月 14 日,国立武汉大学第 196 次校务会议议决于下年度在工学院增设机械工程学系。① 1933 年 9 月,机械系正式成立后,王星拱校长曾在开学典礼上如此强调该系设置的必要性:“机械是近代工业革命的来源;中国是工业后进的国家;而且在中部的地方,从来缺乏培植成机械工程人材的学校。所以机械工程系的设置,是不容缓的。即机械工程系中之必需的设备,也是要尽力增购的。”② 1935 年 8 月,学校又决定增设电机工程学系,至此,武汉大学工学院已拥有 3 个学系。

当时的武汉大学工学院,土木工程学系有邵逸周、陆凤书、余炽昌(1899—1977)、丁人鲲(1898—1974)、俞忽(1894—1959)、丁燮和、涂允成等教授;机械工程学系有邵

① 参见《国立武汉大学校务会议纪录》(第四册),第 140 页。

② 《补行开学礼王校长报告》,《国立武汉大学周刊》第 175 期(1933 年 9 月 25 日)。

逸周、郭霖(1894—1942)、萨本炘(1898—1966)、谭声乙(1900—1981)、邢维棠、笪远伦、孙云霄、程干云(1891—1968)、曾锐庭等教授;电机工程学系有赵师梅、白郁筠、陈季丹(1907—1984)、陈炳基等教授。工学院的所有教授均从英、美两国留学归来,其中以英国格拉斯哥大学和美国康乃尔大学两校毕业者为最。

1934年,教育部在派员视察武大后致学校的训令中指出:“该校工学院基础已立,其新设学系尚应从速充实设备。”①1935年的另一道视察训令又指出:“工学院须增聘优良师资,以应该院发展之需要。”②根据教育部的训令,武大工学院一方面积极“充实设备”,另一方面加紧“增聘优良师资”,在两方面均取得了不小的进展。在工厂与实验室的设备方面,到1937年为止,已建成材料试验室、热工实验室、水力实验室、道路材料试验室、电气实验室、动力室(包括柴油机发动厂与蒸汽透平发动厂),以及机工、模工、锻工、铸工等实习工厂,均能供学生20余人同时实习之用,另有金相实验室及水工试验所等亦在分别设置与扩充中。③

需要指出的是,20世纪30年代中期,武汉大学工学院

---

① 《教育部致国立武汉大学训令》(7月20日),中国第二历史档案馆编:《中华民国史档案资料汇编》第五辑第一编教育(一),第202页。

② 《教育部致国立武汉大学训令》(1935年7月23日),中国第二历史档案馆编:《中华民国史档案资料汇编》第五辑第一编教育(一),第203页。

③ 参见《工学院概况》,《国立武汉大学一览》(中华民国廿六、七年度合刊),第183页。

在得到大发展的同时，也留下了不少遗憾。如在1934年10月，为加紧准备抗战，国民政府军事委员会参谋本部下设的国防设计委员会(1935年4月改称资源委员会)，与航空委员会和教育部经讨论后作出决议，指定国立中央大学设立航空工程学系，其第一年设备及经常费用补助30万元；指定国立武汉大学与国立交通大学筹备设立航空工程学系，其第一年设备及经常费用各补助5万元。1935年5月，教育部长王世杰与国防设计委员会副秘书长钱昌照(1899—1988)联名密电武汉大学校长王星拱，指出“前次武大所送设备表，航委会嫌太空泛，请设法另拟细目迳送航委会”，王星拱则在回电中表示，“奉悉所训，谨勉遵办”。1935年8月，资源委员会又与航空委员会和教育部共同讨论了补助中央、交通、武汉三大学设立航空工程系进行办法，其中，在武汉大学初步计划已经审查的前提下，决议由资源委员会函知补助武汉大学航空工程系经费5万元，由航空委员会在当年8月底和12月底以前分两期拨付。① 后来，可能是由于缺乏足够的师资与设备，武汉大学的航空工程系始终未能正式成立。到了1942年，燕京大学物理系四年级学生谢家麟②(1920—　)，因受当时盛行的“航空救国”思想的影响，来到已西迁四川乐山的武汉大学机械系借读，专门学

① 以上参见《中央大学、交通大学、武汉大学、北洋工学院增设航空工程系的有关文书》(1934、1935)，中国第二历史档案馆藏国民政府教育部档案，全宗号五，案卷号2158。

② 1980年当选为中国科学院学部委员(院士)。

习航空工程，但由于当时武大在这方面缺少实验设备与书籍，学习偏于空洞，难以圆其“航空救国”之梦，于是，几个月后，谢家麟又回到了已在成都复校的燕京大学就读。①同年，中央大学工科教授李登科带着助教陆元九②（1920—）一同来到武汉大学，协助学校筹建航空工程系。但一年过后，教育部仍然认为武汉大学的条件不够成熟，没有批准其成立航空系，于是李登科与陆元九又于1943年回到了中央大学。

除航空工程系外，武汉大学还曾拟于1936年设立化学工程学系，③而早在1934年10月26日，由第239次校务会议议决通过的工科研究所组织规程，也已明确规定：“本研究所分为左列各部：（一）土木工程学部；（二）机械工程学部；（三）电器工程学部；（四）化学工程学部。”④但直至抗战爆发前夕，该学系与学部均迟迟未能成立。抗战爆发后，武汉大学西迁四川乐山，1939年8月，奉教育部训令，武汉大学再次开始筹设化工系，并由校务会议议决推定理学院教授陶延桥、邬保良与工学院教授邵逸周、邵象华

① 参见《谢家麟》，中国科学院学部联合办公室编：《中国科学院院士自述》，上海教育出版社1996年版，第187页。

② 1949年，陆元九在美国留学期间，与王星拱的次女王焕葆结婚，王星拱本人则于当年10月8日在上海去世。陆元九后来还先后当选为中国科学院学部委员（院士）与中国工程院院士。

③ 参见《国立武大1935年与中英庚款董事会有关补助费、聘请教授的函件》。

④ 《工科研究所组织规程》，《国立武汉大学周刊》第215期（1934年11月5日）。

(1913—　)等拟订计划,呈请教育部鉴核。① 但由于种种原因,化工系的筹建一直没有下文,最后不了了之。航空工程与化学工程这两大重要学科从筹备设立到最终落空,不能不说是20世纪30～40年代武汉大学工学学科发展过程中的一大遗憾。

(四) 农学院的设立与发展

1933年7月,教育部命令武汉大学筹设农学院。9月15日,国立武汉大学第205次校务会议通过了“筹设农学院案”,议决先设立农学院筹备处。② 9月22日,第206次校务会议审议通过了《农学院筹备处组织大纲》草案,并议决由王星拱校长兼任农学院筹备处主任,同时推定叶雅各为副主任。③农学院筹备处成立后,即开始办理农艺、畜牧、园艺、苗圃、植物园、花卉园、棉场等各项事业。④

早在1929年,武汉大学就开始在珞珈山新校址内将已征收之民地辟为棉场,从事试种美棉、改良中棉等工作。1933年农学院筹备处成立后,学校又与湖北省建设厅及汉口华商纱厂三方合作,成立湖北棉业改良委员会,在武昌武丰设立试验总场,在武昌徐家棚及珞珈山设立分场,并由武

① 参见《国立武汉大学三十年度事业计划》,国立武汉大学档案,1941—9。

②③ 参见《国立武汉大学校务会议纪录》(第五册),第14页,第18～19页。

④ 参见《农学院筹备处概况》,《国立武汉大学一览》(中华民国廿四年度),第159页。

汉大学农学院教授涂治(1901—1976)专任场长。① 王星拱校长对这项工作至为重视,他曾在当年9月的开学典礼上强调指出:“中国以农立国,现在又是农村经济破产的时期,我们应当在农业上力图救济的方法。还有一层,湖北棉花的出产占全国棉花出产三分之二,近来外货的输入亦以棉织物为大宗,其价值有时占百分之五十。所以我们在农学院中又特别注重棉业改良的研究。”②此外,学校还在珞珈山校园内开办了农场及林场,由校长王星拱兼任主任。

1935年7月,教育部在派员视察武汉大学后发出训令:“该校农学院规模已具,下年度应依师资设备等情形,酌招新生或短期训练班,并仍积极从事于高深设备之扩充。”③9月27日,根据教育部的训令,国立武汉大学第258次校务会议通过了“本校设置农业简易班案”,议决“自本年度起设置农业简易班一班,招收初中毕业学生二十余人,两年毕业,除各机关选送者外,概不收学膳费,每年经常费以三千元为度”,并推定叶雅各为农业简易班主任。④ 而早在校务会议作出正式决议之前,为适应社会需要,武汉大学农学院已先行开办农业简易班,并从300多名考生中录取了20名

① 参见《国立武大1934年甲种、乙种统计报表材料》、《国立武大1935年关于教学、设备、从员、经费统计材料》,国立武汉大学档案,1934－17,1935－18。

② 《补行开学礼王校长报告》,《国立武汉大学周刊》第175期(1933年9月25日)。

③ 《教育部致国立武汉大学训令》(1935年7月23日),中国第二历史档案馆编:《中华民国史档案资料汇编》第五辑第一编教育(一),第203页。

④ 参见《国立武汉大学校务会议纪录》(第六册),第28页。

正取生及10余名备取生，于9月17日在徐家棚棉场内开始上课，该班“授以实用农林知识及技能，为复兴农村之实用人才”①，“除灌输农业上之重要知识外，尤特别注重田野实习工作”②。后来，王星拱还专门解释道：“本校所以设置此班的理由，是近来农村破产，原因固然复杂，但是多数人不愿下乡工作，也是一个原因。我们要造就一班具有浅近实用知识而又能耐劳苦的人才，深入田间，去担任一切改良农产的工作，来帮助恢复农村。”③

除开设农业简易班外，“为积极发展造林事业起见”，武汉大学农学院筹备处还收购了东湖对岸的磨山及其附近荒地共约5000多亩，以扩充农林场，甚至还将东湖水面权收取了五分之一。随后，农学院筹备处即开始在这个新开辟的农场里与中央大学农学院合作进行小麦试验。1936年8月，武汉大学与平汉铁路管理局续订技术合作协定，其中规定平汉铁路沿线所有各处农林场苗圃，自该年度起均交由武大接收代管并整理扩充。10月9日，国立武汉大学第287次校务会议通过了《代管平汉路农林场委员会章程》草案，并推定叶雅各教授等7人为委员，其中以叶雅各为主任委员，李相符(1905—1963)为场务主任。④

---

① 《农学院概况》,《国立武汉大学一览》(中华民国廿五年度),第188页。

② 《农学院开办农业简易班》,《国立武汉大学周刊》第241期(1935年9月23日)。

③ 《上周纪念周校长报告》,《国立武汉大学周刊》第254期(1935年12月30日)。

④ 参见《国立武汉大学校务会议纪录》(第六册),第154页。

1936年8月，经过3年的筹备之后，武汉大学农学院首批招收本科新生22名，正式宣告成立。9月，王星拱校长聘叶雅各教授为农学院院长。农学院成立之初，仅设有农艺系，系主任为李先闻(1902—1976)教授。刚刚成立的武汉大学农学院，虽然规模较小，但师资水平却很高。院长叶雅各是美国耶鲁大学森林学硕士，早在1928年即开始担任国立武汉大学建筑设备委员会委员，也是选定珞珈山新校址的关键人物；农艺系主任李先闻是美国康乃尔大学哲学博士，为1948年当选的中央研究院首批81位院士之一，在国内外享有崇高的学术声望；其他几位教授和讲师如杜树材、严家显(1906—1953)、李相符、廖鸿英、鲁慕胜(1901—?)等人，亦均为国内外名校毕业生。

1937年6月，国立武汉大学农业简易班首届20名学生，在完成了2年的学业之后顺利毕业。尽管这批学生的文化、教育程度只相当于普通的中专生，但仍然得到了社会各界人士的广泛关注与高度重视，甚至像孙科(1891—1973)、居正(1876—1951)、于右任(1879—1964)、王宠惠(1881—1958)、孔祥熙(1880—1967)、王世杰、石瑛、何成濬、黄绍竑(1895—1966)、罗家伦、蒋梦麟、伍廷飏(1893—1950)、吴国桢(1903—1984)、方本仁(1880—1951)等政界、学界名流，也纷纷拨冗为该班毕业生题词留念。① 这也从一个侧面反映出当时全社会对于复兴中国农村经济的热切期盼，以及当时的国立武汉大学在全国的社会地位与声誉之

① 参见《国立武汉大学农业班首届毕业同学录》，1937年。

高。王星拱校长也为该班的毕业同学录亲笔撰写了一篇文采斐然的序言，对这20位毕业同学将来改良农业、改造农村的光荣事业寄予了殷切的期望，同时也展现了自己深厚的传统文化造诣及忧国忧民的高尚情怀，他在文中大声疾呼：

> 我国国困民穷于今为甚，究其所以不仅受帝国主义之侵略，实因生产技术之幼稚，尤其农业生产知识与技术乃停滞于原始状态有以致之。迩来朝野上下群起谋所以改进之救济之者，培元固本，诚属要图；本校农学院之设立，即本斯旨，期于目前病态谋一合理之解决耳。惟际此兵连祸结之余，农村凋敝已极，谈救济者，贵乎迅速而切于实际，爰于二十四年秋尽先成立农业简易班，以造就农村事业之实用人才，作改良工作之先导，斯固为当务之急也。诸君于以知所负之使命与夫吾人所期望于诸君者至为远大。
>
> 惟吾人对于任何学问与事业，苟欲求其成功，则必有坚苦卓越之志趣而以身体力行继之始克有济，从未闻有便捷之途足资取巧，至于农事乃民本所托而衣食之源，尤非空言所能臧事，故平时实习方面学校所以特别注意之者，不仅藉以锻炼其身心，坚强其体魄，盖必有得心应手之能，方可谓为致知格物之实也……
>
> ……特余所眷眷而不能已者，国势凌夷至此，懔来日之大难，益觉报称之不遑，极应群策群力，

惕厉奋发以赴事功，朝夕惴惴于目前农村之危急，及其症结之所在，一本在校时实践之精神，努力工作，展三时之弘务，致仓廪于盈溢，一面仍继续读书，增进知识，更用所学于所事，以期知行之合一，富国裕民，两有裨益，其有功于社会者，其亦所以自拔也，诸君其勉旃。①

武汉大学农学院筹备处自1933年成立后，陆续建有办公室（农业推广部）、农具室、温室、种子储藏室、职员与工人宿舍、畜牧室、试验室、园艺室等作为教学辅助用房之用的零星建筑，而包括大办公室与教室等在内的学院大楼，直到1937年3月才开始动工。1936年农学院正式成立后，便计划在仅有的农艺一系的基础上，逐年增设其余各相关学系。1937年3月，教育部在派员视察武汉大学后，于6月26日发来的训令中也特别指出，“农学院尤应迅图发展以应需要”②。然而，抗日战争的全面爆发，不但终止了武汉大学农学院大楼的建筑工程，同时也严重影响了农学院的学科建设与发展进程，不仅拟设的学系无法顺利增设，而且在随校西迁四川乐山之后，还奉教育部的命令，于1938年8月暂行并入中央大学办理。全校五大学院再度减回四个，医学院的增设更是遥遥无期，国立武汉大学向着六大学院的发展目标稳步推进的综合性大学之路，因国难当头，而遭受

① 王星拱：《序一》，《国立武汉大学农业班首届毕业同学录》，1937年。

② 《教育部训令》（第12334号），《教育部1937年关于各项工作训令》，国立武汉大学档案，1937—53。

到极大的挫折。

(五) 法科研究所与工科研究所的设立

20世纪30年代中期,在各相关学科稳步发展的基础上,武汉大学还设立了法科研究所与工科研究所,正式开创了研究生教育。

在武汉大学的发展史上,早在20世纪20年代中后期,学校就曾有过两次开创研究生教育的尝试。1925年,时任国立武昌大学校长石瑛曾委托李四光教授等人筹组研究院。1927年2月,国立武昌中山大学颁布的学校组织大纲,明确规定设置大学院(相当于研究院),在没有毕业生前暂不设立。由于校政或时局动荡的关系,这两次试图开创研究生教育的努力均没有成功。1928年国立武汉大学改建后,在初创的两三年里,学校主要致力于创设各种组织机构和规章制度、延聘优良师资、推进本预科教学、兴建新校舍、添置图书仪器设备等基础性工作,暂时还无力顾及研究院的筹设,只是各学系师生均自发地组织成立了与本学科有关的各种学会,并发行各种学术刊物。从1930年起,学校陆续创办了《国立武汉大学社会科学季刊》、《国立武汉大学文哲季刊》、《国立武汉大学理科季刊》与《国立武汉大学工科年刊》等学术期刊,并开始出版发行代表学校最高学术研究水平的"国立武汉大学丛书"。此时,学校在本科教学工作与图书仪器设备的配置方面日趋完备,学术研究向纵深发展的条件逐渐成熟,于是,筹设研究院的计划再次被提上日程。

国民政府于1929年7月26日公布施行的《大学组织法》第八条明确规定:“大学得设研究院。”①11月9日,经教育部指令核准的《国立武汉大学组织规程》第七条亦有同样的规定。② 1931年6月10日,国立武汉大学第123次校务会议议决于1931年度内开始筹设研究院。③ 6月20日,第124次校务会议通过了《筹设本大学研究院办法》审查报告。④该办法规定:“自民国二十年度起,本大学应斟酌财政状况及各学院设备情形,择定本大学各学院中之一院或数院,尽先成立该学院研究所筹备部,其他未设此项筹备部之学院,于以后年度斟酌情形陆续设立”;“每一学院研究所筹备完成时,该所即收纳研究生”;“本大学各学院研究所有三所筹备完成时,本大学研究院即宣告成立”。⑤

1934年5月19日,教育部又颁布了《大学研究院暂行组织规程》,其中规定:“大学为招收大学本科毕业生研究高深学术,并供给教员研究便利起见,得依大学组织法第八条之规定,设研究院”;“研究院分文、理、法、教育、农、工、商、医各研究所……凡具备三研究所以上者,始得称研究院”;“设置研究院所之大学,须具备左列各条件:一、除大学本

① 《大学组织法》,《国立武汉大学一览》(中华民国十八年度),第4页。

② 《为修正组织规程草案呈教育部文》,《国立武汉大学周刊》第36期(1929年11月17日)。

③④ 参见《国立武汉大学校务会议纪录》(第三册),第52页,第56页。

⑤ 参见《筹设本大学研究院办法》,《国立武汉大学一览》(中华民国二十年度),第176～177页。

科经费外,有确定充足之经费专供研究之用;二、图书仪器建筑等设备,堪供研究工作之需;三、师资优越”。① 而当时的国立武汉大学,已基本上具备了这几个条件。早在1929年学校改建之初,王星拱就曾提出:“推进学校进步的枢纽,在乎人才与经费……但是这两件也有相互的关系,经费不充足,很难延致人材,同时人材不集中,也难于增进经济稳固之地位。现在我们对于这两方面同时进行,以期实现发展学校的计划”②。经过几年的迅速发展,武汉大学在经费、设备及师资等方面均有极大的飞跃。就经费而言,据统计,刚刚建校的1928年,武汉大学的岁入经费为43.1299万元;③1929年达到78.9331万元;④1931年已达到135.5863万元,居全国第六位;⑤1933年达到151.6919万元,跃居全国第四位;⑥1934年更是达到178.181万元,居

① 《教育部颁布大学研究院暂行组织规程》(1934年5月19日),中国第二历史档案馆编:《中华民国史档案资料汇编》第五辑第一编教育(一),第1383～1384页。

② 《本大学第十六次总理纪念周纪录》(十八年四月十五日),《国立武汉大学周刊》第18期(1929年4月15日)。

③ 参见《十七年度各大学岁入经费分析表》,教育部高等教育司编:《全国高等教育统计》(中华民国十七年八月至二十年七月),1932年,“表71”。

④ 参见《十八年度各大学岁入经费比较表》,教育部高等教育司编:《全国高等教育统计》(中华民国十七年八月至二十年七月),1932年,“表68”。

⑤ 参见《全国各大学二十年度之概况》、《全国各独立学院二十年度之概况》,教育部高等教育司编印:《二十年度全国高等教育概况简表》(民国二十二年七月)。

⑥ 参见《全国各大学岁入经费》、《全国各独立学院岁入经费》,教育部统计室编:《二十二年度全国高等教育统计》,1936年,第52页,第116页。

全国第三位，仅次于私立协和医学院与国立中山大学。① 除满足普通教学所需及继续建设新校舍、添置图书仪器设备外，学校尚有较为充裕的经费能够专门用于学术研究。就设备而言，武汉大学珞珈山新校舍一期工程已完工，校舍建筑条件有了根本性的改善，学校图书馆藏书量于1934年突破12万册，特别是1933和1934年度的"新添设备价值"(包括建筑修缮、卫生设备、图书、仪器标本、模型机器、校具及杂项设备等项)分别为52.6137万元和75.1194万元，均高居全国各大高校之首!② 所有这些，均足以满足研究工作之需要。就师资而言，武汉大学在1928年仅有26名教授，1929年为43人，1930年为57人，1933年达到75人，1934年已达到80人，不仅在数量上有较大增长，而且教授的学术水平普遍较高，大多数教授均有在海外留学以及在北京大学、清华大学(包括其前身清华学校)、中央大学(包括其前身南京高师、东南大学、第四中山大学)等全国顶尖级名校学习或工作的经历。从以上几个方面看，20世纪30年代中期的武汉大学，确已具备了开办研究院所需的基本条件。

1934年7月2日，国立武汉大学第230次校务会议议

---

① 参见《全国各大学概况总表》、《全国各独立学院概况总表》，教育部统计室编:《二十三年度全国高等教育统计》，1936年，第50页，第128页。

② 参见《全国各大学新添设备价值》、《全国各独立学院新添设备价值》，教育部统计室编:《二十二年度全国高等教育统计》，1936年，第108页，第166页;《全国各大学新添设备价值》、《全国各独立学院新添设备价值》，教育部统计室编:《二十三年度全国高等教育统计》，1936年，第124页，第192页。

决："自下年度起筹设研究院，并推请教务长及各院院长详细筹划。"①9 月 19 日，王星拱校长在开学典礼上向全校师生报告：

> 武大自从开办以来，历史还不长久，在这几年中，我们专在教学方面做工夫。但是大学的任务，不仅仅在贯输已有的知识，还要在知识的世界增加未曾发见的材料，所以教学和研究并重。武大的历史，已经有了几年，现在应当采取二者并重的政策了。近来又奉到教育部颁来设置研究院的训令。所以在本年度内，我们要增设研究院。用节省切实的方法，渐渐地把研究院的规模树立起来。②

10 月 18 日，第 238 次校务会议议决在该年度先行成立法科研究所经济学部及工科研究所土木工程部筹备处。③至于为何要先行成立法科与工科研究所，据王星拱于 12 月 31 日在"总理纪念周"报告上的解释，是"为注重应用科目起见"，"而土木工程学部，尤注重水利一科。至于其他各院系的研究部分，也要陆续地分别前后成立起来，而到完备的地步"。④ 1935 年 1 月，王星拱校长聘定周鲠生教授为法科

①③　参见《国立武汉大学校务会议纪录》(第五册)，第 92 页，第 120 页。

②　《开学典礼校长报告》，《国立武汉大学周刊》第 209 期(1934 年 9 月 24 日)。

④　参见《上周纪念周校长报告》，《国立武汉大学周刊》第 223 期(1935 年 1 月 7 日)。

研究所主任，任凯南教授为法科研究所经济学部主任，邵逸周教授为工科研究所主任，俞忽教授为工科研究所土木工程学部主任，两大研究所的组织机构初步建立，并于当年暑期开始招考研究生。1935 年 10 月 11 日，第 260 次校务会议审定了投考工科研究所土木工程学部研究生成绩，考生方宗岱成绩合格，被准予入工科研究所继续深造，①由此成为武汉大学历史上的第一位研究生，而这也标志着武汉大学研究生教育的正式开创。

根据国民政府教育部 1936 年的统计，在当时的全国高校中，已经拥有 3 个研究所、从而正式成立了研究院的高校，共有国立清华大学、国立北京大学、国立中山大学、私立燕京大学、私立金陵大学 5 所，拥有 2 个研究所的有国立中央大学、国立武汉大学、私立南开大学 3 所高校，拥有 1 个研究所的则有国立北洋工学院、私立东吴大学与私立岭南大学等 3 所高校。② 此时，武汉大学已成为全国仅有的 11 所设有研究所、开创了研究生教育的高校之一，研究所的规模则在这 11 所高校中位居中游。

在已有的法科、工科两大研究所的基础上，为巩固和加

---

① 参见《国立武汉大学校务会议纪录》(第六册)，第 37 页。另外，从 1935 年到 1937 年，法科研究所经济学部亦曾多次招考研究生，但均因没有一名考生成绩及格，而未予录取，便于 1936 年秋设研究助理员 2 名，专司搜集资料及管理图书等职务，以上参见《法科研究所》，《国立武汉大学欢迎新同学特刊》(民国二十五年九月出版)，第 5 页；《国立武汉大学法科研究所概况》，《本校法科研究所概况及章程》，国立武汉大学档案，1939－27。

② 参见《大学研究院统计表》(1936 年)，中国第二历史档案馆编：《中华民国史档案资料汇编》第五辑第一编教育(一)，第 1385～1386 页。

强基础学科起见，武汉大学还从1936年起开始筹设文、理两科研究所，以期尽早成立研究院，并早已着力于生物化学研究。1937年3月，教育部派员来校视察后，在6月26日发来的训令中指出，当时武汉大学"各学院之图书仪器设备，更为充实；研究工作，亦为努力，良堪嘉慰。惟该校理学院物理化学二系，应增置高深仪器，以便从事研究工作。电机工程系电信设备，应再事扩充，水力试验所应充实内部设备，院内各系并应通力合作。其他各院研究工作，均应积极推进"①。然而，不久后全面抗战的爆发，不仅使武汉大学的各项科学研究工作及仪器设备的继续添置均陷入停顿，也使得学校文、理两科研究所与研究院的成立时间被推延了数年之久。

三、培育优良校风　培养优秀人才

（一）制定校徽、校训，形成优良校风

自从国立武汉大学改建以后，学校的主要领导人均非常重视校园文化建设及优良校风、学风的培育与发扬。20世纪30年代，武汉大学先后确定了独具风格和特色的校徽、校训和校歌，而这些有形的标志性物件，正是一所高等学府的校风与精神的集中体现和重要载体。作为国立武汉大学的主要创始人、早期的主要领导人之一和第二任正式

① 《教育部训令》(第12334号)。

校长，王星拱在武大的校徽、校训和校歌的制定和确立过程中均有不同程度的参与。①

国立武汉大学的校徽和校训均确立于建校初期。1930年3～5月，学校曾两度向全校师生征集校旗、校徽、校歌，但最后均无结果。1931年2月20日，第109次校务会议又通过了“征求校徽校歌案”，规定“截止期定于三月底以前，送交文学院院长集齐，提出校务会议决定”。② 此次的征集活动没有确定校歌，但最终确定了校徽的式样。4月24日，第116次校务会议通过了“校徽校旗案”，议决“校徽上用‘武大’二字不着他字”，“校徽上文字体式及校徽形式颜色，请刘博平③、王抚五、凌叔华④、燕召亭⑤、时昭瀛、陈通伯⑥、朱东润、萧君绛各先生定形，于五月十日以前提交本会决定”。⑦ 由此可见，在国立武汉大学校徽具体方案的制定、修改、完善和最终审定的过程中，当时身为教务长、理学院院长和校务会议重要成员的王星拱曾发挥过一定的作用。⑧

国立武汉大学的校训——“明诚弘毅”最早的确定时

---

① 国立武汉大学的校歌是在抗战初期学校西迁四川乐山后才确定的，这一部分内容将在本书的第六章第二节中予以论述。

②⑦ 参见《国立武汉大学校务会议纪录》(第三册)，第20页，第36页。

③ 刘赜，字博平。

④ 凌叔华(1900—1990)，著名女作家、画家，1928年随同丈夫陈源来到武大生活。

⑤ 燕树棠，字召亭。

⑥ 陈源，字通伯。

⑧ 对于国立武汉大学校徽图案的具体含义，校方当时并未给出明确的解释和说明。

间，现已找不到确切的记载。据一些老校友回忆，这一校训应该是在首任校长王世杰的任期内确立的。对于“明诚弘毅”的校训与当时武大的校风、学风之间的关系，武大校友周宏涛后来曾有过一番精彩的阐述：

> 本校创立时，学校当局即本“自明诚谓之教”，及“士不可以不弘毅，任重而道远”二语，以“明诚弘毅”四字定为校训。校训为一校师生朝乾夕惕的箴言，对于校风之形成当不无功效。尤其在王校长世杰任内，延聘名流教授，充实图书设备，提倡践履笃实之精神，实为影响学风之重要因素。武大位于华中，其学生大都来自鄂湘皖赣之广大农村。农村中淳朴无华的气息，及沉毅踏实的精神，对于学风有其深厚的影响；兼之武大的历任校长以及同学们尊之为人师的许多权威教授，其做人与治学又皆诚挚严谨，所以武大的传统精神，很自然地与其“明诚弘毅”的校训相吻合。①

早在建校之初，就有武大学子将本校学生生活的主要特点归结为“读书的精神”、“爱校的精神”、“质朴的精神”三个方面。② 而在学校从东厂口迁入珞珈山新校舍后，武大师生更是如鱼得水，高度珍惜这来之不易的好环境，更加努力地读书做学问。1934 年，教育部在派员视察武汉大学

① 周宏涛：《国立武汉大学简史》，《学府纪闻·国立武汉大学》，第 13 页。

② 参见黄翼、刘诚：《学生生活》，《国立武汉大学一览》(中华民国十九年度)，第 133～134 页。

后，在给学校的训令中充分地肯定道：“各院教职员皆为专任，学生勤朴用功，学风良好，法学院尤能注意研究，均堪嘉慰。”①在1937年9月27日的开学典礼上，校长王星拱总结道：“武汉大学的精神，是努力服务，用功读书；武汉大学的风纪，是研究实学，恪守纪律。”②

（二）时刻警醒，正确对待与积极维护良好校誉

1928年国立武汉大学成立后，作为华中地区唯一的一所国立大学，自然引起了社会各界人士的广泛关注。由于武大自建校伊始就汇聚了不少全国一流的学者，并开始在武昌城外的珞珈山兴建规模宏大的新校舍，发展势头蒸蒸日上，因此，不少社会知名人士都非常看好这所新兴的高等学府。如胡适当时就曾指出：“近年来国立各大学，无不风潮迭起，惟国立武汉大学及东北大学，竟平静无波；朝气勃勃，将来大学中之有最大发展者，恐亦舍此两大学而莫属者也。”③1932年5月底，武汉大学前任代理校长、时任北京大学理学院院长刘树杞回到武大参加新校舍落成典礼，在对武大师生发表演讲时声称：“这在中国的教育史上，像这样建筑迅速的成绩，是值得大书特书的事了……上回任先

① 《教育部致国立武汉大学训令》(7月20日)，中国第二历史档案馆编：《中华民国史档案资料汇编》第五辑第一编教育(一)，第202页。

② 《本学期开学典礼校长训词》，《国立武汉大学周刊》第287期(1937年10月4日)。

③ 转引自傲客编辑：《国立武汉大学概况》，《国立武汉大学安徽同学会会刊》(中华民国二十年三月出版)，第111页。

生①夸说我们武汉大学是全国顶有希望的一个大学，并非是因为他在这里讲话才如此说的；其实外面许多人也都是这样公认。"②1932 年 11 月底，胡适来到武汉大学讲学，他在 11 月 28 日的日记里写道：

> 雪艇诸人在几年之中造成这样一个大学，校址之佳，计划之大，风景之胜，均可谓全国学校所无。人说他们是"平地起楼台"；其实是披荆榛，拓荒野，化荒郊为学府，其毅力真可佩服。
>
> 看这种建设，使我们精神一振，使我们感觉中国事尚可为。③

从此以后，胡适便开始不遗余力地向社会各界人士广泛推介武汉大学珞珈山新校舍的建设成就。据周鲠生后来对武大师生所言："学界上对于本校最有认识的，要推胡适先生。他认为武汉大学珞珈山校舍设备是国内最值得称许和赞助之一个新建设。他曾经对一位在北平的美国朋友说，你如果要看中国怎样进步，可以去到武昌看看珞珈山武汉大学。那位朋友有一年果然来到本校参观了。"④

据王世杰晚年回忆："名地质学家丁文江先生曾来校参

① 指时任中华教育文化基金董事会干事长任鸿隽。

② 《中国科学教育的几个重要问题》(刘树杞先生讲)，《国立武汉大学周刊》第 128 期(1932 年 5 月 24 日)。

③ 胡适著、曹伯言整理：《胡适日记全编》(六)，安徽教育出版社 2001 年版，第 178 页。

④ 《本校第十九周年校庆暨三十六年度开学典礼校长报告》(1947 年 10 月 31 日)，《国立武汉大学周刊》第 374 期(1947 年 11 月 1 日)。

观，他认为在如此荒瘠之地，竟办成一座如此规模的大学，可说是现代中国人的一大奇迹。”①

当时，身为国立武汉大学教务长，王星拱也时常会在社会上听到各界人士对于武汉大学的夸奖和称赞。如在1931年寒假，王星拱去了趟上海和南京，碰到很多旧交新朋，“每每和我谈起话来，总是一例地夸说武汉大学办得怎样的好，有的说它是全国大学中的后起之秀，将来有无限的希望，有的说它是全国顶好的学校；说这些话的朋友并不是和我开玩笑或讲恭维话，我直接和间接所听到的多是如此”②。面对来自社会的广泛赞誉，王星拱保持了清醒的头脑，他耐心、细致地教导武大学生说：

>……人家夸奖我们，我们固然喜欢，但另一方面反来发生疑惧的情绪，古人说，“声闻过情，君子耻之”，又说：“盛名之下，难以为继”。我们听得人家的夸奖，我们不能不返躬自问：我们学校里是否有充实的内容，当得起这个荣誉？这个荣誉我们是否可以保存下去？……假使我们的学校现在做不到人家所称誉的田步，或者我们现在纵然做到，将来不能保存下去；那末，这名誉对于我们学校反来是一种致命伤……努力和收效，是应当互为因

① 殷正慈：《记王雪艇先生谈珞珈建校》，《学府纪闻·国立武汉大学》，第35页。

② 《上周纪念周王教务长报告》，《国立武汉大学周刊》第83期（1931年2月8日）。

> 果的。有了以前的努力,才有现在的效果,有了现在的效果,更应当增加将来的努力。不要以为已经有了效果就随之而怠惰下去了……要切实地做下去,那末,我们的学校才会名实相符,而且更能保存下去。①

1933年王星拱再次代理武汉大学校长后,仍不忘时时提醒武大师生冷静、理智地正确对待学校已经获得的声誉。他在1933年9月的开学典礼上特别指出:

> 本校自校长②经营数年以来,已经有狠好的声誉,声誉是可爱的,但是同时又是可怕的。如果名实不符,乃是一件可耻的事情。因为声誉好了,于是隳废下去,使固有的声誉无以为继,更是可耻的事情。我们听见人家说坏,固然应当自省,听见人家说好,也应当自省。我们的学校,应当求进步求充实的地方,还是很多。不可因为有了好声誉,便决然自足了。况且在京沪北平各处,大学甚多,在中部的地方,大学甚少。其为国立者,只有武大一所。所以我们对于在中部地方文化之阐扬,各种应用问题之解决,以及工商业之发展,都负有极重大的责任。我们应当综核名实,使之充实光辉,名实相符,不至于有声闻过情的耻辱,不至于有名

① 《上周纪念周王教务长报告》,《国立武汉大学周刊》第83期(1931年2月8日)。

② 此处的“校长”指前任校长王世杰,王星拱当时为代理校长。

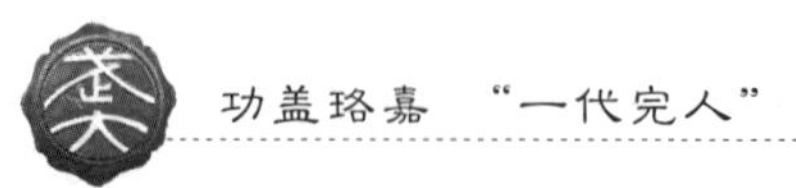

誉低落的危险，这是我们所应当注意的。①

在1934年9月的开学典礼上，王星拱再一次提醒武大师生：

我们检查我们的工作，同时参考外面的舆论，有几处应当注意的地方。有赞扬我们的，说：武大是后起之秀，又说：武大是已经上轨道的学校，以后进步就快了。这是自雪艇先生主持以来的计划经营，各位先生的努力工作，各位同学的用功读书，所收来的效果。我们仍须继续策砺，不要使后起之秀，成了一个“大未必佳”，不要使一个上了轨道的火车，再演出出轨的紊乱和危险。②

从王星拱的上述言论，我们可以看出，作为一名国立大学的主要领导人，王星拱在面对外界的称赞时，始终能够做到头脑清醒，并时刻保持危机意识，同时又富于强烈的进取心与社会责任感，总是试图通过更大的努力和成就来维护和发扬学校的声誉，使之永保而不坠。

（三）悉心关怀，高度重视毕业生的就业工作

1932年，在武汉大学迁入珞珈山新校舍后不久，有46名学生在完成了四年的本科学业之后顺利毕业，成为国立

① 《补行开学礼王校长报告》，《国立武汉大学周刊》第175期（1933年9月25日）。

② 《开学典礼校长报告》，《国立武汉大学周刊》第209期（1934年9月24日）。

武汉大学的第一届毕业生。5 月 26 日，蔡元培先生在武汉大学珞珈山新校舍落成典礼暨第一届毕业典礼上指出："将来武汉大学之荣誉，决不仅在教职员，而尤在学生。"①诚如蔡元培所言，一所大学的学术与社会声誉，除了依靠教师队伍的学术水平与成果及领导者的办学和管理能力外，还得看这所学校的学生在社会上的具体表现，尤其是杰出校友的数量及其对社会的贡献。也正因为如此，武汉大学一直非常重视毕业生的就业指导与调查工作。1932 年 5 月 6 日，国立武汉大学第 160 次校务会议议决通过了"设立职业介绍部简章草案"。② 该简章规定："本大学为谋本校学生毕业后获得适当服务机会之便利，特设职业介绍部办理关于学生之职业绍介事宜。"职业介绍部的主要职责包括：(1) 调查职业供求状况；(2) 登记及审查求职学生之性格技能；(3) 指导职业之选择。③ 6 月 14 日，第 165 次校务会议议决成立职业介绍部。④ 1933 年 5 月 26 日，第 199 次校务会议又决定聘请蔡元培等人为本校职业介绍部名誉指导员。⑤

身为一校之长，王星拱对武汉大学毕业生的就业工作非常重视，经常在百忙之中抽出时间亲自过问，在耐心倾听并充分考虑学生本人就业意愿的基础上，甚至亲自出面为

① 蔡元培：《大学生之被助与自助——在武汉大学第一届毕业典礼演说要点》(手稿)，高平叔编：《蔡元培全集》第 6 卷，中华书局 1988 年版，第 192 页。

② 参见《国立武汉大学校务会议纪录》(第四册)，第 25 页。

③ 参见《国立武汉大学职业介绍部规程》，《国立武汉大学周刊》第 126 期(1932 年 5 月 10 日)。

④⑤ 参见《国立武汉大学校务会议纪录》(第四册)，第 38 页，第 153 页。

其谋求和推荐合适的工作。如1936年毕业于武汉大学经济系的徐世长曾回忆，他当年顺利通过毕业考试后，由于拒绝了靠父母关系联系好的两个与其专业特长不相符的工作，直到秋天新学年即将开始时，仍住在学校宿舍，没有决定工作，于是，王星拱校长便特地召见他，推荐其去安徽省银行，并且告诉他：“安徽银行的程行长，是我在安徽高师的同班，你去我明早即送封信来，你可带给他托他照顾。”正是在校长的亲切关怀下，徐世长的工作去向甚至一生的命运便就此解决了。而与徐世长同班的郑孝齐，因有在校女友，则被学校留作助教。① 抗战爆发后，于1938年毕业于武汉大学中文系的周辉鹤，在被王星拱校长召见时曾表示，其家乡江西虽未沦陷，但归路已断，回不了家，于是便想留在武汉工作为国效力。王星拱校长当即写了一张名片递给他说：“介绍你去见老校长王雪艇先生，不一定有把握，试试看。”当时王世杰正担任国民参政会秘书长，因参政会的常设机构要到重庆才能确定，暂时不准备添人，于是，王星拱校长很快又再次召见周辉鹤，拿出一张写好的名片，对他说：“我再介绍你去见新任湖北教育厅长陈剑修②先生，他也在我校当过老师，又是你同乡，可能会接受你的。”对于当时的情景，周辉鹤充满深情地回忆：“抚五先生爱生如子，助人到底的精神，使我深受感动。我向校长深深一鞠躬，情意

---

① 徐世长：《一句定终身》，武汉大学成都校友会主办：《王星拱校长纪念专刊》，1996年，第31页。

② 应为陈剑脩，名宝锷，字剑脩，著名教育家，1930—1931年曾任国立武汉大学哲学教育系首任系主任。

绵绵而退。”①

从 1932 年到 1938 年,国立武汉大学在西迁四川乐山之前的珞珈山时期,一共产生了 7 届毕业生,计 880 人,除了第一届毕业生是在首任校长王世杰任内产生的之外,王星拱以代理校长或校长的身份,总共在珞珈山校园内送走了前后 6 届毕业生。除了高度重视和亲切关怀毕业生的就业工作外,王星拱几乎每年都会为毕业生的纪念刊题词或作序,对武大学生毕业离校后在社会上的表现寄予厚望。他多次提醒和勉励广大学子毕业后应当保持读书的习惯,继续钻研学术,奋发精神,加强人格修养。1934 年,他还特别对第三届毕业生指出:

> 我们须要发扬本校努力工作的声誉:本校自从设立以来,大家都把努力工作,用功读书,当做立校的标准。我们出校以后,倘若成立派别,去排挤或攻击旁人,是要不得的勾当,但是发扬本校所主持的努力工作的精神,乃是应当尽的天职。我们只须有机会可以做事,切切不要怕吃亏,更不要怕吃苦。立身之道,不是贪占便宜,可以树植起来的。因果律告诉我们!尽一分力量,必能收一分效果。社会虽有时不公平,然而最后还是公平的。只须我们肯尽力,不愁不得社会的承认。我们应

① 参见周辉鹤:《雏鹤试飞——感谢校长王抚五、厅长陈剑修先生的培育与爱护》,台北市“国立武汉大学校友会”编印:《珞珈》第 129 期(1996 年 10 月),第 49 页。

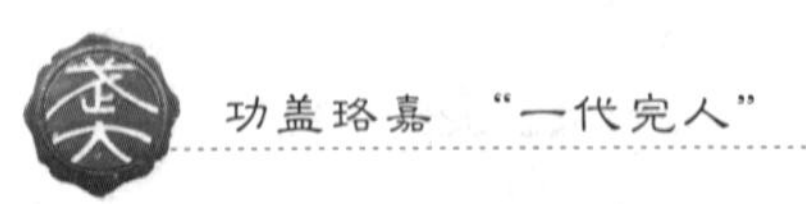

当共同相信这样的主张。①

除了为全校毕业同学的毕业纪念册题词或作序外，在繁忙的校务行政工作之余，王星拱校长还经常应个别同学的请求为他们单独题词留念。如 1936 年毕业于武汉大学外文系的王允斌校友，毕业时就曾请王校长题词，于是王校长便在其毕业纪念册上题写道：“收拾心思读书，站稳脚跟处世，咬紧牙关吃苦，打起精神做人。”尽管王允斌在 1951 年受到政治冲击时不幸将这本珍贵的纪念册丢失，但半个多世纪过后，他仍然满怀感慨地追忆道：“简短的四句话，对我以后的治学、为人、处世各方面都有极大的教益！”②

由于当时的武汉大学师资优良，教学水平高，培养出来的各种专门人才大多基础扎实，思维开阔，动手能力强，综合素质高，加以学校的社会声誉也与日俱增，全国闻名，因此，从武汉大学走出的历届毕业生甚至不少肄业生均深受社会各界的欢迎和好评。据王星拱的女儿王焕葆回忆：“当时虽然有‘毕业即失业’的说法，但武大的毕业生常是供不应求，尤以土木工程系为最。”③当时，武汉大学文、理两学院的毕业生，多在中学或师范学校、职业学校担任教员，法

① 王星拱：《序》，《国立武汉大学民二三级毕业纪念刊》（民国二十三年六月）。

② 参见王允斌：《追忆雪艇、抚五校长的几件往事》，武汉大学校友总会编：《武大校友通讯》1998 年第 1 辑，第 133 页。

③ 王焕葆：《哲人已远 · 典范长存——王星拱先生小传》，台北市“国立武汉大学校友会”编印：《珞珈》第 109 期（1991 年 10 月），第 5 页。

学院毕业生多在各级政府机关、司法部门、银行等单位工作，工学院毕业生则大多直接从事于各种工程建设，还有一部分学生或是留校担任助教，或是到全国各科研机构从事研究工作，或是考取北大等少数高校的研究院，或是出国留学继续深造，或是直接投身于抗日救亡运动与社会革命，等等。他们大多先从基层做起，逐步积累工作经验与学术功底，渐渐地崭露头角，最终成为国家的栋梁之材，为国家、民族、社会乃至全人类的进步或多或少地作出了自己的贡献，也为母校武汉大学争得了巨大的荣誉，既无愧于蔡元培先生“将来武汉大学之荣誉，决不仅在教职员，而尤在学生”的远见卓识，亦无负于王星拱校长“只须我们肯尽力，不愁不得社会的承认”的殷切期望。

从 1928 年到 1938 年，从国立武汉大学各个院系的学生中，均走出过不少学术、教育、革命或建设方面的优秀人才，兹各举数例如下：

文学院各学系的杰出校友主要有著名古典文学研究专家胡守仁(1908—2005)、胡国瑞(1908—1998)，著名语文学、汉语史、训诂学专家周大璞(1909—1993)，著名作家、翻译家、出版家、“丹麦国旗骑士勋章”获得者叶君健(1914—1999)，著名教育家刘佛年(1914—2001)、朱九思(1916—　)，著名历史学家陶元珍①(1908—1980)、陈锡祺(1912—

① 1934 年，陶元珍在武汉大学的毕业论文《三国食货志》(由李剑农教授指导完成)由上海商务印书馆出版。

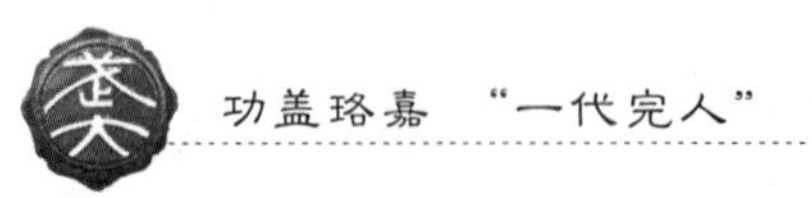

2008)，等等；

法学院各学系的杰出校友主要有著名政治制度与政治史专家曹绍濂(1904—1999)、杨鸿年(1912—2000)，著名经济学家、世界公认的发展经济学的创始人、哈佛大学经济学科最高荣誉奖——“大卫·威尔士奖金”(David A. Wells Prize)获得者张培刚，著名思想家、经济学家、翻译家、被誉为台湾自由经济“传道者”的夏道平(1907—1995)，著名政治活动家潘琪(1917—1990)，等等；

理学院各学系的杰出校友主要有著名数学家熊全淹(1910—2001)，著名物理学家、我国金属物理学科的先驱周如松(1912—2005)，著名理论物理学家王治樑(1915—1997)，著名政治活动家刘西尧(1916—)，著名材料物理学家、科技史专家、中国科学院学部委员(院士)柯俊(1917—)，著名植物分类学家、我国水生植物学的奠基人孙祥钟(1908—1994)，著名遗传学家余先觉(1909—1994)，等等；

工学院各学系的杰出校友主要有著名结构力学专家、中国科学院首批学部委员(院士)赵飞克(1909—1976)，著名水利水电、江河治理与泥沙专家方宗岱(1911—1991)，著名实业家、慈善家、工程师、书法家黄彰任(1916—)，著名城建专家潘基礩(1914—)，著名政治活动家、中国水电事业的主要开创人之一、中共党史及毛泽东研究专家李锐(1917—)，著名政治活动家郭佩珊(1912—1985)，著名教

育家、汽车工程领域的一代宗师方传流(1914—2009),等等。

以上这些曾在王世杰、王星拱两位校长任内负笈武大的杰出人物,不仅在国内影响较大,有些甚至还具有世界性声誉,不少人直到八九十年代还活跃在社会的各个舞台上,为国家的振兴和人类的进步继续发挥余热,而他们在社会各个领域里的优异表现,也为自己的母校赢得了崇高的社会声誉。

(四) 招生层次的不断提高

国立武汉大学自 1928 年改建后,经过短短几年的发展,到 20 世纪 30 年代中期,已在国内外享有较高的学术与社会声誉。1936 年,一位名叫 Inmas Jackson 的英国牛津大学女毕业生,在南京金陵大学就读了半年、具备了一定的汉语基础之后,又慕名向武汉大学提出了入校学习中国文学的申请。9 月 18 日,国立武汉大学第 284 次校务会议议决"准予受试后入中国文学系听讲"。随后,该生便入学就读,成为武汉大学历史上第一位外国留学生。①

在 1937 年以前,武汉大学每年都是单独招生。1937 年初,南京中央大学与浙江大学为求招生便利起见,请求教育

① 参见《国立武汉大学校务会议纪录》(第 6 册),第 138 页;周辉鹤:《武大第一位外国留学生》,台北市"国立武汉大学校友会"编印:《珞珈》第 116 期(1993 年 7 月),第 63～64 页,周文将"牛津大学"误作"剑桥大学"。

部组织北京大学、清华大学、中央大学、浙江大学、武汉大学五所大学举行联合招生考试,并经教育部指令通过。① 对于这项提议,武汉大学方面的态度颇为积极。1937 年 3 月 19 日,国立武汉大学第 297 次校务会议议决了"拟联合其他国立大学共同招考新生案",并通过了联合招考原则,其详细办法请考试委员会拟定之。② 3 月 26 日,第 298 次校务会议审议通过了"联合招考办法案",并推定曾昭安、陈源为联合招考委员会本校代表。③4 月 23 日,第 300 次校务会议又议决通过了各校联合议决办法。④后来,由于北京大学、清华大学方面考虑到五校联合招考在时间与地点上的诸多客观困难,决定暂不参加⑤(但后来仍与武大、中大、浙大

---

① 参见《二十七年度国立各院校统一招生概况(上)》,《申报》1939 年 8 月 6 日。关于上述五大学联合招考最早的发起方,各方说法不一:一说为浙江大学,参见《五大学新生合考办法 蒋梦麟等向教部请示》,《北平晨报》1937 年 4 月 23 日;一说为中央大学,参见《北大清华两校本年联合招生》,《京报》1937 年 5 月 6 日;据时任浙江大学校长竺可桢(1890—1974)1937 年 4 月 7 日的日记所言:"……联合招生事。原定北大、清华、武大、中大四校,近北大、清华发生异议,仍欲单独考试,而浙大适欲加入,故决由浙大、武大、中大三校考试。议定杭州、上海、南京、北平、广州、武汉六地点,并定八月一日至三日与北大、清华同时举行"(参见竺可桢:《竺可桢全集》(第 6 卷),上海科技教育出版社 2005 年版,第 280 页)。对于上述不同说法,笔者因暂未掌握更为准确、全面的史料,故暂且作折中处理。

②③④ 参见《国立武汉大学校务会议纪录》(第 6 册),第 188 页,第 189~190 页,第 194 页。

⑤ 参见《五大学联合招考事实颇感困难》,《京报》1937 年 5 月 4 日;《北大清华两校本年联合招生》,《京报》1937 年 5 月 6 日;《二十七年度国立各院校统一招生概况(上)》,《申报》1939 年 8 月 6 日。

三校同日举行招生考试),五大学联合招考在当年暂未实现。但不论如何,此次五校联考的动议以及教育部的明确指令,使得武汉大学与浙江大学这两所全国高校中的"后起之秀",由此获得了与北京大学、清华大学、中央大学等老牌顶级名校并肩行事的绝好机会,并从此跻身于全国高校的第一集团。后来,这五所国立大学逐渐被世人并誉为"民国五大名校"①。

1937 年 8 月 1 日,在抗战的硝烟中,中央大学、浙江大学、武汉大学三校与北京大学、清华大学两校的联合招生考试同时开考。其中,武大、中大与浙大三大学联合招生考试的考点设于南京中央大学、北平师范大学、杭州浙江大学、上海交通大学、武昌武汉大学、广州中山大学 6 处。② 考试结束后,各地试卷集中于南京中央大学评阅。适逢"八一三"事变发生,淞沪战事爆发,时有日本飞机轰炸南京,使阅卷工作受到极大的干扰,特别是参加阅卷工作的教授的人身安全受到严重威胁。负责组织此次阅卷工作的中央大学校长罗家伦、浙江大学校长竺可桢与武汉大学教授曾昭安便赶紧安排完成阅卷任务的教授们尽快离开南京,而他们

---

① 1937 年全面抗战爆发后,奉教育部命令,国立北京大学、国立清华大学与私立南开大学南下湖南长沙,合并组建成国立长沙临时大学,后又西迁云南昆明,最终定名为国立西南联合大学,故在抗战时期,国立武汉大学亦与国立西南联合大学、国立中央大学、国立浙江大学并称为"民国四大名校"。

② 参见《国立武汉、中央、浙江三大学联合招生简章》(二十六年度),《浙江、中央、武汉三大学联合招生的材料》,国立武汉大学档案,1937—5。

三位则与少数办事员留下进行收尾工作，包括整理学生成绩卡片、核对试卷、拆开试卷并密封、登记被录取学生的姓名等。8 月 19 日，日机猛烈轰炸中央大学，存放试卷的房舍也遭到了破坏。第二天，曾昭安教授在断壁残垣中找到了武汉大学考生的卷宗资料，并用长袍将其包裹捆好，于一片混乱之中，将这批重要的招生材料背上了返回武汉的客轮，在国难当头的严峻形势下，艰难地完成了 1937 年度的招生任务。① 这也是王星拱主政时期国立武汉大学在撤离珞珈山校园之前的最后一次招生。半年后，武汉大学便在王星拱校长的主持下，继东部地区大多数高校之后，举校迁往抗战的西南大后方。

① 以上内容参见魏木林、粟载福:《曾昭安》，程民德主编:《中国现代数学家传》第 2 卷，江苏教育出版社 1995 年版，第 11 页。

第五章　抗战军兴　教育救国(1931—1938)

20世纪30年代中前期，对于新兴的国立武汉大学来说，可谓是一段励精图治、快速发展和迅猛崛起的黄金年代；然而，对于整个国家和民族而言，又是强邻日本不断入侵和蚕食我国国土，给中华民族带来深重的危机和灾难的时期。在日本军国主义步步进逼，逐渐将两国之间的局部冲突扩大、升级为全面战争的这段时间里，武汉大学虽因深处内陆腹地，与日寇直接制造事端的东北、华北与上海等地相距甚远，但也不可避免地受到了不小的影响和冲击。一方面，局部抗战的爆发、延续与扩大，直接导致了整个国家中央财政经费的持续紧张，作为一所主要

仰仗中央政府财政拨款的国立大学，武大的建设和发展也一度饱受了经费紧缩与短缺之苦。另一方面，作为一个具有高度的爱国情感和民族良知的高素质人才的聚集地，武汉大学的全体师生不可能不对这场空前的国难有所反应，事实上，不论是在1931年的“九一八”事变之后，还是在1935年的“一二九”运动中，几乎每一次波及全国的抗日救亡运动，都少不了武大人的身影。在这样的背景下，如何处理好读书、治学、办教育与参加爱国救亡运动之间的关系，便成为每一位武大师生所必须面临的重大问题。而作为国立武汉大学的主要领导人之一，王星拱对教育与抗战之间关系的看法、态度与具体的处置方式，也与这所学校的前途和命运息息相关。

作为早年曾参与“五四”爱国运动的一位先驱者，当时又身为华中地区唯一一所国立大学的主要领导人，王星拱对日寇的侵略既深感痛心疾首、义愤填膺，同时又始终保持着冷静、清醒与理性的头脑。一方面，他极力呼吁中国的政府和军队应当奋起抵抗日寇的军事侵略，对于武大学生发起或参与的一次又一次风起云涌的抗日救亡运动，也抱以深深的同情，乃至给予有力的支持；另一方面，他又始终竭力维系学校的正常教学秩序，对学生爱国运动的方向与方式进行积极合理的引导，对其“过激”、“越轨”之行动则进行一些必要的限制和干预，并且还多次苦口婆心地奉劝广大学子，在国难期间更应努力学习，“以学术救国”，通过“创进物质，奋发精神”的方式和手段，逐渐消除国家落后的根源，如此方能为向日寇“复仇”与更好地“立国”奠定牢固的根基。

1937 年,全面抗战爆发后,王星拱一面强烈地呼吁抗战到底,同时又充分利用自己的社会声望与工作职权,从精神和物质两个方面竭尽所能地支援抗战;一面则继续坚守自己的本职岗位,不为实施“抗战教育”的巨大呼声和强烈要求所左右,而是继续坚持常规教育,坚持将研究高深学问、培养专门人才作为抗战救亡的一个必不可少的重要手段。与此同时,他也不忘在常规教育中适当地灌注抗战的精神,对于部分学生所从事的抗战救亡活动,则尽可能地保持着宽容、默许与保护的态度。1938 年初,当武汉的形势日渐紧张之时,王星拱又以其高瞻远瞩的战略眼光与迅捷高效的工作布置,带领武大师生西迁到四川乐山,继续履行其办学育人、“教育救国”的神圣职责。

一、国难当头　理性应对

(一)“以努力学术为复兴民族的方法”

1. 在国难深重中教导“生聚教训”与“求学的方法”

早在“九一八”事变发生前两年,也就是在南京国民政府于形式上统一全国之初,王星拱便时常对日本帝国主义的侵略与压迫保持着高度的警惕与清醒的认识。1929 年 4 月 29 日,作为当时的代理校长,王星拱在国立武汉大学第 18 次“总理纪念周”上,明确地向全校师生指出:“本周下周之内,纪念日很多;五一,五三,五四,五五,五九。这些纪念

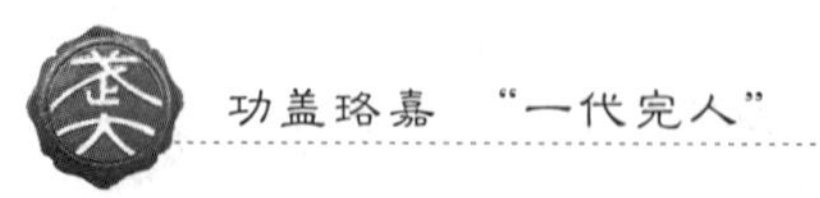

日，都有直接的或间接的反抗帝国主义——尤其是日本——的深切的意义……我们为什么要纪念这些日期呢？是因为我们要反抗帝国主义——尤其是日本——的压迫。当先越王勾践卧薪尝胆，以求复吴国之仇，这是我们所该仿效的。但是卧薪尝胆是一种精神，他还有十年生聚十年教训的方法，才能达到复仇的目的。我们现在，一方面要秉持卧薪尝胆的精神，一方面切不要忽略了生聚教训的方法，才能担任得起反抗帝国主义压迫的工作。"①由此可见，尽管当时中日两国之间的冲突尚未上升到爆发战争的程度，但王星拱也没有忘记提醒武大师生，一定要铭记日本帝国主义过去加在我们头上的种种国难和国耻，时时以卧薪尝胆的精神策励自己，而在另一方面，仅有精神也是不够的，还要讲求方法，诉诸"理性"，只有切实地采取"十年生聚，十年教训"的方法和策略，才能最终达到反抗帝国主义压迫的目的。

1931年9月，"九一八"事变后，武大师生群情激愤，迅速掀起了一场波澜壮阔的抗日救亡运动。9月26日，校务委员会致电国民党中央党部及国民政府外交部，要求敦请国际联盟依照公约，责令一切联盟国对日宣布经济绝交，并督促各联盟国对日本采取共同军事制裁。② 与此同时，时任校长王世杰亦分别通电中央大学校长朱家骅、北京大学校长蒋梦麟与同济大学校长胡庶华(1886—1968)，倡议"发

① 《本大学第十八次总理纪念周纪录》(十八年四月二十九日)，《国立武汉大学周刊》第20期(1929年5月6日)。

② 参见《本校电中央请联盟国一致对日经济绝交》，《国立武汉大学周刊》第101期(1931年9月28日)。

起组织一种永久机关，担任国际宣传工作，暨研究巩固东省未来安全的方法之工作”。① 10月2日，500多名武大学生在学校大礼堂召集抗日救国大会，议决通电全国主张对日宣战，成立义勇军，发行定期反日刊物，并组织成立“国立武汉大学抗日救国会”，等等。②

面对武大学生日益高涨的爱国热情，以王世杰、王星拱等人为首的主要校务负责人，在精神上是深表同情与支持的——他们自己当年就是五四爱国运动的亲历者和参与者；但在另一方面，他们又非常认同蔡元培先生当年所提出的“读书不忘救国，救国不忘读书”的基本理念，认为越是国难当头，青年学生便越应当履行读书求学的应尽职责，反对因过度地投入到爱国运动之中而荒废学业、贻误大局。10月2日，正是在武大学生在校园集会成立抗日救国会的当天上午，身为学校教务长的王星拱，在“总理纪念周”上对全校师生发表了题为《求学的方法》的演讲。他一开始便从三个方面向同学们阐述了在国难当头的情况下也应当继续求学的理由：

第一，“从学校方面说”，在当前“天灾人祸纷至沓来”的情况下，武汉大学仍然能够负起责任，继续维持和发展，为广大同学继续提供读书的机会，而这是非常难得的，“有许多在同等年龄的青年，想受高等教育而不得如愿，倘若我们

① 参见《本校电各大学商组国际宣传机关抗日救国》，《国立武汉大学周刊》第101期(1931年9月28日)。

② 参见《本校成立抗日救国会》，《国立武汉大学周刊》第102期(1931年10月5日)。

有很好的求学的机会而不努力求学，那真是辜负学校了”。①

第二，“从个人方面说”，一则学生时代无论就学习能力还是精力而言，都是最佳的求学时期；二则学问为立身之本，有志青年没有学问亦无法立足于世。

第三，“从国家方面说，现在也许有人说，我们是受着日本的欺侮而必须打仗的时候，求学是无益的。我痛心地承认，现在努力求学，与打日本无关，但是，倘若我们不求学，不为国家作一种有效的准备，我们永远没有打得过日本的日子。日本的人民不及我们四分之一，日本的土地不及我们十分之一，日本的常备军不敌我们二十分或三十分之一，为什么敢于这样欺辱我们呢？虽是由于日本军阀之暴行，但是因为她的全国人民都有侵略中国的意志，而且又有可以侵略中国的力量。她所以有这样统一的意志和充实的力量，是因为他们的政治上了轨道，工业发展到了和近代列强同等的地步，不是已死的田中，或活在的本庄，可以临时制造出来的”。对于西方列强来说，其强大的军事实力，与其国内的各种事业——尤其是工业有着密切的关系，而反观当时的中国，由于工业没有发展到一定的程度，军械的制造与供给至为缺乏，是无法与那些工业发达、一有战事发生则所有的工厂都能变成兵工厂的国家进行战争的。于是，他最后指出：“倘若我们不能急起直追，于政治上没有切实合

① 以上引文参见《求学的方法》（王教务长讲），《国立武汉大学周刊》第104期（1931年10月19日）。

宜的设施,工业上没有系统的具有提倡效果的建设,我们将来永远不能自立起来。我们现在求学,就是对于这些事业,作有效的准备。总之,我们的志趣须得宏远,同时,我们的能力须得充实,这是我们应当及时求学的理由。"①

综上所述,在王星拱看来,如果将目光放得更长远些的话,对于青年学生们来说,暂时不为国难所左右,静下心来努力地读书求学,将来再充分地运用所学本领,切实有效地推动国家各项事业的发展,这才是最理想、最合适的救国手段。也正因为此,他与学校的其他主要领导人一道,在同情与支持武大学生的爱国运动的同时,出于维护学生的正常学业及人身安全等切身利益起见,对其进行了一些合理的干涉。12 月 1 日,针对武大部分学生要求全体停课、前往首都南京向国民政府请愿的计划,王世杰校长召集学校各部门及学院的主要负责人,召开了第 6 次临时校务会议,决定由包括王星拱在内的 20 多位教职员于次日上午分别对各学系学生进行劝阻。② 校务会议要求这些教职员应首先"对于同学请愿抗日精神表示同情",但同时也得向广大同学说明,考虑到纪律、内部纠纷、安全及旅费等各种因素,全体学生一同去南京请愿恐怕不大现实,因此,请愿方式必须予以变通,最好是由各学系同学选派代表参加,等等。③ 经过这 20 多位教职员的耐心劝阻,以及学校当局与广大学生

① 以上引文参见《求学的方法》(王教务长讲),《国立武汉大学周刊》第 104 期(1931 年 10 月 19 日)。

② 其中王星拱与魏文悌教授被安排在第五教室对化学系学生进行说明。

③ 参见《国立武汉大学校务会议纪录》(第三册),第 119～121 页。

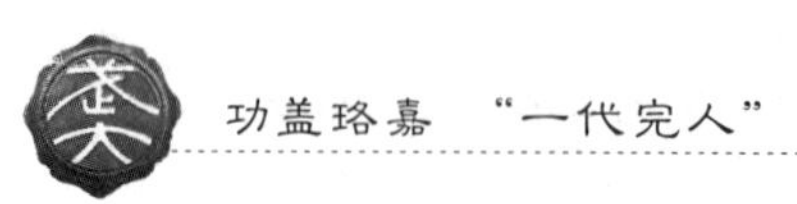

之间的互相妥协，在当时武汉大学的500多名在校学生中，最终有150多人前往南京参加了请愿游行。在这次请愿活动中，这150多位武大学子既言辞恳切、态度坚决地充分表达了自己的爱国热情，同时又秩序井然、纪律严明，展示了良好的文明风尚，而未曾有过任何过激之举。

12月2日，学校又举行了第7次临时校务会议，议决"自本星五起至下星期四止，定为'国难周'，在此期中加紧军事训练及其他抗日救国工作"①。4日，第142次校务会议又公推周鲠生、吴学义、王世杰、苏益信、李剑农、时昭瀛、王星拱7位教授于7～10日间，先后向未前往南京请愿的留校同学作"关于中日事件之讲演"，其中王星拱的讲题为《工业与战争》。② 1932年3月，学校又将这批讲演稿汇集成册，以《东省事件》为名予以刊行。③

2. **利用珞珈山新校舍作为国耻与励志教育及国际宣传的工具**

1931年的"九一八"事变发生之时，正值国立武汉大学在武昌珞珈山进行规模浩大的新校舍建设，其一期工程已大体完工，整个学校也正准备迁入新址。深重的国难，并未立即中断中国内陆腹地的这一伟大的文化建设。次年2月，武汉大学举校迁入珞珈山新校舍，并于3月3日正式开学上课。3月14日，学校迎来了迁入新校舍后的第二次"总

---

① 参见《国立武汉大学校务会议纪录》(第三册)，第123页。

② 参见《本校布告》，《国立武汉大学周刊》第111期(1931年12月7日)。

③ 参见《〈东省事件〉出版》，《国立武汉大学周刊》第120期(1932年3月22日)。

理纪念周”,王星拱以教务长身份发表演讲,一开始,他就明确指出:“我想,我们都有两种感情:第一是愉快,第二是忧虑。何以愉快呢?因为我们有一个新的地方,让我们读书。何以忧虑呢?因为现在我们正在国难之中,不但未曾减少,并且继续加紧。”①一方面,是学校喜迁新址,各项校务工作进展顺利,逐渐步入良好的发展轨道;而另一方面,则是国难日深,所有的爱国师生都被沉重的民族屈辱感深深地压迫着。这两种截然相反的情绪,也是鼓励武大师生更加发愤努力读书治学的强大精神力量。1933 年 9 月 19 日,已经出任代理校长的王星拱,又在当年的开学典礼上再次提醒武大师生:“今日是二十二年度本校举行开学典礼的日期。同时我们又深切底记得昨日是九一八,是日本占据东三省的国难纪念日。我们的情绪,一方面是欢喜,一方面是悲愤。所以今天的典礼,是有庆祝开学和纪念国难两层意义。”②在日本帝国主义不断加紧侵略、渗透和蚕食中国国土的时代背景下,即使是对于深处华中腹地的武汉大学而言,不论是庆祝新校舍的落成,还是每年的开学典礼,也必将会是一次次“愉快”与“忧虑”交织、“欢喜”与“悲愤”并存的集会,而作为学校的主要负责人,王星拱始终将这所大学的生存、发展与整个国家的命运紧密地联系起来,并且时刻不忘提醒武大学子,要始终牢记国耻的同时,也要充分珍惜

① 《国人今后应当努力的方向》(王教务长讲),《国立武汉大学周刊》第 120 期(1932 年 3 月 22 日)。

② 《补行开学礼王校长报告》,《国立武汉大学周刊》第 175 期(1933 年 9 月 25 日)。

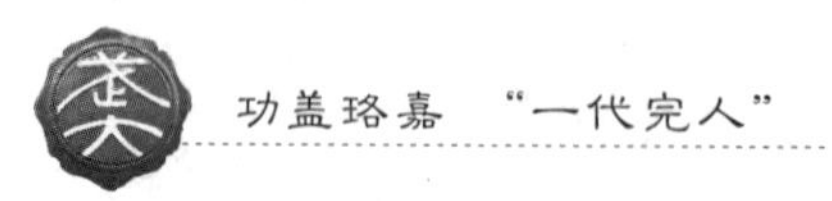

能够在国难深重的乱世之中接受良好的高等教育这一难得的机会，发愤读书，以图自强。

不仅如此，王星拱还与全校师生一道，试图以各种方式为抗日救亡尽自己最大的努力。如在1932年初，在中国政府的一再申诉下，国际联盟于1月21日组织了以英国人李顿为首的调查团，专门来华考察“九一八”事变真相。国联调查团在上海、南京等地考察完毕之后，于3月27日前往武汉，希望了解长江大水后华中地区的情况。4月4日，调查团抵达汉口，“约集各国驻汉领事会谈，得悉自沈阳事变后，中国朝野皆益励精图治，加强建设，其中如武昌近郊珞珈山武大新校区之伟大现代化工程，全系由中国人自己设计与施工，绝未假手于一外人所完成，情况至为突出，尤以此一工程设计新颖，费用俭节（涓滴归公），而规模宏壮，代表中国之新气象，咸认为有一实地参观与考察的必要。其意在求印证中国人是否如日本荒木陆相此次在东京所谈为一‘长期落后之劣等民族’”。国联调查团得知此情，便向中国政府提出前往武昌珞珈山参观武汉大学，很快便得到应允，认为“此举对我方极为有利，其关系我国荣誉自必重大”。① 于是，4月5日上午，王星拱便以教务长身份，向武大全体学生报告了此事。在他看来，武汉大学单独接待国联调查团主要有三点意义：

第一，“国际联盟虽然没有什么力量，但它究竟是保持

① 以上内容参见汤子炳：《李顿调查团参观珞珈山》，《学府纪闻·国立武汉大学》，第367页。

人类和平的趋向的一个团体。我们现在的力量又不够和人家打战,所以要借他们的力量来给我们帮帮忙”。

第二,“请友邦的人们到我们学校来看看,使他们晓得中国这几年来并不是完全在破坏,还有一些建设,虽然这建设的范围很少,但也总表示我们在努力”。

第三,“也使他们知道这里还有一个学术机关,在这纷乱当中并没有停止进行”。

因此,王星拱特地向武大全体学生发出号召,“为要使他们到这里来有好的印象起见,我们应该有一下准备,大家要想法怎样使他们满意才好。简单地说,凡是有碍观瞻的事或布置,大家要竭力避免一下”。①

4月5日下午,国联调查团来到武汉大学参观,王星拱与邵逸周、周鲠生教授等进行了招待。② 而珞珈山新校舍的伟大建设,也给调查团的全体成员留下了深刻的印象。对于该调查团对中国抗战产生的历史作用,以及调查团参观武汉大学珞珈山校园在整个事件中的积极意义,曾有武大校友作出如此评价:

> 调查竣事后,其所拟之调查报告中,曾强调中国已大有进步,应具有其完整之领土与主权,郑重建议国联应限令日本恢复我东北“九一八”以前情

---

① 以上引文参见《教务长纪念周报告》,《国立武汉大学周刊》第122期(1932年4月12日)。

② 参见《国联调查团参观本校》,《国立武汉大学周刊》第122期(1932年4月12日)。

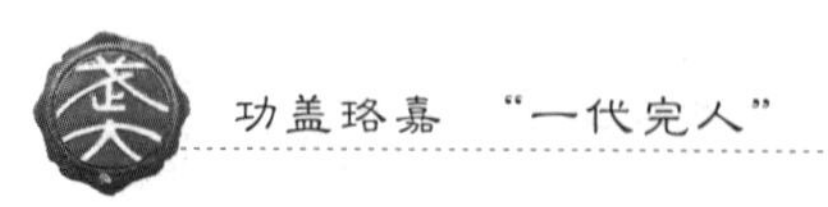

况。此一建议虽遭日本之悍拒，然该团愿作此一严正之建议，致欧美各国迄至第二次大战告终，除德义二国外无一国承认“满洲国”，我并取得英美法合作，终于获致抗战最后胜利，实鉴于中国人于艰苦拂逆中能庄敬自强，非如日酋所言之劣等民族。当时庄敬自强之道，固非一端，然珞珈山武大建校之精神所予该团之印证与感应，不可谓为不大。①

3. **“创进物质”、“奋发精神”、“共同努力来保卫国家的自立”**

从1931年“九一八”事变爆发、局部抗战开始，直到1937年“七七”事变发生、全面抗战爆发，在这几年的时间里，随着国难的日益深重，王星拱对于抗战的认识也在逐渐加深。其主要体现在以下几个方面：

首先，面对日寇的侵略，王星拱所抱持的基本态度便是要始终坚持抵抗，即使中国国力弱小，屡战屡败，也不可轻易地放弃抵抗。1932年的“一·二八”事变发生后，他就指出：“我们倘若承受敌人任何欺侮而不回手，那不但不能成为国，并且不能成为人……我们能够在军事上占据较好的地位，总是于外交上加一种较有实用的帮助。所以我们须得同力合作，利用我们有限的可能的原动力和日本人作战，总不能让他们唾手可得我们的土地。总然是打败了，也是

① 汤子炳：《李顿调查团参观珞珈山》，《学府纪闻·国立武汉大学》，第369页。

荣耀的。”①1933年初，当日军侵占热河、进逼长城时，他又指出：“我们受日本人的欺侮，已经到了这样的田地，那还有不拼命的道理……热河的战事，不过才是初期的接触，那能因为受了一次的挫折，就屈服于日本人……我们把他拖得愈久，他愈不能支持。我们总不能把东三省和热河送给日本人，让他安安稳稳地进行再进一步的侵略。”②

不仅如此，王星拱还从理智和常识的角度出发，简要地分析了必须对日寇坚持抵抗的具体理由：

第一，如果坐视日本军国主义势力在中国东北站稳脚跟，能够利用东北的丰富资源来发展工业，扩张军备，则其侵略政策将更加变本加厉。“到了那个时候，中国要想收复东省，就不可能了，世界各国要想制裁日本，也就十分困难了。所以我们为要催促日本军国政府之倒塌，我们不能不继续抵抗”。

第二，尽管“国际联盟近来不承认满洲国，设立谈判委员会，总算给予中国一个援助，因之我们得到一个相当的安慰，然而人贵自立，国亦宜然。譬如两造争执，当事人愿意屈服了，旁边的证人如何能够替他打抱不平？所以我们为维持国际的同情，要求世界上公理和正义的援助，我们也不能不继续抵抗”。

---

① 《国人今后应当努力的方向》(王教务长讲)，《国立武汉大学周刊》第120期(1932年3月22日)。

② 参见《求学的态度》(王教务长讲)，《国立武汉大学周刊》第157期(1933年3月13日)。

第三，其时中国内战频仍，国人"向来缺乏民族的自觉心，也许可以因为国难而改变国人内争的心理。倘若我们不继续抵抗，恐怕立刻又要发生内战。现在我们应当集合全国的聪明才智精力财富，致力于同一的方向，经由有系统的步骤，才有效果之可言……为要免除内战，促进我们民族的自觉心，我们也不能不继续抵抗"。①

尽管当时的局部抗战结果胜少败多，但王星拱仍始终抱有坚持抵抗的坚定信心，从不因一时的战败而动摇。热河沦陷后，他对武大师生表示："我们对于这件事情，不必骇异，不可恐惧更不宜丧气和灰心。本来日本是强国，我们是弱国，而且日本用全国的精锐来打我们未曾尽量防守的一隅，败是意中的事。但是我们总希望败也要败得迟一点，不要像现在的不战而溃，弃城而走。现在，热河虽是败了，然而我们不能因此而改变抗日的决心；我们仍然要抱持至死不变的精神，经过困苦艰难，去做抗日的工作……热河虽是败了，我们不能因此而灰心，我们应当因此而更加努力抵抗的工作！"②

其次，王星拱深刻地认识到，这一次日寇入侵给中华民族所造成的国难，跟中国历史上的任何一次重大国难都不可同日而语。在古代的中国，纵然有"五胡乱华，及金元满洲之入主中国，我们曾到了局部的或全部的灭亡；然而外来

① 以上引文参见《求学的态度》(王教务长讲)，《国立武汉大学周刊》第157期(1933年3月13日)。

② 《求学的态度》(王教务长讲)，《国立武汉大学周刊》第157期(1933年3月13日)。

的异族，反被我们同化了”，“以前的外患，都是纯粹武力的斗争，凡征服我们的民族，他们的文化都比我们低得多，所以若干年代之后，我们可以使他们同化。现在的列强，不但武力比我们强，而且我们不能不承认他们的文化。亡国之后，是难于翻转起来的。况且近代列强的武力，不是揭竿为旗，斩铁为兵，而是从精密的组织之下产生出来的，所以近代政论家以人口财政工业三项为估计一国武力之标准；因为人口是兵之原素，财政是战费之来源，工业是战斗品之制造场。这样精密的组织，不是一个已经灭亡的民族所能建设起来的”。因此，“现在的国难，是空前的国难。我并不是故作耸听的危言，但是事实是如此……现在的内乱和外患，是不能和历史上所记载的相比较的”。① 在如此艰险的环境之下，要保卫国家，抵御外侮，其艰巨的程度更是远远超过了中国历史上以往的任何年代。

再次，王星拱还具体分析道，中国之所以会遭受日本人的欺凌而无力还击，其最大的原因，便在于工业的落后。而要反抗日本帝国主义的侵略，就当前而言，应当对日本“作长期的经济绝交”，因为日本的工业比较发达，对中国市场的依赖较大，而中国工业落后，经济以自给自足的农业为主，如果对日本进行经济绝交的话，则中国的损失将会小于日本的损失，通过这种方式便可将中国工业落后的弱点转化为优势。从长远来看，则惟有致力于发展工业，增强军备，“如此，才可以有复仇的一日”。而发展工业的一个重要

① 以上引文参见《校长序》，《国立武汉大学民二四毕业纪念刊》，1935 年。

前提，则首先是要维持民族的道德，以及寻求政治的清明。①

最后，王星拱认为，作为接受过高等教育的知识分子，武大师生也应当与全国的同胞们一道，履行一个国民对于自己国家所应尽的义务，积极地投身于抗日救亡运动中去。在1934年12月31日的“总理纪念周”上，他提醒广大同学：“我们试想想：在天灾人祸纷至沓来的环境之中，我们还能够安安静静地读了一年的书，我们不能不庆慰我们自己个人的幸运。同时，我们要认识：受教育的机会，是国家社会给予我们的。所以我们对于国家社会所负的责任，更要深一层，尤其是受过高等教育的人，应当如此着想。”②就此问题，他曾先后指出，“我们从今以后，须得永远坚持复兴民族的精神，为国家在世界上谋出路”③，“我们应当共同努力来保卫国家的自立”④。在他看来，青年学生能积极投身于抗日救亡运动固然可贵，但徒有爱国的热情也是远远不够的，因为一时的慷慨激昂，往往会在几分钟的热度之后便逐渐消退，而如果能将其“结晶成为有系统的图存的方法”，方才是长久之计。

至于青年学生具体应当以何种方式参与救国运动，王

---

① 参见《国人今后应当努力的方向》(王教务长讲)，《国立武汉大学周刊》第120期(1932年3月22日)。

② 《上周纪念周校长报告》，《国立武汉大学周刊》第223期(1935年1月7日)。

③ 《补行开学礼王校长报告》，《国立武汉大学周刊》第175期(1933年9月25日)。

④ 《校长序》，《国立武汉大学民二四毕业纪念刊》，1935年。

星拱也有自己明确的看法。他在 1934 年 9 月 19 日的开学典礼上指出："我们国家的元气，也经受了重大的损伤，我们不能再有消极的破坏，必须有积极的建设。现在不是我们优游容与过舒服日子的时候，我们应当以艰苦卓绝的精神，致力于救亡的工作。具体的办法，就是积极的建设。建设成功，然后有充实的力量，有充实的力量，然后可以救亡。学校就是造就建设人才的，这种方法，虽是较缓的，但是是有效的。"①在 1935 年 9 月 17 日的开学典礼上，他进一步提出："我们应当以努力学术为复兴民族的方法。"②

在鼓励广大青年学子努力"以学术救国"的过程中，王星拱还先后提醒大家，要处理好"创进物质"与"奋发精神"之间的关系。在 1936 年 6 月 30 日的第五届毕业典礼上，他深刻地指出：

> 一个国家，要在世界上——尤其是这个民族竞争的世界上——站得住脚，必定在物质精神两方面，都有确立不可拔的基础。物质过于缺乏，那就没有生存的基本条件。精神不能树立，纵然有物质，也运用不来，所谓虽有粟其得而食诸。我们中国是一个物质落后的国家，关于物质各部分的创设和推进，我们应当特别底不断底努力。但是

① 《开学典礼校长报告》，《国立武汉大学周刊》第 209 期(1934 年 9 月 24 日)。

② 《本期开学校长训辞》，《国立武汉大学周刊》第 242 期(1935 年 9 月 30 日)。

在精神方面的磨练和振作，也千万不能忽略；尤其是在现在国难当前的时期，团结奋发艰苦卓绝的精神，更是不可缺乏的民族生命线……我们从历史上得来的教训，可以规定我们应付国难的方法，就是：在物质方面，人家所有的东西，我们也得要有；在精神方面，要振作，团结，坚忍奋斗，最后至于牺牲。

还有两点，仍须加以说明。物质的创制，是循序渐进的，精神的奋发，是可以一蹴而几的。物质的进步，虽然也可以增加速度，——迎头赶上去，但是为其本身的性质所限制，必须经过一定的历程。精神的振作，只须我们有决心，有宏愿，立刻可以成立起来，并且可以延续下去。所以在建国基础上说，物质是极其重要，在渡过难关上说，精神是更重要的条件。复次，近代物质的建设，是庞大的，是有系统的，是多方面的，是有专门性质的，只有依据统一的政府之指导，提倡，计划，执行，一条路上走，方才可以成功，不是局部的小组织所能担负得起的责任。至于精神方面的力量，更须于统一的政府之指挥训练管治支配之下，方才可以集中。力量必须集中，方才可以御侮，方才可以救亡。①

① 《第五届毕业典礼校长训词》，《国立武汉大学周刊》第269期（1936年8月3日）。

正是基于上述认识与情感，也因为自己过去就曾亲身参与过“五四”爱国运动，王星拱对于武大学生所发起和参与的历次抗日救亡运动，均抱有一种近乎天生的同情和理解，有时甚至还直接予以大力支持；但在另一方面，他又总是极力呼吁广大学子注意分寸，为维护社会秩序及保护自身安全起见，不要采取任何过激行动，更不要因为参加爱国运动而荒废了学业。在1931年的“九一八”事变后，王星拱在教务长的职位上是这样做的，而在1935年的“一二·九”运动中，他在校长的职位上也同样是这样做的。

(二) 积极支持与理性引导学生爱国运动

1935年12月中旬，当北平学生发动“一二·九”运动的消息传到武汉后，武大各院系的爱国学生迅速行动起来，准备召开全校学生大会，一致行动，同时还积极联系武汉其他各大中学校学生。为了争取广大教授和学校当局的同情与支持，武汉大学工学院机械系大三学生李厚生(后改名为李锐)以“工学院民二七级全体学生”的名义，草拟了一份“致全校教授先生书”，信中谈到了当时北平、上海各大学校长、教授等对时局的表态和同情学生的言论，并且痛陈：“敌人侵占东北之后，而热河，而察哈尔，而平津，而整个华北。谁能担保不再而武汉，……而全中国？这是最惨痛的凌迟。”信中还庄严宣告：“现在唯有大学中的人们才是唤醒全国民众的泉源。‘五四’的力量永远光荣地留在历史上。”据李锐后来回忆：“武大校长王星拱还算是一个尊重蔡元培办学精神的人(校长办公室挂着蔡的大幅照片)。教授和讲师中不

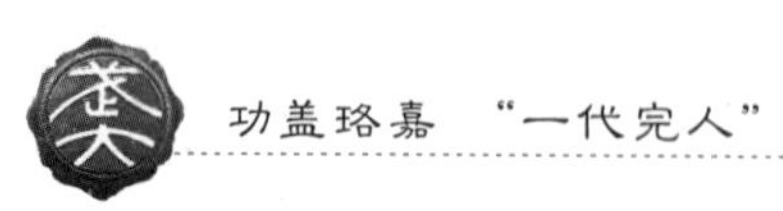

乏爱国之士，也有进步的助教……这封信当时是起了作用的，使许多教授包括王星拱同情学生的行动。”①

12月12日，武汉中等以上学校学生代表会议在华中大学召开，议决成立武汉学联。17日，武汉地区53所大中学校的120多名代表正式成立“武汉中等以上学校学生救国联合会”。20日，根据武汉学联的决议，武汉三镇学生同时举行了大规模的游行示威。22日，以武大学生为首的武昌地区的2000多名学生，又冲破了省政府的封锁，渡江到达汉口，三镇学生得以汇集成一股更为巨大的联合游行示威的洪流。面对着这场声势浩大的学生爱国运动，王星拱总是以自己在“五四”时的心境对学生表示理解，从无任何责难之处，相反，还在一定程度上予以支持。据当时曾参与和领导学生游行示威的李汝俊（后改名为理如军）校友回忆，当他们在武昌街头活动了几个小时之后，正在考虑肚子饿了怎么办的时候，学校当局竟专门派车送来了大批糕点之类的食品。② 王星拱等学校领导对于青年学生的关心与爱护，由此可见一斑。

在这次游行示威活动后不久，王星拱校长专门托人带话，约请李汝俊等三位学生运动领袖某天晚上到自己家中谈话。身为一校之长，在学生运动风起云涌的敏感时刻，选择间接、低调而不是直接、张扬的方式与学生领袖进行联系

---

① 以上内容参见李锐：《“一二九”运动前后在武汉》，《一二九运动回忆录》（第一集），人民出版社1982年版，第381页。

② 理如军：《一点回忆》，武汉大学成都校友会主办：《王星拱校长纪念专刊》，1996年，第18页。

和接触，选择晚上在自己家中谈话，而不是大白天在办公室谈，既达到了与参加爱国运动的学生及时、有效地进行沟通、调和的目的，又不至于在广大学生中引起较大的震动和影响，足见其在处理学生运动问题时分寸把握之妥当与手段之高明。据李汝俊回忆，他与另外两位同学在某天晚上来到王星拱校长家里，王校长非常客气地接见了他们，尽管态度比较严肃，但谈话本身是随和的。他谈话的大意是：内忧外患时，爱国青年学生关心国家大事，这是很自然的，好理解的，不过，青年人闹运动，还得冷静考虑分寸和方式，不注意，不仅要荒废学业，还可能闹出吃亏的事来，如果因为运动而耽误了功课，就太可惜了，爱国救国还离不开培养大批办实业的科技人才啊！尽管王校长在一时之间并不可能立即说服这些血气方刚的青年学生，这三位同学在回去的路上也议论纷纷，认为他这个实业救国的想法未免太简单了?！但他们也一致认为，像王星拱这样的一批蔡元培时代的北大老教授，确实是爱国的、民主的，认真地办教育，为国家培养真才实学的人才的。时隔多年，李汝俊回忆起这次谈话仍是记忆犹新，认为王星拱这位爱国、民主、热心教育事业的学者、教授和教育家，实在是一位殷切地热望青年成就为爱国爱民而有真才实学的人才的忠厚长者，为人处事极有魅力，令人怀念和钦佩。①

在武大学生已参与了几次规模浩大的游行示威活动的

① 理如军：《一点回忆》，武汉大学成都校友会主办：《王星拱校长纪念专刊》，1996年，第18页。

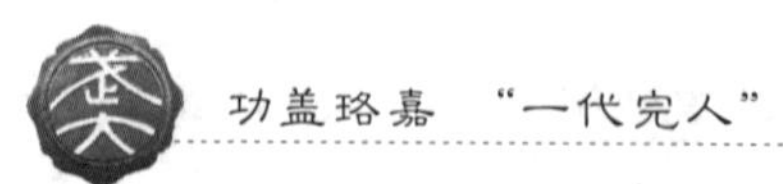

背景下，1935 年 12 月 23 日，王星拱校长在“总理纪念周”上作校务报告之前，还特地就“救国运动和时局”表明了自己的看法和态度。对于武大学生参与游行示威，王星拱首先进行了高度的肯定，认为此举“是表现爱国之热忱，凡是中国人，人同此心，心同此理，无有不极端赞同的”。然而，从学校当局的立场出发，他又指出“这种举动不可以常有，常有是无用的。而且易于发生其他枝节。希望各位同学依照原定的不荒废学业的主张，努力于以学术救国的工作。”对于当时的时局和应对措施，王星拱明确地指出，“敌人的侵略，从关外到了关内，又从关内到了黄河流域，其严重自不待言，推演下去，其危险更不忍言。我们所能走的两条路，不外乎牺牲和忍耐”。在他看来，“牺牲”与“忍耐”这两者之间并无本质的冲突。所谓“忍耐”，并不是消极被动地继续挨打，“忍耐”的最终目的还是为了积极有效地作好抗战御侮的准备工作。他深刻地指出：

> 现在多数人士，只注重应付目前的困难，而把永久的建国工作看做迂远而不切于事情。这是不对的。目前固然要应付，永久也不可以忽略；因为个人的生命有限，民族的生命无穷。我们的祖宗没有做这些工作，所以我们现在受这样的痛苦。我们若是再不做这些工作，我们的子孙将来所受的痛苦，比我们现在所受的还要大。我们大学学生现在所学的各种专门知识，都是直接的或间接的和这些建国工作有关。计划实施，是政府的责任，具体的做，是我们的责任。我们要有方法把这

些专门知识实现出来，充实国家的力量。这个力量，在无事时期，可以赡养足生，在有事的时期，可以抵御外侮。能够这样的做下去，忍耐也是有意义的。①

在这场席卷全国的爱国运动中，武汉大学的全体教职员也行动了起来，于12月24日召开全体大会，决定将1931年“九一八”事变后成立的“东省事件委员会”予以充实，并改名为“国立武汉大学教职员救国会”，并致电国民党中央党部、国民政府主席林森与行政院长蒋中正，竭力为全国各地风起云涌的学生运动进行辩解，指出“青年学生，激于义愤，游行请愿，风起全国。咎由外交失策，不在学子之多事，政府诚宜因势利导，严令各地军警当局，不得摧残爱国运动，自伤元气”，同时要求政府对日采取强硬外交，抵抗到底，“否则中央政策必不见谅于国民，岂惟青年铤而走险，恐国事更不堪问矣”。②

此时此刻，武大全体教授在对广大同学的爱国行为表示“热烈赞同”的同时，也冷静而善意地“劝告”他们：“救国的事情决不是这样简单，救国的大业也决不是单靠标语口号所能办到。我们要想对于国事有所作为，非具有充分的实力不可。实力愈厚我们对于社会的贡献也就愈大。诸位

① 《上周纪念周校长报告》，《国立武汉大学周刊》第254期(1935年12月30日)。

② 以上参见《武汉大学教职员救国会成立》，《国立武汉大学周刊》第254期(1935年12月30日)。

同学是国立大学的学生，国家社会对于诸位所怀抱的希望当然也比较一般青年来得更大，因此诸位同学所负的责任也就更重，可见诸君的行动关系至巨，不可不特别审慎。现在国事糜烂，已经到此地步，诸位正应努力身心各方面的修养，以备日后来肩荷普通人民所不能负的重任。诸位在此求学的目的，当然在于增进救国的能力。诸位务应认清自己的地位与目标。"至于学校，作为一个培养人才的机关和团体，就不能不讲纪律，"诸位要求自由，我们也赞同诸位有真正的自由：可是真正的自由，务须以不侵犯他人的自由和不扰乱国体的秩序为准则。我们相信本校对于言论集会等等只要在正当的范围以内，向不干涉……我们深望全体同学能保持旧有的良好学风，用火的热忱与铁的纪律，奋发精进，以肩荷救亡图存的大业"。最后，他们还给广大同学四项"奉劝"：

> （一）奉劝运用理智来救国，不要为一时情感所冲动；
>
> （二）奉劝精诚团结，一致对外；
>
> （三）奉劝遵行"己所不欲勿施于人"之良箴，保持高尚的人格；
>
> （四）奉劝爱护学校即为爱护国家，勿为亲者所痛勿为仇者所快。①

12 月 26 日，国立武汉大学校务委员会召开第 11 次临

---

① 以上参见《全体教授劝告同学》，《国立武汉大学周刊》第 254 期（1935 年 12 月 30 日）。

时会议，首先由王星拱校长以主席身份报告了此次学生“骚动”的经过，随后又通过了“关于学生张贴文告及集会事应如何规定案”，定出了以下三条办法：

> 一、学生准许张贴消息文告，但无论以私人或团体名义张贴，均须署名或盖印负责，并不得涉及攻击他人及妨害大局；
>
> 二、学生准许集会及为其他爱国表示，但须不妨害课业及学校秩序；
>
> 三、所有现已张贴之消息文告不合上列条件者，应于本晚一律撤除。①

12 月 30 日，第 267 次校务会议又通过了“规定本学期考试日期及补考办法案”，进一步明确规定：“凡因爱国运动不克应本期考试之学生，准予下学期开始时补考，其补考成绩分数免予折扣。”② 由此可见，以王星拱校长为首的学校当局，在一定的程度之内，对武大学生的爱国运动保持了较大的宽容，同时又试图对其进行积极合理的引导，希望能通过理性劝诫与政策保障相结合的方式，来培养青年学生遵守秩序、尊重他人、敢于负责的精神，并且让他们逐渐学会和努力做到读书与救国两不误，从而尽可能地将维护学校秩序与保障学生利益较好地兼顾起来。

然而，正处于热血沸腾、群情激愤状态中的青年学生，是很难心平气和地立即听取师长们苦口婆心的劝说的。在

①② 《国立武汉大学校务会议纪录》(第六册)，第 61～62 页，第 64 页。

连续几天的大规模游行示威活动结束之后，“武汉大学学生救国会”正式成立。救国会成立后的第一件事便是决定罢课。尽管有少数学生反对并发生过争论，但最终仍然是少数服从多数，通过了这项决议。12 月 30 日，武大学生正式宣布罢课，并在文、法、理、工学院门口布置岗哨，强行制止少数同学及教授入内，引起了学校当局的极大震动。王星拱校长眼见局势已无法控制，再加上他对学生运动的看法与其他某些校务负责人又不尽一致，于是便提出辞职，并离开了珞珈山，前往汉口德明饭店居住。①

王星拱辞职后，武汉大学前任校长王世杰主持下的教育部迅速予以慰留。12 月 31 日，教育部致电王星拱，称其“素著贤劳，比来处理校事，尤极持重，时会艰危，义难言辞，务望继续积极负责，以利校务”②。1936 年 1 月 6 日，教育部又发来一则电报，称“该校长因学生不服劝导，擅自罢课，引责辞职，业经本部慰留。嗣接该校全体教职员及学生电请挽留，具见护校精神一致，对于学生，业经本部长以个人资格切实劝告，并责令立即中止罢课，想该生等应有觉悟，不因爱国行动而毁校。现在国难方殷，该校长应继续任劳任怨之精神，打销辞意，积极负责，如仍有学生不服劝导，有越轨行动，应严予制止，以维校纪，并将处理情形随时报部为荷”③。与此同时，武汉大学学生救国会为了争取王星拱

① 以上参见李锐：《“一二九”运动前后在武汉》，《一二九运动回忆录》(第一集)，第 385 页。

② 《教育部世电》，《国立武汉大学周刊》第 256 期(1936 年 1 月 27 日)。

③ 《教育部鱼电》，《国立武汉大学周刊》第 256 期(1936 年 1 月 27 日)。

校长对学生运动的同情和支持，也特地组织了一部分同学去汉口对其表示慰问和挽留。1月7日，武大部分教职员及学生过江赴汉口请王星拱校长回校总理事务，至此，王星拱才打消辞意，于当日下午五时偕各代表一道返回学校，并于8日正式复职，召开校务会议，重新开始主持校务。学校的局势，也逐渐恢复了常态。

"一二·九"运动过后，武汉大学学生救国会仍然长期在学校内积极活动，引起了湖北地方军政当局的高度警惕。当时，湖北省政府曾指名要逮捕学生救国会的大多数委员，只是由于王星拱校长的强烈抵制，方才作罢。与此同时，出于保护这批学生起见，王星拱还特意找来李厚生(李锐)、魏泽同等7位负责人谈话，说得到省公安局的通知，提醒他们要小心，不要乱来，如果他们的活动过于"越轨"，他也保护不了他们，无法负责他们的安全。据李锐回忆："王虽然态度严厉，但措词较委婉。对于这种善意警告，我们当然一笑置之。"①而所谓的严厉的态度与委婉的措辞，也正是王星拱校长向青年学子们表达负责之心与关爱之情时的一贯表现。

据武汉大学校友刘西尧晚年回忆："双十二事件后，负责武汉秘密学联工作的李厚生(即李锐)、万国瑞(即杨纯)在学校呆不住了，也北上找党，把武汉秘密学联的工作也交给了我和另一位同学。那时李锐、杨纯身份已暴露，幸王星

① 李锐：《"一二九"运动前后在武汉》，《一二九运动回忆录》(第一集)，第397页。

拱保护才未被捕。1994 年回武汉后，才知道王星拱曾找他们谈过话，以前我只知道国民党军警要进校捕人，他们躲避开了，校方以高等学府不让军警进来为由，挡住了国民党军警的搜捕。”①

二、疾呼抗日 坚守本职

(一)“拳拳犹抱澄清志，未肯消沉付暮潮”

1. 赋《登黄鹤楼》诗，抒忧国忧民之志

尽管王星拱平素在国难临头时的表现总是显得非常冷静与理性，但在他的内心深处，那种忧国忧民的深沉情怀，丝毫不逊于那些血气方刚的青年学子。约在 1936 年秋，他作了一首题为《登黄鹤楼》的七言律诗，并于 1939 年将这首诗亲笔手书一幅，寄赠武汉大学史学系 1935 年毕业的刘恺校友。全诗如下：

登黄鹤楼

秋雨萧疏入鬓毛，河山无语客心劳。
天生江水通吴蜀，人上高楼望蓟辽。
玉笛梅花空自咏，白云黄鹤更谁招？
拳拳犹抱澄清志，未肯消沉付暮潮。

① 刘西尧：《攀峰与穿雾：刘西尧回忆录》，武汉大学出版社 2000 年版，第 19～20 页。

多年后，刘恺对王老校长的这首诗进行了高度评价：

> 王校长诗，沉郁顿挫，追踪杜陵，而又最具时代气息，在古今咏楼诗中，亦称佳作。我觉得把抚师这首七律放在唐诗里面去，毫无逊色。从艺术性与思想性的完整统一来看，并不比崔颢那首差，全诗洋溢着一种忧国忧民的爱国热忱。尽管王抚师这时已年过半百①，并不因日寇横行，国难日趋严重而消沉下去，仍然有澄清天下之志。从人上高楼望蓟辽这一句看，蓟指今北京市(当时叫北平)，辽指东北。这首诗大概作于卢沟桥事变前一年——一九三六年秋天。所以激起了抚师的幽愤！抚师的这种热爱祖国的高贵品质和天下兴亡、匹夫有责的高度情操，透于纸背，读完这首诗，不禁使人肃然起敬！②

正是鉴于王星拱校长的这首《登黄鹤楼》诗高度的艺术性与深刻的思想性，以及两者的“完整统一”，刘恺校友郑重地提出建议，可将此诗刻悬于黄鹤楼上，“为江山增色”！

2. 联名通电，直接呼吁与声援抗战

早在1936年6月“两广事变”发生之时，在时任国立四川大学校长任鸿隽的发起下，王星拱与任鸿隽以及国立浙

① 王星拱此时的实际年龄为48岁，故应为“年近半百”。

② 转引自刘兆丰：《无限怀念、无限景仰——介绍两位老学长的来信》，台北市“国立武汉大学校友会”编印：《珞珈》第132期(1997年7月)，第15页。

江大学校长竺可桢、国立中央大学校长罗家伦、省立重庆大学校长胡庶华、私立华西协和大学校长张凌高(1890—1955)等六位大学校长,于6月26日联名致电中央及两广,一方面请求国民党中央党部、时任国民政府主席林森(1868—1943)及行政院院长蒋介石,“务乞中央本此宽大为怀之精神,详审国际环境,兼筹并顾,以济危亡”,另一方面又以顾全大局、一致对外之基本立场,恳切地奉劝陈济棠(1890—1954)、李宗仁、白崇禧(1893—1966)等人:“避免国内战争,保全国家元气,系今日全国人民共同心理,亦即抗敌救国根本条件,诸公无论持若何理由,若因进兵邻省而启战事,则诸公所下之一着,即敌国所最希望之一着,此子如下,全局皆输。事关国家存亡,决非个人成败已也。现中央已有不令其他各省军队,越入粤桂之至诚坦白表示,务乞约束所部,退返原防,听候中央决定抗敌大计,一致进行,哀痛陈词,敢恳悬崖勒马,以维民族生命。”①

1937年7月7日,驻华北日军挑起卢沟桥事变,中华民族的抗日战争就此全面爆发。丧心病狂的侵华日军,除了与中国军队作战外,还大肆屠杀平民,并刻意摧毁中国的文化教育机关。7月29～30日,日寇几乎完全摧毁了天津南开大学校园,激起了国内外各界人士的极大愤慨。8月1日,时任国立中央研究院院长蔡元培、国立北京大学校长蒋梦麟、国立北京大学文学院院长兼中国文学系主任胡适、国

① 参见《六大学校长通电吁和平》,《大公报》1936年6月27日。该电文由罗家伦起草,参见《竺可桢全集》第6卷,第101页。

立清华大学校长梅贻琦(1889—1962)、国立中央大学校长罗家伦、国立浙江大学校长竺可桢与国立武汉大学校长王星拱等七位学术教育界的领袖人士，联名致电国际联盟智识合作委员会，庄严宣称："为文化及人道计，鄙人等请求贵会对于此种野蛮屠杀，及肆意摧毁教育机关之行为，公开加以谴责，并请转达各国政府，对侵略国速采有效制裁方法，庶公道复彰，而此种残酷行为，不致再现。"①

3. **引导和支持武大师生为抗战服务**

从 1936 年到 1937 年，在中日关系日趋紧张，全面战争的爆发已是迫在眉睫之时，武汉大学理、工两学院的师生也开始施展专业所长，为抗战进行积极的准备。1936 年 11 月，武汉大学实习工厂接到任务，开始设计、试制防毒工具与钢盔等，化学系与机械系教师则负责烧制和试验过滤与中和毒气用的活性炭。全面抗战爆发后，从 1937 年 9 月起，学校还接受汉阳兵工厂的委托，由实习工厂加工制造了大量手榴弹，用于支援前线的抗战，直至当年年底停工拆机装箱为止。对于这项工作，王星拱校长极为重视与支持，据当时曾在武汉大学实习工厂工作的机械系讲师赵学田(1900—1999)的日记所载：1937 年 4 月下旬，王星拱校长曾邀请化学系与机械系的相关教师到招待所举行茶会，在会上宣读了教育部的训令和指示，并委派赵学田等三位教师到武昌公共科学实验馆为武汉各公立中学的理化教员作关

① 《对日军残暴行为请加以谴责 蔡元培等致电国联 并吁请各国加以制裁》,《中央日报》1937 年 8 月 2 日。

于防毒面具的演讲。对于这件事，赵学田后来回忆说：“通过这次接触，我对王校长支持教师爱国活动的崇高品质有更深的印象。”①

据王星拱校长自己后来的回忆与总结，在抗战初期，武汉大学师生所进行的抗战工作，主要分为以下三个方面：(1) 学校方面。办理各种战时工作训练班，限令学生参加受训。(2) 教职员方面。首先成立教职员战时服务干事会，内分机械修造、电信交通、土木工程、医药救护、防毒宣传、妇女工作、食粮管理等九组。其次，成立教职员射击会，学习打靶。再次，慰劳伤兵。每人照飞机捐额扣薪，捐制棉衣分送各后方医院。再次，献金。除由各教职员眷属自由捐献全部金饰外，每人以一个月实得薪额购置救国公债。(3) 学生方面。成立各种有关抗战的座谈会，研究会，发行各种抗战刊物画报，利用假期街头演讲，表演抗战戏剧等。②

除了积极引导武大师生在物质方面直接支援抗战外，王星拱校长还经常对广大师生进行精神上的动员和鼓励。1937 年 9 月 27 日，他在该年度的开学典礼上发表演讲，谆谆教导武大全体学生：“我们，——尤其是受过高等教育的我们，——在平常时期，都偏重理智之分析，但是在非常时期，我们应当偏重——至少应当兼重——情绪之奋发和意志

---

① 赵学田：《怀念王星拱校长》，武汉大学成都校友会主办：《王星拱校长纪念专刊》，1996 年，第 13 页。

② 以上参见王星拱：《抗战以来的武汉大学》，《教育杂志》第 31 卷第 1 号(1941 年 1 月)，第 6 页。

之坚定”;“我们——尤其负着介绍及发展近代科学的人们——在平常时期,都偏重物质之创造和补充,但是在非常时期,我们要偏重——至少要兼重精神之锻炼和警惕”。他还大声疾呼:“我们大学学生,应当作国民的表率。我们应当咬定牙关,撑起脊梁,抱必死之决心,争最后的胜利。我们相信:有志者事竟成,苦心人天不负,国难祓除,民族复兴之光明的旗帜,是树在前途等着我们的。”①

(二)“大学不能停办,念书也是抗战”

1. 纵论“抗战与教育”

全面抗战爆发后,中国的众多高等学校和文化机关饱受战火的摧残,损失极其惨重。在无比严峻的形势下,对于大学教育在战时的出路究竟何在,战争期间应采取怎样的教育方针等问题,全国的文化教育界展开了一场广泛的争论。一部分人士认为,大敌当前,全国上下,理应“全民皆兵”,青年学生应当直接开赴前线,杀敌建功,或是从事战地服务;而与之相应,学校教育也应当直接服务于抗战需要,调整学科与课程设置,开设军事课程,一切以抗战为中心,实施“抗战教育”,等等。当时,由国民政府教育部颁布的《高中以上学校学生战时后方服务组织与训练办法大纲》,第一、四、五条就分别规定:“全国高中以上学校在战时除应继续实施正常教育外,应加紧实施业经教育部规定之特种

① 参见《本学期开学典礼校长训词》,《国立武汉大学周刊》第287期(1937年10月4日)。

教育，预备从事后方服务，以协助军事推进，发挥国防教育之实效”；“在战时各学校每周得酌减普通学科教学时数四小时至六小时，即以其时间施行特殊科目之教学训练”；“训练特殊技能之高级职业学校及专科以上学校除照前条规定施行特殊教学外，并须就其专门部分与战事有关联者加紧训练，其时间即再减少普通或次要学科之时间抵充”。①

在武汉大学，成立于1935年“一二·九”运动的风潮之中的“国立武汉大学学生救国会”，于1937年10月4日正式更名为“国立武汉大学学生抗敌后援会”；另有一部分中共地下党员则领导成立了一个“抗战问题研究会”，成为中国共产党的一个基层“外围组织”。这些热血沸腾的青年学子，不仅时常以话剧、歌咏、墙报、读书报告会、形势座谈会等多种形式，积极投入抗日救亡运动，而且还与部分教师一道，强烈要求校方调整和改革教学内容与方法，实施“国难教育”。如“学生抗敌后援会”就曾于1937年11月3日上书王星拱校长，指出“佥以全面抗战，既经发动，急需技术人员，以协助军事之推进，应请学校依照部颁大纲，实施特殊教学与训练，用副国家期待大学诸生之至意”。尽管他们对王校长过去教导广大学生的某些“含义至深”的高论如“学问之道，研究愈深，分门愈广，其间关系亦愈密，而有赖于各种基本知识者亦愈显”等表示“钦服无已”，但同时也指出，“惟是非常时期，异乎正常时期者，在能斟酌缓急，本校各科

① 参见《高中以上学校学生战时后方服务组织与训练办法大纲》，《武大1937年制定大学生抗敌后援会章程》，国立武汉大学档案，1937—45。

课程，虽关联交错，但决非缺一便不可以他求，如不修化学史，不致不能学习国防化学工艺，不修甲骨文，不致不能学习战时文字宣传”，而鉴于“国事危殆，缓不济急”，故特恳请王星拱校长能“俯顺众情，施行特殊科目之教学，加紧专门部分与战事有关之训练，减少普通或次要学科之时间，使生等得养成非常时期之技术，以供国家驱使之处”。①

对于这样的思想和主张，王星拱虽能表示充分的理解，但也是持相当的保留意见的。1937 年 11 月 8 日，他在学校的“总理纪念周”上，专门发表了题为《抗战与教育》的演讲，就这两者之间的关系问题，进行了一次比较深入的探讨和剖析，而这亦可视为对那些要求立即实施“国难教育”或“抗战教育”的部分学生的一个公开和正式的回应。

首先，根据王星拱的归纳总结，社会上一般人士主张在抗战时期教育应当“抗战化”，其主要依据，一是在于达尔文的进化学说(教育须适应环境)，一是在于杜威的实验主义教育学说(教育为预备生活之历程)——“教育既要适应环境，现在我们是在抗战的环境之中，所以我们要实行抗战的教育。教育既是预备生活之历程，现在我们的生活是抗战的生活，所以我们的教育要抗战化”。针对前一种观点，王星拱深刻地指出：“我们须知道——并须深切地知道：我们为什么受敌人的压迫，为什么在抗战工作上还要感受许多的困难，是因为我们的国家，没有经过近代化，还是一个落

① 参见《呈为呈请实施国难教育事》，《武大 1937 年成立学生救国会的章程》。

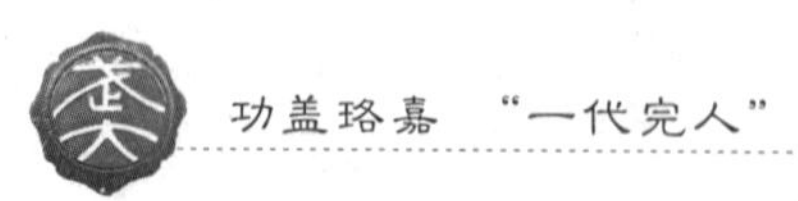

后的国家。我们国内的环境，是一个落后的环境。政治的设施，社会的组织，科学的贯输，工业的发展，无一样不落后。我们仅仅在落后的环境中，去求适应，是不够的。我们须得创造环境，改善环境，才可以把国家的力量充实起来。”尽管王星拱也非常认同进化学说，但对于教育应当如何去适应环境这个问题，又有着比一般人更加深刻的认识——“我们要适应世界上进步的大环境，不要适应国内落后的小环境。我们要适应人家已经走到二十世纪的环境，不要适应我们还留在十七十八世纪的环境”。

针对后一种观点，王星拱分析指出：“所谓预备生活之历程，也是就近代化之生活而言，因为近代机械繁兴，事业复杂，我们要有灵敏的脑力和活动的手力去应付或控制，所以他们主张要先在学校里把这些近代知识练习出来，以后可以在工厂公司商店农场以及各种事业机关里做一个能手……总之预备生活者，是预备近代化的生活，不是中古时代优游简陋的生活，更不是我们社会中常有的腐败龌龊的生活。”就抗战本身而言，因为物质落后，我们已经吃了不少亏，“我们前一代的祖先，没有准备得好，使我们感受困难，那是因为他们没有知识和力量做到这一层，我们不能怪他们。我们这一代的人，如果仍然不往近代化的途径上去努力，使我们的后人还是和我们感受同样的困难，那就是我们所造作的不可饶恕的罪过……纵然我们所有在座的人，都在这一次战争中打死了，还有千万亿兆的同胞将来要撑持我们的国家和民族。要使他们懂得建国御侮的真实途径，就是我们未死以前的责任……在任何困难状况之下，我们

要近代化我们的国家，在任何困难状况之下，我们要获得专门学识，因为所有近代化的事业，都是需要专门学识才能创设起来的：这是我们无可旁贷的责任”。

王星拱还指出，“在长期抗战之中，教育不可中断，这是社会所诚挚希望，政府所明白揭示的”，但他同时又强调，“所谓不可中断者，乃一班的教育，不是抗战的教育。抗战的教育，既无历史可言，自无所谓中断”。针对某些人认为一般教育的内容与抗战无关的说法，王星拱斥之为“武断肤浅”，并进而分析道：“我们人类向上的志趋，人民的民族观念，以及各种致力国家的技能，和公民人格及个人人格之修养，都是贯注在一班教育课程之中。即以抗战之直接关系而论，高射炮之描准，要用高等数学……古代史中之事迹，可以启迪民族意识。”至于应该如何处理好两者之间的关系，王星拱最后的结论是：“我们在一班课程之中，贯注抗战精神，是应当的，把一班的课程都变为抗战课程，是不可能的。”

其次，一般人士主张实行“抗战教育”的另一个理由，便是“抗战是国家民族生死存亡之所系，我们要实行全民抗战，我们要全国总动员，所以我们要用教育的力量，教导全国的国民，去担任抗战的工作”。对于这一点，王星拱并不否认其重要性。但他在肯定抗战宣传工作的重要性的同时，也不忘提醒广大青年学子，不要忽略了社会事业中的另外一个重要原则——“分工”。他指出：“任何社会组织，都是一个有机体。其中各部分有各部分的机能，各部分有各部分的工作，更重要的一层是各部分行各部分的责任，我们不能拿这一部分去做那一部分的事情，更不能拿所有各部分都去做某一部分的事情……我们要维护我们国家之生存，必定要近代化我们的国家，要近代化我们的国家必须要有专门学识，这些专门学识，除了大学以外，是无处可以获得的。大学教育，不是替国家装门面，也不是为诸位同学谋地位，是为维护和延续民族生存之急切的需要之供给。现在我们所亟待举行的简单广大的宣传，固然是重要；但是它是一班普通的工作，大学学生能做固然狠好，但是别人也可以做得上来。然而专门学识之探求，除了大学学生，是无人可以担任的。我们须得认识清楚，这是我们的无可旁贷的责任。我们若是脱离了特有的责任，去担负共同的责任；抛弃了专门的工作，去进行普通的工作，那究竟是所得者少，所失者多。而且在这里所得者，从他处也可以得来，在这里所失者，是不能从任何其他部分补偿得起的。"

结合到武汉大学的"特殊情形"，王星拱又指出，自全面抗战爆发以来，全国的多数大学，因为大都处于东部沿海地带的"战区"之内，备受日寇的直接或间接摧残，虽然很多大学均已内迁，继续在内地开学上课，但因为客观上的种种不便，"都不能履行经常教学的规范"，而"武汉大学在比较安全的地方，图书仪器都可以照常使用，我们更应当利用这个绝无仅有的机会，多求一些专门学识，以备国家之征用。这是我们的特别机会，同时也就是我们的特别责任"。

针对每一个人所具有的截然不同的"性情"和"造诣"，

王星拱提出，每一位青年学生对于抗战的具体态度，都应该因人而异，区别对待。如果有人能在国难如此深重的情形下，还能像德国的大文学家歌德和法国的大科学家巴斯德那样“读死书”、“死读书”，“未曾不是大有利益于国家”。但在事实上，也不可能让每个人都做到这样，就学校方面而言，“我们在抗战的时期，我们的一班教育，自然是披带着抗战的色彩，贯注着抗战的精神。此外我们又有军事训练，教导军事知识；最近还设有各种训练班，直接担任抗战及后援的工作。学校的规订课程，并可以由各院系酌予减少，以便实现各人都能担任一部分与抗战直接有关的职务。但是我们不能变更原定的课程也不能减少超过一定的程度，因为我们所应当尽的特殊的无可旁贷的责任，是不可抛弃的”；而对于那些实在无法做到安心读书、一心想要直接参与抗战的学生，王星拱也为他们指出了一条明确的出路——“有军官学校可以保送，有航空机械防空各班，也正在招生，——都给予我们以直接贡献的机会”，同时，也尽可能人性化地通过准许休学并保留学籍的方式，在学校里为他们留下了“后路”。但总的原则，仍然是“我们不能把整个学校停顿下来，去做学校以外所能做到的抗战工作”。

最后，王星拱总结道，尽管教育也和其他各项社会事业一样，在抗战时期将要经受一番相当大的变迁，然而，由于教育有其本身的任务，是不容随意进行变更的，“尤其是大学教育，其任务为专门人材之养成，专门人材之养成也是抗

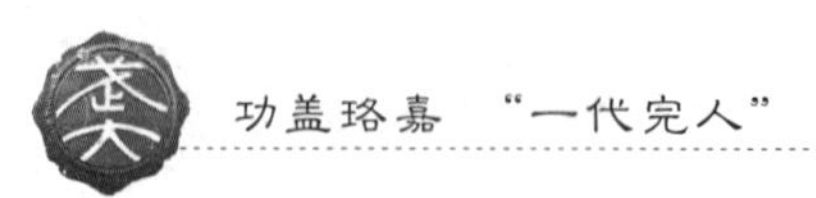

战中之不可缺乏的工作。各位不要忘记了本身所应尽的责任”。①

2.“苟有一个学生能留校上课,本人当绝不离校”

王星拱对于抗战与教育之间的关系的基本看法,简而言之,就是一句话——“前方抗战固然重要,后方育人也不可少”②。事实上,早在1937年7月16日,当王星拱应邀参加由中国国民党中央政治会议举行的“庐山谈话会”时,便与其他20多位与会代表“议决建议于大会:如战事发生,学校不停办……”。③ 在形成了这样的基本理念后,王星拱更是不遗余力地在校园内外广为宣传自己的这些主张。对此,当时在武汉大学政治系一年级就读的端木正(1920—2006),曾有如下回忆:

> 在公开的场合,在个别的谈话,我都听到王星拱校长的讲话,他的看法令我心悦诚服。他说,敌人的飞机还没有炸毁我们的学校,我们不能自己瓦解了。我们不是要和日本兵拼命,我们的敌人是日本东京帝大,只要日本的大学还在上课,我们无论多么艰苦也要把学校办下去。战争需要培养专门人才,将来建国更需要人才,大学不能停办,

---

① 以上引文均参见《抗战与教育》(总理纪念周校长讲演),《国立武汉大学周刊》第292期(1937年11月15日)。

② 转引自《抗战时期内迁乐山的武汉大学》,武汉大学乐山校友会编:《武汉大学乐山纪念堂》专刊(内部交流),1993年,第14页。

③ 参见《竺可桢全集》第6卷,第335页。

念书也是抗战。

这是他的讲话大意，他讲时更加铿锵有力……①

正因如此，当武汉大学的部分师生要求学校实施“抗战教育”时，便遭到了王星拱校长的断然拒绝。他指出：“战时教育这名词在全世界教育史上都没有的，教育的意义应该是埋头读书。”②当年12月初，由于社会上“盛传武汉大学业已暂行停课，并已有学生多人离校”，汉口《大公报》记者特地来校调查，对此，王星拱校长郑重声明“并无其事”，并且表示：“学生如离校赴前方工作，或学生返其家乡作后方后援工作者，均任其自由离校，如学生留校，则必须上课。”他还声明：“苟有一个学生能留校上课，本人当绝不离校。如一旦有变故时，学校当局必尽力设法，以谋学生之安全。至于学生最近要求变更课程，乃绝不可能之事，此实有事实上之困难，即如学生求所谓抗战教育之课程，院长亦无法办到，各教授亦无此种学识，无法授课……教职员方面，则全部在校，学生离校者，亦仅有必须离校之一小部，想其数目当在百十人之间。”在此之前，王星拱校长还曾在学校发出布告：“如有同学返里者，可由校方贷款，而同学赴军事机关

① 端木正：《抗日战争爆发后的武汉大学》，武汉大学校友总会、武大武汉校友会合编：《武汉大学校友通讯》(1993年第2期、1994年第1期合刊)，第93页。

② 转引自《武汉大学学生实施抗战教育》，参见毛磊、刘继增、袁继成、杨存厚：《武汉抗战史要》，湖北人民出版社1985年版，第181页。

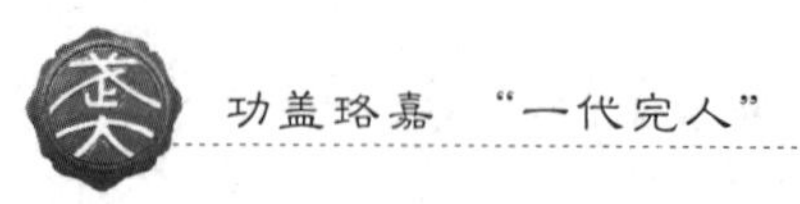

服务者，学费则可退还。”①

总之，在全面抗战爆发后半年多的时间里，在王星拱校长的极力坚持与合理引导下，尽管前线的战事日益激烈，但身处后方的武汉大学，依然弦歌不辍，始终保持着平日里的那种正常的教学秩序与良好的读书风气。对此，王星拱校长也颇为满意，他后来回忆道：

> 自芦[卢]沟桥的炮声震惊了珞珈山以后，本校师生无不怀于国难的严重，而肩荷着抗战与建国的两重使命。所以当时珞珈山周遭的气氛，特别显示出紧张，活跃。不过紧张中却含有充分的理智，活跃并不曾无谓的骚动。因此，师生间除在不影响课业的原则之下，做些切实有效的抗战工作外，一向特有的读书精神，仍未尝减削，自是一件可喜的事。
>
> ……
>
> 毕竟日人“三月灭华”的口号，全是梦中的呓语。开战后半年多，东湖水涯，珞珈山顶，弦歌的声浪，依然随时随地可以听到。他如校中教学上的设置种种，那时固拥有五个学院——文理法工农，十五个学系，七百九十余名学生，所需要添置的图书仪器很多，乃因临近武汉，与海外交通，尚称便利的原故，供应上还不成问题。后来日人毒

① 以上内容参见《武大停课问题 王校长谈并无其事》，《大公报》1937年12月5日。

> 计，想毁灭我文化，遂到处派机摧毁我文化机关。珞珈山的领空，也时常发现它们的阴影，但每过一次，只平添了我们无限的敌忾和仇恨，从没有遭遇过损失。就当时国内一般的大学情况来说，那个时代的珞珈山，还比较幸运，还不失为青年读书的好场所。①

不仅如此，由于武汉深处内陆腹地，在全面抗战爆发之初，除偶尔遭受日机的零星空袭外，战火尚未全面烧及，相对来说还比较安全。因此，不少以西南各省为最终目的地的内迁高校，此时均以武汉为中转站；另有不少因家乡已经或是面临沦陷、所在高校停办或是正在迁徙途中的所谓"战区学生"，也纷纷流亡到武汉，并就近转入武汉地区各大高校借读。1937—1938 年间，武汉大学本校的在校学生人数总共不超过 800 人，但这段时间内学校先后接收的来自国内其他高校的借读生，竟有将近 700 人，使大批流亡学生能够比较顺利地继续和完成学业，在这个特定的历史时期里，为中国高等教育事业的存续和发展作出了特殊的贡献。

王星拱虽然从根本上反对实行"抗战教育"，但是他对于部分学生在学校所从事的各种形式的抗日救亡运动，基本上都是采取宽容和默许的态度，极少加以干涉。在武汉大学这样一所由国民政府直接控制下的国立大学里，武大学生中的中共外围组织——"抗战问题研究会"还能多次邀请周恩来（1898—1976）、董必武（1886—1975）、博古

① 王星拱:《抗战以来的武汉大学》。

(1907—1946)等中共高层领导来到学校发表演讲，宣传抗战，这即使是在国共两党第二次开始全面合作的时期内，也是非常难得的，而这与王星拱校长的开明与宽容也是分不开的。另一方面，每当这些学生的活动受到国民党当局的密切注意和高度警惕，乃至种种限制和破坏，甚至人身安全也受到严重威胁时，王星拱校长也总是挺身而出，想方设法地用各种方式保护自己的学生。比如，当国民党武汉警备司令部将抓人的布告贴到校园内时，王星拱就愤而指出："学校是学术天地，我的学生出了问题由我负责，你们不得擅自进校抓人。"而当潘乃斌(后改名为潘琪)等"抗战问题研究会"成员被特务跟踪时，王星拱校长亲自找他们谈话，要他们赶紧离开武汉，并资助离汉的路费。等到这些学生安全离开武汉后，学校才贴出处分他们的布告，以掩人耳目。

值得一提的是，在全面抗战爆发初期，王星拱校长不仅自己经常在校园内多次发表演讲，从各方面详细阐述他对抗战救国的总体认识与基本态度，他还经常主动邀请一些社会各界著名人士来校进行抗战宣传。自从 1937 年 7 月全面抗战爆发后，武汉地区的抗日救亡运动就日益高涨，特别是在 1937 年 11 月南京沦陷前夕，随着国民政府的绝大多数机关、部门和党政首脑要员先后移驻武汉，各大党派领袖、各地知名人士与社会团体也纷纷云集武汉，使之逐渐成为当时中国事实上的"战时首都"和全国抗日救亡运动的中心所在。在这样的背景下，武汉大学的珞珈山校园，在长达一年多的时间里，亦可谓是风云际会，名流纷至——包括蒋

介石、汪精卫(1883—1944)、陈果夫(1892—1951)、陈立夫(1898—2001)、陈诚(1898—1965)、李宗仁、周恩来、陈独秀、董必武、博古、王明(1904—1974)、陆定一(1906—1996)、沈钧儒(1875—1963)、张奚若(1889—1973)、王世杰、罗家伦、陶希圣(1899—1988)、郭沫若(1892—1978)、萧军(1907—1988)、冼星海(1905—1945)等在内的众多军政要员或文化名人,均曾来过武汉大学发表演讲,或是从事与抗战有关的其他活动。用武大校友端木正的话来说,珞珈山上出现了"难得的名人风貌",而这些名人有很大一部分都是由校方直接出面邀请过来的。能有幸目睹如此之多的社会各界名人之风采,这足以令当时的武大学生受益匪浅,如端木正本人当年就曾聆听过陈独秀、汪精卫、王世杰、董必武等政界名人的演讲,还曾见过著名音乐家冼星海教武大学生唱歌。直到晚年,端木正还感慨道:"我至今仍深信,王星拱校长认为应该让青年学生多见识名人的风貌,是对青年学生增进学养的一种教育方式,这种想法是有教育价值的。"①

(三)抗战烽烟中的生死友谊

1. 不避嫌讳,邀请陈独秀来校演讲

在抗战期间,王星拱和他的同乡、同事与终身挚友,中国共产党的主要创始人之一陈独秀之间的那份超越政治、党派纷争与思想、意识形态分歧的生死友谊,亦是一件值得

① 端木正:《抗日战争爆发后的武汉大学》。

大书特书的事情。1937 年 8 月 23 日，因抗战爆发，国民政府将陈独秀提前释放出狱。9 月中旬，陈独秀来到武汉，其间与王星拱过从甚密。11 月 21 日，王星拱特地邀请陈独秀来武汉大学演讲。在这场题为《怎样才能够发动民众》的演讲中，陈独秀提出，“要发动民众，参加抗战”，“第一，必须解除民众自身的痛苦”，“第二，必须让人民有经常的组织”，“第三，必须让人民有政治的自由”，①使在场的很多学生听众深受感染和教益。

这次演讲结束后不久，王星拱校长在校园里碰上了政治系学生端木正，便问他听了这场演讲没有，感觉怎么样，端木正回答“很满意，名不虚传”。王校长接着又说：“这次我请仲甫②来，两边都不讨好，只要同学满意就好。同学表示希望听他，我只要能请各界名人来，不论是哪个党派的，也不论是哪个学科的，让青年人多见识一些有成就的人，对学生的修养有好处。”王校长的这番话，令端木正感慨万千，他后来回忆道：“我听了肃然起敬，这是位教育家！他为了对同学有好处，不计个人的得失。回想当时的会场，就是民主修养的课堂；听众中有几个是当时陈独秀的同党同派？但是从会场的秩序和气氛看出，武大师生的兼容并包精神充分体现出来，没有人扰乱会场，更没有人叫倒好。”③

2. 大义凛然，公开出面为陈独秀辩诬

1938 年 1 月，正当陈独秀在武汉为宣传抗战而积极奔

① 参见陈独秀：《我对于抗战的意见》，亚东图书馆 1938 年版，第 24～31 页。

② 陈独秀，字仲甫。

③ 参见端木正：《抗日战争爆发后的武汉大学》。

走时，刚从苏联回国不久的王明、康生(1898—1975)等人，出于所谓“反托派”的政治需要，竟公然诬蔑其为“日本间谍”、“托匪汉奸”，引起了社会各界人士的极大震惊。面对好友横遭冤屈，王星拱义愤填膺，很快便挺身而出，与其他几位对陈独秀的人品、个性比较了解的人士一起，公开出面为其辩诬。从1938年3月16日起，《大公报》、《武汉日报》、《扫荡报》等重要报纸，均在显著的位置发表了时任国民党中央政治委员会委员、中国实业银行董事长傅汝霖(1895—1985)，国民党中央执行委员、中央训练团教育委员会主席段锡朋(1896—1948)，国民政府监察委员高一涵，国防参议会参议员陶希圣，国立武汉大学校长王星拱，国民党中央执行委员、国防参议会参议员周佛海(1897—1948)，国民党中央政治委员会委员梁寒操(1898—1975)，国民政府立法委员张西曼(1895—1949)，国民政府立法委员林庚白(1896—1941)等九人联名的公开信，信中称：

> 中国共产党内部理论之争辩，彼此各一是非，党外人士自无过问之必要；惟近来迭见共产党出版之《群众》、《解放》等刊物及《新华日报》竟以全国一致抗日立场诬及陈独秀先生为汉奸匪徒，曾经接受日本津贴而执行间谍工作。此事殊出乎情理之外，独秀先生平生事业早为国人所共见，在此次抗战中之言论行动，亦国人所周知，汉奸匪徒之头衔可加于独秀先生，则人人亦可任意加诸异己，此风断不可长，鄙人等现居武汉，与独秀先生时有往还，见闻亲切，对于彼蒙此莫须有之诬蔑，为正义，为友谊，均难默缄，特此代为表白，凡独秀先生

海内外之知友及全国公正人士，谅有同感也。①

王星拱等人的仗义执言，不仅谴责了王明、康生等人的无耻谎言，表明了“全国公正人士”的正义立场，在武汉三镇引起了强烈的反响，也让此时正在蒙受着不白之冤的陈独秀本人，因及时地得到了包括王星拱在内的诸位友人的鼎力援助，心中倍感宽慰与温暖。

3. 情重如山，为陈独秀慷慨解囊、出版遗著

1938 年初，陈独秀的一位朋友陈钟凡推荐他到武汉大学教书，但他在回信中婉言谢绝：“抚五与我至好，武大不便聘我教书，我所学亦无以教人。”②此时，武汉大学正在王星拱校长的领导下，有条不紊地迁往四川乐山。7 月初，陈独秀也沿江西上，抵达重庆，并于 8 月定居江津，在那里度过了他一生中最后的四年岁月。在这四年里，陈独秀长期贫病交加、郁郁寡欢，过着“政治上软禁、经济上穷困、生活上靠朋友”的艰窘生活，晚景十分凄凉。面对老友的艰难处境，王星拱总是竭尽所能，全力予以帮助。每年王星拱从乐

---

① 《为陈独秀辩诬　傅汝霖等九人致本报函》，《大公报》1938 年 3 月 16 日。另外，此公开信于 3 月 16 日见报后，林庚白立即致函《新华日报》：“本日大公报登载为陈独秀辩诬一函，列有贱名，查该函于友人持示时，经告以陈独秀为倡导新文化之有功者，吾人本中华民族和平，宽大，之精神，与东方政治家之立场，对于其人格，予以维护，原则上自可赞助，惟该函措辞，颇涉于共产党所指为托派者之语气，非国民党同志应有之口吻，当提出修正文句，乃倾读该函，并未更易一字，本人生平在政治上之主张，态度，素极坦白，雅不愿苟同！兹特郑重声明，本人于该函之内容，完全不能同意，应不负任何责任！敬乞贵报予以披露为幸。”（参见《来函照登》，《新华日报》1938 年 3 月 17 日）

② 转引自唐宝林：《陈独秀传（下）——从总书记到反对派》，上海人民出版社 1989 年版，第 272 页。

山到重庆教育部述职或处理其他公务时,都会去江津看望陈独秀,临走前也总要慷慨解囊,留下一笔钱给身患重病、经济无着的陈独秀买药治病、补贴家用。此时的陈独秀尽管生活艰苦,但也一再拒收来路不明的巨款,然而,凡是王星拱资助的钱,他总是乐意收下。作为一名国民党的高层要员,王星拱仍坚持与处于国民政府严密监视之下的前中共领袖陈独秀继续交往,这是要冒一定的政治风险的。据王星拱之子王焕晰回忆,有一年王星拱去江津看望陈独秀,曾有国民党特务找他谈话,审查他与陈独秀之间的关系,王星拱气得拍桌大骂,说我是同盟会员,有什么好审查的!①

1942 年 5 月 27 日,陈独秀在江津去世。在临终前两天,陈独秀在给自己的学生、助手何之瑜交代后事时,曾嘱托他与其子陈松年(1910—1990)以及王星拱一同处理其遗著的出版事宜。② 由于担心书稿散失,王星拱曾多次给何

---

① 参见徐承伦:《“一代完人”王星拱与陈独秀》,《党史纵览》2005 年第 4 期。

② 当时,社会上曾有一个传闻:“据说陈独秀死前的晚景已甚凄凉,死后更凄凉,几乎没有人愿意出来为他料理后事,那时国共虽然合作,但对陈独秀似乎都有恶感,只是程度深浅不同,恶感的造因亦不同。他活着的时候,大家对他已是敬鬼神而远之的态度,避之唯恐不及,死了当然不会有人来‘忝叨知末’,或者‘谊兼师友’了。抚五校长与陈独秀是同乡,在北大是同事好友……据说陈独秀的萧条后事,是由抚五先生出来领衔治丧,才略具规模,才有了相当可怜的哀荣的。”(参见吴鲁芹:《武大旧人旧事》,台湾《传记文学》第 34 卷第 4 期(1979 年 4 月),第 39 页。)对此,吴鲁芹还评价道:“他敢于漠视政治现实,于故交则情重如山……一位国立大学校长做这样的事,在当时算是有胆量的行径。”然而,据王星拱之子王焕晰先生向笔者透露,王星拱当时只是向陈独秀的葬礼捐了一笔钱,但并未亲身参加他的葬礼(更谈不上为其领衔治丧),此传言严重失实。现在看来,这种误传之所以会产生并广为流传,大概与时人对王星拱与陈独秀二人之间的生死友情的高度敬仰有关。

之瑜写信，嘱托其妥为保管。1945 年 11 月 29 日，王星拱又亲自出面，邀请了商务印书馆总经理王云五(1888—1979)、陈独秀之子陈松年，以及沈尹默(1883—1971)、傅斯年(1896—1950)、段锡朋、狄膺(1895—1964)等北大校友，在重庆重专美街七号一同商议陈独秀遗著的出版问题，并签订了出版合约，议定陈独秀的“所有文史部分遗著，全部交由商务印书馆出版发表”。最后，王星拱还与光明甫(1876—1963)、陈松年、狄膺、王云五、何之瑜等人，一同在《关于陈仲甫先生遗著出版问题谈话会记录》上签了字。①

王星拱与陈独秀之间的这份珍贵友谊，先后历经 20 多年。在此期间，无论对方身处顺境还是逆境，二人之间始终互相关爱，对友谊忠实如一，真正做到了“不以成败论交情”，也为后世留下了一段可歌可泣的佳话。而王星拱本人在这段友谊中所表现出来的种种高贵品格，也正如武大校友詹寰(笔名叶霜)所言，“中国儒家‘富贵不能淫，贫贱不能移，威武不能屈’的理想人格，在抚公身上得到了完美的体现”②！

① 以上参见徐承伦:《陈独秀与商务印书馆》,《编辑学刊》1996 年第 2 期。

② 叶霜:《低首一生拜抚师——王星拱校长在乐山办学前后》,武汉大学校友总会编:《武大校友通讯》1997 年第 1 辑,第 164 页。

三、高瞻远瞩　迁校乐山

(一)主持迁校——"为国家多保一分元气"

1. 四川乐山——战时校址的选定

1937年7月,日本帝国主义悍然发动全面侵华战争,打断了中国社会现代化以及高等教育事业正常发展的历史进程。由于日寇有意识地破坏和摧残中国的大学等重要文化教育设施,使中国的高等教育事业蒙受了巨大损失,也面临着生死考验。从那时起,为了躲避战火,使中国的高等教育不致因抗战而中辍,以保存和延续中华民族的文明血脉和文化火种,地处东部沿海战争第一线地区的大部分高校,纷纷开始向内陆偏僻地区迁徙,一场大规模的高校内迁运动,就此在抗战的烽火中全面展开。

1937年底,在上海、南京先后沦陷,长江下游门户已然洞开之时,地处华中的战时首都武汉,形势也日益紧张,不再如抗战爆发之初那么安全。而早在淞沪会战接近尾声之时,身为武汉大学校长的王星拱,即以高瞻远瞩的战略眼光,开始着手于迁校的各种准备工作。据1936年考入武汉大学史学系、1942年毕业后曾在王星拱校长身边工作的马同勋(1916—　)校友回忆,当时王星拱校长派人秘密购置了大量木料,定做了大批木箱,用以装运重要图书仪器。为不影响武汉各界的抗战军心,所有这些工作都是秘而不宣的,却又在暗中有条不紊之中稳步进行着。1937年12月

18日,王星拱校长致函武汉警备司令部,告知对方“本校现已租定‘江兴’、‘永平’两轮,搬运图书仪器,前往宜昌、长沙等处,拟请贵部派兵四名,随轮保护”①。

12月初,社会上“盛传武汉大学业已暂行停课,并已有学生多人离校”,而武大学生听闻此说后,“对停办迁校均力加反对”。对此,王星拱校长曾对汉口《大公报》记者公开表示:“至于迁校问题,当待将来全盘抗战局势确定后,始能决定,即将来实行迁移,则目前对于迁移之地点,尚未曾考虑,学校内之准备,系仅将重要之仪器及图书装箱,亦谨系预防万一而已。关于教职员家属,则已通知其尽可能先行离去,教职员方面,则全部在校,学生离校者,亦仅有必须离校之一小部,想其数目当在百十人之间。”②据端木正回忆:“进入12月的珞珈山人心浮动,起初大家指望南京保卫战会支撑相当时期,不料日寇在沪宁线上进展迅速,保卫南京徒托空言,暂驻足武汉的流亡学生又将走上继续流亡的路途,一位湖北的同学说,全校同学都将成为流亡学生了,学校正式

---

① 《国立武汉大学公函稿》(第2281号),《武大1937年关于迁校工作有关材料》,国立武汉大学档案,1937—61。另外,1939年6月出版的《国立武汉大学一览》(中华民国廿六、七年度合刊),在《沿革概要》所附的《本大学迁移四川嘉定经过》一文中亦写道:“二十六年冬,首都沦陷,武汉方面敌机肆虐益甚,无论文化机关、慈善团体,皆任意摧毁。本校遂于此时租定‘江兴’与‘快利’两轮,将重要图书仪器运存宜昌,藉以避免无谓之牺牲。”(参见该书第19页)其中提到的“本校遂于此时租定‘江兴’与‘快利’两轮”与前述公函中的“本校现已租定‘江兴’、‘永平’两轮”略有出入。

② 以上内容参见《武大停课问题 王校长谈并无其事》,《大公报》1937年12月5日。

表示将迁校大后方，留在珞珈山的日子已经屈指可数。”①另一位武大校友杨鸿年则回忆，当时北平、上海等地的高校纷纷内迁，“而武大则毫无消息，人心惶惶”，有一次学校召集大会，前任校长王世杰以教育部长身份发表讲话，专门谈武汉大学的迁校问题，“结论是迁是一定要迁的，现须研究的乃是迁往何处？从此，全校人心大定”。②

对于学校迁校地点的选择，据当时的数学系主任曾昭安教授回忆：“武大教授杨端六因事在重庆，听说四川乐山人士欢迎武汉大学迁往该地。因此杨氏特乘飞机前往该地视察。③ 回返武昌报告情况，校中同仁也以该地滨岷江、交通便利，就是溯江西上时，中途达重庆还可由重庆换乘汽车绕道成都……再南行到该地，将来复校时，沿江而下，更有许多方便，所以大家同意呈报教育部……作西迁的准备。”④

1938 年 2 月 3 日，国立武汉大学校长王星拱致函四川省政府，请求指拨嘉定⑤文庙等处地址供武汉大学迁川后开学上课之用。该函于当日由专人面交四川省教育厅厅长蒋志隆，其主要内容如下：

---

① 端木正：《抗日战争爆发后的武汉大学》。

② 参见杨鸿年：《珞珈琐忆》，台北市“国立武汉大学校友会”编印：《珞珈》第 124 期(1995 年 7 月)，第 54 页。

③ 当时，杨端六为武汉大学法学院院长，与杨端六一同前往乐山考察校址的还有工学院院长邵逸周。

④ 曾昭安：《武大杂记》，《武汉文史资料》1986 年第 2 辑(总第 24 辑)，1986 年，第 28 页。

⑤ 乐山古称嘉州、嘉定。

自中日战事发生以来，敌军侵略迄未中止。武汉现当军事要冲，敌机时来滋扰。为巩固后方，保存实力，以便长期抗战，本校有迁移内地之必要。兹悉贵省嘉定民风朴素，交通便利，兴学育才，地点适宜。惟本校现有文法理工农五院，学生人数不下一千三百，图书仪器尤为繁多，欲求一时兴建校舍，即行开学，在事实上实不可能，盖迁延时日，学生必多失所学，在今日努力图存，精神上之损失未免过大。爰特派工学院院长邵逸周法学院院长杨端六前往查勘，相定下列各处，认为稍加修葺，即可从事上课：

（一）文庙，崇圣祠，三清观与九峰书院……

（二）华新丝厂与凤翔丝厂……

（三）大佛寺与乌尤寺……

以上数处，在本校虽不尽合用，然为暂时开学计，亦可分院布置，勉为支配。将来迁校妥定以后，或尚须由本校加建房屋。素仰贵省政府热心奖学，嘉惠士子，不遗余力，战区学校均不惮千里，闻风来归，本校亦愿步其后尘，为国家多保一分元气。为特具函奉恳，赐予转知各主管机关，在最短期间内，分别迁让，以利学业，并祈示复为荷。①

1938 年 2 月 21 日，王星拱校长主持召开了第 322 次校

---

① 《国立武汉大学公函稿》(第 2331 号)，《本校与教育部关于学校迁至四川有关事宜的来往函件》，国立武汉大学档案，1938—33。

务会议，议决通过了“迁校问题案”，决定“呈商教育部四年级学生留校上课，一、二、三年级学生暂迁嘉定，并于暑假后酌量情形，再行商迁贵阳”①。22日，学校在给教育部的呈文中称：“在长期抗战期中，常轨教育，未可中断，惟地方必须安静，始克收教育之功。查川西嘉定，接壤康滇，工商发展，交通亦颇便利，并有合宜校舍可资借用。职校拟即暂时迁移该地，俾得早日授课，以免学业损伤，至四年级学生，仍著令在武汉原校受课。”该呈文的“附呈”又补充说明，“职校并拟派员前往贵阳，调查房屋、交通各方情形，如无重大困难，拟于暑假后重迁往贵阳，以符期仰钧部平均分配高等教育机关之主旨”，“最高年级学生仍著令留校上课，以期增加秩序之稳定”。② 该方案于2月24日由教育部予以核准。③

对于选择四川乐山作为临时校址的原因，武汉大学在迁校基本完成之后，于1938年7月4日呈文教育部，④作出了如下解释和总结：

> 本校前以在长期抗战期中，常轨教育，须择后方安静地方照常进行，始克收教学研讨之功。爰

---

① 参见《国立武汉大学校务会议纪录》(第七册)，国立武汉大学档案，1938－114。

② 以上引文参见《国立武汉大学呈教育部文稿》(第603号)，《本校与教育部关于学校迁至四川有关事宜的来往函件》。

③ 参见《教育部指令》(汉教字第634号)，《本校与教育部关于学校迁至四川有关事宜的来往函件》。

④ 该呈文由时任法学院院长、迁校委员会委员长杨端六在乐山临时校址代表王星拱校长予以签发。

于本年一月间，派负责人员往川省各处视察，结果，认为乐山县(即旧嘉定府治)最为适宜。其理由：

(一) 该处尚无专科以上学校之设立。

(二) 地处成都之南，叙府之西偏北，水陆交通，均称便利。

(三) 生物矿物，产畜丰富，可资研究，以备开发。

(四) 民情风俗，颇为朴素，而文化程度亦不低于其他大城市。

(五) 公私建筑物颇多，其破旧者加以修理，即能适用。

(六) 地方深入内地，不易受敌机之威胁，学生可以安心读书。①

而在王星拱个人看来，“嘉定当泯水②、铜河③汇合之冲，为四川一大盆地。昔贤李杜苏黄，都曾流寓此间。风景的秀丽，虽不可比拟珞珈山，然气候温和，物产富庶，也颇有几分江南风味。若说避难时的读书环境，当然嘉定要算好

① 《国立武汉大学呈教育部文稿》(嘉字第 632 号)，《本校与教育部关于学校迁至四川有关事宜的来往函件》；正式文件另见《国立武大呈报迁乐情形及新建校舍计划、图纸有关文书》，中国第二历史档案馆藏国民政府教育部档案，全宗号五，案卷号 5315。

② 即岷江。

③ 为大渡河的俗称。

的"①。也正是因为乐山作为战时校址,具有上述多项优点,武汉大学在西迁乐山之后,便不再按原计划转迁贵阳,而是在"酌量情形"之后,选择了长期驻守乐山,直至抗战胜利后于 1946 年迁回武昌珞珈山。

2. **武汉大学西迁乐山的经过**

1938 年 2 月 26 日,王星拱校长主持召开了国立武汉大学第 323 次校务会议,先后通过了"开学日期及各年级上课日期案"及"成立迁校委员会案",前者规定"一、二、三年级学生定于四月十四日在四川嘉定开始上课",后者则决定"推杨端六、方壮猷、刘迺诚、曾瑊益、郭霖、叶雅各诸先生组织迁校委员会,并请杨端六先生为委员长"。② 与此同时,学校还组织了运输委员会,并在武昌、宜昌和重庆等地设立办事处,办理图书、仪器、机械运输及教职员、学生赴乐山购票、换船等事宜。③ 3 月 8 日,第 325 次校务会议议决通过"规定教员赴嘉定日期案",规定"凡任一、二、三年级课程之教员,须于四月十四日以前抵达嘉定,任四年级课程之教员,须于四年级课程结束后一个月内抵达嘉定"④。3 月 10 日,第一批办理迁校事务的 10 多位教职员正式启程,前往四川。⑤ 3 月 18 日,第 326 次校务会议又推请工学院院长邵逸周"以建委会委员长名义加入迁校委员会,为当然委

① 王星拱:《抗战以来的武汉大学》。

②④ 参见《国立武汉大学校务会议纪录》(第七册)。

③ 参见《国立武汉大学呈教育部文》(嘉字第 632 号)。

⑤ 参见《本校呈报迁校情况》,国立武汉大学档案,1939-36。

员"①。此时,武汉大学将全体教职员"依其所担课业及职务分为两部,一部份仍留原校继续维持校务,其他一部份担任迁校事务"②,迁校事务由迁校委员会及运输委员会共同负责,而校长王星拱则继续坐镇珞珈山校园,负责维持校本部各项校务工作的正常进行。

在武汉大学已公开进行西迁的各项工作之时,其珞珈山校园的优美环境和宏伟建筑也吸引了国民政府诸多高层人士的注意。1938 年 3 月 14 日,中国国民党中央执行委员会武汉办事处主任居正致函国立武汉大学,商请借用学校礼堂为中国国民党临时全国代表大会开会会场,并请借拨一部分校舍房屋为工作人员办公之用。③ 与此同时,国民政府军事委员会政治部部长、武汉卫戍总司令部司令陈诚也数次致函教育部及国立武汉大学,商请借用武汉大学校舍为开办战时工作干部训练团及军官训练团之用。④ 为了支持国家的抗战工作,王星拱校长对这些借用校舍的要求进行了积极的配合和支持,同时,也为了给武汉大学的西迁

① 参见《国立武汉大学校务会议纪录》(第七册)。

② 《国立武汉大学呈教育部文》(嘉字第 632 号)。

③ 参见《中国国民党中央执行委员会武汉办事处公函》(中武字第 228 号),《国民党中央执行委员会 1938 年在武大礼堂召开临时全国代表大会》,国立武汉大学档案,1938－36。中国国民党临时全国代表大会最终于 1938 年 3 月 29 日至 4 月 1 日在武昌珞珈山国立武汉大学图书馆召开,参见《王世杰日记》(手稿本)第一册(民国二十二年五月～民国二十七年十二月),台湾"中央研究院"近代史研究所编印发行,1990 年,第 226～230 页。

④ 参见《军委会卫戍司令部 1938 年在武大开办军官训练团文件》,国立武汉大学档案,1938－37。

争取更好的外部支持，他也以借用校舍为条件，成功地让政府答允使用一部分军用船只将武汉大学的图书仪器、工厂设备等运往四川。

从 1938 年 3 月中旬起，武汉大学的部分教职员及一、二、三年级学生，采用自由组合方式，分批乘船出发，前往四川乐山。学生中经济较困难者，则由学校酌情补助一部分旅费。从武汉到乐山，水路里程总长约四千华里，大致分为汉—宜、宜—渝、渝—叙①、叙—嘉四段。其中，汉宜段大部分由学校租拖轮、驳船启运，其余由民生公司轮运，其间购买船票较易，航船宽大，师生染疾病者甚少。“自宜经渝至嘉由校与民生公司订立优待办法，尽先载运”②，其中宜渝段大部分由民生公司轮运，小部分由学校租木船运，其间船少客多，购买船票至为不易，曾有师生在宜昌候船两个月以上，加之船小拥挤，师生染病较多，“颇以为苦”；渝嘉段由华懋公司及四川旅行社包运，大水期间全线轮运，浅水期间渝叙段轮运，叙嘉段由木船运。恰逢 1938 年春季长江水势较往年更为浩大，由重庆到乐山的汽轮得以在 4 月间提早直航，使大部分武大师生得以顺利、安然抵达目的地，途中染病情况亦较宜渝段“稍胜一筹”。③

据当时曾随校入川的武大经济系学生刘涤源(1912—1997)回忆，学校在西迁乐山的过程中，“对家境贫困学生发给贷金：甲等每月六元，乙等四元。(抗战初期物价基本稳

① 宜宾古称叙州、叙府。

② 《本大学迁移四川嘉定经过》，《国立武汉大学一览》(中华民国廿六、七年度合刊)，第 19 页。

③ 以上内容除注明外，均参见《本校呈报迁校情况》。

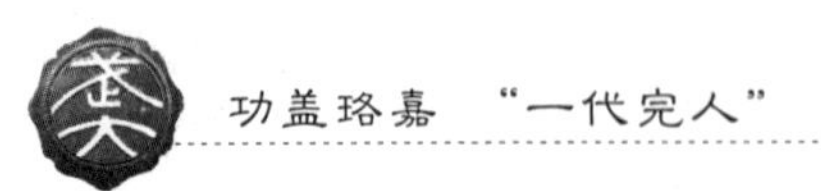

定，四五元可吃一个月伙食。）通知学生各自结伴入川，四五月间到达乐山。沿途在珞珈山、宜昌、重庆、泸州设立招待站，派专人照料，代买船票、提供住宿。这些安排是周到的：如贷金起到了鼓励学生入川求学、减少后顾之忧的良好作用。又如沿途设招待站，确实减少了入川师生员工人地生疏、旅途劳累的困难。我自己回忆，我们七八人结伴自湖南启程入川，沿途在珞珈山、宜昌、重庆各停数日，于四月十六日到达乐山，没有劳累不堪的感觉，更没有逃亡流落的意识。当时全校师生员工和家属，包括老的、小的，人数众多，都是平安到达，没有发生过任何伤亡等意外事故。真是难能可贵，值得庆幸，也值得赞颂”①。

4 月 2 日，全部迁校委员先期抵达乐山，经与地方政府及士绅商议，先后勘定和租借乐山文庙、三育学校、李家祠、龙神祠、县财务委员会、观斗山、露济寺、三清宫、火神庙、进德女校等处为校舍，并从 8 日起开始修葺房屋，购置器具，积极筹备。同日，王星拱校长在珞珈山校本部主持召开第 327 次校务会议，议决将嘉定临时校舍定名为“国立武汉大学嘉定分部”。② 随后，“为求适合各部分实际之需要与便利，决定以文庙为总办公处及文、法两院教室，三育、李公祠为理、工两院教室及实验室，农艺系附之，三清宫为印刷所，余均作学生宿舍及饭厅之用”③。在迁校委员夜以继日的

---

① 刘涤源：《喜读〈珞珈〉，欣忆“乐嘉”》，台北市“国立武汉大学校友会”编印：《珞珈》第 118 期（1994 年 1 月），第 20～21 页。

② 参见《国立武汉大学校务会议纪录》（第七册）。

③ 《本大学迁移四川嘉定经过》，《国立武汉大学一览》（中华民国廿六、七年度合刊），第 19 页。

辛苦劳作及乐山地方官绅的热心支持与赞助下，校舍修缮工作进展迅速，当4月底大部分学生陆续抵达之时，一切均已大致就绪。4月29日，“国立武汉大学嘉定分部”正式开学上课。此时，距校舍修缮工程开工之期不过三个星期；“距启程时仅废一个多月，学生旷课时间，算是很短”①；距校务会议正式作出迁校决议，也仅仅只有两个多月的时间。

到了5月，“所有运动场、医药设备、装设电话及配置校警等工作均次第完成……斯时，教职员、学生已大部到齐，校务日益繁重，校长乃自本部抽暇来嘉，处理一切待决事宜”②。5月18日和21日，王星拱校长在乐山代迁校委员会委员长杨端六先后主持了迁校委员会第20和21次会议，③“月余，旋即返汉，从此，分部校务几已恢复本部旧观矣”④。到6月份为止，来到乐山报道和上课的学生已达663人。⑤ 6月30日，迁校委员会委员长杨端六又代王星拱校长主持了第329次校务会议，这也是国立武汉大学校务会议首次移至“嘉定分部”举行，会议议决通过了“本校嘉定分部机构应如何设立案”，决定“自即日起，武昌校本部各院、部、处、馆、会应在嘉定分部继续执行职务，迁校委员会

① 王星拱:《抗战以来的武汉大学》。

②④ 《本大学迁移四川嘉定经过》,《国立武汉大学一览》(中华民国廿六、七年度合刊),第19页。

③ 参见《迁校委员会议事录》(第一册),《武大1938年迁校委员会议事录(第1～25次)》,国立武汉大学档案,1938－28。

⑤ 参见《国立武汉大学呈教育部文》(嘉字第632号)。

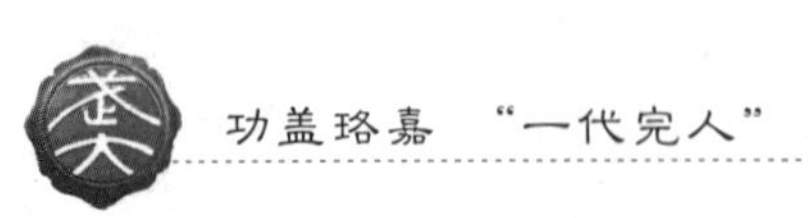

除未了事项仍继续办理外，其余一切事务概移交学校照常处理"。①

6月初，留武昌珞珈山原校上课的200多名四年级学生结束了全部功课。7月，学校举行第七届毕业试验，计共毕业115人，另有借读生毕业67人。此时，学校运往乐山的1300余件图书仪器设备，大部分均已陆续安全抵达，另有一部分重大机械及暂时不需用或不便搬运之图书仪器机械等，则暂时租赁汉口特二区兰陵路西商新泰堆栈栈房予以存储。同时，因学校"在武昌校产及各项事业，其势不能中止者"尚为数不少，因此，在四年级学生的课程结束之后，学校还决定将一部分组织机构与少数教职员继续留驻武昌珞珈山校本部，处理一些未尽事务，而"此后校长如在嘉定分部，则武昌本部校务委托高级教职员一人，随时督率同事，负责处理应办事项，期求进展，以期毋负政府及钧部维持文化事业之至意"。②

7月间，武汉大学珞珈山本部校务暂行结束，学校又设立了校产保管处，留下10名教职员及20名校工，负责看管校产。③ 在具体选择留驻珞珈山校本部教职员的人选问题上，王星拱校长等也是用心良苦，颇费思量。当时，武汉大学外文系有一位德国籍的特约讲师格拉塞（Konrad Glatzer），考虑到他的祖国与侵略者日本正好是盟国，他的

① 参见《国立武汉大学校务会议纪录》(第七册)。

② 以上参见《国立武汉大学呈教育部文》(嘉字第632号)。

③ 参见《本校呈报迁校情况》。

夫人又是个日本人，故学校特地将他留在武汉担任保管员，"负帮忙交涉责任"①。另有武汉大学经济系1934年的毕业生汤商皓(1911—1997)，毕业后曾在日本留学三年，1937年全面抗战爆发后，携其日本夫人铃木光子一同返回中国，并回到母校任教。据其回忆："一九三八年夏，日寇西进，武汉情势紧张，学校决定西迁乐山。王校长及端六师以予颇谙日语，命予与总务处三人、秘书处一人，共予凡五位同仁留在武汉守校。予再三坚持不准，乃严令留守，并谓国难如此，能保全一部分艰难缔造之校舍便是替国家保留一部分莫大之元气。情辞恳切，予乃临危受命……予毕业武大，返校任教，受命于危难之际，留汉护校，三年苦守，校舍无恙，幸未辱命。夫以当时数百万国防军，犹不克抗阻顽寇，而纷纷损兵失土。而予与数同仁，皆手无寸铁之文弱书生，尚克冒险犯难，与寇酋数度周旋，完成此一艰巨之任务，未负学校当局之苦心。其间日妇铃木嫁夫随夫，颇明大义，协助护校良多，似亦不无功劳。忆在台湾时，1952年武大校友在台组织同学会，初开成立大会时，由予报告当时护校'史实'，经予如上陈词后，咸深感动。承老校长王世杰及总务长熊国藻诸师长面慰有加，同学百余人鼓掌者再，以示慰劳。"②事实上，在整个抗战期间，武汉大学珞珈山校舍虽然也遭到了部分损毁，但整体上仍然基本保持了原状，非常

① 参见《本校呈报迁校情况》。

② 汤商皓：《1985年回国重游珞珈母校武大忆往感怀记》，武汉大学校友总会、武大武汉校友会合编：《武汉大学校友通讯》1991年第1期，第55～57页。

幸运地躲过了战火的浩劫。而校舍、校产保管工作的顺利完成，与校长王星拱等学校领导高明、合理的工作部署和人员安排也是分不开的。

1938 年 7 月，在将校产保管事宜交待完毕后，王星拱校长便与工学院院长邵逸周一道，带领着最后一批随校西迁的教职员，乘坐一辆福特 1936 型小轿车和一辆载满汽油的卡车，最后离开了珞珈山。他们首先南下长沙，然后取道川湘公路，经湖南、贵州奔赴四川。这条路山高水险，经常出车祸，还不时有土匪出没，王星拱的侄子、秘书王焕然先行赴川时，就不幸在湘西翻车身亡。王星拱校长一行长途跋涉，一路颠簸，历尽艰辛，最后终于在先期赴渝的家人的焦急等待中，平安抵达重庆，随后又与家人一同前往乐山。校长的到来，标志着武汉大学迁校工作的基本完成。1938 年 9 月 15 日，迁校委员会举行了第 29 次会议，宣布该会“可即行结束，将议事录、支票、图章与收支报告交呈校长”①。

在武汉大学的大部分教职员及图书仪器设备抵达乐山之时，因川江航段船只不够，运力有限，学校仍有一部分图书仪器设备暂时滞留于宜昌，因交通工具缺乏，运输尤为迟缓。随着日军侵略的逐渐深入，这批校产也蒙受了巨大损失。1938 年 11 月 17 日，日机轰炸宜昌五龙，炸毁武大迁校物品 143 箱，价值约 14 万余元。② 12 月 30 日，武大迁校船

---

① 参见《迁校委员会议事录》(第二册)，《国立武大 1938 年迁校委员会议事录》，国立武汉大学档案，1938－21。

② 参见《国立武汉大学呈教育部文稿》(嘉字第 695 号)，《本校、宜昌办事处、教育部关于滞宜昌本校候运物件被炸经过的来往函件》，国立武汉大学档案，1938－32。

只在巴东青竹标触礁沉没，损失图书仪器物品10万余元。①之后，学校采取分段运输、减短航程的办法，将部分物品运至万县存放。1939年2月4日，日机轰炸万县，又炸毁武大重要仪器设备50余箱，价值约11万多元。② 1939年5月，武汉大学的最后一批图书仪器设备最终运抵乐山，③迁校工作全面完成。但到了1940年3月4日，学校存放于汉口特二区英商怡和栈房（即新泰堆栈）的大量仪器与图书，又被日寇尽数劫去，共损失图书4万余册，图书仪器设备损失总计约41万余元。④ 1940年8月20日，日机大举轰炸重庆，武汉大学驻渝办事处亦被完全炸毁。⑤ 据学校在1941年的粗略统计，全校的图书仪器设备在迁校过程中所受到的损失，“合计亦在总值八分之一”，⑥而最为重要的1300余件图书仪器设备则早已运抵乐山，基本保持齐全、完整，因此，日寇给武汉大学所造成的这几次重大劫难和损失，并

① 参见《国立武汉大学1939年益中公证行关于赔偿巴东图书受损费往来文件》，国立武汉大学档案，1939—73。

② 参见《国立武汉大学呈教育部文稿》（嘉字第813号），《国立武汉大学1939年报送本校迁校途中在万县被炸损失情况》，国立武汉大学档案，1939—37。

③ 参见《本校呈报迁校情况》。

④ 参见《国立武汉大学1940年呈报存汉口图书馆设备被劫材料》，国立武汉大学档案，1940—15。

⑤ 参见《国立武汉大学呈教育部文稿》（嘉字第1089号），《国立武汉大学1940年呈报武大驻渝办事处被炸受损材料》，国立武汉大学档案，1940—16。

⑥ 参见《武大概况》，《教育部、四川省教育厅、益世报馆、时事新报及本校关于征集、编撰学校要览（学校概况）各项章则材料》，国立武汉大学档案，1941—20。

未从根本上动摇学校的基本办学条件，对于正常的教学工作亦影响甚微。1939年8月19日，日机轰炸乐山，焚毁了不少武大师生私人借用的图书资料，所幸学校的其他图书仪器设备毫无损失。

对于武汉大学西迁乐山的经过，王星拱校长后来感慨道："搬家，一向是人们认为最苦的事。何况搬一所二千多人的大学，在'蜀道难行'的场合下，所遭遇的困难，自不消说。然而我们为抗战建国储备专材的热情所鼓励着，终于克服了一切困难，安全到达，完成迁校这一个任务。"①

（二）武汉大学迁校工作的成功之处

1. 迁校过程相较其他大多数高校的迅速、高效

纵观武汉大学西迁四川乐山的全过程，自始至终无不体现出王星拱作为一名卓越的教育家和大学校长所具有的远见卓识、超凡胆略与出色才能：早在1937年底，当中日军队在淞沪战场上激战正酣时，王星拱便以其高瞻远瞩的战略眼光，从长远的角度出发，决定尽早将学校迁出武汉，以远离战火，在日军距离武汉尚有千里之遥时，便已未雨绸缪地开始进行一些迁校的前期准备工作，并首先搬运一部分图书仪器设备，充分体现了"兵马未动，粮草先行"的正确原则，同时，为了不动摇抗战军心，所有关于迁校的准备工作都是秘密进行的；等到局势已日趋明朗化，学校已公开、正

① 王星拱：《抗战以来的武汉大学》。

式宣布要内迁之时，又与校中其他同仁一起，集思广益，深思熟虑，努力寻找最为合适的战时校址，经集体商议，最终选定了偏居西部边陲、但水陆交通又都比较便利的川西小城——乐山作为迁校目的地，保证了学校搬迁过程的相对顺利与在整个战争时期的相对安全；校址选定后，又充分利用了长江水道相对于陆路而言更为便捷的优势，不论物资、人员，均全部采取水路运输的方式，力求一步搬迁到位，而在具体的迁校过程中，又集中时间与精力，首先将广大师生员工迁至乐山校址，并尽早开学上课，以尽快恢复正常的教学秩序，充分体现了“以人为本”的理念与原则；在图书仪器设备的搬迁过程中，既善于积极争取民生公司对武大迁校工作的大力支持，主要依托其在交通运输方面的雄厚实力进行迁校工作，又非常巧妙地以出借武昌珞珈山校本部部分校舍供有关党政军机关使用、积极协助与配合政府的抗战工作为交换条件，难能可贵地争取到政府以部分军用船只帮助武汉大学运输图书仪器设备，此足见其在处理学校与社会及政府之间的关系问题上的高明、老练与游刃有余。总之，在武汉大学的西迁过程中，以王星拱校长为首的学校领导人，以其高瞻远瞩的预见性，及时而有条不紊的准备工作，正确、明智、合理的选址与迁徙策略和方式，以及高超的社会活动能力，充分保证了武汉大学的迁校工作能够比较顺利地开展和完成，令人不得不为之而感到叹服不已。

抗战时期，在日寇步步进逼、国难日益深重的情况下，高校内迁，实属不得已而为之的无奈之举。然而，在这种被迫采取的措施之中，又包含着不少积极、主动地去应对与选择的空间，客观环境的不同与主观认识和努力的差异，导致了不同高校内迁过程和结果的迥然相异。由于全面抗战爆发前中国的高等学校绝大多数集中于东部沿海地区，尤其是平、津、京、沪一带，处于抗战的最前线，又由于很多高校的领导人对于日寇全面侵华的危险性与突然性严重估计不足，对于战争的全面爆发与学校的内迁工作，事先没有任何心理及物质上的准备，因此，一旦战端突起，便首当其冲地成为日寇重点攻击和摧残的对象，完全处于猝不及防的状态与极端险恶的困境之中，也就根本无法有组织、有计划地撤离和迁徙，而只能毫无准备地仓促启程搬迁，导致物质损失与人员伤亡极其惨重。

此外，由于很多高校的领导人对于抗战的艰巨性与长期性也严重缺乏认识，不能明确而合理地择定一个相对安全的迁校地点，迁徙过程带有极大的盲目性，而缺乏明确的目的性，加以准备工作严重不足，导致行程极其艰难，损失也极其严重。而在迁校之后，或是由于落脚地点离战争前线太近，或是由于当地的客观条件不能满足正常办学的需要，于是，便又在日本军队的穷追猛打、不断逼迫和飞机大炮的狂轰滥炸下，或是在极端恶劣的客观环境的压力下，被迫再一次地踏上继续迁校的艰难行程。在整个抗战期间，很多高校都曾经历过多次搬迁，正是在这样的不断长途跋涉之中，学校的图书仪器设备几经辗转，损失殆尽，广大师生颠沛流离、居无定所，正常的教学、科研工作亦难以维系。

反观王星拱校长领导下的国立武汉大学，尽管开始迁

校的时间比东部地区多数高校都要晚几个月，然而，武汉大学从 1938 年 2 月 21 日正式决定西迁四川乐山，到 3 月中旬首批师生开始启程，直接、明确地对准自己的迁校目的地，用较快的速度一步迁徙到位，再到 4 月 29 日，便已在乐山临时校址正式开学上课，其间仅仅用了 2 个多月的时间！学校的图书仪器设备虽然在搬迁过程中遭受了不少损失，但主体与精华尚存，且基本保持完整，在抗战大后方堪称数一数二，实属难能可贵。对此，刘涤源曾总结道："武汉大学这次大搬迁，部署是周密的，工作是高效率的，图书设备的装运是彻底的，确实把损失降到了最小限度，这对保存学术元气，以利日后发展，关系至为重大。"①

总之，与国内其他大多数内迁高校相比，武汉大学迁校速度之快、效率之高，以及在迁校过程之中所受损失之小，都是极其罕见的，实为国难浩劫之余的一大幸事与奇迹！也可以说是王星拱校长等学校领导人的一大"得意之笔"！就全国范围内而言，亦只有国立中央大学等极个别高校的迁校工作能与之相媲美！

2. 迁校完成后留有相对优越的办学条件

正是因为武汉大学迁校工作的相对成功，使学校获得了较国内其他大多数高校远为优越的办学条件，保证了学校的"一切课务校政，大致与在珞珈山无异矣"②。就行政

① 刘涤源:《喜读〈珞珈〉，欣忆"乐嘉"》。

② 张克明:《迁校以后》,《国立武汉大学毕业同学会会刊》(创刊号)，1939 年 12 月，第 4 页。

办公与读书治学的基本条件而言，在当时的武大中文系教授叶圣陶（1894—1988）看来，校本部、图书馆及文、法学院教室所在的乐山文庙，“以视重庆之中大与复旦，宽舒多矣”①；就图书资料、仪器设备等办学资源的完备性而言，“各院系之特殊设备，亦应有尽有，足敷应用，虽因迁校关系，不无辗转，稍有损失，然在抗战期中，实亦国内较为完备之最高学府也”，“较南北各大学播迁流徙，图书仪器荡然无存者，自属优裕多矣”②；就日常的教学、科研等具体的校务工作而言，“至于校舍渐次的扩展，理工学院的实习课程仍照常进行，也是值得大家欢慰的，课堂实验室逐渐建筑，已几乎应有尽有，教职员宿舍去年筑成了一所，还有一所各组合署办公的大办公厅，各实验室的仪器药品，虽不免感觉短缺，然目前尚差足敷用，故教学研究，两皆未辍，这恐怕是国难年头为他校望尘莫及之处”③，甚至连学校的“文具纸张”等教学、办公用品，亦“全部库存装运乐嘉；如考试用卷，在乐山开学后，二、三年才用完”④。所有这一切，均让武大学子们受益匪浅，备感幸运，从而更加感佩和折服于王星拱校长当年的高瞻远瞩与良苦用心。有位学生就曾充满感激地写道：“由于学校当局的深谋远虑，明哲谨慎，武大的图书仪器，可算全部从武昌搬出来了，替同学们保存了这战时最难

① 叶圣陶：《我与四川》，四川人民出版社1984年版，第80页。

② 以上参见《武大概况》，《教育部、四川省教育厅、益世报馆、时事新报及本校关于征集、编撰学校要览（学校概况）各项章则材料》。

③ 《母校近况》，《国立武汉大学校友会会刊》（第五号），1942年5月，第3页。

④ 刘涤源：《喜读〈珞珈〉，欣忆“乐嘉”》。

得的精神食粮工具。”①对于学校的图书馆，当时曾有学生如此称赞道：

> 武大现在最值得夸耀的，就是有一个丰富的图书馆，武大图书之多本来在全国的大学中列为第三。而法学院的图书即居首位。抗战军兴，学校西迁，一切图书杂志均运嘉定，照常开放，予同学与[以]莫大的便利。我们现在每个人一次可借西书五册，中书和杂志各五册，数量比任何大学都多。外文杂志现在还照样的寄到，英法德等国杂志按月寄到的有百余种，我敢相信，在目前的环境下，这是任何国内的大学所做不到的事。武大的同学写作力强，盖有此完善的图书馆是个主要的原因。②

武汉大学政治系校友唐汝厚则在多年后回忆道：

> 我和王星拱校长的接触不多，但作为他的学生，对他的为人处世，也颇多耳闻。大家都认为，星拱校长是武大历届校长中功劳最大的人之一。

① 陈俊：《武大在嘉定》，《世界学生》第1卷第9期，世界学生月刊社编印(1942年9月25日)，第15页。此外，时任国立浙江大学校长竺可桢在1943年2月26日的日记中写道：“晚阅《世界学生月刊》……一卷九期有陈俊《武大在嘉定》一文，行文极流利而叙述详尽，使阅者能知武大之一般：教授人选、设备与学生之活动。十期有李絜非之《浙大近况》，则大嫌简略，阅后仍不能得一概要。”(《竺可桢全集》第8卷，第514页)这大概也能从一个侧面印证下文中的“武大的同学写作力强”。

② 拱君：《杂谈武大》，《学生之友》第1卷第5期，1940年，第29页。

> 不论是与王世杰校长一道创办学校，或是后来接手武大，在抗战那么困难的条件下，把学校的图书、仪器、机器的设备都完好无损地运到乐山，使武大成为抗战时期大后方条件最好的大学，这个情况是当时其他大学都无可比拟的。关于这一点，即便是文法学院的学生，也都感戴不尽。即以我们政治系的学生而言，我们看过的参考书，其他学校同系的学生都没有看过，交谈之下，我们都有一种自豪感，而他们都有一种自卑感。例如政治思想史这一课程，从柏拉图的《共和国》到拉斯基的《民主在危机中》，几乎所有的重要参考原著，我们都能从图书馆中借到，一饱眼福。我五十年代在北京教育部工作时，与其他大学生往还，深深地感觉到这一点。①

如果说当时武汉大学文、法学院的学生曾极大地受益于图书馆丰富的馆藏图书的话，那么，理、工学院的学生，则更多地受益于齐全、完备而先进的教学实验与科研仪器，以及相对比较安全的地域环境。据一位电机专业的校友回忆说，武大当时拥有一台先进的示波器，这在大后方的高校中是唯一的一台。② 化学系校友李培惁、彭宪生夫妇也有此回忆：

---

① 唐汝厚：《星拱校长永垂千秋》，武汉大学成都校友会主办：《王星拱校长纪念专刊》，1996 年，第 35 页。

② 参见武汉大学天津校友会（吴宜春执笔）：《缅怀王星拱校长》，武汉大学成都校友会主办：《王星拱校长纪念专刊》，1996 年，第 17 页。

> 抗战初期,日寇侵占南京,进逼武汉,学校被迫内迁。而王校长高瞻远瞩,选择风光秀丽、景色宜人又比较安全的乐山作为校址,并周密组织全校师生的撤退和图书仪器的搬迁。工作有条不紊,在运输十分困难的情况下排除万难,终于使全校师生和图书仪器均平安到达乐山,为学校在后方顺利复课创造了条件,既避开了日机的轰炸,又保证了教学质量。回忆我们在乐山高西门的李公祠内,系统地完成了普通化学、定性分析、定量分析、有机化学、物理化学、工业分析与燃料化学等实验,受到严格的训练,掌握了各种实验技能。和迁至重庆、昆明、成都等大城市的高校相比,他们常常因空袭而不能进行实验,我们不能不由衷地感激王校长与各位老师。①

等到学校顺利地在四川乐山站稳脚跟之后,王星拱校长便开始继续履行其“教育救国”的远大抱负与神圣使命。在他看来,越是在国难深重的时刻,就越是要坚持教学与科研工作的高标准,而不能有丝毫的放松和懈怠。他曾在乐山立下了“痛心疾首,奋起抵抗,一腔热血,培育人才”的誓言,将办好教育、培育人才作为抗战救亡的重要手段。他还多次发表演说,号召抗日,并且告诫广大师生,要卧薪尝胆,不忘国耻,团结互助,共度难关。据武大校友王良瑜回忆:

① 彭宪生、李培哲:《不以物喜不以己悲——缅怀王星拱校长的治校思想》,武汉大学成都校友会主办:《王星拱校长纪念专刊》,1996年,第36页。

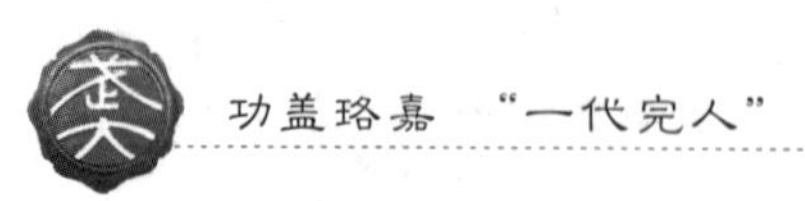

“在乐山武汉大学学习四年，每周周会之日，校长从不缺席，每次讲话，苦口婆心，循循善诱，国事艰难，勉诸生应有所成就报国。”①

1941 年春，王星拱曾在《青鸟行》一诗中，写下了“吾曹忧国心有余，垂老那堪再投笔”的诗句。诚然，就他本人而言，由于时代、年龄与职业、身份的原因，当时已是抱病“垂老”之身的他，已不可能直接去前线从军抗战了，然而，后继有来人，他的长子王焕彻（当时在武汉大学机械系就读）却在 1945 年 1 月毅然投笔从戎，最终考入空军，直接服务于抗战事业。② 而事实上，在那个国难深重、民族危急的年代，王星拱作为一位著名的学者、教育家和大学校长，在学术与教育岗位上的坚守，也就是在尽职尽责地履行一名高级知识分子对自己祖国和民族的神圣天职，而他在整个抗战期间所坚持的办学育人、“教育救国”的不变方针及其巨大成就，对于我们国家和民族的战后重建与未来发展，更是具有难以估量的影响、价值和意义。

① 王良瑜:《追忆一代师表——王故校长星拱先生》，台北市“国立武汉大学校友会”编印:《珞珈》第 121 期（1994 年 10 月），第 19 页。

② 抗战胜利后，王焕彻复员到上海交通大学机械系就读。

第六章　流亡兴学　弦歌不辍(1938—1945)

国立武汉大学于1938年西迁四川乐山后，办学条件日渐艰苦，广大师生的生活也日益困难。在极其恶劣的物质条件下，王星拱校长一方面始终保持着清正廉洁的本色，与武大师生同甘共苦，过着清贫而艰辛的生活，另一方面则对广大师生关爱有加，总是想方设法地竭力改善他们的生活，并始终对他们表现出高度的尊重和殷切的关怀。

在王星拱校长等人的辛勤培育和呵护下，流亡乐山的国立武汉大学，仍继续保持和延续了在战前的东厂口与珞珈山时代便已基本形成的优良校风和学风，并有不少新的发扬，进而在教学、科研、社会服务等各项事业上均取得了巨大的成就。其时，学校不仅汇聚了较珞珈山时代更为庞大的高水平教师队伍，而且还培养出一大批为国家、民族乃至全人类作出过重大贡献的一流人才，与此同时，学校的学术与社会声誉也继续不断提升，并与国立西南联合大学、国立中央大学、国立浙江大学被世人并誉为“民国四大名校”。

一、同甘共苦 关爱师生

（一）八载炼狱，历尽苦难

武汉大学的广大师生在战乱中离开物质条件相对优越的武昌珞珈山新校舍，来到位于西部边陲、地理位置甚为偏僻、地域经济也相对落后的小山城乐山，其生活水平不可避免地下降了很多。据当时随校入川的外文系学生吴鲁芹回忆：

> 到了嘉定，似乎忽然发现生活退回到十九世纪，用惯自来水的人，改到要用脸盆去大木桶中取水，这一吃惊的认识，实在是非同小可。至于校舍，当然更说不上了，文法学院设在城内的文庙，理工学院在城外，都是破屋数椽，粉刷一新，尤其是粉刷工作大半是急就章，事先没有整修过，白粉墙高低不平，斑斑点点，就像半老徐娘匆忙中打扮，掩饰不了底细。
>
> ……这时的宿舍是大统舱与珞珈山有天壤之

别了，每人的天地是一张木床，读书写字都得借重公园中的茶亭，起初是下课上茶馆，渐渐是上课也上茶馆……①

在乐山，大多数武大学生都只能在温饱线上苦苦挣扎，他们吃的是掺满砂石、稗子、树叶甚至老鼠屎的“八宝饭”，穿的是缝满补丁、甚至是由破旧的被子或毯子改成的衣服，而那些来自沦陷区的学生，更是只能靠政府提供的微薄贷金艰难度日。在整个乐山时期，由于生活、医疗条件恶劣，约有100多名武大学生先后在贫病交加中去世，而这一时期学校在校学生人数最多的时候也不过1700余人，死亡率如此之高，实在是骇人听闻，学校的公墓也不得不一再扩大，最后甚至被称作“第八宿舍”②！

与学生相比，武大教职员的生活状况相对来说要好一些。早在1937年7月全面抗战爆发后，教育部拨给武汉大学的经费即开始按七折发放，所有教职员的薪俸也大致按照相应的比例予以削减，但在乐山当地仍属相当高的水平。因此，在迁校乐山之初，武汉大学大多数教职员的生活仍比较宽裕、稳定。然而，好景不长，仅仅只过了一年多的时间，日寇对乐山的一场暴行就彻底地改变了这一点。1939年8月19日，36架日军飞机从汉口起飞，直抵乐山上空，对这个偏僻的小山城进行了惨绝人寰的大轰炸。全城三分之二的街区均遭焚毁，繁华商业区更是完全被夷平。据事后统计，

① 吴鲁芹:《我的“误人”与“误己”生活》。

② 在抗战后期，武汉大学的学生宿舍总共有七座。

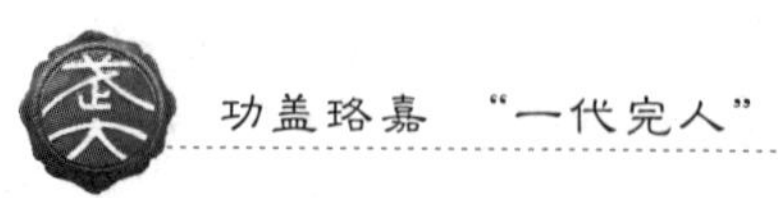

这座人口不过三五万人的小县城，在这次大轰炸中的死亡人数，竟多达7000余人！时值暑假，武大学生大多离校外出，此为不幸中之大幸，但仍有15名师生员工被炸死，20多人被烧伤，140多名师生的财产遭受不同程度的损失，1000多册公私书籍被炸毁，所有经济损失总计约2万多元。当时，王星拱校长因家住城外，非常幸运地避开了这场劫难。面对乐山城和武汉大学劫后的惨状，王星拱悲愤不已，后来，他专门作了一首诗，具体描述了自己亲眼目睹大轰炸的前后经过和悲惨景象，表达了对日寇残暴行径的愤怒之情，以及伸张公理正义、抗战救亡到底的坚定信念。全诗如下：

嘉定纪难和勰丞七篇

立秋十日暑尚顽，午阳灼煜横天丹。
是时呻吟在病榻，头烦血沸心养痺。
忽传警报声逼促，敌机昼袭嘉城关。
众人环守詈不去，束手待毙须臾间。
札札旋闻转枢轴，隆隆继听抛镞弹。
烧夷爆炸兼扫射，无极不用真凶残。
四门片刻火丛起，烈焰直冒青云端。
··阛[illegible]阓··燎原势莫遏，梁颓栋陷如崩山。
居民妇孺走不得，千百惨死尸无完。
刳肠剔肺挂垣堵，洞胸截脰敷廛坛。
青矜子弟亦横折，愕迸热泪变氿澜。
摧烧庠序敌所喜，匈酋汪达同榛蛮。
偏陬物质本贫窳，阅此一炬愁逾艰。
子遗身外靡长物，乃值秋熟啼饥寒。

人命易绝火难灭，余烬三日犹劳删。
中有骸骨觅无迹，后伐堆许埋衣冠。
赁庐震坼未焚毁，剩见椽度撑江干。
亲知难后暂栖止，举室相对感惊叹。
溯从御寇越二载，名城全数罹灾患。
此州僻小乏兵备，豺貐恣噬弥开颜。
上帝好生予懿德，倭阀尔□何心肝。
陵暴群情已共弃，屠杀天罚尤难宽。
复仇申义在吾辈，况复大运知往还。
努力高深与坚利，益以将士俱桓桓。
勗我夫子慎无逸，要使社稷安如磐。
翦伐不道公理见，开扬天日昭区寰。
持此奉合篇七七，律历异纪诗同看。①

正如该诗所言，“偏陬物质本贫窳，阅此一炬愁逾艰”。“八一九”大轰炸过后，小小的乐山城内外，到处是一片残破、萧条的景象，经济凋敝，物价飞涨，通货膨胀日益严重，而工资上涨的速度又远远跟不上物价上涨的速度，导致广大教职员的实际收入迅速下降，逐渐陷入了入不敷出的困境，生活日益艰难。1943 年来到武汉大学外文系任教的著名作家刘盛亚(1915—1960)曾指出，武大西迁乐山后，“没有过三年，大学里的先生们的生活水准就降低了，他们的衣服破了，自己买柴买米了。普遍地泛在脸上的红润没有了，

① 王星拱:《嘉定纪难和勰丞七篇》,《时事月报》第 21 卷 6 期(1939 年 12 月),第 177 页。

代替那种美丽底颜色的是一种苍白。这样的情形不止只见于这个城市，全国的学校都是如此，不管是大学，中学或是小学”①。不仅如此，在大轰炸之前，大多数教职员都在城中各处租赁民房居住，但在大轰炸过后，城中居民人心惶惶，武大教师们便纷纷搬到郊外乡间居住，上课时则又要返回城里，只得每天来回奔波，工作也更为辛苦。

1941 年 10 月，国立武汉大学全体教授曾联名致电教育部部长陈立夫，声称自从抗战爆发以来，乐山当地的物价总指数已达 1937 年的 18.69 倍，尤其是粮食价格更达到 30.88倍，但教授的收入比 1937 年“尚未高出一倍，两相比较，收入与支出相差至十七倍，艰窘情况，可想而知，所以衣履大都不完，子女多数失学，而日用开支依然难于维持，物价之上涨，犹未有底止”，因此，在最低限度的生活标准都难以达到的情况下，希望当局能“俯察下情，按物价指数将从事教育事业人员之待遇设法调整，俾得安心工作，教育前途，实利赖之”。②

由于生活艰苦，到了抗战中后期，武汉大学体育部的邓光西（1905？—1940）、机械系的郭霖、矿冶系的王若怡（1893—1942）、生物系的陈恕田（？—1943）、哲学系的黄方刚（1901—1944）、历史系的吴其昌、数学系的萧君绛、外文系的费鉴照、法律系的孙芳（1896？—1946）等 10 多名教

---

① S. Y.:《一个大学校长》,《大公报》(上海)1946 年 9 月 20 日。S. Y. 为刘盛亚的笔名。

② 参见《国立武汉大学教职员工及亲属膳食补助费名册及有关文书》，中国第二历史档案馆藏国民政府教育部档案，全宗号五，案卷号 3453。

师，先后被贫病夺去了生命，去世时年龄最大的萧君绛 51 岁，最年轻的邓光西仅 35 岁。

(二) 以身示范，共度时艰

王星拱校长曾经指出："跟着持久抗战而带来的一般人物质享受的困苦，本校教职员学生自不能例外。但是我们深切了解一个被侵略国家抗战时期的艰苦情形，和抱有未来打退日人后幸福的希冀，吃苦精神特别大。"①在抗战时期的乐山，王星拱校长与武汉大学的绝大多数师生一样，过着极其贫困和艰苦的生活，而没有任何特殊之处。尽管身为一校之长，王星拱的薪俸在全校是最高的，②但由于他子女多，开销大，又没有其他的收入来源，本属较高的工资收入，也被猛烈的通货膨胀所抵消，加上他为官清正廉洁，从不占用公家的一针一线，因此，在这段时间里，王星拱校长一家人也和武大的其他师生员工一样，只能拼命地节衣缩食、省吃俭用，穿则粗衣布履，食则杂以瓜薯，勉强维持着最低的生活标准。

就居住条件而言，王星拱一家来到乐山以后，最初住在高北门外，大约一年后，又在乐山县城北郊岷江边、成乐公

---

① 王星拱：《抗战以来的武汉大学》。

② 在抗战前夕，武汉大学教授的月薪在 300～500 元之间，而王星拱校长的月薪则高达 680 元；抗战爆发后，大多数教职员的薪俸均大致按七折左右发放，如 1937 年 12 月，王星拱校长的月薪实发数为 491 元，其他教授最高为 365 元，参见《国立武汉大学教职员薪俸清册及会计报表》(1937 年)，中国第二历史档案馆藏国民政府教育部档案，全宗号五，案卷号 3448。

路旁的一个叫"石乌龟"的地方，盖了一排茅草房居住。屋里的条件极其简陋，除了几件简单的家具外，别无长物；窗户上连玻璃都没有，只是用刷上桐油的皮纸糊上；晚上点的是菜油灯，一般照明就点一个灯芯，看书时就用两个灯芯。由于家境艰难，为了维持全家必要的生活开支，先是变卖家中古物，继而卖掉值钱衣物，最后连使用多年的几只宝贵的樟木箱子也忍痛变卖了。

就衣食而言，王星拱一家每月仅靠一袋劣质的平价米生活，与一般学生在学校吃的所谓"八宝饭"一样，掺有多种杂物，霉变成灰色，难以入口。为防备货币贬值，王星拱每月一领到薪金，他的夫人便立即买米存下，但尽管如此，家中仍经常是餐食难继。为弥补食粮不足，王星拱的夫人还在家门前的篱笆外开辟了一点荒地，种菜养猪。纵观古今中外各国大学校长，像王星拱这样因生活艰难而在自家门前养猪的，恐怕是绝无仅有的一大奇闻！有的时候，武大师生和乐山市民也会看到王星拱手提一小块牛肉回家，据说这就是改善生活。当时，王星拱的两个女儿王焕理和王焕葆均在武汉大学就读，两个儿子王焕彻和王焕晰则在乐山中学读书，四个子女都住在学校宿舍，为了节省开支，他们甚至都没有参加学校学生宿舍伙食团的炒菜包伙，而是每周六回家带一罐酱炒黄豆到学校去当菜吃。在家里，王星拱和他的夫人从小就教育子女要珍惜粮食，不许剩饭，也不许把饭撒在桌上，更不准吃不完倒掉。至于衣着方面，王星拱总是穿一件灰布长衫和一双旧皮鞋，一顶呢帽则戴了八年之久，后来，他穿的裤子连裤管都烂出须了，也仍然继续

穿下去。而他的子女所穿的全身衣物，不论布鞋、大衣，大多是由他们的母亲一手缝制的，极少为他们购置新装，从不让子女们穿着奢侈、华丽。

就出行条件而言，从王星拱校长家所在的石乌龟，到城中文庙的武汉大学校本部，步行需要一个多小时的时间。在抗战期间，由于汽油供应极其紧缺，且价格腾贵，故政府为大学校长购置的小汽车，王星拱平时极少乘坐，而是长期将其停放在文庙外边，只有每年到重庆教育部述职或是处理其他公务时才乘小汽车前往（汽油用尽后，则由一位家里开酒精厂的武大学生资助一些酒精作为燃料）。平日到文庙上下班，王星拱总是以一辆旧黄包车代步，并且坚持每日都到校办公。他的四个子女住校读书，离家里都有十几里的距离，但每到周末也都是步行回家。约在 1941 年前后，在广大青年教职员的生活日渐艰窘的情况下，王星拱校长还将他专用的小汽车变卖出去，将所得款项用来补贴全校青年教师的生活费用！①

对于王星拱校长的清正廉洁，及其与广大师生同甘共苦的艰辛生活，武汉大学的众多师生们是有目共睹的，并由衷感佩。由于王星拱的左脸颊有一块泛青色，于是，便有学生亲切地戏称他为“清官”。1946 年 9 月，在他离任一年多

① 以上内容参见詹寰：《一代完人　高风亮节——深切追怀先师王星拱校长》；王焕葆：《父亲为我们树立了做人的典范——怀念我的父亲王星拱》；顾焕敏：《平凡中见伟大　细微处显光彩》；卢祥麟：《一身正气　两袖清风》；武汉大学成都校友会主办：《王星拱校长纪念专刊》，1996 年；韩玉晔、王业高：《王星拱次子王焕晰的乐山记忆》，《长江日报》2008 年 10 月 21 日。

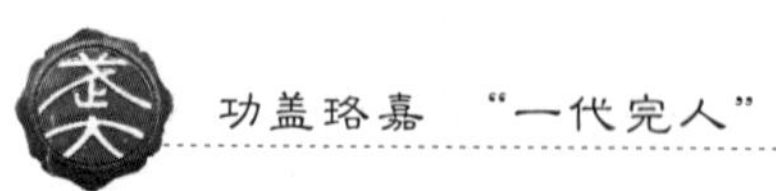

之后，刘盛亚教授曾在上海《大公报》上发表了一篇题为《一个大学校长》的文章，对王校长之前在乐山的日常生活进行了生动的描述：

> 那个大学校长年纪已有六十，生得很高大，可是后来的营养情形很坏，所以更显得衰迈。他住在城外，由学校供给一部人力车。每天早上九点钟他到学校去，下午两点半或是三点钟回去。但是这里所说的，只是普常情形，以星期一而论，他就到学校得早些，因为八点起有纪念周。如果遇见开校务会议或者别的事情，他的到校与回家的时间就会改变，总之，来去都在白天则是一定了的。
>
> 街上的人都认识他，只要他的旧包车叮叮当当地从街上拉过时，人们就会看见那精神萎顿的大学校长。他头上无论冬夏都是呢帽，同人打招呼时总是取下它来。就在这时候人们可以望见他灰白的头发向后梳得整整齐齐。除了冬天，他的脚上总是穿着黑色尖头皮鞋，而且总是擦得很光亮的。在冬天，大约是因为年纪太大了，怕冷，才换上毡靴子。成年他都是穿长衫的，秋冬季加上马褂。他唯一的随从用品是一个黑色的大皮包。他是老留英学生，所以他的脸每天都是刮过的。
>
> 他的车子在归途中总在城门口一家牛肉店停下来买四两牛肉，那主人用一根短绳子拴好交给校长。

大学里有公费学生，但是他的儿子却在工厂作工，一个女儿虽然也是大学的学生，但是却不拿公费，她自己在一个私立小学教书，拿钱供自己。

他作了十七年的校长，①真可以说是任劳任怨的。还不曾迁校的时候，他曾经自豪地说过，学校用的水都是经过严格消毒的，先生和学生绝对不会由饮水的不洁而致病。到了岷江上，他已不是当年那样的再有豪性，而且有很厉害的胃溃疡，据医生告诉他，生命只有三年了。可是他仍是辛苦地维持着学校。

先生们都很穷，有时候真是为几块豆腐钱而考虑着。校长先生也出售过不需要的花瓶和毛毯。而且学校里三年来死了五个教授。②

在武汉大学西迁乐山时期，因学校的总办公室和文、法学院都拥挤在文庙一处，于是，“大伙儿在先圣先贤的牌位间穿出拥入，才有机缘，会不期而遇到深居简出的校长”③。当时，武汉大学中文系毕业生殷正慈，曾在校长办公室与王星拱校长共事，多年后，回忆起王校长当年简陋的工作条件与清贫的生活，她如此写道：

---

① 王星拱在武汉大学前后工作了17年，其中担任校长之职是12年。

② S. Y.:《一个大学校长》。

③ 殷正慈:《我所知道的王抚五先生》,《学府纪闻·国立武汉大学》,第59页。

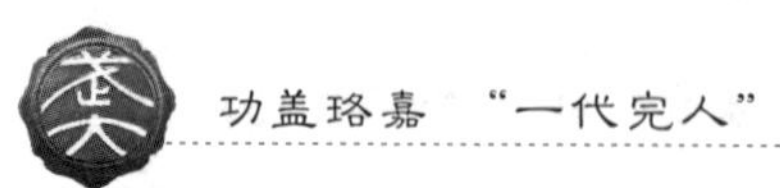

那时所谓“校长办公室”，只是文庙最后进的一排平房。总共三间小室，右首为校长室，左端为教务长室，中间隔着一所厅堂，美其名曰“会议室”。人客出进，都必须先经过中堂，再揭帘而入左右小室。堂后是一系列更形狭暗的厨、厕、工友室及储藏室等。以如此规模简陋，凑合而成的办公厅，与珞珈山当年富丽堂皇、美仑美奂的建筑物，自不能相提并论。

但陋室之中，却有人焉，高标孤洁，自然宁静。来往均为硕学，议论全属鸿儒。有时因公事繁忙，只得在会议室中匆匆进餐点。因我经常出入，常看到在那张古朴的长方形桌旁，环列着几张未髹油漆的木靠椅上，校长端坐中央，正在默然独进早餐。举目望去，通常是两片烤面包和一杯饮料——不知是牛奶还是清茶。偶然加上一碟煎蛋。中午多半是一碗汤面。如此简单的饮食，尚不如我们学生辈的享受，我不免心中暗叫惭愧（因我那时家居，母亲亲自监厨。虽战时营养欠丰，但滋味绝佳）。有时也想起“三国”故事中司马懿先生说的话：何其“食少而事繁”耶？

抚五先生就是那样一位淡泊自甘、刻苦自励、富有墨子精神的哲人……①

① 殷正慈：《我所知道的王抚五先生》，《学府纪闻·国立武汉大学》，第64～65页。

1941 年 7 月 10 日,国立西南联合大学常务委员会主席梅贻琦与该校教授郑毅生、罗常培(1899—1958)三人,在乐山文庙看望了王星拱、朱光潜和陈源三位先生。据罗常培后来的描述:“抚五穿着一件灰色罗衫,头发全白了,脸下还有好些黑痣;回想二十年前,我在北平汉花园的红楼里听他讲科学方法论的时候,他正在革履西装,精神饱满,那是何等少壮英俊!几年没见就变成这样,可见在学校里管行政事务也会让人老的快。”①

1942 年,由于生活艰苦,工作压力重,王星拱校长的胃病加剧,于当年暑假前往成都华西大学医学院看病,去时借了辆小轿车,他躺在车后排,其夫人只身陪同。手术过后,他们借住在华西坝金陵大学农学院蚕桑系的一个教室里养病,他的夫人陪伴烧饭伺候两月有余。这段时间,在金陵大学任教的武大史学系校友陈锡祺,曾多次前往探望王校长,他后来回忆起当时的情形时,曾如此描述和感叹道:“大教室中置两小木床,王师母在旁以木炭炉煮食,抚师则用土制手摇机卷烟自吸,与来客谈笑自若。一个久著盛名的大学校长自甘清苦如此,解放前实属罕见。”②

令人难以置信的是,当王星拱校长的长女王焕理于 1945 年 7 月从国立武汉大学生物学系毕业时,她的毕业证书上竟标注有“歷年積欠貸金總數叁萬〇仟叁佰捌拾捌元

① 罗莘田:《蜀道难》,独立出版社 1944 年版,第 44 页。

② 陈锡祺:《清廉高洁,百世流芳》,武汉大学成都校友会主办:《王星拱校长纪念专刊》,1996 年,第 39 页。

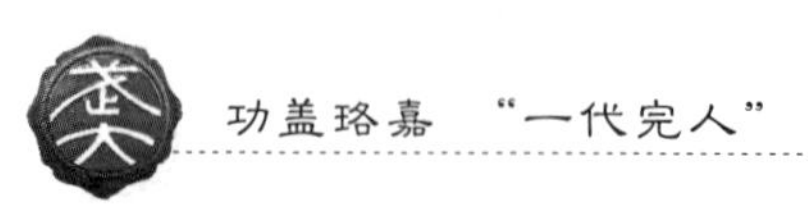

捌角〇分”的字样，从而未能领取。① 后来，在王星拱担任国立中山大学校长期间，王焕理于1947年3月7日被该校聘为生物学系助教。② 在受聘之际，王焕理却无法拿出她在武大的毕业证书。堂堂国立大学校长，自己的女儿在本校读书，竟然因为没有缴纳完积欠学校的贷金而无法拿到毕业文凭，实在是令人感喟不已！其清正廉洁之程度，由此可见一斑！

（三）排忧解难，亲切关怀

在抗战的艰苦岁月里，王星拱校长一方面清廉自守，与广大师生同甘共苦，过着非常清贫的生活，另一方面，他又非常关心广大师生的日常生活，而且总是想方设法、不遗余力地改善全校师生的生活条件，为他们排忧解难。用他自己的话来说：“学校方面，在经费紧缩之下，还是极力替各人打算着。总使各人能维持最低生活，使经常课务不致因生活不安而受到坏的影响。例如学生，除领受教育部伙食贷金外，校中另筹的款，办理特别救济以补贷金之不足，对于教职员一再加薪，藉以提高待遇。”③不仅如此，王星拱校长对武大师生的关爱，亦决不只是表现在物质生活上，更表现在精神上的高度尊重、积极勉励与亲切关怀之中。

---

① 该毕业证书直到半个多世纪后的2003年12月初，在武汉大学110周年校庆期间，方才由武汉大学校友总会办公室从武汉大学档案馆代为领取，并转交给王焕理的后人，此时王焕理本人已去世20多年！

② 参见冯双编著：《中山大学生命科学学院（生物学系）编年史：1924—2007》，中山大学出版社2007年版，第103页。

③ 王星拱：《抗战以来的武汉大学》。

1. **对教师的高度尊重与勉力支持**

据武大校友顾焕敏回忆:"抚公礼贤下士,屈己爱才,所聘教授多名儒硕彦。凡新聘教授到校,他都不分名望大小,过去识与不识,居处远近,必躬亲前去教授住所回访,以示尊重。除教授聘约期满自愿离校或个别玩忽职守者外,他绝不轻易解聘,使教师们安心教学,无后顾之忧。"①在武汉大学西迁乐山之初,部分学系的负责人因感于时局艰难,环境恶劣,心中不禁萌生退意,提出辞职。面对这种情况,为了继续维持校务,安稳人心,王星拱校长总是从学校发展的大局出发,言辞恳切地予以诚挚的慰留,力劝其勇担重任,与全校师生一起共济时艰。如在 1938 年 9 月 16 日,中文系主任刘赜提出辞职,其辞职信全文如下:

抚五先生左右:

国文系主任一职,非赜短暗所能久忝,前已屡辞。倾敝乡沦陷,家母舍弟辈皆在危难之中,吉凶未判,自痛弃亲远游,成此大错,衷怀惭惧,不足齿于人群,岂可复觍颜从事,以辱高命乎?兹任限已将满期,学业适际更始,即乞遴选代人,免废系务,不胜惶迫恳祷之至。肃此,顺颂教安

九月十六日

刘赜顿首②

---

① 顾焕敏:《平凡中见伟大　细微处显光彩》。

② 参见《国立武大 1938 年颁发聘各部门负责人聘书》,国立武汉大学档案,1938—15。

接到刘赜教授的辞职信后，王星拱校长第二天便让秘书拟好了回信，并于9月19日发出，表示挽留：

博平①先生惠鉴：

接诵惠书，祗悉一是。历年以来，本校国文系仰赖先生主持一切，至深感佩。现值迁校期间，尤须贤硕，共济危舟，此后仍盼继续维持，以济校艰，无任企祷。专此布复，顺颂教祺

弟王星拱敬复②

11月7日，外文系主任方重又提出辞职，同样是在第二天，校长室便拟好了表示挽留的回信，并由文学院院长陈源于11月9日代为签署发出。正是在以王星拱校长为首的学校当局的诚恳挽留下，刘赜与方重教授均打消了辞意，继续留任系主任之职，保证了中文与外文两系系务工作的连续性和稳定性，不致因战乱时期的人事突变而大受影响。

值得一提的是，王星拱校长对教师的尊重，是不分职务高低与年龄长幼的。据当时的机械系讲师赵学田回忆，他曾在1939年向王校长汇报实习工厂的工作情况，汇报完毕告别时，王校长送他到办公室门口，当他回首致谢时，王校长已先其躬身为礼。对此，赵学田不禁感慨道："当时我仅是一名普通讲师，受到王校长如此礼遇，殊出意外。晚年，每当我送客人出门时，常被婉辞。我必讲王校长当年送客

① 刘赜，字博平。

② 参见《国立武大1938年颁发聘各部门负责人聘书》。

时的情景，以求得客人理解。”①不仅如此，王星拱校长在核阅完赵学田送去的书面报告之后，还亲自提笔给这位“普通讲师”写了一封信，对他的工作表示感谢与支持。该信全文如下：

> 黎[稼]生先生惠鉴：
>
> 接读来书并工厂工作报告，备悉一切。本厂承先生擘划经营，于百端困难之中，不但支持并能发展，既充实学生之实习，复补助后方建设，佩慰之余，复深感荷，谨当备案存留，其报销方面，会计室当可照办也。此颂，教安不一
>
> 弟　星拱再拜
>
> 十月廿九日②

这封信虽然篇幅很短，但言辞诚恳，颇为感人，用赵学田本人的话来说，充分体现了“王校长尊师重教的一贯作风”③。

1942年被时任武汉大学文学院院长刘永济请回学校执教的本校中文系毕业生胡守仁，对于王星拱校长的“尊师重道”之风，亦有类似的回忆：“予之回母校任教，系先生与刘弘度④师之力，时迁校在乐山，予每逢春节，登门祝贺，尽弟子之谊，先生无不回礼，具见长者风度，人所难能也。”⑤

---

①②③　参见赵学田：《怀念王星拱校长》，武汉大学成都校友会主办：《王星拱校长纪念专刊》，1996年，第13页。

④　刘永济，字弘度。

⑤　胡守仁：《记王抚五先生事迹数则》，台北市“国立武汉大学校友会”编印：《珞珈》第118期(1994年1月)，第23页。

1939年以后，随着广大教职员的生活水平急剧降低，以王星拱校长为首的学校当局亦开始为改善大家的生活而想尽办法。从1940年开始，“提高教职员待遇”之类的字眼，开始频频出现于学校的校务行政计划之中。早在1937年全面抗战爆发后，因学校经费开始按七折发放，武汉大学所有教职员的工资也停止了晋级。但在1940年以后，学校又开始根据原有办法，尽最大可能为教职员加薪，并优先照顾收入相对较低的教职员和研究生及研究助理。如从1940年8月起，法、工两科研究生每年津助各增加100元；1940年11月起，助教及薪额200元以上的职员各增薪15元，研究助理各增薪10元；1941年1月起，教授、讲师及薪额200元以上的职员各晋一级，增薪20～25元。① 以上措施虽然无法从根本上解决教职员的生活困难，但至少在一定程度上缓解了他们的生活压力。

后来，在全校师生员工的生活越来越艰难的情况下，“王校长看在眼里，急在心头……经过校务会议多次研究决定，毅然将武大实习工厂分为两部分：一部分设备保证工学院学生的工厂实习，一部分设备改为生产机器的生产工厂，力求以盈利补助学校经费之不足。随即，王校长派请工学院长谭声乙出面，与成渝两地空军系统联系，为其生产所需的车床、钻床、镗床、铣床百多台套，作为该系统修理飞机和

① 参见《国立武汉大学二十九年度校务行政计划》，《国立武汉大学及教育部关于编制呈报1940年、1941年校务行政计划的文件》，国立武汉大学档案，1940—23。

空军机械士学校学生实习的工作母机。这样既解决了武大经济上的困难，保证了教授、师生员工的最低生活，又利于抗日防空，保障人民生命财产少受损失。穷则思变，大胆创新，这是王校长的一大贡献”①。

2. **对学生的亲切关怀与经济资助**

王星拱校长对教职员关心备至，对学生亦同样如此。对于王星拱校长的和蔼可亲与平易近人，严耕望曾有如下回忆：

> 抗战军兴，迁校乐山，那时期的同学大家都称抚公为“王菩萨”，大约觉得他是位老好人，具有菩萨心肠吧？抚公每天乘黄包车到文庙办公，在车上正襟危坐，道貌岸然，遇到同学向他敬礼，总是微哂作答；那种肃穆慈祥的面貌与表情，多少也让人加深“菩萨”之感。②

在平日里，王星拱校长对广大学生生活方面的关怀，可以说是事无巨细、无微不至。据武大校友汪达庆回忆，“王校长进校或走经大操场，每每找一二学生谈话，他总是满面笑容，轻言细语地问长问短，有时也邀学生到他办公室里去长谈”③。龙彻渊校友则回忆道，王星拱校长“在城内活动多步行，遇见学生，笑容满面，嘘寒问暖，鼓励进取，刻苦学习，对学生增添不少动力”。他还特别提到，“王校长善于书

① 龙彻渊：《武大校长王星拱二三事》。

② 严耕望：《我与两位王校长》，《学府纪闻·国立武汉大学》，第71页。

③ 汪达庆：《王星拱校长主持校政的二三事》，武汉大学成都校友会主办：《王星拱校长纪念专刊》，1996年，第16页。

法，遒劲有力。如有同学请他赐字，他有求必应，从不让你失望。求写之前，只需写明学生所读院系、姓名及学号，并将书画纸给他，他就根据学生所学专业，写上几句鼓励话，放入收发室某某学生的信箱内。我曾请王校长写过一张条幅，贴于学习室内，作为座右铭，惜乎早已遗失”。此外，为了丰富广大同学的课余文化生活，“王校长规定，每学年新生入校和毕业生离校都须开展三个晚上的文艺演出活动……每学年的迎新送旧会总是搞得热火朝天，校园沸腾。王校长在晚会开始前总要向新生或毕业生讲话致意，语言和蔼，面带慈祥，笑容可掬，令人敬仰。大家无不发自内心的赞叹：多么好的王校长啊！”①

1939 年，来自沦陷区的武汉大学外文系学生吴鲁芹，在乐山患病不起，由于当地的医药设备差，他的病情又很复杂，于是，他的几位好友便决定将他送到成都中央、齐鲁、华西三大学联合医院去碰碰运气，继续医治。为了此事，与吴鲁芹素未谋面的王星拱校长，竟然专门给三大学联合医院院长暨中央大学医学院院长戚寿南(1893—1974)写了一封亲笔信，恳托他给予照顾，后来，吴鲁芹的住院费用便因此而打了折扣。多年后，吴鲁芹曾专门撰文，充满感激地追忆王星拱校长对他的恩德：

> 我获得王抚五校长照应的是一封亲笔写的八行……行前有人到秘书室要封公函，请求医院体念该生来自战区，经济断绝，贫病交迫，酌情减收

① 参见龙彻渊：《武大校长王星拱二三事》。

医疗费用等等，等到我的好朋友去拿这封公函的时候，秘书室办事的人又给他一封王抚五校长亲笔写的“寿南院长吾兄”的私函……我一见到这封信就知道是校长的亲笔。那时候乐山有一家裱画铺，我路过时总进去看看，常见到校长的书法。他虽然是科学家，可是诗做得好，字也写得好。另外几位书法家是哲学系的胡稼胎，中文系的刘赜、刘永济、徐天闵，机械系的郭霖。我若不是为了那封信的实用价值，几乎想把它留下来了。

当然那时的大学没有今天大学学生两三万人的规模。两三千人也还是有的。做校长的肯在百忙中为一个并无一面之缘的学生亲笔写封求助的信，这种人情味是很难得的，我所知道的王抚五校长，就是这么两三件事，就凭这两三件事中所表露出的雍容、讲理、重道义、富于同情心，立传的人或者是替“为人师表”塑像的艺术家，也就不缺少什么基本资料了。①

王星拱校长对武大学子的关爱，还体现在不畏权势，在大是大非的原则性问题上坚决捍卫本校学生的基本权益。在乐山时期，一位化学系的学生与军训教官发生冲突，尽管学生并不理亏，但是教官嗓门大，气势汹汹，训导处想用记过的处分来平息教官的怒火，可是耀武扬威的教官不答应，声称不把这个学生开除学籍，自己就卷铺盖走人。开除学

① 吴鲁芹：《武大旧人旧事》。

生是件大事，必须提到校务会议决定，但王星拱校长并没有“官官相护”的习惯，在校务会议上，当他把事情的是非曲直弄清楚之后，便慢吞吞地说：“那我宁愿换一个教官！”校长的大义凛然令广大学子们肃然起敬，感佩不已。吴鲁芹当时听闻此事后，就“欣喜若狂”地连声称赞：“大学校长当如是也！”①

1941年，武汉大学经济系一年级学生黄鎡（1917—2007），因身患痢疾，前往校医室就医。在抗战的艰苦岁月里，缺医少药是普遍现象，很多常用西药也极难获得，即使是像痢疾这种比较平常的病，如果不能及时治疗，亦会危及生命。据黄鎡回忆，当时校医为他看了病之后，思索片刻，便拿了一瓶水剂给他，并介绍说：“医务室的药少得可怜，没有什么药好给你，这是王校长亲自调配的‘吐根素’（是不是这三个字，一时记不清了），你拿去吃，会有效的。”黄鎡服用了这种“吐根素”后，到了次日，病情就大为好转，几天之后，身体便已痊愈。对于这件事，他在50多年后充满感激地评价道：

> 王校长身居大学校长的显要地位，肩负学校行政工作重任，还念念不忘师生员工的疾苦，在缺医少药的岁月，凭藉自己留英学化学的知识，亲自配药，在当时的社会确是一种难能可贵的行为，何况他配药是在默默地进行，从未宣传张扬。当年在校师生，很少有人知道。这是一[种]多么高尚

① 参见吴鲁芹：《我的“误人”与“误己”生活》及《武大旧人旧事》。

> 的道德情操。我常常想:当年要不是服了"吐根素",也许我早就从第一宿舍到第八宿舍去了(当年同学都称武大公墓为第八宿舍,因为武大当时只有七个学生宿舍)。我在学校时,并没有与王校长接触过,以致失去直接领教的机会。但我得痢疾服"吐根素"这一事件中,深深感受到王校长高尚的道德情操,它经常激励着我处世做人,要为别人着想,切切实实做点有益于他人的事。这是无言的教育,使我终生受用无穷。①

另据龙彻渊校友回忆,"一九四二年冬,有十多位学生突患软骨瘫痪症,病情发展极快。王校长立即请校医和化学系教授取病人胃液、血液化验,发现食盐中有过量氯化钡,是致病主因。对此,除对症抢救患者外,还通知地方政府令制盐厂商作食盐的除钡处理,结果死亡数人,其余幸免于难,渐渐恢复了健康"②。

从1941年起,王星拱校长还亲自兼任起学校的贷金审查委员会主任委员一职。当时,由于负责发放政府贷金的部门工作不力,发放的贷金数目总是不够,而且总是不能及时发放,导致贷金因通货膨胀而贬值,严重地影响了贫困学生的生活。为此,王星拱校长总是不顾舟车劳顿,每次都会亲自赶赴重庆,直接到教育部去领取贷金,然后立即赶回乐

① 以上内容参见黄镃:《旧事杂记》,台北市国立武汉大学校友会编印:《珞珈》第125期(1995年10月),第38~39页。

② 龙彻渊:《武大校长王星拱二三事》。

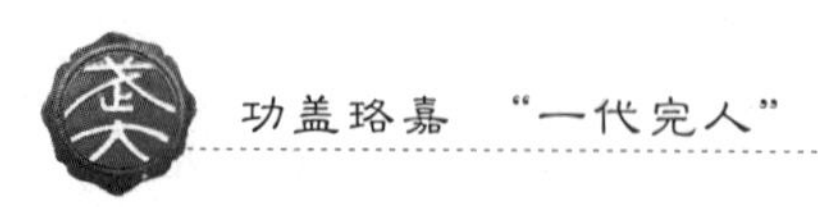

山，用最快的速度将贷金发给每一个学生。不仅如此，尽管王星拱一家人平时生活非常节俭，但对于经济上比较困难的青年学生和亲朋好友，尤其是那些好学、上进的青年，总是关怀备至，甚至会非常慷慨、毫不吝惜地从自己有限的积蓄中拿出一部分，直接对其进行经济资助。王星拱校长还特别关心那些来自沦陷区的学生，总会召见他们进行个别谈话，在精神上进行慰勉、激励，在物质上则优先给以贷金，保障其基本的生活。如1944年考入武汉大学法律系的王赞尧，他入学时就曾被王星拱校长找去谈话，当问到他的家乡浙江淳安时，王校长便表示：“我去过你的家乡，同我们安徽歙县交界，你们那里多山，交通不便，很不容易，很不容易（速说二次）”。然后又说：“以后如果有什么困难，可以找我，我会替你们解决的……”多年后，王赞尧还感慨道：“我父亲常说：‘一饭当知恩，千重难报德’，那伤心落泪的年代，我何其有幸，能有这样一位仁厚的长者，抚爱有加，怎能不令人敬爱。”①

抗战前期，政府贷金的发放范围仅限于沦陷区的学生，到了抗战后期，随着大后方的经济形势不断恶化，广大四川籍学生的生活也日益艰难，因而也希望能像沦陷区的同学们那样得到政府的贷金资助。1942年的某一天，一位名叫伍一民的四川学生听说王星拱校长第二天要去成都开会，于是便与另一位同学一起去向王校长请愿，“校长答应向当

① 参见王赞尧：《追念我敬爱的王星拱校长》，武汉大学成都校友会主办：《王星拱校长纪念专刊》，1996年，第12页。

时省主席张群提出来。事隔不久，大多大学的川籍学生发放助学贷金，数额较战区同学少三分之一，我们能享受贷金应该说是校长促成的，校长一言九鼎，我们不会忘记仁者之风的王故校长"①。

无独有偶，在当时，由于"四川的米贵，面更贵，北方同学想请求校方成立面伙。但学校经费有限，无法负担"，于是，北方各省同学经过联合商议，决定推举曾与王星拱校长的子女王焕理、王焕彻都同过学并且常到校长家作客的王禹生来向学校提出申请。对于此事的具体情形，王禹生后来回忆道：

> 王校长为人是择善固执的，公私生活一丝不苟，师生皆以圣人称之，都是发自内心的崇敬。又因他太严肃，同学均敬畏之，如有同学谒见校长有所请求，校长总是先站起来，请求的事情如认为合理，马上首肯，如认为不合理，马上就责备你，总是说："国家在抗战坚苦中照顾你们，你们应有良心，不应幸取一分一毫。"他训诫你几十分钟，一直是站着的。训完了他会如家长一样很慈爱的勉励你几句："好好念书，青年人要安分尽责。对自己尽责，对家庭尽责，对国家尽责。"我知道我请求成立面伙一定会受责受训，我们几个代表以我为首见了校长陈明事由，果然校长以国家艰困为题训了

---

①　伍一民：《回忆在乐山的日子》，台北市"国立武汉大学校友会"编印：《珞珈》第 134 期(1998 年 1 月)，第 25 页。

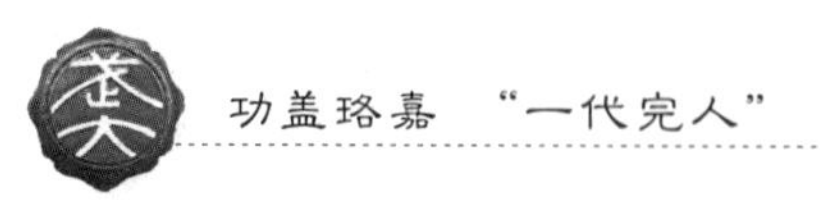

将近一个钟头，看来面伙是无望了。等到我们次日又谒见校长，把北方同学病患的情形再加陈述，结果仍是挨训廿分钟，过了两天又锲而不舍的再谒校长，其实这几日校长已与总务长商酌作了决定，筹划经费试办面伙以午饭为限。这使习于面食的北方籍同学得救了。而我自己并未参加面伙。由此可见校长虽严肃得使人害怕而心中实在是慈爱如父母。①

3. **对校友工作的高度重视与处处留心**

王星拱校长不仅对在校的广大师生员工关爱有加，而且对学校的校友工作也极为重视。1944 年，国立武汉大学校友会刊印了一本校友录，4 月 16 日，王星拱校长亲自为其作序，对校友团体与校友工作的重要意义进行了深刻而又透彻的阐述：

学校者，学术之团体也。校友录者，乃关于曾隶属于此团体之分子某一时期之行止之记载也。学校而无校友录，则凡济济一堂之师生，一旦离校，皆茫然莫知彼此之何似，是与路人之邂逅于传舍者相类也；又乌可乎哉。武汉大学之创立有年矣，毕业离校之同学，其数已逾数千人，其任教于本校者，亦间有职位之移徙。况自抗战以还，校址西迁，诸校友之服务于各处者，率皆勤勉诚实，惟

① 王禹生：《嘉乐弦歌忆旧》。

日孜孜于其所任之职责；益以境务之紧张，交通之梗塞，数年之中，睽隔而未晤者有之，即疏阔而未通讯候者亦有之。今得手此一册，开卷而一一访求之，知向之相与切磋琢磨于砚席之间者，某也今在何处，某也今任何职，亦足以慰其停云亲友之思，而敦其丽泽讲习之谊矣。是非此录记载之可宝贵之功也欤。若进而念及此录之刊行，乃当国难尚未解除之时，而朝乾夕惕自强不息于有关学术之贡献，以效力于民族国家，是又各校友与在校师生同人所共相勖勉而期祝也。①

与在珞珈山时期一样，武汉大学西迁乐山后，王星拱校长仍然非常关心武大毕业生的就业甚至是校友的再就业问题，并且很多时候都会亲自过问。据严耕望回忆，1945 年春，王星拱校长来到他当时所在的北碚，他便带着出版不久的长篇论文《两汉郡县历史考》前去看望。王校长很高兴地告诉他，学校计划下年度每系设立一个"研究助理"的名额，届时他便可回到母校历史系专心读书，而这正是严耕望"梦寐以求"的职位。但王星拱回校后不久便被免职。7 月中旬，严耕望毛遂自荐，将自己的三篇论文寄给中央研究院历史语言研究所所长傅斯年，后获准进入该所工作，而令他大感意外的是，傅斯年在回信中称，"抚五先生前曾有信推荐"，见面后又告诉他，只是因为没看过他的著作，故无从考虑。王星拱校长的悉心关怀，令严耕望感激涕零："这更出

① 《王抚五校长序》，《国立武汉大学校友会校友录》(1944 年编印)。

我意料之外！抚公校长在辞职前后百端纷忙中，居然还记得我这个远陷千里之外的一个学生，母校没有机会，仍然希望另外安置在一个更适当的地方！此番爱护的热忱，实在使我感动万分，但后来也就一直没有拜谒的机会。此番盛意只有铭肌刻骨，今日走笔至此，仍不禁涕泪交零，久久不能自抑！”①

也正是因为王星拱校长的平易近人，及其对广大学子的关爱备至，使得彼此间的关系变得非常融洽和亲密。1943 年分别毕业于武汉大学矿冶系和哲学系的孔和庚与曹荪洪，后来在重庆结婚，王星拱校长便热情地充当了他们的证婚人。在婚礼即将举行之前，王校长突然发现忘了带图章，于是又赶车回到住处取来。这对新婚夫妇为了表达对证婚人的衷心感谢，在婚后还专程去王校长的住处拜望。② 总之，在处理与广大师生之间的关系这个问题上，王星拱校长的君子之风，堪为世之表率。

二、珞嘉校风　一脉相承

（一）从珞珈到乐嘉——优良校风、学风的传承与发展

王星拱校长在乐山与武大师生同甘共苦，共度时艰，对

① 严耕望：《我与两位王校长》，《学府纪闻·国立武汉大学》，第 72～73 页。

② 参见《周少溪致冯家禄》，武汉大学成都校友会主办：《王星拱校长纪念专刊》，1996 年，第 59 页。

广大师生生活的方方面面都关爱有加，从根本上说，也是为了能够将武汉大学在战前的东厂口与珞珈山时代便已形成的优良校风，在战时的艰难环境下得以继续传承和发扬光大，使学校的教学、科研和社会服务等各项事业都能继续顺利地向前发展。

1. 国立武汉大学校训、校歌的最终确立

武汉大学西迁乐山后，教育部多次训令将校训、校歌呈送备案。为此，学校于 1939 年 3 月 3 日召开了第 351 次校务会议，通过了“校训校歌迭奉部令饬拟呈报应如何办理案”，议决“推定徐天闵、刘博平、朱光潜三先生组织校歌撰拟委员会，由徐天闵先生召集”。① 4 月 21 日，第 354 次校务会议议决，以“明诚弘毅”四字为本校校训。② 6 月 9 日，第 356 次校务会议又通过了“审定本校校歌案”，议决“根据校歌撰拟委员会报告通过”。③

1943 年 2 月，教育部命令武汉大学“于一年级增设伦理学一课，由校长、各处长、各院长讲授，以昭郑重”。该课程开课后，王星拱校长亲自向武大学生解释共通校训“礼义廉耻”及武大校训“明诚弘毅”。④ 由校长亲自来解释校训，这

---

① 参见《国立武汉大学第三五一次校务会议常会纪录》，《国立武汉大学1939年校务会议常会纪录》，国立武汉大学档案，1939—28。

② 参见《国立武汉大学二十八年上半年校务工作报告》，《本校 1939 年度校务行政计划及工作报告、教育部有关通知》，国立武汉大学档案，1939—16。

③ 参见《第三五六次校务会议常会纪录》，《国立武汉大学周刊》第 310 期(1939 年 7 月 10 日)。

④ 参见徐正榜主编：《武汉大学百年大事记》(初稿)(第一本)，1993 年，第 69 页。

对广大学子无疑具有非常显著的教育意义。据武大校友杨发辙回忆，他于1944年9月入武汉大学法律系就读后，开学后的第一周便是“新生训练周”，首先讲话的便是王星拱校长，他向广大新生介绍了武大的校史以及学校光荣的传统和优良的学风，并着重以“明诚弘毅”的校训来教导大家。他先是引经据典地告诉同学们，“士不可以不弘毅，任重而道远。非弘不能胜其任，非毅无以致其远”，接着又希望大家“要有恢宏的志气，刚强坚韧的精神，认真读书。因为学问为济世之本，学有所成，以之报效国家，复兴民族”。王校长的话，令在场的武大新生深受鼓舞。此后，他们都“时时记着校长的谆谆教诲，勤奋读书，未敢懈怠”。①

1939年6月确定的国立武汉大学校歌，在当时的校刊上未见登载，在武大师生中也没有广泛地传唱开来。到了60年代，有两位分别在1947年和1948年毕业于国立武汉大学经济系的武大校友袁恒昌与何淑英，先后向武汉大学台湾校友会编印的《珞珈》杂志提供了两份不同的国立武汉大学校歌版本，但其出处均已不可考。其中，袁恒昌提供的版本只有歌词，没有曲谱，何淑英提供的版本则配有曲谱，②而且这两份歌词在具体词句上亦略有出入，其全文分别如下：

黄鹄一举兮，知山川之纡曲；

① 参见杨发辙：《睹旧思故师友情》，武汉大学校友总会编：《武大校友通讯》2000年第1辑，武汉大学出版社2000年版，第164页。

② 参见本书插图中的“国立武汉大学校歌”一图，其读谱顺序应为先读左半部分，后读右半部分，与通常的歌谱排列顺序有所不同。

再举兮，窥天地之寰方。
选珞珈胜地，学子与翱翔。
藏焉修焉，息焉游焉；
朝斯夕斯，日就月将。
念茫茫宇合，悠悠文物；
任重道远，来日亦何长。
努力崇明德，随时爱景光。

黄鹄一举兮，知山川之纡曲；
再举兮，知天地之圆方。
试选珞珈胜处，安置百亩宫室，
英隽与翱翔。
藏焉修焉，息焉游焉；
鸡鸣风雨，日就月将。
念茫茫宙合，悠悠文物；
任重道远，来日亦何长。
努力崇明德，及时爱景光。

这首校歌的大部分歌词，均系引用或化用古文或古诗，①然后加以重新组合而成，反映出这所素以人文社会科

① “黄鹄一举兮，知山川之纡曲，再举兮，窥(知)天地之寰(圆)方”语出《楚辞·惜誓》，原文为“黄鹄之一举兮，知山川之纡曲。再举兮，睹天地之圜方”，“黄”一作“鸿”，“一”或作“壹”，“睹”一作“知”。“藏焉修焉，息焉游焉”语出《礼记·学记》。“朝斯夕斯”语出《三字经》：“朝于斯，夕于斯。”“鸡鸣风雨”语出《诗经·郑风·风雨》：“风雨如晦，鸡鸣不已。”“日就月将”语出《诗经·周颂·敬之》。“任重道远”语出《论语·泰伯》：“士不可以不弘毅，任重而道远。”“努力崇明德”语出李陵与苏武诗：“努力崇明德，皓首以为期。”“随(及)时爱景光”语出苏武与李陵诗：“愿君崇令德，随时爱景光。”

学见长的高等学府深厚的文化底蕴。如果上述两份由老校友提供的语句略有差异的歌词确系徐天闵、刘赜、朱光潜三先生于1939年所作的话，则可体现出因躲避战火而被迫流亡至西部边陲的武大师生，虽身在乐山，却仍心系珞珈故土，并力图将本校的优良校风与精神，在艰难的战争年代与遥远的异省他乡继续发扬光大。

2. **严厉诰诫，表率群伦**

优良校风与学风的继续保持与传承发展，既需要广大师生刻苦自励、一心向学，也离不开学校当局的积极提倡与合理引导。身为全校的最高领导人，王星拱校长本人的为人为学、道德文章与言传身教，对于培育、维系和发扬优良的校风与学风，无疑具有至关重要的作用。当时，一位名叫陈俊的武大学生曾撰文指出：

> 负着武大最高行政责任的是校长王星拱先生。他是国内有名的科学家，年高德劭，和蔼可亲。他领率着全校师生，在艰难困苦的环境下奋斗，一点也不灰心，一点也不气馁。他像一位老练的水手，驾着一只巨轮，航驶在惊涛骇浪中。是那么沈着而刚毅，而确是青年最好的模范。①

对此，武汉大学校友詹寰后来亦曾总结道：

> 处在这样困顿的物质环境中，据我观察，同学们从不埋怨叫苦，都能安之若素，甘之如饴，人人发奋求学，弦歌不辍，其乐融融。原因何在呢？乐

① 陈俊：《武大在嘉定》。

山自古以来，便是蜀中山水名胜之区……山水之乐，启迪青春年少的睿智和英勃之气。但更为重要的是，武大迁来乐山后，人文荟萃，地灵人杰。母校的教师不乏名重一时的清纯饱学之士，在艰辛的抗战环境中，他们自甘淡泊，敬业勉行，培桃植李，不遗余力，堪称为人师表，使莘莘学子深受熏陶。尤其是王抚五校长德高望重，表率群伦，力倡学术自由、民主办学，言传身教，上继五四的开明精神，下开母校一代勤奋、好学、高尚其志的优良学风。其人品，其胆识，乃巍巍然长者、贤者之风，令人有高山仰止之叹，为我辈后学所终身景仰。①

在武汉大学西迁乐山后不久，学校的风纪也曾一度发生问题，少数教授因长期耽于享乐，生活堕落，在社会上产生了不良的影响。1939 年初，经人层层检举、告发，此事甚至还传到了国民党总裁、军事委员会委员长蒋介石那里。蒋介石对这件事至为重视，在处理党政军要务之余，还特地于 2 月 15 日致电教育部部长陈立夫："据报，武汉大学迁乐山后，有少数教授行为不检，常于住宅内牌赌酗酒，浪宴叫嚣，予社会及青年学生以不良印象，恳转饬改善等语；该教授等如有上项腐化行为，殊属不合，特电，希即查明诰诫为

① 詹寰：《漫话当年武大》，台北市"国立武汉大学校友会"编印：《珞珈》第 118 期(1994 年 1 月)，第 47～48 页。

盼。”①教育部随即训令武汉大学校长王星拱予以查明。3月2日，前任校长王世杰在日记中写道：“武汉大学少数教员，于随学校迁乐山后，行为不检（赌博酗酒），被人告发。予今日力请王抚五校长以整率学校风纪自任，勿稍苟且。”②

4月12日，王星拱校长呈复教育部，对此事发生的原因及处理结果作了如下汇报：

> 遵查本校前在武昌珞珈山时，所有教职员住宅，均属集中一地，生活规约极端严整。迨去春迁来四川乐山后，正本校于艰难困苦之中，勉图维持之际，所有教职员亦皆能共体时艰，各自谨饬。惟各教职员散居城区内外，私人生活情形，平日察访难周，容有少数教授，偶于假期，在家庭间，作不合理之消遣者，恐亦事实所难免，值此全国上下卧薪尝胆之时，果有此种行为，自属不合，经已严加普遍诰诫，并随时切加注察以励志行而重风纪。③

除了对少数教职员的出格行为表示“严加普遍诰诫”与“随时切加注察”外，对于广大学生，王星拱校长在督促他们

① 《国民政府军事委员会快邮代电》（办四渝字第1558号），《国立武汉大学教职员资格审查、考绩等有关文件》（1939、46年），中国第二历史档案馆藏国民政府教育部档案，全宗号五，案卷号2598。

② 《王世杰日记》（手稿本）第二册，第41～42页。

③ 《国立武汉大学呈文》（嘉字第736号），《国立武汉大学教职员资格审查、考绩等有关文件》（1939、46年）。其原稿参见《国立武汉大学1939年呈文教育部关于少数教授行为不检一事》，国立武汉大学档案，1939－13。

刻苦学习、养成良好的学风方面，更是不遗余力地予以谆谆教导，乃至亲身垂范。尽管他平时在学生面前总是显得慈祥、和善，充满了尊重与关爱，但每当他碰上学生纵情嬉戏、荒废学业的时候，也会板起面孔，神色严厉、毫不留情地进行训斥和教导，而这样的训导也往往由于他的崇高威望、严肃态度以及刚柔并济的合理方式，很容易被广大学子所接受，并牢记心头，甚至永志难忘，终身受益。如殷正慈校友便一辈子都记得，王星拱校长有一次来到武大的女生宿舍，教训在此约会、嬉戏的一些男女同学要珍惜光阴，好好读书。她充满深情地追忆：

> 最难忘的一次，是在白塔街女生宿舍会客室的门前。每逢下午三至四点钟，夕阳欲下未下之时，便是“白宫”(乐山女舍别名)的会客时间……在那仅约六席大的会客室中，一霎间裙屐翩翩，周转不开，后来只好站到台阶上或大街上去。
>
> 也是合该有事，那天忽然铃声震响，一辆黑色的人力车，泠泠然御风而至。车上端坐着的不是别人，正是不苟言笑、人人敬畏的校长。学生们一致肃立行礼。校长下车后，紧皱双眉，背拢两手，在庭院中来回踱步。然后提高嗓门，开始教训起来，像一只被激怒的狮子，发出低沉的吼声。他首先冲着男生们责备，问他们为何不好好念书？却在此浪费时间？知否目前国家处境？大敌当前，身为大学生，而不知发扬蹈厉，将来何以为人？何以领导社会？……男生们个个俯首无言，一眨眼，

一哄而散。

校长再徐徐转过身来，面对女生告诫：“你们也有错，你们为何不闭门读书？自修自省？今日中国社会上，能够受到大学教育的女子不多，你们是少数中的幸运者。岂不闻：‘尺璧非宝，寸阴是金？’岂可随波逐流，虚掷光阴？……”

多年来每当我意怠神驰，业荒于嬉之时，校长那激动昂扬的声音，便会不期而然地震响在心头。①

3. **任人有道，襄佐得力**

一所大学优良校风、学风的形成、发扬与维系，仅靠校长个人事必躬亲的一己之力，那是远远不够的，在某些具有关键性意义的重要职位上巧妙而合理的人事安排，更有助于推动和促成这一点。如在 1938 年，教育部通令全国各大学实行导师制，王星拱校长便于当年 12 月邀请德高望重的辛亥革命元老赵师梅出任本校主任导师。1939 年 10 月，又推荐其出任训导长。1941 年初，王星拱校长又应部分学生的要求，聘任外文系的名教授朱光潜为教务长。不论是赵师梅还是朱光潜，他们在广大青年学生的心目中均享有崇高的威望，由他们二人分别来担任学校的训导长和教务长，这对于进一步养成优良的校风，以及提高武汉大学的社会声誉等方面，均可起到积极的作用。

---

① 殷正慈：《我所知道的王抚五先生》，《学府纪闻·国立武汉大学》，第 59～60 页。

就前者而言，赵师梅教授素以品德高尚、爱护青年著称，在武大师生中可以说是有口皆碑，他出任训导长后，在积极教导青年学生培养人格、刻苦读书、全面发展等方面均可谓不遗余力。比如在“言教”方面，他始终将德育放在首位，总是教导学生说：“品德的修养比业务学习更为重要。如果业务学习一时差一点，经过努力就可以赶上；品德出了问题，改正起来就很难，即使真改正了，人心里还记着你的旧账，影响长时期对你的看法，所以千万要加强对品德的修养。”同时，也不忘提醒学生：“一个人身体内有一本健康账，做一件有益健康的事，就增加一份健康的储存；做一件有损健康的事，就支出一份储存……学习要劳逸结合，注意锻炼身体，增加健康储备。”在“言教”与“身教”结合方面，如当时的一年级新生按规定受军事训练，每天早上要做早操，但不少自由散漫的学生爱睡懒觉，拒不起床，军事教官对此毫无办法。师梅先生得知后，并没有立即去劝告学生，而是以身作则，自己每天早起和学生一起做早操。早操完毕后，他便把学生集中在一起，用英语给他们讲十分钟的话，内容主要是古今中外的名人故事和新近的科学技术知识，学生对此都非常感兴趣。而为了听这十分钟的讲话，原先爱睡懒觉的学生也被吸引过来做早操了，这就顺利地解决了军事教官头痛的问题。除了早操所包含的体育内容，赵师梅教授的讲话中又包含着丰富的德育与智育内容，学生从中受到了名人们坚强意志和崇高品德的熏陶，获得了在教科书上没有的新科技知识，同时还锻炼了英语听力，这样就把对学生德、智、体的教育巧妙地融合于不知不觉中，收到了很好的实效，令人无比叹服和敬仰。① 仅从这些小小的事例上，我们便可看到，王星拱校长聘请赵师梅教授出任训导长的决策，是多么的正确、合理与成功。

就后者而言，作为著名的美学家，朱光潜教授对于如何培养优良的校风更有着自己独到的见解。1941 年 3 月，他在学校的“总理纪念周”上发表了题为《说校风》的演讲，使广大师生深受教益和启发。朱光潜指出：“培养优良的校风需要两个重要的条件，第一是全校师生必须形成一个健全的集团，有集团的精神……其次是这个集团全体必须像个人一样，能自好自爱自重，有集团的荣誉意识”；同时，优良的校风必须具备四个特点——“家庭的和乐空气”、“爱护纪律的风气”、“很浓厚的研究学术的风气”、“宏毅豁达的胸襟气宇”。② 事实上，有朱光潜这样的既闻名遐迩又深受广大青年学生爱戴的名教授坐镇武大，这本身就足以令武大学子们备感幸福的了，有位学生曾写道：“提及朱先生，谁都忘不了他写给青年的那十二封诚挚友爱的信，和他谈美等名著。他现在实地应用者[着]他那‘美的教育’，陶冶年轻人的心具。在这儿生活着的人们，该是多么幸福。”③

---

① 以上内容参见俞大光、陈锦江：《无私奉献一生的赵师梅先生传略》，华中理工大学出版社 2000 年版，第 36～37 页；陈锦江：《师恩难忘，师德永铭——回忆赵师梅先生》，武汉大学纪念西迁乐山 70 周年专题网站（http://vhost.whu.edu.cn/70/html/mszy/200806/18-65.html）。

② 参见朱光潜：《说校风》，《国立武汉大学周刊》第 321 期（1941 年 3 月 23 日）。

③ 陈俊：《武大在嘉定》。

除了赵师梅训导长与朱光潜教务长，学校其他各院系、部门的各级领导人，对于传承和发扬优良的校风与学风，亦是齐心协力，团结奋进。正如当时的武大校友所言，在迁校之后，“各院系在新制下的措施，仍本往昔坚实卓绝的精神继续迈进，在一片探讨学术的空气中，在精诚合作的氛围里，领导着一千以上的团体，沉着而坚毅地以期在这艰苦的时代中，完成各自所负的使命”。① 还有一位学生曾撰文指出：“学校生活虽然清苦，但这儿仍保持有大批的教授，阵容是相当整齐的，而各教授对于学术的认真精神，尤不可多得，像以上提及的各位先生，都是国内负有盛名的学者，担负着各院系的重要课程，他们对于学生永远是那么循循善诱，和蔼可亲，相处一堂，有如家人父子，使青年们在学术上，有着更多的成就与勇气；在生活上不感觉到是离乡背井，而课余师生间，无拘无束的谈话，更使同学们在道德上，学问上，事业上，有了新的认识与信仰。我们能够处在这样的气氛里，还不觉得幸运吗。”②

4．明诚弘毅，俭朴勤奋——“武大特有的学风”

正是在全校师生的共同努力下，武汉大学西迁四川乐山后，其优良的校风与学风得到了良好的传承和发扬。正如校长王星拱所言：“读书风气是本校一向的良好校风，所难能的是，当这生活困苦的时候，仍不减低其兴趣，反来研

① 毕长林：《母校改制以后》，《国立武汉大学毕业同学会会刊》(第二号)，1940年3月，第14页。

② 陈俊：《武大在嘉定》。

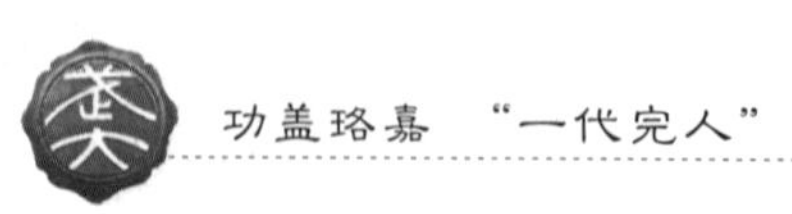

究、写作的风气格外浓厚了。为交换彼此研究的心得，本校各科季刊，仍设法按时出版。”①

当时，武汉大学的广大师生和校友，对于本校的优良校风可以说是充满了自豪，而且经常不遗余力地向社会各界人士进行推介和宣传。1940年，一位校友曾写道：“建筑的华丽，物质的享受，在嘉定不如在珞珈；同学感情的融洽，读书空气的浓厚，课外活动的活跃，在珞珈不如在嘉定……母校同学，一向以读书用功著称，迁校以后，尤其如此。”②无独有偶，1941年学校编写的《武大概况》也指出：“以近日情况言，虽不能媲美珞珈山时代之雄伟建筑与漪丽风光，而艰难时会中，一种埋头苦干，悉心钻研之精神，仍不减当年也……武大学生向以诚朴着称，一则因贫苦负笈者多，二则校方示明诚弘毅以自守，是以学生平日均衣着朴素，饮食简单，养成一种刻苦自励，好学不倦之精神，迁川以来，多数学生因家在战区，接济无落，衣敝缊袍，益增磨砺。”③

一些在校学生则认为：“武大特有的学风是俭朴，是勤奋……这是任何知道武大的人所同声称赞的”④；“诚朴，严肃，与自由研究：是我们的学风”⑤。还有学生自豪地指出，

① 王星拱：《抗战以来的武汉大学》。

② 向定：《在校同学的生活》，《国立武汉大学毕业同学会会刊》（第二号），1940年3月，第15页。

③ 《武大概况》，《教育部、四川省教育厅、益世报馆、时事新报及本校关于征集、编撰学校要览（学校概况）各项章则材料》。

④ 拱君：《杂谈武大》。

⑤ 任一民：《武大学生生活素描》，《读书通讯》第19期（1940年），第15页。

武汉大学西迁乐山之后,“同学们那类自由研究的精神,诚朴质实的风气,毫没有因为生活的困苦,而略改变”;“代表着武大整个精神的,是惇朴,是切实,是用功,是沉寂……无论做什么,都秉承着‘明诚弘毅’(校训)的精神,保持着认督[真]切实的态度。而绝少奢靡浮华,嚣张夸耀之习气。在校做功课时是如此,出校服务社会时,尤其如此,这是一般人所承认称许的”。①

总之,用王星拱校长的话来说,“本校同抗战一样受着艰苦,同时也同抗战一样,在艰苦中不断的努力奋斗着,虽然奋斗的结果,不敢自信,却无时不抱有求发展,进步的一腔热忱”②。也正是由于广大师生在抗战的艰难困苦之中,保持和发扬了优良的校风和学风,西迁乐山的国立武汉大学,才得以在教学、科研乃至社会服务等方面,均取得了较战前的珞珈山时代更为显著的成绩。

(二) 在艰苦的环境中严格保证教学质量

就武汉大学西迁乐山后的基本教学条件而言,在王星拱校长看来,“到嘉后我们感到缺憾的,有二件事:第一件是农学院(其实只有一农艺系)因设备不易,奉令暂与中大农学院合并;第二件……图书仪器在途中遭遇空袭,略受损失。但经过两年多的努力建设,补充,事实上证明以上两个缺憾,不仅是弥缝起来,反而使人更加快慰了。关于前者,

① 参见陈俊:《武大在嘉定》。

② 王星拱:《抗战以来的武汉大学》。

我们失去一个农学院的农艺系，后来继续增设矿冶系，机械专修科，及矿冶系，机械系，电机系，土木系四个双班。学校体系比从前扩大，学生人数也比从前增多，现计共有十六学系一千四百六十余名学生。关于后者，以图书仪器为教学上的必需用品，故虽在购买外汇及内外交通万分困难之下，仍在上海、香港、海防等处派有专员，专负购置和运输仪器、图书、实验药品等事项。迄至现在，这种工作，还在进行着。故教学上一切使用工具，差足维持经常课务而无虞”①。有一位武大校友则回忆道：“武大同学的读书风气浓厚……王校长为了保证学生学习之需，还要求武大印刷厂不断印出高质量的讲义或书籍，充分满足学生借阅需要。并规定每人一次可向图书馆借十本书。至于报章杂志，能够订到的都可订阅。”②而尤其令武大学生深感幸运和自豪的是，学校工学院当时开设的一所实习工厂，“据教部视察结果，认为是国内高等工厂中最充备的一所。特令大事扩充，前途无限光明”③。由此可见，不管战时的物质条件有多么艰难，学校也总会想尽一切办法，努力改善教学的基本条件。

西迁乐山时期，武汉大学的教学工作完全延续了珞珈山时期注重基础理论、严格考试等基本特点，并有进一步的发扬。

首先，学校每年招考新生，在生源质量方面，始终严格

---

① 王星拱：《抗战以来的武汉大学》。
② 龙彻渊：《武大校长王星拱二三事》。
③ 陈俊：《武大在嘉定》。

把关、一丝不苟。当时,武汉大学每年都与其他国立大学联合举行招生考试,尤其是经常与西南联大、中央大学、浙江大学等全国顶级名校联合招考,号称“四大名校联考”。王星拱校长对学生的招生工作至为重视,如在1942年,武汉大学与国立四川大学、国立东北大学联合招生,他便与朱光潜、叶麟(1893—1977)教授等一同出任成都区联合招生委员会委员。即使是顺利通过了各大学联合招生考试的学生,甚至是教育部分配给武大的保送免试入学的学生,在进入武汉大学之后,也仍然要一律参加学校组织的“甄别考试”,合格后才能取得正式学籍,不及格者则被拒之门外。这种“甄别考试”的难度相当大,曾有一位学生从金陵大学转学到武汉大学,有门课程在金大考到99分,但来到武大甄别考试时才考了70多分,令他大吃一惊。因此,武大每年的“甄别考试”,通常都会淘汰掉相当比例的新生。如1942年入学的电机系学生,在1946年毕业前夕回忆道:“一年级初来,先经甄别考试,算是领略了一番下马威,半数以上的班友,因杀不过此座关险而脱离了民三五级……”而同级入学的土木系学生也写道:“我们过去的命运应该是属于‘坎坷’的一类,进学校来还没上第一课,甄别考试就裁编了我们一半的队伍,三年级再过一道难关,今天我们的人数,还算上补充进来的伙伴,只有入学时的四分之一了。”①总之,严格的入学考试,对于武大每年招收的新生质量是一个

① 参见《土木系》、《电机系》,《国立武汉大学民三五级同学录》,国立武汉大学档案,1946-84。

有力的保证。

其次，学校对于基础课程，尤其是国文、英文、数学等课程的教学始终非常重视。新生投考时，这三门学科只要有一科不及格，便不予录取。新生入学后，则根据不同的学生实际水平、程度的差异，将各门基础课分等次进行教学，并专门为基础相对较差的学生设立了国文、英文、数学三科的补修班，努力为他们日后逐渐深入的专业学习打下牢固的基础。而在平时的教学中，“国英数本子每日须送教员评阅”①，即使只是日常的普通作业，也是如此地高度重视与认真负责。

不论任何学科专业，学校始终坚持由名教授给一年级新生讲授基础课，同时，还商请各科教员，在一定的时间和地点轮流担任学生的课外指导工作，随时与学生接触，提供学习上的各种咨询，指导其更有效地进行学习和研究。另一方面，学校还极力拓宽学生的知识面，加大“通才教育”的实施力度。如政治系一年级增加了“中国通史”、“货币与银行”等选修课，理学院二年级添设“社会科学”课程，机械工程学系增加了“高等微积分”的选修课，生物系一年级的“微积分”由选修课改为必修课，理、工科学生必须增修“中国通史”和“国文”，等等。在高度注重基础理论教学的同时，学校也不忘兼顾应用方面的课程。如物理系和化学系学生曾

① 陈泮藻、徐诵明：《视察国立武汉大学报告》(1940 年 6 月 4 日)，《国立武汉大学保存 1940 年教育部徐诵明、陈泮藻视察武汉大学报告》(复印件)，国立武汉大学档案，1940—27。该卷档案系复制自中国第二历史档案馆藏国民政府教育部档案。

反映“高等微积分”过于偏重理论，而涉及应用的方面太少，于是，学校便顺应了他们的要求，以“高等应用数学”取而代之。

特别值得一提的是，“学校当时对外语很重视，不但对第一外国语，而且对第二外国语也有严格要求”①，不仅不同语种的外文教师在教学中普遍要求比较严格，甚至大多数学科的大多数专业课程都是直接采用英文原版教材，有的还直接用英文来讲授。当时，“一方面由于当局的鼓励，他方面由于同学的自觉，同学们对于英文的兴趣，突然增加起来，英语练习会一类的组织非常的多”②。武汉大学的英文课程，过去只是在一年级开设“基本英文”一科，而这“对于英文有志深造之同学，颇感不足”，于是，应学生的要求，学校又开设了“第二年英文”，但开了一班，又开一班，还是容纳不了，“选修者异常踊跃，每次上课时，迟到之同学，辄至伫立窗外，无法挤入教室”。武大学生学习英语兴趣的高涨，也让学校当局感到欣慰不已，于是便又开设了“第三年英文”一班，选修者仍达六七十人之多。③

武汉大学校方对于英语教学的重视，还体现在学生毕业时英语如仍不及格，则只发肄业证书，不发毕业证书，拿

① 黄镃:《乐山学习生活杂忆》，台北市“国立武汉大学校友会”编印:《珞珈》第144期(2000年7月)，第28页。

② 向定:《在校同学的生活》，《国立武汉大学毕业同学会会刊》(第二号)，1940年3月，第15页。

③ 参见《在校同学英文兴趣日增》，《国立武汉大学毕业同学会会刊》(第三号)，1941年3月，第5页。

到肄业证书离校后还可以回校补考英语，何时英语补考及格了，何时才能发给毕业证书。这一系列重视外语教学的措施，也使得当时的武大学生英语水平普遍较高。在乐山时期，有相当一部分理、工科学生的毕业论文是直接用英文完成的，而这与珞珈山时期相比，可谓是有过之而无不及。

最后，当时学校对学生的各种考试要求也极其严格。曾有学生感叹道，武大"读书空气的浓厚，的确是国内大学中不可多得的，而考试的严格，尤其绝顶，所以尽管朝夕孜孜，也就仍旧常有留级补考的事，一个人要一帆风顺，平平安安的读到毕业，是不大容易的"①。就考试的次数和频率而言，各门学科因其性质的不同，存在着较大的差异。一般来说，文、法科专业的考试相对较少，理、工科专业的考试则非常频繁，基本上月有月考，期有期考，年有年考，甚至平时还经常会有不定期的随堂考试，一切视教学需要而定，而对于每次考试，学校都会认真、严肃、详细地作有记载。1940年，教育部派员视察武汉大学后，在视察报告中充分肯定了学校"学业考试"的实施情况："颇认真，无论平时试验或学期试验，均严格执行。"②

根据学校当时的具体规定，一般而言，每学期有一门课不及格者尚可补考，有两门课不及格者就得留级，三门课不及格或是有一门主科得 0 分的，就要被开除学籍，勒令退学。就连考试分数及格线的划定也非常严格，学校在 1944

① 陈俊：《武大在嘉定》。

② 陈泮藻、徐诵明：《视察国立武汉大学报告》(1940 年 6 月 4 日)。

年9月15日召开的第413次校务会议便议决，上年度“成绩一律以60分为及格，以前59.5分及格取消”①。当时的武汉大学，各项考试制度的具体执行，都是极其严肃、丝毫不徇私情的，任何人都必须绝对遵循，而不可能有什么例外。如一位校友回忆：“我认识的为上海四行仓库八百孤军而泅水送去国旗的女童军杨惠敏，由宋美龄通过教育部分配来武大，即因考试成绩过差，跟不上，武大只好为她妥善安排，转到中央技专读书。”②再如王星拱校长本人的长女、就读于武汉大学生物系的王焕理，在1940—1941学年度，因“国文(54分)、化学(46.5分)两门不及格，依学则第三十七条四款，须予留级”③。由此可见，在当时的武大，只要成绩不合格，即使再有“背景”和“关系”，哪怕是校长的子女，也必须严格按照学校的规章制度进行处理，没有任何“特权”可言。而在经历了这次留级的处罚之后，王焕理本人也是“知耻而后勇”，从此更加努力学习，最终经受住了武汉大学严厉的考试制度与淘汰制度的严酷考验，于1945年顺利毕业，成为武汉大学生物系当年仅有的两名毕业生之一。④ 对于武大所“一贯执行”的这种“严格的考试与淘汰

① 《国立武汉大学第四一三次校务会议议事日程》,《本校1944年修订〈武大学则〉及有关提案稿簿》,国立武汉大学档案,1944—17。

② 王筑:《正气高扬艰难路 师生共创千秋业——回忆抗战中内迁的武汉大学》,四川省文史研究馆、四川省人民政府参事室编:《永远不能忘记的历史——纪念抗日战争胜利50周年文章选编》,1995年,第194页。

③ 《二十九年度各学院系各年级应予“留级”学生名单》,《国立武汉大学1940年各院学生留级名单及留级退学办法》,国立武汉大学档案,1940—61。

④ 另一位则是陈赓(1903—1961)大将的堂弟陈权龙。

制度”，曾有校友评价道：“就消极方面说，迫使学生埋首读书，应付考试，固有不足；但积极方面则筛选出精华，质量过得硬，为国家培养真才。三七开还是后者为重。”①

由于武汉大学一直有着良好的校风、学风，因此，严格的考试制度，虽然令人望而生畏，却并没有把广大学子吓倒，反而对他们的学习起到了良好的督促和激励作用。武大的学生不仅擅长考试，而且还在认真、严肃的学风的锤炼下，自然而然地形成了诚信、纯朴的考风——“考试前，大家认真复习，充分准备，却没有人想到如何作弊，若有人想作弊，定会被人瞧不起，这也是武大的优良传统”②；在考试时，若有人“要想在试场内，要[要]点‘板眼’。恐怕你受不住同学们的责难，‘破坏校风’”③。特别值得一提的是，1937 年 12 月，因抗战战事紧急，学校提前放了寒假，没有举行学期考试，上学期没有成绩。1938 年上半年，学校迁到乐山开学上课后不久，教务长周鲠生在一次集会上宣布，下学期的考试必须考全学年的教学内容。不仅如此，具体来说，不论是讲授了的内容，还是没有讲授过的，都在考试之列，这就大大增加了学生准备考试的难度。对此，武大经济系校友刘涤源回忆道，当时“学生对这一决定欣然接受，认真准备，迎接考试；在我的记忆中，没有听到过任何怨声。

① 李德章：《艰苦的生活、勤奋的学习》，《武汉大学乐山纪念堂》专刊，1993 年，第 22 页。

② 章心绰：《武大乐山时见闻》，台北市“国立武汉大学校友会”编印：《珞珈》第 120 期（1994 年 7 月），第 48 页。

③ 任一民：《武大学生生活素描》。

同时，教授也遵照执行，严格考试命题，认真评定考卷。由此可见，在战时乐嘉新环境中，武汉大学仍然保持着珞珈山上勤奋严谨的优良学风”①。

在当时的武大，不光是广大学生始终高度自觉地遵守和维护着考试秩序，学校当局对于考风考纪自然也是极为重视。每逢期终考试，校长王星拱都会不辞劳苦地亲自到各学院教室巡视，察看考场秩序。在考试开始前，他还会向广大同学申明考场纪律，倡导优良考风，教导大家“以遵纪守法为美德，养成自尊自重。考场要目不斜瞬，只有笔触之声，而无摇头晃脑之态的优良传统学风，后来者要恪遵勿懈”②。对于武大当时举行考试的具体情形，有位学生曾如此描述：

> 武大的考试一向是严肃的，这是初上武大的同学第一次会尝到的气息。考试之日，数百人齐聚一堂，上自校长、教务长、院长、系主任乃至注册部的职员，均亲临监考，对学生如临大敌。书籍固不准带，连所坐的桌，其抽屉都朝向着外面，这是防止着作弊的，武大的同学几视为自尊心的一种侮辱。在武大，考试作弊，那简直是绝无仅有，题目出来，懂就答，不懂就交白卷，这是武大同学一向对考试坦白的态度，我们引为无限的自

① 刘涤源：《喜读〈珞珈〉，欣忆“乐嘉”》。

② 参见《苏震致刘兆丰》，武汉大学成都校友会主办：《王星拱校长纪念专刊》，1996年，第57页。

豪。两年来武大毕业同学在外面参加着各种考试，几无不迭告胜利，这不得不归因于校方训练有素。①

（三）不放弃科研，不懈怠学术

抗战全面爆发，学校西迁乐山，给武汉大学的科学研究工作带来了极大的困难。在迁校过程中，图书资料与仪器设备受损不小，特别是1939年乐山“八一九”大轰炸后，为安全起见，学校又将很大一部分图书仪器设备转移到乡下隐蔽起来，因此广大师生借书颇感不便，各种实验也难以进行。在整个抗战期间，由于学校的经费日益紧张，很多科研项目难以为继，原有的一些学术期刊也纷纷停刊，加以广大师生生活艰难，贫病交加，也在很大程度上分散了他们的工作精力，使得不少科研工作在实质上陷入停滞状态。1940年，教育部派员视察武汉大学，随后在视察报告中指出：“该校素以研究学术著称，迁校以后，此风稍衰，视察时，教员研究专题者，除高尚荫（研究川省土壤细菌就中固氮菌）、林春猷（研究血液之缓冲能力）等数氏外，似不多见。”②12月25日，教育部又发来训令，对于武汉大学的学术研究工作进行了积极的督促，认为武大“教员服务精神尚佳，学生尚好读书，实验考试颇能认真办理，均堪嘉慰。惟学术研究空气不

① 拱君：《杂谈武大》。

② 陈泮藻、徐诵明：《视察国立武汉大学报告》（1940年6月4日）。

如从前，各项设施亦多未能切实推进。该校设备尚称充实，教员应多从事专题研究”①。

事实上，自从西迁乐山以来，在条件允许的前提下，武汉大学从未放弃过学术研究。因此，在艰难的环境里，学校的学术风气也只是“稍衰”而已。而等到武汉大学在乐山逐渐安定下来，整体条件稍有改善之际，便开始励精图治，积极推动学术研究工作的开展。如在1939年，学校就对科研工作采取了如下措施：

（1）增加研究生名额，并改善其生活待遇；

（2）对研究生的研究工作办法进行具体的规定；

（3）设置研究助理职位，选留部分优秀毕业生从事学术研究工作；

（4）改组各种季刊编辑委员会，致力于恢复各种学术刊物；

（5）着令法科研究所继续调查乐山当地经济情形；

（6）先后组织成立边疆民族研究会、社会科学座谈会等新的学术组织；等等。②

以上种种措施，正如当时就读于武汉大学法科研究所经济学部的刘涤源所言，“都是着眼于较高学术人才的培

① 《教育部训令》(高字第42971号)，《国立武汉大学及教育部、四川省教育厅有关陈泮藻、徐诵明、章益、王凤喈来校视察的训令布告》，国立武汉大学档案，1940－26。

② 参见《国立武汉大学二十八年度校务行政计划》及《国立武汉大学二十八年度校务行政计划进度表》等，《本校1939年度校务行政计划及工作报告、教育部有关通知》。

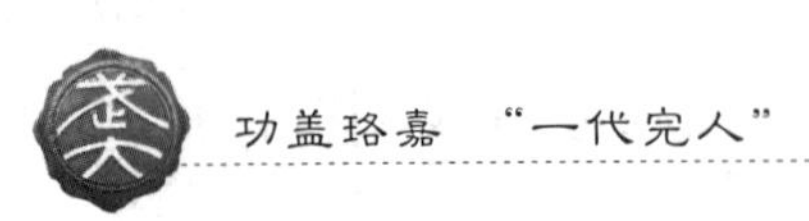

养，对武大学术地位的提高颇关重要"①。与此同时，在校方的大力倡导和推动下，学校的学术研究空气与氛围也日渐活跃。从1941年起，武大学生开始自发地组织各种科学座谈会，如文学座谈会、社会科学座谈会、自然科学座谈会、工科座谈会等，不少学生经过艰苦努力，发表了不少科研论文乃至专著，取得了显著的科研成果。

从1940年起，武汉大学还开始积极筹划扩大研究所与研究生教育的规模。1941年，学校正式制定计划，决定在法科研究所内添设政治学部，在工科研究所内添设电机工程学部，同时分别添办文科研究所与理科研究所。其中，法科研究所政治学部与工科研究所电机工程学部于当年经教育部批准正式成立，开始招收研究生，但文科研究所与理科研究所的成立则颇费周章。早在1940年8月，教育部便指令武汉大学："该校文理科研究所均应缓设。"②但是，武汉大学仍然始终坚持不懈地屡次向教育部提出申请。对于添办文科研究所的理由，学校在1941年度的事业计划中如此阐述：

> 吾国文化为吾民族先哲所留予吾人之精神遗产，以及吾人今日所当与众共享之精神食粮。今欲加强吾民族精诚团结之基础，尤必先发扬光大

① 刘涤源：《往事难忘话乐嘉》，台北市"国立武汉大学校友会"编印：《珞珈》第124期(1995年7月)，第38页。

② 参见《教育部、国立武汉大学1942年度各院、所招生简章及有关文件》，国立武汉大学档案，1942－47。

> 吾民族之文化菁华，俾吾民族之各份子皆能体认吾民族文化蕴藏之深厚，从而强固其爱护吾民族前途之信念，近日中央提倡全国各大学从事于固有文化之研究，是诚洞彻本源之计也。
>
> 自抗战军兴，吾国文化机关横遭摧残，南北各学府辗转迁徙，图书仪器丧失殆尽，是乃吾国文化空前之浩劫，尤不可不急图补救，本校西迁以后，所有图书仪器，虽曾稍有损失，而幸以保全者尚多，若利用现存之图书，设立文科研究所，招收有志深造文学之青年，从事于吾国固有文化之研究，是以轻而易举之事也。①

到了 1942 年，学校再次拟定了增设文史研究所的计划，又将其理由归结为三点："一曰，仰承中央倡导研究固有文化之至意也"；"二曰，适应全国欲求深造之士之需要也"；"三曰，激励学人从事文史两科以知耻也"。② 同时，考虑到"本校理学院设备，较为完善，而师资亦整齐，且本院各学科，为一切物质科学之母，故必亟设研究所以宏造就，在过去数年，本校及其他大学毕业生中，由中英庚款委员会，及中华文化基金社派至本校理学院各系从事于所学之研究者实繁有徒，兹为适应迫切要求起见，爰有添办理科研究所之

① 《国立武汉大学三十年度事业计划》，《本校 1941 年度事业计划》，国立武汉大学档案，1941－9。

② 参见《增设文史研究所之理由及计划》，《教育部、国立武汉大学 1942 年度各院、所招生简章及有关文件》。

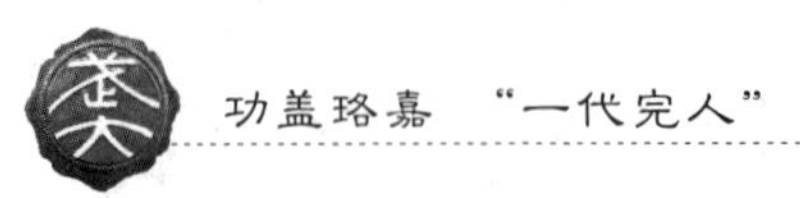

拟议"①。

1942 年 4 月，王星拱校长亲自前往重庆，再次向教育部呈递了增设文史研究所与理科研究所的申请："本校原仅设有法工两科研究所，在此抗建途中，事实上每有不足适应需要之感。"此次申请最终得到了教育部的核准。② 8 月，王星拱校长聘请刘永济教授为文科研究所主任，桂质廷教授为理科研究所主任。文科研究所下设文史学部，理科研究所下设理化学部，均于当年开始招收研究生。

武汉大学文、理科研究所的设立，使学校的研究所总数达到 4 个，根据国立武汉大学 1931 年制定的《筹设本大学研究院办法》及教育部 1934 年颁布的《大学研究院暂行组织规程》中的相关规定，这标志着武汉大学研究院正式宣告成立，并由校长王星拱兼任研究院院长。根据教育部当时的统计，截至 1943 年度为止，拥有 4 个研究所和 6 个学部的武汉大学研究院，仅就研究所和研究学部的数量和规模而言，在全国仅次于中央大学(7 个研究所、16 个学部)、西南联合大学(5 个研究所、15 个学部)和中山大学(4 个研究所、7 个学部)而位居第四。③

就学术研究的具体成果而言，仅以自然科学研究为例，

---

① 《添办理科研究所之理由及计划》,《教育部、国立武汉大学 1942 年度各院、所招生简章及有关文件》。

② 以上参见《教育部、国立武汉大学 1942 年度各院、所招生简章及有关文件》。

③ 参见《各大学及国立学院设置研究学部情形简表》(29 年度～31 年度),《本校及教育部 1943 年有关研究所、研究生工作文件》。

早在20世纪30年代中期，武汉大学的生物学科就曾在汤佩松教授等人的带领下，多次取得过世界一流的科研成果。学校西迁乐山以后，尽管物质条件较珞珈山时代恶劣得多，但武汉大学理学院的教师们仍充分发扬了自强不息的精神，想方设法地克服重重困难，经过艰苦努力，继续保持了本校自然科学研究的高水平开展，并且同样取得了不少堪称世界一流的成果。尤其是在生物学方面，继汤佩松教授之后，武汉大学生物系的高尚荫教授与助教公立华合作，于1939年9月在美国《科学》(*Science*)杂志上发表了题为Fresh-Water Medusae Found in Kiating, Stechuen, China的论文，报导了1939年1月14日和2月12日在嘉定大渡河边同一池塘发现的两种淡水水母物种的生存环境及体形和器官特征，这是中国学者在无脊椎动物学领域最早的开创性研究，而这一研究成果直到2009年仍有人引用；1940年11月，高尚荫又在*Science*上发表了题为The Occurrence and Isolation of Azotobacter in Chinese Soils的论文，对取自四川各地15类以上土壤样本共127个样品进行了非共生固氮菌测定，结果是102个样品含有固氮菌，这是对中国大面积土壤开展非共生固氮菌的首例研究报导；1941年3月，他还在英国《自然》(*Nature*)杂志上发表了题为Soil Protozoa in some Chinese Soils的通信，调查研究了从嘉定及周边地区收集的40份土壤标本中的57种原生动物；1949年7月，高尚荫还与王星拱的次女王焕葆合作，在*Science*上发表了题为Survey of Chinese Drugs for Presence of Antibacterial Substances的论文，报导了对45种中草药物进行金黄色葡萄球菌和大肠杆菌的抗菌活性的测试结果，结果表明有大黄、黄连等六种药物对金黄色葡萄球菌具有不同程度的抗菌活性，有百部等两种药物对大肠杆菌也显示出相对较低的抗菌活性。① 此外，武汉大学化学系的邬保良教授，亦曾于 1940 年 1 月在 *Nature* 上发表了题为 A Simple Rule for Evaluating Atomic Constants 的通信，该文从精细结构常数 α 等已有关系式出发，推导出了一种计算某些原子常数的简易计算法，并得到与实验值非常近似的计算结果。以上这些难能可贵的自然科学研究成果，与武汉大学战前在珞珈山的那段相对和平、安定的黄金时期相比，实在是毫不逊色。

1943 年 5～6 月及 1945 年 1 月，世界著名的生物化学家和科技史专家、英国剑桥大学的李约瑟(Joseph Terence Montgomery Needham, 1900—1995)博士，先后两次造访了乐山国立武汉大学，他对武大的学者们在如此艰苦的条件下依然坚持开展科学研究的顽强精神，及其所取得的诸多重大学术成果，曾给予过高度的评价和赞赏。1943 年 9 月，李约瑟在英国《自然》杂志上发表了《川西的科学》(Science

① 这篇论文虽然发表于 1949 年 7 月，但其题注指出，这项研究工作在两位作者 1945 年赴美前便已开展，1947 年高尚荫回国后，又对部分实验进行了重复和扩展。参见 H. Zanyin Gaw and H. P. Wang. Survey of Chinese Drugs for Presence of Antibacterial Substances. *Science*, Vol. 110, No. 2844(Jul. 1, 1949), p. 11. 另外，这也是武汉大学的学者以“国立武汉大学”(National Wuhan University)为署名单位在该杂志上发表的最后一篇论文。

in Western Szechuan)一文，其中声称："武汉大学的科学水平非常之高，甚至可以与昆明的国立西南联合大学相媲美，这是毫无疑问的。"①1944 年 12 月，李约瑟在英国伦敦广播电台发表了题为《战时中国的科学与生活》的讲话，他告诉广大英国公众，中国的"科学家和工程师意外地坚强，继续进行着研究，并使工厂坚持生产，他们缺乏设备的情况是任何其他民族都会吃惊的"，并以武汉大学的学者作为典型事例之一，向大家介绍说，"来自东部大城市的中国科学家对于中国西部的原始情况，及他们被迫而在技术上因陋就简，其惊异程度不亚于我们。在四川嘉定有人在可以遥见西藏山峰的一座宗祠里讨论原子核物理……"②此外，李约瑟于1943 年 5 月第一次访问武汉大学期间，在乐山文庙崇圣祠(武大校长办公室所在地)拜访王星拱校长并与之亲切交流的经历，亦让他终身难忘。十余年后，他在自己的煌煌巨著《中国科学技术史》(*Science and Civilisation in China*)第一卷的序言中还特别提到："当时武汉大学校长、已故王星拱博士，则使我看到了旧儒教的各方面的教义。"③

---

① 参见 Joseph Needham. Science in Western Szechuan. *Nature*, Vol. 152, No. 3856(Sep. 25, 1943), p. 344. 其原文为："There is not doubt that at Wuhan University the scientific level is very high, comparing favorably even with the National Southwest Associated Universities at Kunming."

② 参见许立言、叶晓青：《抗战时期李约瑟在中国的科学活动》，《自然杂志》(1981 年第 9 期)，第 650 页。

③ [英]李约瑟著，《中国科学技术史》翻译小组译：《中国科学技术史》(第一卷 总论)(第一分册)，科学出版社 1975 年版，第 23 页。

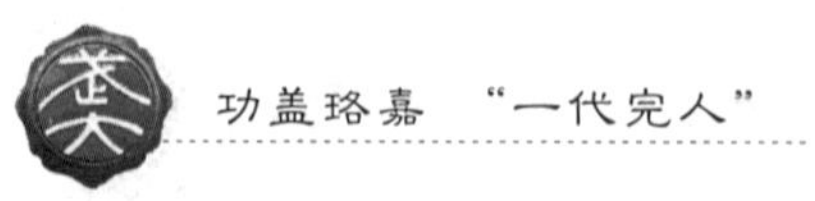

（四）造福乡邦，引领社会

教学、科研与社会服务，是现代大学的三大基本职能。国立武汉大学在战前的珞珈山时期，因为地处郊外，与社会相对隔绝，地理位置上的这一局限性，使得学校在社会服务方面所做的工作一直有所不足。自从1938年西迁乐山之后，局面便有了很大的改观，由于武大的主要几处校舍以及广大师生的居所都分散在这座小山城内外的各个角落，可谓城中有校，校中有城，将整个乐山县都变成了一座大学城，大学与市井紧密接触，不可分割，极其有利于学校更好地为当地人民开展各种社会服务活动。

在学校刚刚迁来乐山，尚未完全站稳脚跟之时，武汉大学便已开始致力于为在国难深重的紧急关头及时伸出援手、友好地接纳自己的乐山人民做点实事。1938年7月，学校在给教育部的呈文中，详细地阐述了迁校之初在乐山从事社会服务工作的基本构想：

> 此外本校以嘉定居全国之西边，接近康藏，生物矿物，产蓄丰富，民情风俗土壤气候昆虫病害，又与全国其他各省颇多差异。拟即着手调查，以供研究。其已着手者，如生物标本之搜集。拟定着手调查者，如川康藏住民之经济情形，生活状况，民风礼俗如何，其土壤气候如何，昆虫病害如何，生物种子应如何改良，蕴藏之矿物有无开采价值，各地须提倡何种工业，再根据调查所得，交各主管院系，详加研究。其有所成就者，即编具计

划，贡献政府，以供采择，为开发西南之助。立愿宏奢，虽不敢云短期内，概能实现。要当秉承中央政府开发西南意旨，努力前驱，以求有所建树。此本校拟定协助政府，致力社会事业之大概情形也。①

1938年12月2日，王星拱校长在乐山主持召开了国立武汉大学第342次校务会议，议决通过了学术讲演、学术展览会、电影及播音这三项兼办社会教育工作的实施方案，其中，学术讲演两星期举行一次，由每院推定两位教员分期担任，学术展览会则定于1939年1月2～3日举行，电影及播音则正在整理仪器之中。② 12月30日召开的第346次校务会议，又决定本校兼办社会教育增加民众法律顾问一项，其实施办法由法学院法律系规定执行。③ 1939年，根据教育部的命令，学校又专门成立了国立武汉大学社会教育推行委员会，由王星拱校长担任主席委员。对于武大师生当时在社会服务方面所做的工作，王星拱后来曾指出：

同时我们也并不因身处后方，生活困苦，就忘却了抗战的使命。只是后来抗战工作的主要目标，有了一个转向，也可以说是个更进步的转向，

① 《国立武汉大学呈教育部文》(嘉字第632号)。

② 参见《国立武汉大学第三四二次校务会议常会纪录》，《国立武大1938年校务会议常会记录》，国立武汉大学档案，1938－20。

③ 参见《国立武汉大学第三四六次校务会议常会纪录》，《国立武大1938年校务会议常会记录》。

> 什么转向呢？就是各人拿出自己在学校里所学习的智识技能，来贡献国家，帮助抗战。像本校师生与航空委员会，兵工厂，乐西公路等机关技术合作，就是这类的例子。固然我们主要目标是如此，但一般的抗战工作，像成立伤病之友社支社，捐款慰劳前方将士，兵役宣传等，以及科学讲演，学术展览会，民众学校，各种壁报，都是本校师生在抗战期中所共同努力于社会事业中最著成效的工作。①

1939年3月20～22日，武汉大学在乐山城内外的李公祠、三育中学、文庙、老宵顶三清宫和中山堂等五处举行了首次大规模的“学术展览会”，共分为理科组（化学、物理、生物）、工科组（电机工程、土木工程、机械工程、矿冶工程）、美术组、图书馆及体育表演赛五项同时举行。② 这次展览会在乐山城乡人民中引起了巨大轰动，对于当时的盛况，学校于当年年底在给教育部的呈文中描述道：“当时嘉定市区及附近乡镇前来参观者，极为踊跃，在五个不同之处所，用各项不同之方式，统计人数，每小时约有六千丁口出入会场，至最后一日，当地军政工商各方面，曾经纷纷来函，请求延期，在本校以延期展览，事实上诸多不便，以致未果，迨其

① 王星拱：《抗战以来的武汉大学》。

② 参见《国立武汉大学学术展览会展览程序》（民国二十八年三月二十日起三月二十二日止），《国立武大1938—1945年社会教育工作报告》，国立武汉大学档案，1945－164。该卷档案系复制自中国第二历史档案馆藏国民政府教育部档案。

后，因故未及参观人士，引为遗憾者，实繁有徒。”①

1939年以后，由于空袭频繁，学术展览会未能按年举办。1942年10月11～13日，武汉大学再次在乐山举办了“科学扩大宣传展览会”，短短三日之内，观众即多达2万余人。此后，武大又于1943年10月、1944年4月和1945年4月，连年在乐山举行类似的科学展览会，这对于当地居民科学知识的普及与科学素养的提高，起到了很大的促进作用，具有重大而深远的社会意义。正如1942年的科学展览会的《前言》所言：

> 五年以来，中国之抗战不仅在争取最后之胜利，亦所以奠定建国之基础；故科学运动实为必要。倡议科学之道有二：一曰提高国民科学兴趣，一曰培养科学专门人才，科学人才养成固极重要，而提高国民科学兴趣，普及科学教育犹为必要。科学展览会之意义，即所以使此项运动之社会化也。
>
> 国立武汉大学承教育部之命，于国庆日举行科学展览，俾提高国民科学兴趣，倡导国人研究科学风气，吾人能够及时把握此世界文化之动力——科学，则国家之兴隆，可计日而待……②

① 《国立武汉大学呈教育部文》(嘉字第868号)，《国立武大1938—1945年社会教育工作报告》。

② 武大力讯社主编：《国立武汉大学科学扩大宣传展览特刊·前言》，《诚报》(1942年10月12日)。

除举行学术（科学）展览会外，武大师生还通过设立民众法律顾问处、宣传队、通讯社、平民学校、校工夜校、工农夜校、妇女识字班、会计补习学校等多种方式，全方位地对乐山父老推行社会教育与服务活动。武大师生和校友多次直接或间接地辅助当地报馆的成立与报纸的发行，如当时乐山唯一的一份日报——《诚报》，其编辑人员大多数是武汉大学的校友，其印刷工作也是在武大校友主持下进行的。此外，武汉大学工学院的广大师生还充分利用各种教学实习与科研合作的机会，在乐山境内广为开设工厂，开采矿产，修筑道路，铺架桥梁，并传播先进的制造技术，为乐山县原本一片空白的现代工业与交通奠定了最早的基础。

总之，当时的武汉大学师生，“不但不断地努力于本校的发展和学术的研究，对于社会教育也时时在设法推进中……弥补了当年孤处珞珈隔离社会太远的缺点”①，社会服务工作开展得有声有色，为乐山人民造福甚多。

从更长远的历史角度来看，国立武汉大学在抗战时期的西迁，总的来说，是为乐山城带来了先进的现代文明，这不仅直接促进了乐山的现代化工业从无到有的起步与发展，而且改善了乐山人口的文化结构，提升了乐山的文化教育水平，并潜移默化地引发了乐山人思想观念、价值取向和生活方式的嬗变，对乐山人进行了一次深刻的现代文化启

① 《母校近况》，《国立武汉大学校友会会刊》（第五号），1942 年 5 月，第 3～4 页。

蒙，从而极大地促进了乐山的经济与社会现代化进程，成为大学引领社会的一大典范。正如现在的一些乐山学者所言："如果没有武大来，乐山至少落后30年。"①

1942年，曾有武汉大学校友回顾道，"母校自迁嘉定，初以大动以后，难于立即安定，更因校舍离散，规模扩大，一切难以就绪，颇嫌精神涣散，校运维艰"，然而，在王星拱校长等人的坚定领导、合理指引与悉心呵护下，全校上下自强不息，艰苦奋斗，励精图治，弦歌不辍，不仅延续了迁校之前便已形成的优良校风与学风，而且在教学、科研、社会服务诸方面均硕果累累，"经全体师友一致努力，渐归正轨，迄于现在，不但保持了当年的优点，并弥补了当年孤处珞珈隔离社会太远的缺点，而成了一所标准的最高学府"。因此，这位校友便大胆断言："一年以来，母校虽没有特殊令人兴奋的好消息，可是校务进行的顺利，先生和同学们大家爱护学校的精神，以及在学术上研究空气的浓厚，不减当年珞珈胜况，真要算是迁到嘉定来校运复兴之年了！"他还兴高采烈、充满信心地告慰全体师友："母校的一切进步了，并且还在继续进步中！"②

---

①　参见《武大影响》，"武大内迁乐山"之系列封面报道，《乐山广播电视报》2007年4月12日。

②　参见《母校近况》，《国立武汉大学校友会会刊》(第五号)，1942年5月，第3～4页。

三、广揽名师　作育英才

(一) 大师云集，全国领先

1. 抗战时期武汉大学师资队伍的流失与补充

一所大学发展的好坏，最关键的因素便在于师资力量的强弱。20 世纪 30 年代中前期，新生的国立武汉大学之所以能够奇迹般地崛起，除了珞珈山新校舍的迅速落成极大地改善了学校的办学环境与硬件设施外，最具有决定性意义的，便是学校在较短的时间内，就汇聚了不少全国一流、甚至是顶尖级水平的著名学者，堪称大师云集、群星璀璨。但好景不长，随着日寇大举入侵，学校西迁乐山，国立武汉大学在战前好不容易才积聚起来的优良师资，也随着社会、政治大环境的变化而有了不少的流失，有的教职员或因家庭牵累、或因政府调任而未能随校西迁，有的则改受他校之聘，由于各种原因而先后离校。如中文系教授刘异、谭戒甫，外文系教授哈维(Leo Harvey)、胡光廷以及特约讲师格拉塞，哲学教育系教授范寿康，史学系教授李剑农、郭斌佳，法律系教授燕树棠(时任系主任)、吴岐、胡元义、陶天南，政治系教授张有桐，经济系教授朱祖晦，物理系教授葛正权，生物系教授汤佩松，土木工程系教授王敬立，机械工程系教授曾锐庭、崔克明，电机工程系教授陈炳基等，均在 1938 年武汉大学西迁乐山前后离校他去。即使是在迁校乐山之后，也经常有一些教员或是由于在派系斗争中遭到失败而

被迫离开,或受到波及而主动逃避,或是为了寻求更好的工作、生活环境与个人发展机会等原因而离开武大。到了抗战中后期,校中更是有10多名教师先后因病去世,造成了难以挽回的巨大损失。

面对这样的局面,努力维持和增加教师的数量,保持和提高其质量,并逐渐改善其学科、职称与年龄等结构,便成了学校在师资建设方面的一个主要问题。与在珞珈山时期一样,到了乐山后,王星拱校长仍不遗余力地着手于高水平师资的延揽,为了尽可能多地将全国最优秀的学者请来武大任教,他不顾身体虚弱,并强忍着病痛的折磨,四处奔波,几乎跑遍了大后方的大中城市,而且基本上都是亲自登门拜访,礼贤下士,令人不忍拒绝。几经努力,武汉大学终于及时地弥补了因抗战爆发、迁校乐山以及抗战中后期不少教员非正常死亡等原因造成的师资紧缺问题,并且继续汇聚起一大批出类拔萃、全国一流的学者。在整个抗战时期,国立武汉大学的教授数量一直维持在100人左右,不论数量、质量,均在全国名列前茅。与此同时,作为教学工作的重要辅助和后备力量的讲师、助教队伍也不断扩大,到了抗战后期,讲师与助教的数量加起来也已接近100人。正如某位武大校友在1942年所说的那样:"近年母校的师资可算相当充实,在这个师资荒的年头,母校同学该满意了。"①与此同时,由于学校对每个院系的发展都比较重视,在人

① 《母校近况》,《国立武汉大学校友会会刊》(第五号),1942年5月,第3页。

力、物力、财力诸方面均给予了相当的投入，使得“各院系的发展，迩来快达到了‘平衡’‘平行’的趋势”①。

国立武汉大学在乐山时期的高水平师资阵容，就各院系而言，其具体情况大致如下：

(1) 文学院。

中文系原有刘赜、刘永济、徐天闵、朱世溱、苏雪林等教授，此时又先后聘请过叶圣陶、高亨(1900—1986)、冯沅君(1900—1974)、徐震(1898—1967)、黄焯(1902—1984)、程千帆(1913—2000)等著名学者来校任教。

外文系原有陈源、陈登恪、李儒勉、袁昌英、方重、陈尧成、费鉴照等教授，此时又先后聘请过朱光潜、王家鸿(1896—1998)、钱歌川(1903—1990)、戴镏龄(1913—1998)、谢文炳(1900—1989)、杨安妮玛琍、桂质柏(1900—1979)、罗念生(1904—1990)、柴有恒、叶孟安、朱君允(1894—1966)、孙家琇(1915—2001)、刘盛亚、缪朗山(1910—1978)等著名学者来校任教。

原哲学教育系于 1938 年 8 月再次更名为哲学系，该系原有高翰、胡稼胎、万卓恒、程廼颐、王凤岗、普施泽等教授，此时又先后聘请过张颐(1887—1969)、黄方刚、叶麟等著名学者来校任教。

史学系原有韦润珊、吴其昌、陈祖源、方壮猷、汪诒荪等教授，此时又先后聘请过王献唐(1896—1960)、鄢远猷

① 《母校近况》,《国立武汉大学校友会会刊》(第五号),1942 年 5 月,第 3 页。

(1897—1944)、陶振誉、杨人楩(1903—1973)、徐中舒(1898—1991)、吴廷璆(1910—2003)、唐长孺(1911—1994)等著名学者来校任教。

除中文系外,文学院其他三系的新聘教授绝大多数具有留学海外的经历,而尤以法国巴黎大学、德国柏林大学以及英国牛津大学、伦敦大学出身者为多。此外,应学校的盛情邀请,著名哲学家熊十力(1885—1968)与著名历史学家钱穆(1895—1990)这两位久负盛名的学术大师,亦曾先后于1939年和1941年来到乐山国立武汉大学作短期讲学。

(2) 法学院。

法律系原有周鲠生、葛扬焕、蒋思道、吴学义、刘经旺等教授,此时又先后聘请过李浩培(1906—1997)、孙煦存、陈耀廷等著名学者来校任教。

政治系原有周鲠生、刘廼诚、樊德芬、邵循恪、鲍必荣等教授,此时又先后聘请过吴之椿(1896—1955)、楼邦彦(1912—1979)、王铁崖(1913—2003)、孟云桥(1904—1988)、朱萃濬、杨东莼(1900—1979)、曾秉钧等著名学者来校任教。

经济系原有杨端六、陶因、戴铭巽、刘秉麟、伍启元、韦从序、钟兆璿等教授,此时又先后聘请过罗凤超(1908—1978)、程德泰、彭迪先(1908—1991)、陈家芷等著名学者来校任教。

法学院这一时期的新聘教授,绝大多数亦具有海外留学经历,其中以英国伦敦大学毕业者为最。

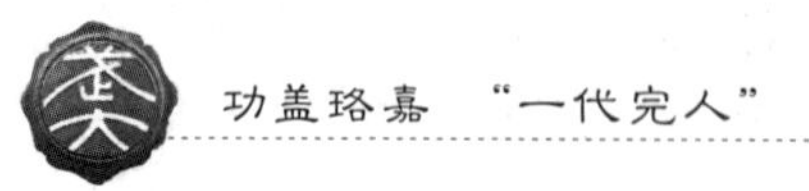

(3) 理学院。

数学系原有曾昭安、萧君绛、汤璪真、叶志、刘正经、吴大任等教授,此时又先后聘请过李国平(1910—1996)、李华宗(1911—1949)两位著名学者来校任教。

物理系原有吴南薰、查谦、严顺章、江仁寿、马师亮等教授,此时又先后聘请过李国鼎(1910—2001)、桂质廷、梁百先(1911—1996)、胡乾善(1911—?)等著名学者来校任教。

化学系原有黄叔寅、陶延桥、邬保良、叶峤、徐贤恭、钟兴厚、陈鼎铭、葛毓桂等教授,在乐山时期没有新聘教授,也没有教授离任,教师阵容相对稳定,变动不大。

生物系原有张珽、何定杰、叶雅各、钟心煊、章蕴胎、高尚荫等教授,此时又先后聘请过孙祥钟、石声汉(1907—1971)两位本校校友回校任教。

理学院所有的新聘教授均有海外留学经历,其中仍以英国伦敦大学毕业者为最多。

(4) 工学院。

土木系原有陆凤书、俞忽、丁燮和、余炽昌、丁人鲲、涂允成等教授,新聘教授仅有陈克诫一人,其他没有变动。

机械系原有郭霖、谭声乙、笪远伦、程干云等教授,此时又先后聘请过叶芳哲、李子健、白郁筠、万泉生、杨先乾、蔡名芳、李登科、张宝龄、岳劼毅(1915—?)、刘颖(1913—1984)等著名学者来校任教。

电机系原有赵师梅、陈季丹等教授,此时又先后聘请过王子香(1897—1961)、张钟俊(1913—1995)、文斗、叶允竞、赵元良等著名学者来校任教。

矿冶系乃学校于1938年利用原农学院剩余的经费开办的新系，在筹建之初，由于学科基础薄弱，加以全国范围内的矿冶专门人才比较稀少，因而师资力量极其缺乏，个别主干课程甚至无人讲授。1940年10月与1941年2月，王星拱校长与武大矿冶系的全体学生，曾先后分别上书教育部，恳请其协助聘请和调派合格的师资来该系任教。① 经过学校的多方努力延聘与有关当局的鼎力支持，武汉大学矿冶系先后聘请到了邵象华、王若怡、丁道衡(1899—1955)、许道生(1909—1989)、周开基、周则岳、解寿缙、葛翔、李文采(1906—2000)等著名学者来校任教，但大多数教授在校任教的时间都很短，流动性极大，师资的短缺问题一直没有得到根本的解决，课程的稳定也得不到保障。

与理学院一样，工学院所有的新聘教授均有海外留学经历，主要有英国伦敦大学、德国柏林工业大学、美国麻省理工学院等世界名校。

2. 全国顶尖级的师资力量及其由来

由上可见，在乐山时期，国立武汉大学新聘的一大批教授，再加上原有的教授阵容，不仅在数量上基本可以满足日常教学的各种需要，而且就质量而言，较战前的珞珈山时期又有了一定的提升，可谓大师云集、人才济济，极一时之盛。乐山时期新聘的教授大多曾留学海外，并在欧美日本诸国

① 参见《国立武汉大学呈文》(嘉字第1088号)及《呈为呈请协助聘请教授事》,《国立武汉大学教职员任免、就职等有关人事文书》,中国第二历史档案馆藏国民政府教育部档案，全宗号五，案卷号2596。

的著名大学里获得学士、硕士乃至博士学位，其中不乏像哈佛大学、耶鲁大学、麻省理工学院、普林斯顿大学、哥伦比亚大学、芝加哥大学、密歇根大学、康奈尔大学、斯坦福大学、加利福尼亚大学、牛津大学、剑桥大学、伦敦大学、曼彻斯特大学、巴黎大学、里昂大学、柏林大学、柏林工业大学、法兰克福大学、东京大学、京都大学等世界名校的毕业生，其教授质量“含金量”之高，由此可见一斑。

1941 年 6 月 3 日，国民政府行政院第 517 次会议通过了《教育部设置部聘教授办法》，其中第二条规定，部聘教授须具备三个条件：(1) 在国立大学或独立学院任教十年以上者；(2) 教学确有成绩、声誉卓著者；(3) 对于所任学科有专门著作且具有特殊贡献者。① 根据这三条标准，教育部在全国范围内进行了遴选，并于 1942 年 8 月选出了首批 29 位部聘教授，其中武汉大学法学院教授周鲠生②、杨端六 2 人名列其中，分别成为政治与经济学科领域唯一的部聘教授，全校的部聘教授数量也排在西南联大(7 人)、中央大学(5 人)与浙江大学(3 人)之后，位居全国第四。1943 年 12 月，第二批部聘教授共 15 人经选举产生，武汉大学法学院的刘秉麟教授入选，至此，学校的部聘教授数量达到 3 人，仍然位于中央大学(13 人)、西南联大(8 人)和浙江大学(4

① 参见《教育部设置部聘教授办法》，《各大专院校有关教员资格审查、聘派及其他人事问题的函件》(1942 年)，中国第二历史档案馆藏国民政府教育部档案，全宗号五，案卷号 2491。

② 周鲠生当时正在美国讲学和研究，1945 年回国后，从王星拱手中接任国立武汉大学校长之职。

人)之后,名列全国第四位。仅从这一份量颇重、含金量颇高的学术指标上看,国立武汉大学在抗战时期作为“民国四大名校”之一的学术地位,可以说是名副其实的。

从学科上看,武汉大学的3位部聘教授全部集中在法学院,并占据了经济学科部聘教授的全部2个名额(杨端六、刘秉麟)与政治学科部聘教授全部2个名额的“半壁河山”(周鲠生),这也充分地反映出当时武汉大学的这两个学科在全国举足轻重的学术地位。① 对于这一点,武汉大学政治系毕业的唐汝厚校友后来曾自豪地回忆道:“我们政治系的教师,后来到北大、清华、中大等校当系主任的大有人在。有一次,我去清华大学政治系主任曾秉钧教授家做客,曾教授就谈到了这一点。他说就教师质量来说,清华不如武大。”②当然,曾秉钧教授的论断,应该仅仅只是就政治学科的“教师质量”而言,考虑到曾秉钧本人就是清华大学的毕业生以及清华大学第二届公费留美学生,在武汉大学政治系任教几年之后又出任清华大学政治系主任,他在私下里对武汉大学政治系的校友所表达的这一个人观点,尽管只是一家之言,但也应该是有一定的公信力的。

1945年6月,王星拱校长在离任前夕,还专门聘请曾先后在西南联大、四川大学、燕京大学等著名高校任教的部聘教授、著名国学大师与西洋文学专家吴宓(1894—1978)来

① 此外,1942年被评为第一批“部聘教授”的著名法学家胡元义,1930—1938年间亦曾在国立武汉大学法律系任教。

② 唐汝厚:《星拱校长永垂千秋》,武汉大学成都校友会主办:《王星拱校长纪念专刊》,1996年,第35页。

校任教。吴宓教授最终于1946年来到武大，成为国立武汉大学所拥有的第4位部聘教授；而他的到来，也加强了武汉大学文学院的师资力量，进一步提升了武大文学院乃至整个学校在全国的学术地位。

与文、法学院相比，武汉大学理、工学院在全国的学术地位相对来说要低一些，但也仍然汇聚了一大批全国一流的优秀学者。如前文所述，20世纪40年代曾经在世界顶尖级学术刊物*Science*和*Nature*上发表过论文或研究简报的高尚荫、邬保良、梁百先等教授，就是其中的几位杰出代表。

著名教育家、前国立清华大学校长梅贻琦先生曾有言：“所谓大学者，非谓有大楼之谓也，有大师之谓也。”①在1928年国立武汉大学刚刚改建之时，学校既没有大楼，更缺少大师，于是，学校当局便在兴建大楼、延揽大师方面同时努力，更试图以宏伟的大楼、优美的环境与自由的学术氛围来吸引大师，经过将近十年的努力，最终初步形成了“大师云集”的局面。然而，在抗战爆发以后，武大师生被迫痛别武昌珞珈山，并流落到抗战的西南大后方，从而失去了引以为荣的大楼，但是，由于学校自强不息的奋斗精神还在，自由民主的学术空气尚存，而学校主要领导人对于优秀人才求贤若渴的态度也始终没有任何改变，因此，流亡到四川乐山的国立武汉大学，在暂时失去大楼的前提下，其“大师云集”的空前盛况，甚至较战前的珞珈山时期仍有过之而无不及，从而更加生动、有力地阐释了梅贻琦先生的上述经典

① 梅贻琦：《就职演说》，《国立清华大学校刊》第341号(1931年12月4日)。

名言。

在抗战时期异常艰苦的物质条件和环境下，西迁乐山的国立武汉大学，之所以能聘请到如此之多的优秀学者前来执教，原因是多方面的。首先是因为迁校工作完成得非常出色，保全了大部分的图书资料与仪器设备，在大后方堪称数一数二，与其他高校相比，具有相对较好的教学与科研条件。其次是武汉大学的战时校址——四川乐山，因其只是西部边陲的一个小县城，不仅地理位置相对偏僻，而且无论是在经济还是在军事方面，都不具备重要性，也就难以成为日军空袭的重要目标，虽然在抗战初期也遭受过一两次较大的轰炸，但与重庆、成都、昆明、贵阳等大中城市相比，仍属相对安全，再加上乐山当地优美的自然环境，也成为吸引人才的一个重要因素。而更重要的是，以王星拱校长为首的学校当局，始终以最大的热情和诚意，想方设法致力于优良师资的延揽，不仅如此，他们还着力在学校里营造出一个高度自由、民主和宽松的学术氛围，这也使得一大批崇尚自由的知识分子"慕名"而来。仅从抗战时期武汉大学、华中大学对桂质廷教授的激烈"争夺"，以及以朱光潜、张颐为首的10多名四川大学的教授纷纷来到武大任教这两个事例中，我们便可看出，当时的武汉大学，对于延揽优秀的师资，是多么地不遗余力，而这所学校本身对那些优秀的学者们而言，也是多么地具有强大的吸引力。

(1) 求贤若渴，不遗余力延揽名师——以"争夺"桂质廷教授、强留朱光潜教授为例。

桂质廷教授是我国地磁与电离层研究领域的奠基人之

一，1930 年被私立武昌华中大学聘为理学院院长兼物理系主任。在华中大学工作期间，除了地磁常量的巡测以外，在抗战军兴以后，他还与他的学生宋百廉一道，开始在华中大学校园内进行常规的电离层垂直探测。他们冒着日机的空袭，克服重重困难，尽自己最大的努力，取得了从 1937 年 10 月至 1938 年 6 月共 9 个月的探测记录。这是我国首次对电离层的常规观测研究，取得了两项突破性成果：一项是与美国科学家 Henry G. Booker 几乎同时注意并报道了“扩展 F 层”的重要现象；另一项是发现武汉地区 F2 层临界频率明显超过了按纬度分布的预期值，后来，他将这一现象归结为“经度效应”，实际上即是 E. V. Appleton 与梁百先在 1947 年所总结的电离层“赤道异常”(Equatorial Anomaly)现象。①

如此优秀的学者，自然会引起武汉大学同仁们的高度注意，大家都希望能将桂质廷教授请到武大来执教。1938 年秋，在武汉大学已西迁四川乐山之后，王星拱校长正式聘请已随华中大学南迁至广西桂林的桂质廷教授为武汉大学理学院院长，而桂质廷本人也欣然接受了这一邀请。武大要将如此重量级的教授“挖”走，华中大学方面肯定会大受震动，校长韦卓民(1888—1976)当然不愿放行，便于 10 月 1 日致电武汉大学校长王星拱：“质廷兄为敝校长期聘任教

① 参见王燊、胡心如、赵修诜：《我国空间物理学先驱桂质廷——纪念桂质廷教授 100 周年华诞》，《武汉大学学报(自然科学版)》第 41 卷第 5 期(1995 年 10 月)。

授，仓卒离去，手续发生问题，此例一开，何以应付将来？况时局飘摇，借重质兄甚殷，如果引去，全校震撼，师生责难，尤非弟所能解答。二盼亮詧，准其留校，不胜感祷。”在韦卓民校长的竭力挽留下，桂质廷教授决定在华中大学多呆一年，10月8日，他向王星拱校长回电解释：“前已函电呈接受聘约，无奈韦校长及员生等苦留，且在此严重期间，交通不便，家母老弱，不能随行，一旦时局恶变，无法尽人子之情，于心何忍？恳请告假一年，待明年七月到校服务，公私两全，想先生定能谅此苦衷，允此诚恳之请求。”武汉大学收到这封电文时，王星拱校长刚刚前往重庆，于是，文学院院长陈源、物理系主任查谦、工学院院长邵逸周、法学院院长杨端六与教务长周鲠生等几位主要校务负责人便联名致电桂质廷，催促其尽快来校：“惟武大全部迁嘉，本年学生人数增加极多，一切规模，均须重新建树。理学院布置，尤关重要，亟待先生来此主持。弟等咸盼大驾，早日莅校，共策进行。如尊眷暂时移动有不便，亦请大驾先行，来此布置。”①

1938年11月29日，王星拱校长又亲自致信华中大学校长韦卓民，请其让桂质廷教授早日成行。1939年1月30日，韦卓民给王星拱回信称：“承曲谅挽留质廷先生之苦衷，感激无既。在此时局艰难、学校飘摇之会，中流砥柱如质廷兄，倚畀方殷，本不能听其接受贵校之聘，惟为顾全历承提携、协助之友谊，自不能过拂尊意。敝校决更西迁，大约二

① 以上引文参见《国立武汉大学1940年聘任教师、干部文件材料》，国立武汉大学档案，1940—34。

月初旬可以成行，拟请质廷兄承敝校赶程之隙，束装就道，趋侍左右。惟以一年为期，至民廿九元月底期满，仍须返校，此意质廷兄业经表示赞同，即祈垂察，惠按约定期间支配其到校后之工作，俾便期满，不致爽约是幸……”①最终，桂质廷教授于 1939 年 3 月来到武汉大学任教，一年后，他“爽约”未归，再也没有回过华中大学，此后一直都在武大执教，直到 1961 年去世。

在对桂质廷教授的这次“争夺”中，不论是作为“赢家”的武汉大学校长王星拱，还是作为“输家”的华中大学校长韦卓民，他们所共有的深厚的爱才之心、惜才之意，都令人感动无比。从尊重知识、尊重人才的角度上看，这场人才的争夺战可以说是没有“输家”的。

无独有偶，1941 年 5～8 月，西南联大常务委员会主席梅贻琦曾与该校的郑毅生、罗常培两位教授一同到四川各地旅行，一路上除了处理一些公务外，“并且访问几位现在假期中的联大老教授劝他们返校”②。如前所述，1941 年 7 月 10 日，他们在乐山文庙看望了王星拱、朱光潜、陈源三先生，据罗常培的记述，当时“梅先生向抚五表示联大盼望孟实③返校的意思很恳切，抚五正颜厉色的说，‘武大对于朱先生比联大更需要，请你们就暂时借给我们几年罢’。于是这一场交涉就这样谈判中止”④。

---

① 参见《本校教员洽聘退聘及其他函电》，国立武汉大学档案，1939－21。

②④ 罗莘田：《蜀道难》，第 2 页，第 44 页。

③ 朱光潜，字孟实。

（2）以自由、民主、开放的学术氛围吸引名师——以四川大学教授集体出走武汉大学为例。

乐山时期，武汉大学教授队伍中的一个最引人注目的现象，便是有一大批四川大学的教授陆陆续续地来到武大任教，究其原因，与国民党当局加紧控制四川大学、推行“党化教育”，从而损害了其学术自由，而武汉大学则始终保持着自由、民主的学术氛围，有着莫大的关系。1938 年 12 月 13 日，教育部部长陈立夫委派国民党 CC 系的骨干人物、号称“四大金刚”之一的程天放来接长国立四川大学。当时的四川大学代理校长张颐，后来于 1944 年 1 月 31 日在乐山武汉大学致信胡适，自称“弟于二十六年夏接管四川大学，至二十七年底，初未有何过失，徒以程天放自柏林回，政府无事与之，遂命渠来接”①。此举遭到了川大大多数教授的强烈抗议，当时的文学院院长朱光潜，“以一个自由思想者的立场，掀起风潮去反对”②。12 月 16 日，由朱光潜领衔的 56 名川大教授，联名致电教育部与行政院，要求收回成命。12 月 19 日，国民政府行政院令四川大学代理校长张颐立即移交校政，程天放先行任职视事。12 月 20 日，陈立夫又公开强调“维持原案”，随后，程天放也于 23 日强行“夺印上任”。此举引起了川大师生的更大愤慨，以朱光潜为首的 86 位教授于当天致电蒋介石等，表示强烈抗议，并宣布从即日

① 《张颐致胡适》(1944 年 1 月 31 日)，中国社会科学院近代史研究所中华民国史组编:《胡适来往书信选》(中册)，中华书局 1979 年版，第 568 页。

② 朱光潜:《自我检讨》，《人民日报》1949 年 11 月 27 日。

起全体罢教。后来，在抗拒程天放无望的情况下，川大师生便改变斗争策略，以驱逐川大秘书长、CC系分子孟寿椿为条件，来换取程天放的就职，并最终达到了目的。在孟寿椿被迫离开川大之后，川大于1939年1月9日正式复课，但在联名罢教的86位教授中，仍有20多位拒绝回校就职。① 正是在这段时间里，武汉大学校长王星拱与文学院院长陈源一同出面，聘请朱光潜教授到武大外文系任教。在此之前，川大的王子香教授已先行来武大电机系任教。据说，在“张颐交卸川大校长后，程天放为安抚川大师生，表面上仍挽留他任教，他坚决辞谢。时西南联大聘他去昆明，他以患高血压病，遵医嘱不宜居住海拔较高之地，故未应聘”②。而据张颐在给胡适的信中的说法，则是“弟初离川大时，孟邻③先生约往昆明，弟以交通不便，一时又无意远走，嗣以抚五之约，遂决来此。此间熟人甚多，到此以来颇觉惬意”④。

程天放就任四川大学校长后，在校内拼命扩大国民党、三青团组织，厉行“党化教育”，并推行训导制度，对广大师生进行严密的监视、控制和管束，而对于反抗其专制统治的

---

① 以上内容参见王庭科主编:《四川大学史稿》(第一卷)，四川大学出版社2006年版，第205～209页。

② 张文达、徐雨深、朱炳先:《哲学家、教育家张颐》，四川省政协文史资料研究委员会、四川省文史馆:《四川近现代文化人物续编》，四川人民出版社1989年版，第10页。

③ 蒋梦麟，号孟邻，时任国立西南联合大学常务委员会委员。

④ 《张颐致胡适》(1944年1月31日)，《胡适来往书信选》(中册)，第568页。

教师，则采取排挤、打击和迫害的手段。据统计，从川大师生开始拒程来校，到程天放将学校迁到峨眉，四川大学总共有40多名受学生欢迎的教授被迫离校。① 用张颐的话来说："渠任职四年，教员四散，学风败坏，乃自动让交黄季陆以省党部主任资格兼任大学校长。然季陆学识与办学作风视天放又每况愈下矣。要之，今日天下滔滔，鱼目混珠，碱砆乱玉，黄钟毁弃，瓦釜雷鸣，于外交界且然，于教育界焉得不然，幸有数校尚保持纯洁。"②毫无疑问，张颐自己所投奔的王星拱等人治下的国立武汉大学，即为他所说的"尚保持纯洁"的"数校"之一。当时，不仅是张颐、朱光潜等人，在数十名被迫离开川大的教授中，还有相当一部分来到了邻近的国立武汉大学。用武大校友吴鲁芹的话来说，"似乎武大的学术自由气氛较浓，而且和在成都的川大距离也较近，反对以党人治校的一批学人，就转移阵地到了武大"③。

据不完全统计，从1938年到1944年，总共有15名前四川大学教授先后来到武汉大学任教。而在这15位教授中，当年在川大曾公开参与过"拒程"运动的，就有朱光潜、叶麟、罗念生、杨人楩、谢文炳、桂质柏等6人。④ 从到任年代来看，1938年有王子香、朱光潜2人，1939年有王家鸿、

① 参见王庭科主编：《四川大学史稿》(第一卷)，第210～211页。

② 《张颐致胡适》(1944年1月31日)，《胡适来往书信选》(中册)，第568页。

③ 吴鲁芹：《武大旧人旧事》。

④ 参见王东杰：《政治、社会与文化视野下的大学"国立化"：以四川大学为例(1925—1939)》，第115页，第124页。

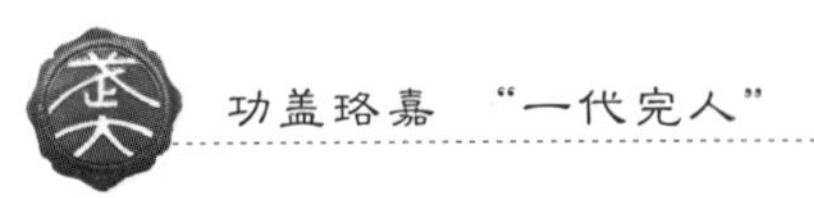

张颐、杨人楩3人，1940年有谢文炳、桂质柏、杨安妮玛琍、李国平、胡乾善5人，1941年有罗念生、叶麟2人，1942年有叶孟安、李华宗2人，1944年有吴廷璆1人。从学科专业的分布上看，外文系多达7人（朱光潜、王家鸿、谢文炳、桂质柏、杨安妮玛琍、罗念生、叶孟安），哲学系2人（张颐、叶麟），史学系2人（杨人楩、吴廷璆），数学系2人（李国平、李华宗），物理系1人（胡乾善），电机系1人（王子香）。在这15名教授中，不乏各自学科领域里的顶尖级学者，如朱光潜是我国现代美学的开拓者和奠基者之一；张颐是中国第一位英国牛津大学哲学博士的获得者，西方古典哲学研究的先驱，素有“东方黑格尔”之美誉；桂质柏是美国芝加哥大学于1928年开办图书馆研究学院以来授予图书学博士的第二人，也是中国第一个图书馆学博士（他在1940年7月被王星拱校长聘为武汉大学外文系教授兼图书馆主任）；罗念生是中国翻译、研究古希腊文学的奠基者；杨人楩是我国世界史研究的重要先驱；李国平是我国函数论研究的主要奠基人之一；李华宗则曾被著名数学家陈省身（1911—2004年）誉为“一位富于开创性的微分几何学家”；等等。这批前四川大学教授群体的先后到来，极大地充实了武汉大学相关学科（主要是人文学科与数学学科）的学术实力与师资力量，对于学校总体实力和地位的提升也有很大的贡献。

在上述15名离开川大、来到武大执教的教授中，除杨人楩外，其他14位教授均是直接从川大改投武大的，而在同一时段内，武汉大学仅有数学系的吴大任教授于1942年前往川大任教，谢文炳与罗念生教授于1943年返回川大，

原中文系讲师程千帆则在离开武大一年后，于 1943 年任川大中文系副教授，但又在 1945 年重返武大任教。1945 年王星拱校长离任后，又有彭迪先与叶麟两位教授回到川大。总的来说，在抗战期间，从川大流入武大的教授数量，远远高于从武大流入川大的教授数量，这对川大来说不啻为一笔巨大的损失，但对于武大而言，则又是一笔难能可贵的收获，而这主要还是由抗战时期这两所高校因遭受政治干涉与其自身抵制“党化教育”程度的深浅不一，从而造成的学术自由程度的差异所直接造成的。时至今日，武汉大学与四川大学在这段重大人事变迁的历史渊源中所形成的经验与教训，仍值得两校的学人共同深思。

(3) 严格把关，宁缺毋滥，虚心听取学生建议——以解聘两位教授、邀请钱穆讲学、聘请朱光潜为教务长为例。

如前所述，王星拱校长对于所有的师生都非常尊重，他“礼贤下士，屈己爱才，所聘教授多名儒硕彦。凡新聘教授到校，他都不分名望大小，过去识与不识，居处远近，必躬亲前去教授住所回访，以示尊重。除教授聘约期满自愿离校或个别玩忽职守者外，他绝不轻易解聘，使教师们安心教学，无后顾之忧”①。然以武大之大，纵有众多全国一流的学者云集，但师资队伍的良莠不齐亦在所难免，正如当时的武大学生所言：

武大现集有不少的学者，武大在国内大学中

① 顾焕敏：《平凡中见伟大　细微处显光彩》，武汉大学成都校友会主办：《王星拱校长纪念专刊》，1996 年，第 26 页。

之所以有地位者，这亦是一个主要的原因……其中才识丰富的教授固不乏人，但不学无术，鬼混终日的亦大有人在，这是今日中国缺乏人才的通病，吾人当亦无法过于苛责。这一点，很希望教育当局能多多的改进，以冀提高中国的学术水准。①

对于这个问题，王星拱校长也处理得相当出色。在延揽师资时，他始终秉承“宁缺毋滥”的原则，严格把关，只要是遇上那些确有真才实学的学者，他会完全不顾对方的学历、出身、派别等次要条件，一律想方设法地予以聘用，真正做到了“不拘一格降人才”；而一旦碰到所聘教员学识不足、难以胜任的情况，他也会毫不犹豫地进行适当的处理，以弥补先前工作的疏漏与失误。在这一过程中，他既能坚持自己的原则，又能真诚而理性地听取广大师生的意见。如在1940年底，王星拱校长聘请了一位名叫徐光的老教授来史学系任教，但没过多久，即被解聘。对于这件事情的前因后果，以及王星拱校长在聘请与辞退教授这一问题上的具体表现与作风，作为重要当事人之一的严耕望曾有如下回忆：

我们那一班历史系人数不多，但对于老师的教课非常挑剔……所以教授们对于我们这一班多感到头痛……新聘的教授更要被挑剔。记得有一次请得一位老教授给我们开秦汉史与三国史，听说他历任北京大学、中央大学教授，颇有名气，同

① 拱君：《杂说武大》。

学们也很高兴。但一经开课，他以老卖老，好像只有他读过很多书，我们都一无所知！可是他所讲的，不过就通鉴纪事本末摘要演述而已；而且有很多错误。听了两堂，我写了一篇文章，指出错误十几条，连同钱树棠所写一篇呈文，经全班同学签名送呈校长，这位老先生就此离开了。同时，我们又常要求学校聘请某人某人，学校也都尽可能照办，如钱穆宾四先生到母校作短期讲学就是一例。这些都可以看出抚公校长对于教授的进退，真能做到优先考虑学生的意见，这是今日大学所绝难看到的！恐怕学生也无此要求！①

当时在武汉大学中文系执教的本校校友胡守仁，也在多年后披露了王星拱校长解聘教授的另外一个事例：

凡教授有蓄妾者，辄被解聘，此母校之不成文法也。中文系某教授即因此离校。后有所适，路过乐山，意欲复职，而谋刘弘度师。师言之先生②，先生谓昔以蓄妾解聘，今妾故在，而许其复职，则昔之解聘为非矣。万一需要此人，予亦不固执，惟无以解于昔之解聘尔。弘度师不强人所难，遂作罢论，可见先生处事之坚持原则也。③

---

① 严耕望：《我与两位王校长》，《学府纪闻·国立武汉大学》，第71～72页。

② 本段文字中的“先生”均指王星拱校长。

③ 胡守仁：《记王抚五先生事迹数则》。

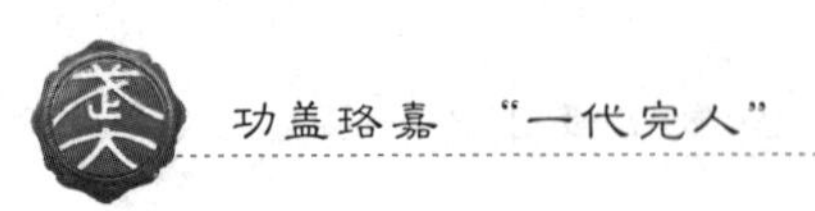

王星拱校长不仅在教授的聘任问题上既从善如流又坚守原则,甚至在学校高层的人事安排上也会适当地听取广大师生的意见。如在1941年初,他聘请外文系的朱光潜教授出任教务长一职。据朱光潜本人回忆:"到了一九四二年①,由于校内有湘皖两派之争,我是皖人而和湘派较友好,王星拱就拉我当教务长来调和内讧。"②由此可见,王星拱校长的这一决定,是在经过了深思熟虑与多方权衡之后才作出的。但在这一过程中,武大学生的"民意"也是起到了一定的影响的。据严耕望回忆:

> 到高年级时,树棠③与我还做了件荒唐事,我们觉得学校高阶层人事不够理想,将来毕业证书由他们签字,不光荣,希望请朱光潜先生出任教务长。是一个冬春的星期日早晨,两人拿着呈文到校长寓所去晋谒,似乎是先将呈文送进去。抚公怒气冲冲地走出门来,严厉斥责我们一顿,说"这是学校行政,你们管什么?你们要请某人担任某职,人家就听你们安排吗?"把我们赶出竹篱大门。

---

① 事实上,早在1941年初,朱光潜便已就任国立武汉大学教务长之职(参见《国立武汉大学职教员录》(民国三十年四月),第1页,国立武汉大学档案,1941—141)。但其教务长一职,直到1942年5月才经教育部核定(参见《教育部指令》(高字第20372号),《国立武汉大学1942年度各院、系、所、负责人职务聘书》,国立武汉大学档案,1942—15)。

② 朱光潜:《自传》(1980年9月),商金林编:《朱光潜自传》,江苏文艺出版社1998年版,第7页。

③ 即严耕望的同班同学钱树棠。

但事却出乎意外，后来果然发表朱先生担任教务长！可能是他本有此意，两个傻学生的要求不过加强其决心而已！①

(二) 桃李芬芳，群星璀璨

1. “含金量”颇高的武汉大学本科毕业文凭

综上所述，王星拱校长在延揽师资乃至人事安排问题上的民主与开明，充分地保证了武汉大学的教师质量，并有利于培育和形成良好的校风。优秀的师资，良好的校风，自由的学风，再加上极其严格的考试与淘汰制度，所有这些结合起来，也就从根本上保证了武汉大学的人才培养质量，以及学校所颁发的毕业文凭的“含金量”。据笔者统计，在王星拱校长的任期内(1933—1945 年)，从 1929 年到 1944 年的 16 年间，国立武汉大学共招收本科学生 5000 余人，而在与其毕业年代相对应的 1933 年到 1948 年，最终能够及时拿到文凭的毕业生仅 3301 人，淘汰率竟超过了三分之一！尽管这“听来有些辛酸，但也说明了毕业校友的质量过得硬，都成为有真才实学之士，不仅国内称道，且声闻国际”②。作为其中的一个杰出代表，武汉大学土木系 1942 年毕业的蒋咏秋(1920—　)校友曾有如下回忆：

---

① 严耕望：《我与两位王校长》，《学府纪闻·国立武汉大学》，第 72 页。

② 李德章：《艰苦的生活、勤奋的学习》，《武汉大学乐山纪念堂》专刊，1993 年，第 22 页。

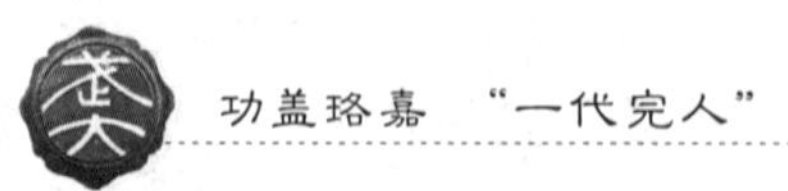

毕业后离开母校，在水力发电部门工作了五年，我申请到美国继续学习。我用母校的毕业文凭先后申请了五所著名大学，都获得了入学许可证，说明母校在国际上是有信誉的。

我于一九四七年九月进入美国明尼苏达大学研究院，我选择了结构力学作为主修，工程数学作为副修。第一个学季我选读了五门课，获得全优，就获得了免学费的奖学金。三个学季（八个月）结束我以优秀成绩获得了硕士学位和一千美元的奖学金。当时我们土木系同班研究生有三十余人，来自世界各国，其中来自我国的还有交通大学、浙江大学等校，可见武大母校水平不低，不仅与全国这些著名大学不相上下，在国际的高等学校中也很有竞争力。

当我通过博士资格考试，进入做论文阶段，我在美国工程结构设计公司工作了二十个月，设计了许多房屋结构，在母校学习的一系列的结构设计课程对我帮助很大，使我在美国的短期中就能顺利地独立进行房屋结构设计。①

1943 年，教育部举行了一次大规模的留学考试，其中商科录取近 50 名，武汉大学经济系各期毕业校友刘涤源、陈余年、陈启运、顾谦祥（1919—　）、陈文蔚（1921—2009）、

① 蒋咏秋：《饮水思源——为庆祝母校七十周年校庆而作》，武大《校友通讯》编辑室：《武汉大学校友通讯》（创刊号），1983 年，第 33～34 页。

谭崇台(1920—　)等6人同榜考中,并同时进入哈佛大学经济系攻读研究生。此时,1934年毕业于武汉大学经济系的张培刚校友,正在哈佛大学撰写博士论文,也就是那部后来被誉为“发展经济学的奠基之作”的惊世巨著——《农业与工业化》(*Agriculture and Industrialization*)。1945年,正在美国讲学和研究的武汉大学法学院教授周鲠生访问哈佛大学,见到总共有7名武汉大学经济系的毕业生同时在哈佛大学经济系研读,实在是惊异不已,便当面称之为“稀有的盛事”。不久后,又有一位武汉大学经济系的毕业生余长河,也来到哈佛大学经济系攻读研究生。① 武汉大学(尤其是经济系)当时的人才培养质量之高,由此可见一斑!

2. **王星拱校长任期内武汉大学院士校友之统计**

据统计,在王星拱校长的任期内(1933—1945年),曾在国立武汉大学工作或学习过的教师和学生,后来陆续当选为中央研究院院士、中国科学院学部委员(院士)和中国工程院院士的,有如下数十人:

(1) 中央研究院院士(4人)。

姓　名	在武汉大学工作或求学的时间	当选院士年份
李四光	1928年任国立武汉大学筹备委员会委员 1928—1939年任国立武汉大学建筑设备委员会委员长	1948

① 参见陈文蔚:《毕业母校六十周年有感》,武汉大学校友总会编:《武大校友通讯》2003年第2辑,武汉大学出版社2003年版,第173～174页。

续上表

姓　名	在武汉大学工作或求学的时间	当选院士年份
周鲠生	1928 年任国立武汉大学筹备委员会委员 1929—1939 年任教于国立武汉大学法律系、政治系	1948
汤佩松	1933—1938 年任教于国立武汉大学生物系	1948
李先闻	1935—1938 年任教于国立武汉大学农艺系	1948

（2）中国科学院院士（23 人）。

姓　名	在武汉大学工作或求学的时间	当选院士年份
李四光	见前	1955
周鲠生	见前	1955
汤佩松	见前	1955
涂　治	1934—1935 年参与筹建国立武汉大学农学院	1955
邵象华	1939—1940 年任教于国立武汉大学矿冶工程系	1955
李国平	1940—1996 年任教于武汉大学数学系	1955
徐中舒	1942—1944 年任国立武汉大学史学系“通讯指导教授”	1955
李文采	1944—1945 年任教于国立武汉大学矿冶工程系	1955
高尚荫	1935—1989 年任教于武汉大学生物系	1980
李竞雄	1937—1938 年任教于国立武汉大学农艺系	1980
张钟俊	1938—1939 年任教于国立武汉大学电机工程系	1980
彭少逸	1939 年毕业于国立武汉大学化学系，并留校任研究助理至 1941 年	1980
陆元九	1942—1943 年任教于国立武汉大学机械工程系	1980
史绍熙	1944—1945 年任教于国立武汉大学电机工程系	1980
柯　俊	1938 年毕业于国立武汉大学化学系	1980
钱保功	1940 年毕业于国立武汉大学化学系	1980
张致一	1940 年毕业于国立武汉大学生物系	1980

续上表

姓　名	在武汉大学工作或求学的时间	当选院士年份
谢家麟	1942 年曾就读于国立武汉大学机械工程系	1980
陈荣悌	1944 年毕业于国立武汉大学研究院理科研究所化学部	1980
张兴钤	1942 年毕业于国立武汉大学矿冶工程系	1991
张效祥	1943 年毕业于国立武汉大学电机工程系	1991
欧阳予	1948 年毕业于国立武汉大学电机工程系	1991
文圣常	1944 年毕业于国立武汉大学机械工程系	1993
张嗣瀛	1948 年毕业于国立武汉大学机械工程系	1997

(3) 中国工程院院士(4 人)。

姓　名	在武汉大学工作或求学的时间	当选院士年份
陆元九	见前	1994
邵象华	见前	1995
俞大光	1944 年毕业于国立武汉大学电机工程系,并留校任教至 1950 年	1995
崔　崑	1948 年毕业于国立武汉大学机械工程系	1997

3. **乐山时期武汉大学的其他杰出校友**

乐山时期国立武汉大学的毕业生,除以上这些院士外,其他各个领域里的杰出人物亦大有人在,现择取部分较有代表者列举如下:

文学院主要有著名古典文学专家李健章(1913—1998),著名语言学家、《汉语大字典》常务副主编李格非(1916—2003),著名翻译家、作家杨静远(女)(1923—　)、齐邦媛(女)(1924—　)、孙法理(1927—　),著名逻辑学家

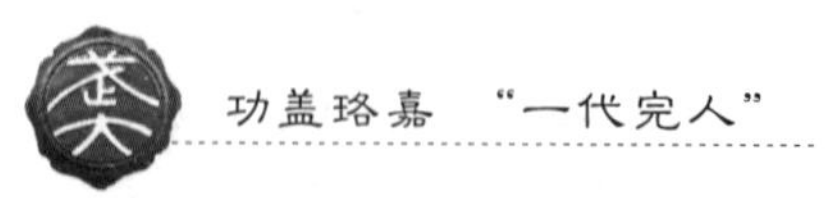

李匡武(1916—1985),著名哲学家萧萐父(1924—2008)等;

法学院主要有著名法学家、教育家钟期荣(女)(1920—),著名法学家姚梅镇(1915—1993),著名法学家、政治学家、历史学家端木正(1920—2006),著名经济学家刘涤源、谭崇台、陈文蔚、胡代光(1919—)、万典武(1921—)、刘诗白(1925—)等;

理学院主要有著名数学家张远达(1914—1985)、路见可(1922—)、王柔怀(1924—2001),著名漫画家方成(1918—)等;

工学院主要有著名教育家、水利专家张瑞瑾(1917—1998),著名固体力学家、细观力学模型的创建者蒋咏秋,著名企业家、社会活动家赵耀东(1915—2008),著名火箭航天专家、曾为1969年人类首次登陆月球计划成功作出过重要贡献的黄孝宗(1920—),著名工程师马骥(1917—),著名“两弹一星一飞船”功勋专家庄国绅(1918—2009),著名自动控制及系统可靠性专家疏松桂(1911—2000),著名工业自动化控制专家童世璜(1921—),著名航天测控与无线电遥测专家史长捷(1925—),著名热力学家、新热力学第二定律——耦合律(Low of Coupling)的创始人刘叔仪(1918—2003)等。

正是由于有了以上这些优秀人才一批又一批地从川西小城乐山走向全国、走向世界,武汉大学的学术与社会声誉也随之播名海内外,达到了建校以来前所未有的高峰,并以其中国“四大名校”之一的赫赫威名,昂首屹立于全国乃至世界高校之林。

第七章 “无为而治” 讲学自由(1933—1945)

从1933年4月继任国立武汉大学校长,到1945年7月离任,王星拱实际主持武汉大学校务长达12年之久。在这12年间,尤其是武汉大学迁居乐山时期,王星拱的基本治校方略,通常被人们称为“无为而治”。这种“无为而治”的施政方针,既保证了校务工作的平稳推进与学校的长足发展,使武汉大学逐渐跻身于全国一流名校之列,又在很大程度上促成和保障了武汉大学学术自由风气的形成和兴盛,使武大的学术研究事业呈现出“百花齐放、百家争鸣”的繁荣景象;但在另一方面,也不可避免地带来了诸如校纪松弛、校务不振、内部矛盾加剧、学校发展乏力等消极后果。所幸王星拱校长能够汲取教训，在坚持“无为而治”合理内核的同时，于可能的范围之内努力追求积极、合理的“有为”，从而再度将武汉大学的各项校务继续推向前进。

由于在1928年改建的国立武汉大学的主要创办人与领导人中，蔡元培主政时期的北京大学校友占据了绝大多数，因此，国立武汉大学从刚刚创办时起，便将蔡元培时代的北京大学“思想自由、兼容并包”的优良校风与传统，比较完整地吸纳与继承过来，并在新的时代与地域范围内（从武昌东厂口、珞珈山到四川乐山）继续发扬光大。王星拱继任校长后，完全一秉其“兼容并包”的“蔡公遗范”与“科学民主”的“五四精神”，极力提倡学术自由，始终坚持“讲学无禁区”。为了维护和捍卫武大的自由校风，他抗拒着强大的政治压力，以自己最大的努力，基本保证了武大师生的自由讲学权利与人身安全。

身为国民党的元老级人物与国民政府的高级官员，王星拱校长素来对政治缺乏兴趣与热情，而是将全部精力投身于学术与教育事业，并视大学为完全自由的、纯粹的学术天地，不容各种政治行为与党派势力强行进入与横加干涉，因此，对于国民党政府长期强制推行的“党化教育”以及相应的种种政治高压措施，他始终采取排斥与抵制的态度。在他的领导和影响下，绝大多数师生在反对“党化教育”的问题上保持着共同的目标，他们齐心协力，一同挫败了教育部试图撤换王星拱校长的命令，有效地抵制了旨在加强“党化教育”的“总考”制度，并以不卑不亢的态度与巧妙迂回的

方式，打击了一些来校视察的国民党军政要人的嚣张气焰，维护了学校的尊严与荣誉。

一、推行“无为而治”

(一)“无为而治”的背景与原因之分析

考察国立武汉大学的发展历史与王星拱校长多年的治校方略，王星拱的“无为而治”主要包括两方面的含义：一是对在前任校长王世杰主政时期即已基本奠定的各项规章制度及校务工作，以遵循和维持为主，尽量不作过多的更动与改进；二是对学校内部的各种学术流派、思想及广大师生从事的各种纯属学术性质的活动，不加任何干涉，而任其自由发展。这两方面的具体态度与做法，在珞珈山时期即已形成，在武大西迁乐山后又表现得更为突出。“无为而治”施政方略的产生，并不是偶然的，而是与王星拱接任武汉大学校长暨武大西迁乐山前后学校的内外环境、固有办学体制、校务工作推进情形，以及王星拱本人的性格特点等因素，均有着密切的关系。

首先，在建校之初，国立武汉大学便已基本确立了“教授治校”、校务公开的民主管理制度，并认真予以实施。在这样的制度中，校长所扮演的角色往往是“无为而治”。

在国立武汉大学的主要创办人、早期的主要领导人与教师群体中，以北京大学的校友人数最多，清华大学、中央大学(包括其前身南京高师、东南大学、第四中山大学等)次

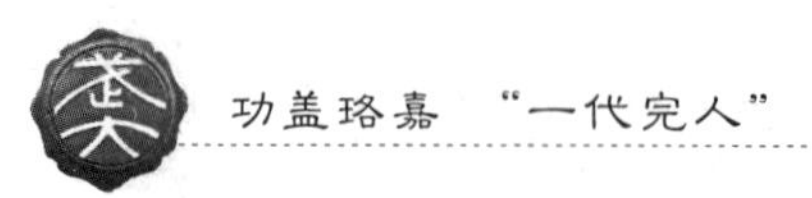

之，用曾经长期在武汉大学中文系任教的朱东润教授的话来说，当时“武汉大学的班底”，“是以北京大学部分教授为基础，吸收了清华大学一些人士联合组成的”。① 不论是北京大学、清华大学，还是过去的东南大学，均已在20世纪20年代前后基本确定了“教授治校”的管理制度，而这样的先进制度与优良传统，也伴随着他们的校友一同创办国立武汉大学的过程，逐渐在这所新兴的国立大学落地生根。在开办的头一年，国立武汉大学仍是采取北洋政府时期部分大学实行的评议会与校务会议并行的制度。如前所述，在1929年7月26日由国民政府公布施行的《大学组织法》中，并无设评议会的任何规定，为求与之相符，武大重新制定了《国立武汉大学组织规程》，取消了评议会，并将其全部职能均集中于校务会议。

1929年11月9日经教育部核准的《国立武汉大学组织规程》，第四章第十六条明确规定：“本大学设校务会议，以全体教授所选出之代表若干人及校长、各学院院长、各学系系主任组织之，校长为主席。”校务会议审议的主要事项包括学校预算、学院之设立及废止、课程、内部规则、学生试验、学生训育、学校纪律以及校长交议事项等。② 根据这一规定，校务会议无疑是学校事实上的最高权力与决策机构，体现出一种集体领导与民主决策的原则和精神。从校务会

① 参见朱东润：《朱东润自传》，人民文学出版社2009年版，第169页。

② 参见《为修正组织规程草案呈教育部文》，《国立武汉大学周刊》第36期（1929年11月17日）。

议的人员构成来看,除了代表学校行政的校长、院长及系主任外,还有“以全体教授所选出之代表若干人”,这些“教授代表”本身在学校没有任何行政职务,又是经学校全体教授民主选举产生而得以参加校务会议的,因此,他们在校务会议上必定能在最大程度上充分反映全校教授群体的利益诉求与心声,并真正地“代表”全体教授协助学校当局共同处理校务。另一方面,即使是校长、院长、系主任等这些行政职务的担任者,本身亦大多是学识渊博、充分尊重学术与教育规律,并直接投身于教学、科研活动第一线的著名“教授”,虽然到了40年代中期,在某些武大学生看来,武大的主要行政负责人在客观上“多半已半官僚化了”,但尽管如此,他们在主观上仍始终保持着“自由主义的学风”,始终主张“讲学自由”,①因而也就始终维持了“教授治校”的基本管理制度与模式。此外,学校的组织规程还规定:“校务会议开会时,得由校长依《大学组织法》邀请专家列席。”②这又充分体现了一种尊重法纪、依法治校与严厉监督的法治精神。从1928年到1938年,国立武汉大学校务会议一共讨论、制定了各种法规100多件,涉及到学校的组织体制、教学、科研、行政管理等各个方面。

① 参见顾公泰、刘兆丰、章润瑞、张宝锵、张师韩、陈荷夫:《乐山武大“核心系列组织”建立纪实及其他》;刘兆丰、章润瑞、张宝锵、陈荷夫(执笔)、赵萌兰、王尔杰:《大渡滚雪向东流——武汉大学学运史略》,武大北京老校友会编:《武大学运文选》,2002年,第55页,第191页。

② 《为修正组织规程草案呈教育部文》,《国立武汉大学周刊》第36期(1929年11月17日)。

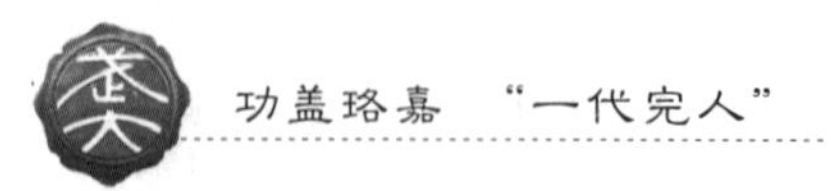

除了作为权力核心的校务会议外,《国立武汉大学组织规程》第十七条还规定:"本大学各学院设院务会议,以院长、系主任组织之,院长为主席。"第十八条则规定学校须得设立聘任、考试、图书、仪器、财务、训育、卫生、体育、出版以及其他各种临时委员会。① 不论是院务会议,还是各种委员会,均是对学校行政的重要辅助与补充。其时学校陆续成立的各个委员会,均由相关领域内具有专长的教授组成,以求做到人尽其才、才尽其用,且各委员会委员长的确定,与其行政职务的高低基本无关,没有任何行政职务的普通教授有可能担任某委员会的委员长,而校长、教务长、院长等主要校务负责人亦有可能在某个委员会仅仅担任一个普通的委员。以王星拱本人为例,在1928—1937年间,他就曾先后兼任过学校的建筑设备、仪器、预科算学、基本英文课程、特别(种)基金保管、聘任等委员会的主席或委员长,亦曾兼任过建筑设备、图书、课程、编定新预算、考试、财务、教职员党义研究、毕业考试、第一外国语等委员会的委员(详见本书第二章第一节)。这些没有丝毫"官本位"色彩的专门性委员会的先后成立,显然能极大地调动广大教授积极参与学校各项事务管理的热情和责任感,将"教授治校"的管理制度与基本原则,全面而深入地贯彻、落实到学校校务工作的每一处角落。

校务工作的高度公开、透明,是国立武汉大学建校后在

① 参见《为修正组织规程草案呈教育部文》,《国立武汉大学周刊》第36期(1929年11月17日)。

校务管理上的又一个重要特色。早在1929年3月,由学校公布的《国立武汉大学校务会议事规则》第七条就明确规定:"本会议决案得按期送交本校周刊发表之。"①虽然在当年12月,该议事规则经修正后删除了这一条款,②但由学校周刊按期刊登校务会议记录的例行做法,则始终没有改变,并一直坚持了整整20年(1928—1948年)。除极少数需要暂时保密、不便向广大师生公开的校务决策外(周刊刊登时仍会以序号后加"略"字来处理),学校每一次的校务会议记录的多数内容,都会如实刊登在不定期出版的《国立武汉大学周刊》上,供全校师生全面了解学校作出的各项决策及各项校务实施的具体情况。这既是一项讲求校务公开、注重舆论监督的优良的制度设计,更反映出一种诚朴、务实的校风与传统的逐步形成。

综上所述,正是因为国立武汉大学自建校伊始便逐步建立了一种以"教授治校"、校务公开为基本特色的民主办学制度,这所新兴国立大学的校长,已不可能成为大权独揽的家长式官僚,而更多地是作为权力受到合理制约的首席执行官和"精神领袖"而存在。具体就学校的最高权力与决策机构——校务会议而言,校长仅仅只是以一个"主席"的身份,主持和主导校务决策的全过程,而在最终采取民主投票的方式进行表决的时候,即便是校长本人,亦不得不绝对

① 《国立武汉大学校务会议事规则》,《国立武汉大学周刊》第12期(1929年3月11日)。

② 参见《国立武汉大学校务会议议事规则》,《国立武汉大学一览》(中华民国十八年度),第25页。

遵循“少数服从多数”的原则与铁律。当然，校长作为学校的最高领导人，他在宏观上或者精神上对校务工作的“引导”和“表率”作用，也是与其在具体决策中的“从众”表现同样重要的，而这也往往取决于校长与师生双方互相信任与妥协的程度。总之，只要“教授治校”的基本制度能持续、有效地运行下去，只要学校行政体系的每一个环节都能正常运转，那么，作为一校之长，大可在大政方针方向正确、合理，具体工作步骤规划、部署得当的前提下，对校务工作采取适当放任、“无为而治”的态度，而这也反映出校长对于广大师生“治校”与“自治”能力及智慧的高度信赖与充分依靠。因此，所谓的“无为而治”，看似是校长本人的“无为”，实则为整个学校的大“治”与大有“为”。

其次，国立武汉大学在将北大、清华、东大等校的“教授治校”制度借鉴、仿制过来的同时，也全面引入了北京大学在蔡元培主政时期形成的“思想自由，兼容并包”的办学理念（对此下节将予以详述）。而要实现“思想自由，兼容并包”，就必须对学校中的各种学术势力、流派与思潮的演变和消长不作任何行政干涉，任其自由发展，以求实现“百花齐放、百家争鸣”的繁荣局面，这便是另一种意义上的“无为而治”。

再次，如前所述，国立武汉大学首任校长王世杰在其任内的种种办学成绩，已经为这所新兴大学的继续发展，初步奠定了良好的基础。用周鲠生的话来说，“在王世杰离校之时，本校建筑设备以及制度人事都已树立规模，我们继任的人、至今大部犹可说是萧规曹随”。在整个学校已基本度过草创阶段，校务工作逐渐进入稳步推进的时期，并开始执行

“萧规曹随”与“守成”的发展战略时，便不会再有大规模、大范围的开创与革新之举，整个校务工作也必定会呈现出一种“无为而治”的景象。

最后，不容忽视的是，武汉大学当时的内部矛盾与派系斗争，也在客观上妨碍了某些校务工作的顺利进行，造成了“无为”的局面和结果。

在国立武汉大学开办之初，师资力量最为强大的法学院，便成为学校的重心所在，也是首任校长王世杰在学校最为倚重的力量，而法学院的著名教授又以湖南人居多，如任凯南、皮宗石、周鲠生、杨端六、刘秉麟等人，因此，正如当时的中文系教授朱东润所言：“武大开办时的湖南教授特别引人注目，时人称为湘军。”①如前文已提及，在国立武汉大学首任校长王世杰被任命为教育部长、即将离校之际，对于校长之职，“原拟推荐周鲠生继任”，但法学院院长皮宗石则认为“宜推荐王抚五”，最后王世杰“不得已允之”。而“王星拱担任校长以后，由皮宗石继任教务长，满以为可以相安无事了。但是事情的演变常常不是可以预见的”②。如本书第一、二章所述，王星拱有着非常深厚的乡土情结，总是试图尽自己最大的努力报效家乡，以逐渐改变家乡的教育、文化、经济等事业长期落后的状况。然而，所谓“过犹不及”，正因为他的乡土观念过于强烈，在任人、处事的很多时候，不免给人以一种过于偏私、狭隘之感。在担任武汉大学校长期间，王星拱乡土观念过重的一个突出表现，便是大量任

①② 《朱东润自传》，第169页，第200页。

用乃至重用安徽籍——尤其是其家乡安庆、怀宁籍的教职员，这种过于本位主义的思想和行为，也在客观上加剧了学校的内部矛盾，尤其是安徽籍与非安徽籍教职员之间的矛盾。王世杰曾在自己的日记中评价王星拱"胸襟亦不豁达"，而这种大量任用乡人的思想和做法，大概就是其中的一个重要表现。

由于王星拱在掌握了武汉大学的校政大权后，便开始大量任用其家乡安徽籍的教职员，于是，以他为首的"安徽派"也由此形成，并迅速发展壮大。据朱东润所言，"王星拱出任校长以后，安排查谦担任理学院长。连同石瑛离校以后，新任的工学院长，他已经掌握了四个院中的两个，这是所谓淮军。湘军、淮军的对立，使武汉大学长期在原地踏步不前"①。由于"法学院是湘军的大本营"，在文学院双方则势均力敌，因此，两派力量的势力争夺，也主要集中在文学院。武汉大学文学院的内部派系矛盾与斗争原本就比较激烈，如此一来，情况便更为复杂，校务工作所受的不利影响也就更加严重。在整个学校所面临的一些重大问题上，湖南与安徽两派人士的意见有时亦不尽相同。对此，就连远在千里之外的浙江大学校长竺可桢亦有所耳闻。1936 年 9 月 2 日晚，在武大史学系教授韦润珊来访后，竺可桢在自己的日记里写道："据云自雪艇离武大后，王抚五与皮皓白意见不合，皮拟辞教务主任②赴日本休养，以鲠生为教务主

① 《朱东润自传》，第 200 页。

② 应为"教务长"。

任，理学院查啸仙亦与院中同事意见参差不一。”①

正是由于存在这些内部矛盾和斗争，作为一个整体的学校当局，在处理校务问题时便很容易因为不同的派系之间观点、立场或利益的分歧与冲突而发生分裂，并处处受到彼此间的相互牵制和掣肘，无法做到得心应手，即使是想有所“为”也难以实现，甚至在1935—1936年间，还发生了校长、教务长先后提出辞职这样的严重事件，不论最后的结果如何，都会不可避免地对整个学校的工作造成不良影响。由此可见，因为学校内部的派系矛盾和斗争而直接造成的“无为”，对学校发展的影响主要是消极的。

总之，王星拱在担任武汉大学校长期间，所表现出来的较为狭隘的乡土本位主义观念与做法，无疑是他在治校方针上的一大弱点。但无论如何，“瑕不掩瑜”，至少在珞珈山主政的五年间，王星拱校长主要依靠“教授治校”的方式实行民主办学、提倡学术自由，以及对前任校长王世杰的各项校政采取“萧规曹随”的继承方式等“无为而治”的办学措施，从总体上说还是取得了良好的效果与巨大的成就。即使是在抗战爆发、武汉大学西迁乐山之后，部分学生于1940年底发起“倒王”运动(其具体情形详见下文所述)，在向教育部控告王星拱的种种“罪状”时，对于珞珈山时期的武汉大学在王星拱校长等人领导下所取得的重大办学成就，亦不得不勉强予以承认：

窃属校自民国十七年开办以来，经前校长王

① 《竺可桢全集》第6卷，第139页。

雪艇先生等之惨淡经营，规模齐全，蔚为感观。迄民国二十三年①，王前校长改长教部，校务由王星拱主持，校内人事仍保王前校长任内原状，襄佐有人，宵小不敢染指，校务尚称完善，且日有起色。开创甫及十载，成绩与校誉即得入于国内第一流大学之林，实不可谓非我国高等教育史上之大奇迹也。②

尽管这份控词将王世杰离任、王星拱继任后武汉大学所取得的办学成就主要归功于“校内人事仍保王前校长任内原状，襄佐有人，宵小不敢染指”，字里行间无不流露出刻意贬低王星拱个人作用之意，但无论如何，就像该控词所承认的那样，武汉大学在王星拱继任校长之后，“校务尚称完善，且日有起色。开创甫及十载，成绩与校誉即得入于国内第一流大学之林，实不可谓非我国高等教育史上之大奇迹也”。从根本上说，这正是王星拱校长“萧规曹随”、“无为而治”的治校方略所结出的硕果。

（二）“无为而治”的消极后果及其克服

1938 年，国立武汉大学西迁四川乐山后，以王星拱校长为首的学校当局，仍继续采取“无为而治”的治校方略。

① 应为“民国二十二年”（1933 年）。

② 《武汉大学学生联名报告该校校长王星拱违法失职各节有关文书》（1941 年），中国第二历史档案馆藏国民政府教育部档案，全宗号五，案卷号 2601。

此时，学校的内外环境虽然发生了很大的变化，但直接促使王星拱实行“无为而治”方针的上述几大因素则没有发生根本性的改变，甚至在某些方面还有所强化，而校内外环境的巨大变化——尤其是学校客观物质条件的急剧恶化，更是进一步地将武汉大学的校务工作引向了“无为而治”。这种“以不变应万变”的策略与坚持，固然合情合理，然而，由于“无为而治”的方针中本身就存在着不少漏洞和缺陷，在抗战爆发、学校西迁的新形势下，亦不能完全适应客观环境的巨大变化，因此，其弊端与消极后果也日益明显，并在 30 年代末、40 年代初的几年间得以集中爆发。

1. 派系斗争的加剧与缓和

武汉大学西迁乐山后，学校的发展所面临的一个很大的不幸，便是内部派系矛盾与斗争的日趋激化与公开化。据文学院院长陈源于 1940 年 4 月 21 日写给时任驻美大使胡适的一封信中所言：“抗战时期后方生活稍苦，一般人们的脾气也较大，许多学校都有摩擦或风潮。武大也不例外。”①对于这一点，王星拱负有很大责任。据朱东润所述：“在武汉的时候，湘军、淮军的斗争在暗地进行，进入四川，一切都表面化了。淮军的领袖是校长王抚五，湘军的领袖是教务长周鲠生，他们都是从北京大学来的，但是到了现在，老兵新传，各有各的天下了。”②由于学校的内部斗争

① 《陈源致胡适》(1940 年 4 月 21 日)，《胡适来往书信选》(中册)，第 465 页。

② 《朱东润自传》，第 233 页。

已经“表面化”和“逐步明朗”了，因此，武大的学生此时也已比较普遍地了解到学校高层的分裂情况。为了维护学校表面上的团结与和谐，王星拱校长也不得不公开地作了一些表示。对此，朱东润写道：“但是校长王星拱还要辟谣，他说他和教务长周鲠生是团结的，没有意见的，并且当着学生代表的面演了一出亲爱团结的喜剧，两人一再拉手，表示不可分裂的友谊。学生们经过这几年的锻炼，看了这一出喜剧，很明白这是怎样的一回事。”①

1939年3月2日，也就是在武汉大学少数教授因行为不检被人告发，蒋介石亲自训令教育部整肃武大校风之后不久，武汉大学前任校长王世杰在日记中写道：“予今日力请王抚五校长以整率学校风纪自任，勿稍苟且。抚五为人太和缓，寡决断，周鲠生、杨端六近来甚不满。”②5月1日，时任武大中文系教授叶圣陶在日记中写道：“傍晚，子馨③来访，言校中有若干同事胁迫校长，请其公开经费收支，以后教师之聘任加薪，由系务会议决定之。校长于是公开声明，在抗战期间，校中教师决不更动。此事殊违背大学法，而校长受人包围，且怕生事故，遂有此违法之表示。文学院院长陈通伯先生，法学院院长刘南陔④先生，工学院院长邵逸周先生，及法学院教授杨端六先生因而辞职。校长虽挽留而意不诚，遂成僵局。外间颇言此辈胁迫校长者，谓之

① 《朱东润自传》，第248页。

② 《王世杰日记》（手稿本）第二册，第41～42页。

③ 吴其昌，字子馨。

④ 刘秉麟，字南陔。

‘饭碗阵线’……”①同日，王世杰则在日记中写道：“邵逸周自乐山来渝，谓王抚五校长因循苟且，与周鲠生、陈通伯、杨端六诸人均不睦，周、陈、杨均在辞职中……抚五为人甚好，然优柔寡断，胸襟亦不豁达，此其短也。”②5月15日，王世杰又在日记中写道：“午后余致一电于王抚五校长，促其信任各院长及教务长(鲠生)，谋校务之改进。”③此次风波，后来在表面上得到了解决，据叶圣陶5月27日的日记所载：“夜间，欣安④来谈，谓学校之风波已解决。校长修正其所公布之新法，谓进退教师讨论于系务会议不过咨询性质，其决定仍由院长校长主之。而辞职之几位，即以所争者已贯彻，打消辞意。其所以能双方迁就，盖由校外许多校友之劝解与拉拢。以旁观者视之，此实极幼稚之一幕滑稽戏也。”⑤

令人遗憾的是，纵然有包括前校长王世杰在内的“校外许多校友之劝解与拉拢”，武汉大学内部的派系斗争仍难以平息。1939年9月中旬，浙江大学校长竺可桢访问武大，9月15日，武大史学系教授陈祖源告诉他：“抚五与鲠生、端六及通伯不睦，而与通伯尤甚，文学院教员亦有不满于通伯者。”⑥9月21日，法律系教授吴学义又告诉他：“武大校长与周鲠生、杨端六、陈通伯不睦。周、杨均将辞职，陈亦不安

---

① 叶至善、叶至美、叶志诚编：《叶圣陶集》第19卷(《圣陶日记·西行日记(上)》)，江苏教育出版社2004年版，第159～160页。

②③ 《王世杰日记》(手稿本)第二册，第75页，第83页。

④ 方壮猷，字欣安。

⑤ 《叶圣陶集》第19卷，第166～167页。

⑥ 《竺可桢全集》第7卷，第161页。

于位。”①不久后，陈源与杨端六分别辞去了文学院院长与图书馆馆长的职务，教务长周鲠生则因在1939年8月19日侵华日军对乐山的大轰炸中，全部家产不幸被毁，随后便前往美国从事讲学、研究活动，暂时避开了与校长王星拱之间的直接冲突。

由于武汉大学内部的派系矛盾和斗争愈演愈烈，这不仅影响到了各项校务工作的顺利进行，并间接导致学校的“声誉远非前比”②，而且最终使得一些优良的师资因此而流失。仅以文学院为例，在20世纪40年代初，便至少有叶圣陶、高亨、王凤岗、高翰、朱东润等多位教授，因被卷入了派系斗争的漩涡，而纷纷先后离开了武汉大学，在其他的学院亦有类似的现象。尽管这些教授离校的原因各异，并不一定都与校长本人有着直接的关系，但身为一校之长，王星拱对于因学校内部矛盾而造成的人才流失现象，必然负有一定的责任。朱东润曾总结道：“平心讲，王星拱在武大的一切，一大半是由一些人搞对立的结果，以致武大初上轨道，随即形成内部斗争，学校受了最大的影响，这是值得惋惜的。”③尽管这样的指责之语未免太过片面、偏激、严苛与夸大其辞，似有“攻其一点，不及其余”之嫌，却也并非全无根据和道理，其所揭示的哪怕只是“片面”的真相，亦足以发人深省，并引以为戒。

不过，可喜的是，到了1941年初，王星拱校长终于觅得

① 《竺可桢全集》第7卷，第167页。

② 陈学勇编：《凌叔华文存》（下），四川文艺出版社1998年版，第921页。

③ 《朱东润自传》，第281页。

良策——聘请外文系的朱光潜教授为教务长。如前所述，据朱光潜回忆：“由于校内有湘皖两派之争，我是皖人而和湘派较友好，王星拱就拉我当教务长来调和内讧。”①从此以后，在朱光潜教务长的积极调和下，两派之间的矛盾与斗争逐渐缓和下来。在抗战的后半期，两派人士之间基本上相安无事，从而大大地减少了学校的“内耗”，基本保证了学校的内部稳定与和谐，也使整个校务工作得以避免了“无为而治”之短，而再次充分发扬了“无为而治”之长。

2. “倒王”运动的发起与平息

由于王星拱校长在武汉大学长期坚持“无为而治”，对于国民党当局所强制推行的“党化教育”更是极为抵触，从未认真执行，从而令当局极为不满。1940 年初，教育部决定撤掉王星拱的武汉大学校长之职，由程天放来接任，但最终遭到武大师生的强烈反对而未能得逞。然而，一波未平，一波又起，到了 1940 年秋，又有少数武大学生在校内掀起了一场“倒王”运动。他们伪造了 300 多个在校学生的签名，并假借广大同学的名义，于 11 月 15 日联名上书教育部部长陈立夫，向其控告王星拱校长。该控词在开篇中虽承认了王星拱校长在珞珈山时期的办学成就(详见上文所引)，但对于学校西迁之后的各项校务状况与种种不良现象，却竭力进行抨击甚至诋毁：

> 乃抗战以还，属校西迁入蜀，校内浅学教授如曾昭安、高翰、普施泽、陶因、涂允成、陆凤书、蒋思

① 朱光潜：《自传》(1980 年 9 月)。

> 道、刘经旺等，以“迁校期内不得解聘教授”相号召，以争夺学校行政权位为目的，或因麻雀相契合，或藉酒食相征逐，结合而为“教授会”，声势赫赫，对校长则巧言蒙混，百般诱惑，而校长庸弱无能，不察阴私，竟对此狗苟蝇营之辈，大加信任，于是曾昭安任教务长，普施泽任社会教育推进委员会主任委员，兼代训导长，高翰任文学院院长，陆凤书代工学院院长，涂允成任贷金审查委员会主任委员，校内行政全由“教授会”份子操纵把持，校长对“教授会”惟命是从，因成为此卑污集团之十足傀儡矣。而声誉素孚品学兼优之名教授，咸抱消极，羞与为伍，相率离校他去，年余以来，校内紊乱不堪，纠葛层起，劣迹繁多，笑话百出，长此以往，实不知伊于胡底也。①

该控词还继续指出，“生等负笈入校体念国家之艰危，及委座与钧座维持战时教育之笃意，孜孜力学，不敢稍自放逸，然以校务主持不得其人，有误在校一千四百余青年同学之前途，危害国本，莫此为甚”。紧接着一一详细列举了“校内各种腐乱情节”共九项——“违反法令”、“昏庸无能”、“行政腐败”、“教务弛怠”、“经费紊乱”、“草菅人命”、“任用私人”、“包庇烟犯”、“怠忽党务”等，并且强调指出，“以上各情，全属事实。钧座可派人来校彻查，苟有任何虚妄，愿受

① 参见《武汉大学学生联名报告该校校长王星拱违法失职各节有关文书》(1941年)。

最严厉之处分”。最后，更是明确提出要求：“伏维钧座以发展教育卓育人才为职志，对青年前途，倍深关切，肯将属校现任校长明令撤职，另派贤能继任，重复旧规，以期发展之无穷也。临呈惶悚，不胜迫切待命之至。”①

该控词洋洋万言，来势汹汹，大部分内容均为对“校内各种腐乱情节”的详细说明。由于年代久远，能与之相佐证的相关史料极为缺乏，且当事人大多已不在人世，我们现在已很难一一核实该控词中所列举的种种事例。就已知的部分而言，该控词所述内容确有部分基本符合事实，但更多的则是对事实本身的过于吹毛求疵，或是夸大、歪曲，甚至是无端的捏造。就其所揭露和指责的一些事实来看，有些的确是学校校务工作中出现的不足或失误之处，有些则是从反面印证了学校的优良校风。如该控词指责学校当局“怠忽党务”(有关具体文字将在本章的第二、第三节中予以引用)，而这正是武大当时抵制“党化教育”、捍卫学术自由的具体表现，从普遍的价值与历史的角度来看，反而是应当充分给予肯定的。另外，由于此次旨在“倒王”的控告行动是通过捏造签名、盗用同学名义的方式进行的，②本身就是

① 参见《武汉大学学生联名报告该校校长王星拱违法失职各节有关文书》(1941年)。

② 早在20多年前，曾经历过此事的武汉大学校友杨苇堤(又名杨仁政)便已明确指出，此次行动系盗用同学名义所为，并将自己的具体意见留存在了武汉大学档案馆的相关案卷中。而笔者在写作本书的过程中，亦曾就此事询问过在该控词上录有签名的几位武大老校友如马同勋、王晓云等人，对方均大为惊诧，表示从未听闻此事，而自己也决不可能参与任何反对王星拱校长的活动，并且指认该控词上的签名决非自己的笔迹。

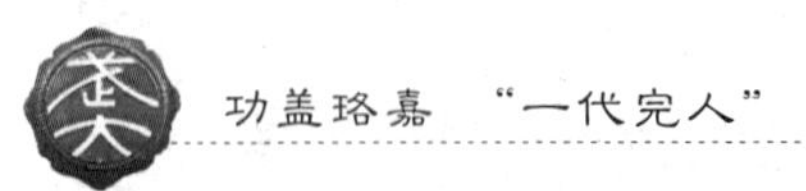

一种不端之举，其控词内容的可信度自然也要大打折扣。

时任教育部部长陈立夫收到这份控词后，于 12 月 23 日亲自出马，来到武汉大学视察。在此之前，甚至还有一些“倒王”运动的发起者们，趁机在沿途路边和校区内外用油漆刷写了大量“打倒王星拱”之类标语。陈立夫在视察期间，亦曾向王星拱校长当面提及部分武大学生联名控告一事，并作了若干指示。

1941 年 1 月 31 日，教育部的几位职员对这份控词签署了具体意见。令人大惑不解的是，尽管教育部早已有撤换王星拱之意，在这件事情上却坚定地站在了他这一边。该签呈首先轻描淡写地指出：“武汉大学学生所控王校长九点，以前四点似较有论据。就中最堪注意者，厥为教授会把持校务一事。其余各节，虽有近实之处，然不无指瑕索瘢之嫌”；紧接着，又对王星拱的作为进行了种种辩护，将武大校务行政中的所有弊病都归咎于各种各样的客观原因——“在此抗建时期物价高涨之际，各校用人行政多有困难，亦非武大一校而已。惟该校以干部乏人，网维不立，教授既纷呶于上，学生遂异动于下，凡百措施，因皆不满。王校长为人忠厚，对校务素极热心，然以辅弼乏人，致难振奋”。不仅如此，他们还积极主动地向王星拱校长提出了若干有关人事更动方面的建议——“消极方面，似应废止系教务会议任免教授之权，积极方面似应增聘若干优良教授，更动不能称职之院长及代理教务长”，并且乐观地认为，“建瓴之势既立，一切琐务易解；此为根本之谋”。根据这份签呈意见，陈

立夫于3月份密函王星拱，将该控词的主要内容“择要抄送”一份，供其“参考”，并要求王星拱予以“注意查复”。①应该说，教育部所提出的这些意见，还是起到了一定作用的。王星拱校长聘请朱光潜教授为教务长一事，正是发生在这段时间里，这一人事任命既顺应了武大多数师生的意愿，同时也与教育部的建议精神基本相符，而它对于改进校务、优化校风等方面更是发挥了非常重要的作用。

此外，就“倒王”运动的发起方而言，据武汉大学校友杨苇堤回忆，这次运动主要是由少数国民党、三青团组织的“右派”学生发起的，因为他们憎恶王星拱校长给予了武大学生“过多”的自由，对“党国”无甚贡献。但这场运动亦有一些“左派”学生与想法比较天真的同学参与，他们主要是不满王的“瘟”，把学校搞得“死气沉沉”，而幻想换一个校长来，可以使学校更有起色。客观地说，当时武汉大学的多数学生对于王星拱校长还是非常爱戴的，很多人还在暗中努力阻止这场运动。如当时岷江读书社的周继武、许一揆、周南、唐宏镕等人参加了“倒王”运动，事发后，同为岷江读书社社员的中共地下党员胡开驹，便赶紧向唐宏镕陈明利害关系。他指出，王星拱校长的“无为而治”，客观上使学生能有较多的自由和民主；相反，如果换一个“党棍子”来学校，武汉大学将会变成“中央大学第二”。经过这番思想工作，唐宏镕终于接受了胡开驹的劝告，从“倒王”运动中抽出身

① 参见《武汉大学学生联名报告该校校长王星拱违法失职各节有关文书》(1941年)。

来。此后,这场风波也逐渐平息了下去。①

3. **大量任用同乡与疏于管束的严重后果**

事实上,武汉大学在西迁乐山之后,其内部矛盾与派系斗争的加剧,与王星拱校长在学校里大量任用其安徽同乡亦有直接的关系。特别是在王星拱的家乡安徽怀宁于1938年6月沦陷后,大量不愿当亡国奴的乡民四处逃亡,流离失所,其中就有不少故知旧友纷纷来到当时已迁往抗战大后方的武汉大学投靠王星拱。出于对同胞与乡亲悲惨处境的同情与怜悯,王星拱总是会在学校里为他们适当地安排一些职务,以示接济。然而,由于王星拱校长所任用的安徽籍教职员人数实在太多,不仅极易招致其他省籍的师生因心理严重不平衡而产生不满与非议,更为严重的是,这些安徽籍教职员因数量过于庞大,难免会出现鱼龙混杂、良莠不齐的情况。对于这一点,校中的反对派人士就曾用来大做文章。如在1940年发起“倒王”运动的部分武大学生,他们向教育部控告王星拱的第七条重大“罪状”便是“任用私人”,而其中的第一条,即是“滥用同乡”——

本校教职员及工友共有六百余人,而籍隶安徽者约有一百余人,几占总数四分之一,安徽人中,又以安庆人为最多,若辈皆校长之小同乡。本校秘书处生活指导组职员,几全部为皖人,只须一

① 参见杨苇堤(杨仁政):《回忆“岷江读书社”》,武汉大学学生运动史编写组:《武汉大学学生运动简史》(社团介绍),1983年,第106页。

入办公室大门，安徽语音即盈盈于耳，故时人对武大常有安徽同乡会之讥。借使若辈皖籍职员，皆才能之士，生等亦可以无言矣。然而所任用者，皆斗筲之徒，无能之辈，平日在校，惟尸位素餐，于校政毫无建树，且恣意败坏之。武大之日趋腐败，原因即在此也。①

上文所言，虽然不免含有夸张的成分，但也在很大程度上反映出王星拱“滥用同乡”问题之严重。事实上，在武汉大学当时的安徽籍教职员（尤其是一些中低级职员）中，也的确存在少数平庸无能、甚至腐败堕落的害群之马，一旦其中有人不知自尊自爱，干出了一些违法乱纪的勾当，便会严重损害武汉大学校内安徽籍人士的整体形象，甚至还会败坏王星拱校长本人的声誉。尽管王星拱校长本人的确是品德高尚，受人敬仰，在生活上亦是自奉极俭，自律极严，但正如前任校长王世杰所说的那样，其“为人太和缓，寡决断”，在“律己”乃至管教家人方面固然是为人师表、世之楷模，但在“律人”方面则缺乏足够的魄力与勇气，常常因碍于“情面”而对做出不法行为的亲属、同乡等手下留情，过分宽大，该“有为”时却“无为”。

具体来说，当学校里的某些违法乱纪的安徽籍职员与王星拱本人之间的关系相对较浅，或是犯下的恶行性质比较严重时，王星拱校长尚能比较严厉地进行处置，如注册组

① 参见《武汉大学学生联名报告该校校长王星拱违法失职各节有关文书》(1941年)。

职员、王星拱的师弟和亲属邓以从①，曾经收受学生贿赂，为之更改请假册（旷课登记簿）及考试成绩，还曾盗取同事的汇款，平时则吃喝嫖赌，甚至公开吸食鸦片，在学校里造成了极坏的影响。其劣迹败露后，王星拱校长先是暂时将他调到图书馆工作了一段时间，不久后便勒令其辞职离校，此事处理得还算差强人意。然而，当犯事者与王星拱的关系较为亲近且性质又不是特别严重时，王星拱处事懦弱无为、不够强硬果断的一面就暴露出来了。如前文曾提到的王星拱夫人叶玉芝的妹夫丁曰华（时为中共秘密党员，后脱党），在军阀张作霖于1927年4月杀害了与王星拱关系密切的李大钊之后，因及时向王星拱通风报信，使他们一家人得以逃脱张作霖的魔爪，可以说对其有“救命之恩”。在王星拱就任武汉大学校长后，丁曰华于1933年11月前来投奔，王星拱遂在学校里为他谋取了一个“文牍”的职务。武汉大学西迁乐山后，丁曰华又于1940年8月升任学校总务处庶务组主任。在抗战的艰难环境里，大部分武大师生均与全国大多数人民一样，过着极其贫困和艰苦的生活，但丁曰华则在学校里充分利用自己的职权与关系，大行贪污腐败之能事。据数学系教授曾昭安回忆：“只有在校中任庶务主任的丁曰华是个例外，他是校长的亲戚（丁氏爱人是校长爱人的妹妹），每日提着鱼肉，从嘉乐门外的街上经过，往来于校长住宅和他的寓所之间，就不免受到旁人的指责，据说

① 此人为著名科学家、“两弹”元勋邓稼先（1924—1986）的叔父，1951年土改时遭镇压死去。

丁氏因为倒卖公物，生财有道，正当全校师生求饱不得的当儿他居然有十几万元的当时法币，兑成了外汇送他的儿子出洋。”①然而，对于自己的“连襟”与“救命恩人”所犯下的这种极为严重并且人尽皆知的腐败行为，王星拱校长自己虽也嫌恶万分，却仍未能对其做出严厉的惩处，而仅仅只是在抗战胜利后出任中山大学校长时，不再将这位拖累了自己声名的亲属一同带到广州赴任。

由于王星拱校长平时对自己的非直系亲属、私人、同乡等人管束不严，过于偏袒与纵容，因此，一旦他用相对而言更显严苛的标准去对待其他师生员工时，也就很难做到一视同仁了，同时，亦难免会“授人以柄”，遭到一些不应有的非议。例如中文系的朱东润教授，就对王星拱校长在教职员工资待遇问题上所采取的“双重标准”大为不满，他曾在自传中以叶圣陶为例加以说明：

> 叶圣陶是在1938年来校的，那年因为他在9月份到校，所以这一个年度，校中只给了十一个月的工资。现在他准备离校了，和校中结算，提出这个月的工资问题。王星拱在覆信中说是9月份到校，只能由九月起支薪，并且郑重地说：“不能以公帑为馈物也。”语气着实严重。圣陶非常气愤，一边放弃要求，一边提出质问，大意是说一般教师都是8月份学年度开始领薪，9月份开课，为什么对他有这样不同的待遇。他把信稿给我看过，我提

① 曾昭安:《武大杂记》。

出补充二句：“不独不望先生以公帑为馈物，并望先生之不以公帑为馈物也。”圣陶看了大为高兴，随即补上，这就清脆地给王星拱以一个教训。①

紧接着，朱东润又在其自传中一一列举了当时社会上以及武汉大学校内“以公帑为馈物”的几条具体事例，尽管只有个别事例与王星拱直接相关，但也可以看出，在当时的社会环境中，即使清廉自守如王星拱者，在任用、照顾和偏袒私人的问题上，亦无法做到完全的超凡脱俗。总之，过于狭隘的乡土观念与本位主义思想，是王星拱在主政武汉大学期间始终都未能克服的一个重大弱点。

4.“无为”与“有为”的取舍与扬弃

尽管王星拱的性格中存在着这样或那样的弱点，尽管他那“无为而治”的治校方略在武大西迁乐山之后遭遇了种种困境与挑战，其弊端与消极的一面也日益暴露，然而，从根本上说，他仍然是一个有理想、有作为、极具事业心与责任感的大学校长。一旦他真正认识到自己的某些弱点与不足之处时，亦会“知耻而后勇”，下决心予以改进。当“无为而治”的方针面临着难以为继的困境时，他便及时地采取种种有效措施，对其进行合理的调整、取舍与扬弃：一方面始终坚持其合理的基本内核——即继续“萧规曹随”，始终遵循、维护和坚持学校在创立之初即已大体确定的各项基本制度，极力倡导学术自由，对学术活动本身不加任何干涉；

① 《朱东润自传》，第252～253页。

另一方面,则不再对具体校务工作的停顿与废弛保持“无为”,而是试图在可能的范围之内,积极、努力地有所作为,这样,就继续保持和发扬了“无为而治”之长,同时又在很大程度上克服了其弊端与短处,并最终与广大师生一起,在抗战的艰苦岁月中,渡过了学校发展过程中的重重难关。

在1940年的“倒王”运动中,其发起人曾在给教育部的控词中指责王星拱校长“昏庸无能”,并且还列举了两个例证,一个是“受‘教授会’之包围”,另一个便是“在开学典礼及纪念周中迭次公开宣称:‘本校只求维持,不谈改进。’”其具体内容如下:

> 大学之能否办理完善,首在校长之决心,尤其在抗战期中,国家费耗数百万以维持并改进大学,其目的在使我国大学能于极端困难环境中有长足之进步,以适应抗战建国之要求。此点委座及钧座已屡次昭示。乃王星拱懦弱无能,只求苟安,毫无改进之决心。迭次在开学典礼及纪念周中报告“本校只求维持,不谈改进。”具体之事实如担保迁校期中不换教授,及文哲季刊,社会科学季刊,理科季刊,工科年刊之停刊。其他各学会均编辑有季刊,期刊,及年刊,工商调查委员会,编有《乐山盐场产销报告书》,均以经费困难为辞,不予印出。其他各学会之调查,研究工作亦均停顿。又如法科研究所之研究室请求装置电灯,亦遭否准,其无

意改进，只求敷衍，可见一班[斑]。①

上文中所列举的种种事例，尽管大多确属事实，然而这些指责完全没有考虑到学校当时在客观物质条件上所面临的种种困难，未能设身处地地对学校的艰难处境予以充分的理解。在国立武汉大学西迁乐山的过程中，尽管学校组织的迁校工作完成得非常出色，但毕竟在战火纷飞、兵荒马乱的深重国难中，失去了自己刚刚建成的宏伟校舍而客居他乡。在战时的经济、财政状况至为紧张的情况下，学校的办学经费与广大教职员的生活收入均大为减少，图书仪器设备及文具、药品、材料等办学资源的添置也日趋艰难甚至逐渐停滞，教学、科研的基本条件大大恶化，全校师生的生活水平也每况愈下。物质上的艰难、困窘，有时亦难免会导致精神上的萎靡不振，正如当时的校友所言："母校自迁嘉定，初以大动以后，难于立即安定，更因校舍离散，规模扩大，一切难以就绪，颇嫌精神涣散，校运维艰。"②在如此艰难的客观环境下，学校连维持基本生存和日常运转都成了大问题，也就谈不上能有进一步的发展了。因此，王星拱校长在学校西迁后继续实行"无为而治"，提出"本校只求维持，不谈改进"，在很大程度上实属迫不得已而为之。

但即使是在如此艰难的条件下，武汉大学全体师生亦

① 参见《武汉大学学生联名报告该校校长王星拱违法失职各节有关文书》(1941 年)。

② 《母校近况》，《国立武汉大学校友会会刊》(第五号)，1942 年 5 月，第 3～4 页。

从未放弃过对教书育人、刻苦治学与服务社会的一贯追求，更从未放松过对教学质量与科研水平的高标准要求。而一旦物质条件稍有好转，学校便会立即在教学、科研上增加经费投入。如上文的控词中所言，武大西迁乐山后，学校的各种学术刊物均已停刊，各学术团体与机构的研究工作亦均告停顿。但这些都只是暂时的中断而已，从1939年开始，在学校当局的大力资助下，各种学术刊物便陆续开始复刊，各种学术团体亦先后恢复了活动，并且在数量上还不断增加，整个学校的学术氛围也更加浓厚。1941年，学校增设了法科研究所政治学部与工科研究所电机工程学部。到了1942年，又增设了文科研究所与理科研究所，研究院也正式宣告成立。

至于前文提到的因学校内部的派系斗争而导致的部分师资流失现象，学校当局亦采取了努力增聘新的优良师资的方式来尽量予以弥补。仍以文学院各系为例，在20世纪30年代末、40年代初，尽管冯沅君、叶圣陶、高亨、朱东润、李儒勉、陈源、方重、王凤岗、高翰、普施泽等多位教授因种种原因先后离开了武大，但学校随即又陆续聘请了黄焯、程千帆、朱光潜、钱歌川、戴镏龄、谢文炳、桂质柏、罗念生、叶麟、叶孟安、朱君允、孙家琇、刘盛亚、缪朗山、张颐、黄方刚、鄢远猷、杨人楩、吴廷璆、唐长孺等更多的著名学者来校任教，并且这些人中约有半数左右在武大执教超过5年，其所得远远大于所失，不仅人才流失的现象得到了及时的弥补，而且整体师资力量也得到了较大的增强，在全国各大高校中的学术地位也得以进一步提升。

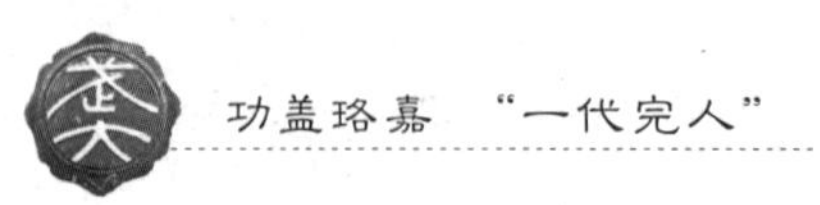

如前所述，到了1942年5月，甚至还有校友将刚刚过去的一年称为武汉大学西迁乐山以来的“校运复兴之年”，并乐观地声称：“母校的一切进步了，并且还在继续进步中！”①此时的国立武汉大学，不仅早已达到并突破了“维持”的基本目标，而且借用“倒王”派人士之前的话来说，已基本实现了“办理完善”、“于极端困难环境中有长足之进步”，可以说已是彻底粉碎了他们当年对王星拱校长的指责与攻击。与此同时，我们也能看到，对于长期在武汉大学坚持“无为而治”治校方略的王星拱校长而言，在当时某些特定的与不断变化的背景与条件下，适时与适当的积极“有为”，也是对更好地实现“无为而治”办学目标的一种重要的补充与保证。时至今日，王星拱校长当年在国立武汉大学长期奉行“无为而治”的过程中所留下的种种经验与教训，对我们现今从事高等教育管理的领导者们来说，仍然有不少值得深刻反思的意义与价值。

二、坚持“讲学自由”

（一）“兼容并包，蔡公遗范；科学民主，五四精神”

1. 从沙滩红楼到珞珈山——蔡元培自由办学思想的校际传承

1928年改建的国立武汉大学，与民国初年的全国最高

① 参见《母校近况》，《国立武汉大学校友会会刊》(第五号)，1942年5月，第3～4页。

学府——国立北京大学有着密切的历史渊源。在1928年7月成立的国立武汉大学筹备委员会的9名筹备委员中，就有王星拱、李四光、周鲠生、黄建中、涂允檀等5人为北京大学校友。① 而在国立武汉大学正式成立以后，从首任校长王世杰，理学院首任院长、首任教务长、第二任校长王星拱，到建筑设备委员会委员长李四光，从社会科学院(后改称法学院)首任院长、第二任教务长皮宗石，到第三任教务长及第三任校长周鲠生，从文学院第二任院长陈源，到工学院首任院长石瑛，这几位建校初期最重要的校务负责人，均为北京大学校友。

此外，在国立武汉大学的早期教职员中，来自北京大学的师生和校友也占据了相当的比例，如文学院的刘赜、陆云龙、游国恩(1899—1978)、钱绍箕②(1899—1987)、陈源、胡光廷、陈登恪、张修、张书绅、屠孝寔、陈剑翛、罗家伦、陈祖源、方壮猷，法学院的燕树棠、葛扬焕、王世杰、周鲠生、缪培基、皮宗石、刘秉麟，理学院的吴维清、叶志、刘正经、程纶、潘祖武、王星拱、徐贤恭、黄叔寅、叶峤、葛毓桂、章蕴胎，工学院的石瑛、程干云，等等，大多为各院系教学工作的骨干力量，他们中除了少数人离校较早外，其他大多数人均长期在国立武汉大学任教。

以上这些北京大学校友，大多数是在蔡元培校长主政

① 此外，国立武汉大学筹备委员会的主任委员及后来的代理校长刘树杞，亦于1931年出任国立北京大学理学院院长，而成为北京大学校友，此亦可视为当时的武大对北大的一次“反哺”。

② 钱绍箕，字南扬，后以字行。

时期(1917—1923年)在北大学习或工作过的,有些还是蔡元培校长推行各项校务改革措施的得力助手,他们都深受蔡元培先生"思想自由"、"兼容并包"之教育理念与办学方针的影响和熏陶,并一同努力将其移植到新建的国立武汉大学。特别是王世杰、王星拱、周鲠生三任校长,当年均曾在北大辅佐蔡元培校长革新校政,而他们在武大的具体办学方针,也在大体上沿袭和延续了蔡元培先生的基本思想和理念。王星拱在担任国立武汉大学校长期间,他的办公室里总是悬挂着蔡元培先生的大幅照片,将其奉为典范,常加瞻念,以示对蔡元培办学精神的敬仰、尊重与承袭。

正是基于这种明显的现象与事实,甚至有武大学生直接指出:"武大是北大一部分有事业心的名教授南下创业,经过艰苦奋斗而缔造出来的奇迹。它像是具有历史传统的鲁殿灵光,更是异军突起的新兴力量,这是一所富有活力的高等学府。"①所谓"具有历史传统的鲁殿灵光",无疑是指这所新兴的国立大学,其直接承袭的却是远在千里之外的、十多年前的老北大的校风与传统,又因其乃一所新创的、有着全新的发展平台与内外环境的大学,故其从一开始便形成了"新"、"老"校风兼具,深厚的传统、底蕴与年轻的生机、活力充分交融的独特风格,很快就成为全国高校中的一个"后起之秀"与"异军突起的新兴力量"。

---

① 参见施应霆:《仍是珞珈梦里人》,台北市"国立武汉大学校友会"编印:《珞珈》第121期(1994年10月),第10页。施文系转述武大经济系1934年毕业生黄翼的个人观点。

当然,1928年正式成立的国立武汉大学,所面临的外部发展环境,与十多年前蔡元培主持下的国立北京大学,是有着很大区别的。就王星拱在国立武汉大学工作的前后17年时间(1928—1945年)而言,中国社会可谓风云变幻,始终处于急剧的变化与动荡之中,而唯一在动荡不安的社会环境中历经曲折、受尽劫难,却又始终保持着进步、发展甚至“繁荣”的,就是中国的学术、文化和教育事业了。其中,国立武汉大学的创建、发展与崛起就是一个突出的代表。而唯有高度自由的学术环境,才有可能带来持续繁荣的学术、文化事业与硕果累累的大学教育。作为国立武汉大学的主要创始人、早期的主要领导人之一与第二任正式校长,王星拱自始至终坚持着他在北大任教时从蔡元培先生身上学到的“思想自由”与“兼容并包”的精神,将此奉为治校的根本原则,并以这种学术、文化上长期恪守的“不变”准则,来应对当时纷繁复杂的社会之“万变”,并最终在黑暗的现实社会之中,守住了巍巍武大这一方净土。对于王星拱在武大工作的17年间,学校在变化多端的外界社会的间接影响与始终坚守学术自由原则的学校当局的治理下,所呈现出的高度自由、民主的学术氛围与异常活跃、繁荣的学术景象,武大校友顾焕敏曾有如此总结:

> 抚公长校17年,正是国家多灾多难、风云变幻莫测时期。“九一八”、“一二八”、“一二九”、“西安事变”、“七七事变”直到抗战胜利。其中交织着国共合作与摩擦;参错着民族的、阶级的矛盾和斗争。大学里知识密集,人才荟萃,触觉敏锐,反应

迅速。政治、社会、文化、观念上的变化发展及时辐射到学校里来，反映在师生的脑海中，表现在实际行动上。但是，无论学术上的流派之争、门户之见，意识形态上的左右先后、激进保守，他都兼容并包，不加干涉，有利于国家民族、民主进步的都鼓励支持。在民主办学的风气熏陶下，教授们自由讲学，畅所欲言；同学间观点、立场不同的壁报琳琅满目，五彩纷呈；爱好、信仰各异的社团雨后春笋，应运而生。使大学里出现了“百花齐放、百家争鸣”的局面，促进了母校学术的繁荣昌盛。但凡有无端干涉校务的外力，则毫不妥协，竭力抗拒。至于有危及师生人身自由和生命安全的秘函密令，更是不畏权势、不怕贬黜地加以抵制，保护了大量革命师生。①

2. **“立论公允，气度雍容”，讲学自由，兼容并包**

早在国立武汉大学建校初期，身为国民党党员的首任校长王世杰，就曾于1930年聘请了带有浓厚左倾思想色彩的陶因教授来校任教。陶因此前就曾在王星拱治下的省立安徽大学任教，在王星拱辞去安大校长之职，专任武汉大学副校长、教务长等职务后，他也追随王星拱来到了武大。陶因在武汉大学任教前后长达16年，其中大部分时间都是在王星拱校长的任期之内，他长期讲授包括马克思的《资本

① 顾焕敏：《平凡中见伟大　细微处显光彩》，武汉大学成都校友会主办：《王星拱校长纪念专刊》，1996年，第25～26页。

论》在内的经济理论,并特别着重介绍剩余价值学说。1933年,刚刚出任国立武汉大学代理校长的王星拱,又聘请了同样具有左倾思想的范寿康教授来校任教。在武汉大学任教的5年里,范寿康教授在“哲学概论”课程中,公然讲授马克思的辩证唯物主义与历史唯物主义。在当时的中国,国民党政府不仅在政治上严厉禁止和镇压共产党的各种组织活动,在军事上加紧对中共领导下的武装力量和根据地进行“围剿”,还在意识形态领域对共产主义思想实行文化“围剿”。因此,在政治的高压下,能够在国民党统治区域内公开讲授或传播马克思主义学说,实属不易。据说,在全面抗战爆发前的十年间,敢于在大学课堂上公开讲授马克思主义哲学的教授只有两个人,一个是中国共产党的主要创始人之一、中共“一大”代表李达①(1890—1969),另一个就是当时的国立武汉大学哲学教育系教授范寿康。正如当时的武汉大学机械系学生李锐所言:“当年国民党政府的国立大学讲台上,有这样一位讲马克思主义哲学的教授,这对思想左倾的学生,正如黑夜摸山路的行人看到前面有人打着灯笼一样高兴。”②而范寿康之所以能做到这一点,与王世杰、王星拱校长等人在学校里所营造出的高度自由的学术环境是分不开的,用李锐的话来说,王星拱校长的办学方针

① 李达在1923年以后脱党,1927年曾在国立武汉大学的前身——国立武昌中山大学任教,30年代中前期曾先后任暨南大学、北平大学、中国大学、朝阳大学等校教授,1953—1966年任武汉大学校长,为武汉大学历史上任职时间最长的校长。

② 李锐:《怀念范寿康先生》,《人民日报》1984年2月27日。

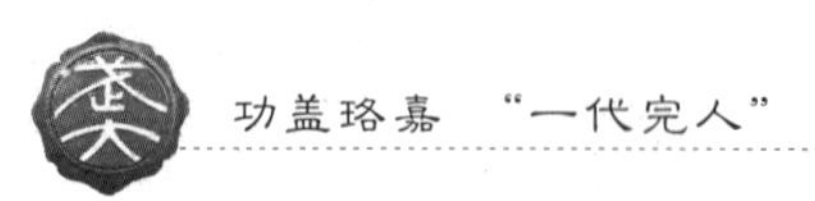

与实践，完全可以说是体现了“兼容并包”的“蔡公遗范”与“科学民主”的“五四精神”。

1937年全面抗战爆发后，国共两党正式开始进行第二次全面合作，国内的政治局面也日渐平和。当年11月21日，王星拱校长便邀请了出狱不久的陈独秀来学校发表演讲。如本书第五章第二节所言，在陈独秀的演讲结束后不久，王星拱曾对武汉大学政治系学生端木正解释道：“这次我请仲甫来，两边都不讨好，只要同学满意就好。同学表示希望听他，我只要能请各界名人来，不论是哪个党派的，也不论是哪个学科的，让青年人多见识一些有成就的人，对学生的修养有好处。”端木正后来感叹道：“我听了肃然起敬，这是位教育家！他为了对同学有好处，不计个人的得失。回想当时的会场，就是民主修养的课堂；听众中有几个是当时陈独秀的同党同派？但是从会场的秩序和气氛看出，武大师生的兼容并包精神充分体现出来，没有人扰乱会场，更没有人叫倒好。”①由此可见，在王星拱校长的努力引导与悉心呵护下，自由、民主、兼容并包的思想与理念已经深深地根植于大多数武大学子的心中，成为他们砥砺思想、研究学术乃至为人处世的根本原则与基本素养。

在选聘和延揽人才这一方面，王星拱校长始终秉承着兼容并包的基本原则，并与前任校长王世杰大体保持一致，其选才的根本标准便是看学术成就的高低，而没有什么门户之见，只要有真才实学，则不论学历高低或是学术流派、

① 参见端木正：《抗日战争爆发后的武汉大学》。

信仰、政见等方面的差异,一律兼收并蓄、兼容并包。王世杰与王星拱本人均为国民党的元老和国民政府的高级官员,然而,他们领导下的国立武汉大学,教职员队伍中的国民党党员人数一直都非常少,不同学派、不同政见者却颇多。这种局面到了抗战爆发、学校西迁乐山之后表现得更为明显。正如武大经济系毕业的袁征益校友所忆:“乐山时期的武大,虽物质条件艰苦,而学术空气浓厚,思想活跃。这与王故校长、陶因教授等提倡学术自由,用人兼收并蓄,关系极大……对于延聘教师,只要有真才实学,能教书育人,为人师表;不管他们信仰什么主义,更不分学术流派,都兼容并蓄;当时的左派教授,如彭迪先、陈家芷等,都在经济系任教。这样用人,需要有胆有识;在当时环境下,还需顶住多方压力。”①

以中文系为例,在珞珈山时期,武汉大学中文系既有研究古汉语或古典文学的刘赜、刘永济等教授,也有讲授新文学的苏雪林等教授,在迁校乐山之后,学校又一度聘请了叶圣陶、冯沅君等新文学作家来校任教。当时,新旧两派文学之间,经常会发生各种各样的矛盾和争论,对此,王星拱校长曾指出:“中国旧文学是根,新文学是花。有根始有花,有花而根始丽。二者相辅而成,实不应厚此薄彼。”王校长的这一基本观点和立场,为两派的发展创造了一个宽松的环境。1939—1942 年间曾任武汉大学文学院院长的高翰教

① 袁征益:《追忆陶因教授》,台北市“国立武汉大学校友会”编印:《珞珈》第 124 期(1995 年 7 月),第 20 页。

授，曾对王校长的这番话由衷地感慨道：“从这方面看，他乃是一个立论公允，气度雍容的学者。”①

不仅中文系如此，其他院系也是这样，所有不同学缘、学派的学者均能在武汉大学找到一席之地。即使是学术观点存在较大差异、甚至是政治观点根本对立的不同学者，也能在同一个系任教。在文、法学院的很多学系里，既有思想比较“正统”的教授，也有思想相对左倾的学者，同在一个班级上课，而互不影响、互不干扰。与战前的珞珈山时期相比，在迁校乐山之后，有更多的思想左倾的学者纷纷来到武汉大学任教，如中文系的叶圣陶，外文系的朱光潜、缪朗山，史学系的杨人楩，政治系的杨东莼，经济系的彭迪先、陈家芷，等等。特别是在1941年初的“皖南事变”之后，国统区的政治空气十分紧张，不少大学纷纷解聘左派教授，然而王星拱领导下的武汉大学却正好相反，不但没有无故解聘一个教授，反而继续增聘了不少左派学者来校任教，如前述缪朗山、杨人楩、杨东莼、陈家芷等多位教授，均是在政治空气更为紧张的抗战后期被王星拱校长聘请到武汉大学来任教的。

（二）力倡“讲学无禁区”，维护学术自由

1.“对于此足蛊惑人心谬误之论调，毫不干涉纠正”

在担任校长期间，王星拱始终坚持学术自由的精神，对

① 参见殷正慈：《高公翰先生谈文学院》，《学府纪闻·国立武汉大学》，第37页。

广大教师讲授的具体课程内容,以及广大学生在课堂内外所研习的具体知识,从来不进行限制和干涉。“讲学无禁区”,是他在各种场合反复提及、频繁重复的一句话,而除了言语上的表态外,他更是以各种实际做法,身体力行地诠释着这一信念。王星拱“讲学无禁区”的治校思想与措施,使武大师生获得了一个高度自由的学术环境,也更好地推动了学校的学术繁荣。而那些思想左倾的师生,更可谓“如鱼得水”,能够在学校里不受限制、完全自由地讲学、研习,完全自由地表达或是探讨那些不容于官方意识形态的学术观点。如经济系的陶因、彭迪先等教授,便始终坚持在“经济学”、“经济史”或“经济思想史”等课程中讲授马克思主义经济理论。据武大校友回忆,陶因教授在讲授经济学时,“不分什么资本主义、社会主义……的理论,都客观介绍,恰当分析”①,“陶因师的经济学讲义中,博采各家学说;并且全面阐述了马克思从商品出发研究的资本论中各项基本观点,对马克思的劳动价值学说,尤为推崇;鼓励学生独立思考,善于钻研。这在当时环境下是很不容易的;不但要有真知灼见,且须承担风险!”②政治系的杨东莼主要讲授“中国政治思想史”、“中国近代史”等课程。1944 年 5 月,他在武大学生组织的“五四”运动座谈会上发表讲话,讲述了自己早年参加“五四”运动的亲身经历,并明确指出,“五四”运

① 张其名:《乐山六忆——嘉州好! 最忆是乐山》,台北市“国立武汉大学校友会”编印:《珞珈》第 132 期(1997 年 7 月),第 37 页。

② 袁征益:《追忆陶因教授》。

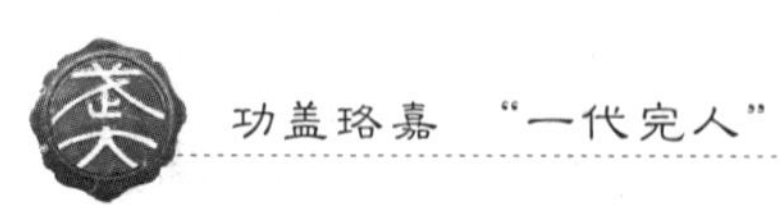

动主要是高举出了德先生和赛先生这两面旗帜，现在大家要纪念“五四”，就应当继续继承、发扬“五四”的这一光荣传统。

在当时的武汉大学，能够充分获得高度的讲学自由的，不光是那些为国民党政府当局所不容的左派学者，即使是对那些没有明确的政治倾向、政治立场相对“中立”的学者来说，也同样如此。如在1940年发起“倒王”运动的部分武大学生，他们向教育部控告王星拱校长的第九条“罪状”——“怠忽党务”，其中第一项就是“教授蒋思道诬蔑总裁”的事例：

> 法律系教授蒋思道，平时恒以谩骂态度，对于政府、国民党加以讽刺，甚至在上课时常公开宣称：“我国根本无法律可言，因委员长之手令可以干涉任何事情。”此种言论，如明白引申，即无异说总裁手令破坏法律，诬蔑总裁无以复加，而学校当局，对于此足蛊惑人心谬误之论调，毫不干涉纠正。①

以王星拱校长为首的学校当局，“毫不干涉纠正”的还不止是各位教师在课堂内外的自由言论，也包括广大学生在课外进行的一切有利于宣传抗日爱国、民主进步的活动。上述部分学生控告王星拱校长“怠忽党务”的第二项，便是“纵容抗研”：

① 参见《武汉大学学生联名报告该校校长王星拱违法失职各节有关文书》(1941年)。

> 抗战问题研究会为共党之外围组织，人人皆知，学校毫不加干涉，任其活动，甚至抗研主演话剧时，学校还与以津贴。共党在校活动，地方军政当局请求学校注意，而学校答以学校为文化机关，对于党派不便过问。①

在王星拱校长等学校领导人的倡导和保护下，武汉大学学术自由、“讲学无禁区”的另一个重要表现，便是在广大师生的学习与研究中，完全没有“禁书”的概念可言。学校图书馆既购置了外文版的马克思著作，也藏有一些宣扬极右主张的书籍，而国民党当局明令禁止订阅的《新华日报》等由中国共产党主办的书刊，在武汉大学的图书馆和学生宿舍里仍照订不误。对于武大当时的自由学风，校友张其名曾有如下回忆：

> 我曾借阅过英文版马恩《共产党宣言》和希特勒的《我的奋斗》，既未遭人非议，也不会有人打小报告。值得赞美的自由风气也表现在不分左中右倾向的团体或壁报，都可自由结社或张贴，不至于有互相攻讦或打架闹事发生。校长星拱先生兼容并包，有蔡元培之风。教授们的讲义或教科书，也能博采众说，自由讲学。②

---

① 参见《武汉大学学生联名报告该校校长王星拱违法失职各节有关文书》(1941年)。

② 张其名:《乐山六忆——嘉州好！最忆是乐山》。

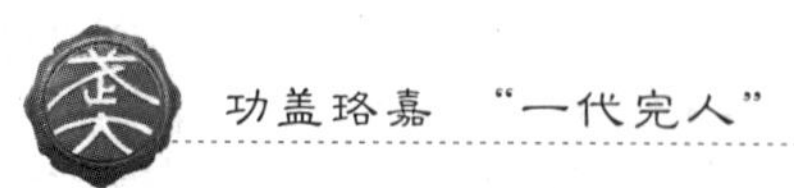

当时的武大学生陈俊，更是在《世界学生》杂志上自豪地向社会各界人士夸耀道：

> 这儿最值得骄傲的，是自由的学风，这表现在两方面：第一方面是读书自由，假如你愿意，什么思想，什么主义，都可拿来研究探讨，图书馆有的是书，学校里有的是开明的教授，谁也不会来疑心你，调查你，阻止你，另方面便是言论自由，从满目琳琅的壁报上，可以读出同学们的心声，他们写出自己对祖国的热诚愿望，因为愿望深切，也常对现实有所批评，对丑态有所攻击，对理想有所建议，虽然训导处对每个壁报，从去年以来，实行检查，但总是照例通过，而无从“开天窗”或“打××”的事出现，学校当局的明哲，由此可见一般[斑]，谁都知道，“思想”是永远禁闭不住的，又何必煞费苦心？①

在高度自由的学术环境里，武大学生的各种学术活动及其他文艺性质的活动也空前活跃。据袁征益回忆，他在武汉大学读书时，学校里的各种学术团体多达一百六七十个，②而当时全部在校学生也不过一千三四百人，平均下来，每不到十名学生之中就拥有一个学生社团，其数量之多，密度之大，覆盖面之广，实属罕见。仅以国立武汉大学训导处1941年度工作报告中的记载为例，该年度曾在学校

① 陈俊：《武大在嘉定》。

② 袁征益：《追忆陶因教授》。

登记的学生团体，除各系会、同乡会、校友会外，还有文艺协会、乐风声歌协会、经纬社、四川同学会、国棋社、珞珈国剧研究社、海风歌咏团、岷江读书社、求实读书社、未名实验剧团、民卅级级会、课余平剧研究社、新闻学会等新成立的团体；该年度登记的壁报计有理学院科学壁报、追悼汪君惕乾纪念专刊、中流壁报、井研宣传队工作壁报、北辰、抗研旬刊、明天、城厢近郊宣传队工作报告、新潮、黑白、三人、燎原、哲教、春蕾、星火、抗建、汶上、大家看、法意、力讯、理工茶话、锦痕、点滴、文艺、青年、Looker-on、荡荡、新评论、野风、晓角、老实话、文艺岗位、晦夜灯、今天、大地、政谈、星星、晦鸣、绿星、追踪、Radio News Bulletin 等数十种；登记的剧本则有峨嵋剧社公演的《塞上风云》、《原野》和未名实验剧团的《国家至上》等。① 当时武汉大学的学生社团活动之活跃，由此可见一斑。

2. **“自由”亦有度，行为不“越轨”**

当然，王星拱校长对于学术自由的提倡也是有一定限度的。他经常告诫武大学子们，思想尽可以自由，但是行为一定不能越轨。一旦遇上他认为已经超出了他作为校长所能容忍的底限——即已属“越轨”的行为时，他也会出面干预，并以非常委婉与温和的态度，善意地提醒和劝诫同学们注意活动的具体方式与影响，尽可能地遵守学校的各项基本秩序，以避免引起政府当局的注意和压制，造成无谓的、

---

① 参见《本校1941年度事业、施政、训导、社会教育等计划》，国立武汉大学档案，1941－11。

不必要的损失。如在1941年暑假，当王星拱校长得知一些学生准备组织壁报联合会时，便专门邀约其中的一位召集人、岷江读书社《燎原》壁报的编委之一汪达庆到校长办公室谈话。他首先充分肯定和称赞道：“壁报编得不错，看的人多，影响大!”然后又细声问他，为何要组织壁报联合会。汪达庆便借机向他反映：“同学们希望学校停止检查壁报，更不同意将张贴的壁报开天窗。”听到这个意见后，王星拱校长便一边笑一边轻声地说：“你们有所不知，别的学校都是先检查稿件，再让登出。我校实行事后检查不是很宽容吗？至于你们说开天窗，学校认为言论不妥的摘下来，不是大家相安无事，何须斤斤计较呢?”接着，他又以劝告的口吻说：“我们是在教育部领导下的一个大学，我们要尊重教育部的指示。我认为壁报可以自由发表意见，但也要有个限度……”说到这里，他站了起来，而汪达庆也站起来继续听他说道：“应当仔细分析，一个壁报的言论和壁报的联合行动性质是两样的，我找你来是希望你们学生冷静一点，青年人不要在群众中显露头角，不然，无助于集体也不利于个人！我劝你们研究一下，传达我的意见，适可而止。”最后，这些学生还是听取了王星拱校长的意见，再也没有提起成立“壁联”的事情。① 而王校长的谆谆教诲也让汪达庆永远铭记在心，半个多世纪过去后，当他忆起往事时，王星拱校长“严肃开明的领导，语重心长的说服教育，却栩栩如生地

① 武汉大学的“壁报联合会”直至1944年暑假才最终成立。

浮现在我们脑海里,印象极其深刻”①。就这样,在王星拱校长的积极提倡与合理引导下,武汉大学的大多数学生在充分享受学术自由的同时,也逐渐养成了遵守秩序的好习惯,在大多数的时间里,他们都与学校当局互相谅解,相安无事,“一切活动,均能遵循学校规范,故无在而不得到学校当局与师友的赞助,斯乃近年校务进行顺利之一大因素”②。

由于王星拱校长长期提倡学术自由、“讲学无禁区”,对广大学生在合理范围内的各种活动一律不加干涉,这就使得各种不同性质的学生组织,均在学校里获得了广阔的自由发展空间。特别是在中国共产党的直接领导或是间接影响下的少数学生社团,更是借机迅速发展壮大,其中影响较大的社团先后有抗战问题研究会、岷江读书社、马克思主义小组、武汉大学学生运动核心组织等。而这些带有明显左倾色彩的学生社团的活动,也很早就引起了国民党当局的密切注意。1940 年,教育部官员在《视察国立武汉大学报告》的“学生思想”一节中指出:“区党部有党员九十人(内有教职员约二十人),三民主义青年团有团员一百三十七人,左倾分子闻亦有数人,活动于乐山城郊,但在校内并无动作。学生设立之社团不少,计有抗战问题研究会、岷江读书社、明天社、汉上社、哲教壁报社、抗建社、北辰社、法意社、

① 以上内容参见汪达庆:《王星拱校长主持校政的二三事》,武汉大学成都校友会主办:《王星拱校长纪念专刊》,第 15～18 页。

② 《母校近况》,《国立武汉大学校友会会刊》(第五号),1942 年 5 月,第 4 页。

黑白社、学文社、星火社、新潮社等，就中岷江读书社分子，思想颇为可疑云。”文末的“视察意见”又提出，“关于学生思想问题，务须特加注意，妥为防范”。①

尽管如此，学校仍对“思想颇为可疑”的“岷江读书社分子”不闻不问，任其自由活动。当时，岷江读书社办有《燎原》壁报，其中有大量揭露当时黑暗的社会现实以及抨击国民党当局专制统治的内容，处处切中时弊，在校内外颇有影响，也就不可避免地受到了国民党特务的严密监视。1942年1月至8月，国民政府教育部连续给武汉大学下达了7条密令，要求学校严密监视和防范岷江读书社成员的活动，甚至连国民党总裁蒋介石也亲自下令，对岷江读书社的《燎原》壁报严加查办。随后，教育部明令武汉大学解散“岷江读书社”，学校训导处不断就审稿问题找该社负责人谈话，以行政手段强制催逼，一些特务分子则张贴了大量匿名帖，大肆制造舆论，诬蔑岷江读书社的同学“制造事端，唯恐天下不乱”。面对如此严峻的形势，以校长王星拱为首的学校当局，在据理力争、“抗议”无效的情况下，出于保护有关同学的人身安全起见，决定对岷江读书社的负责人进行劝导，建议他们以退为进、自行解散。王星拱校长、朱光潜教务长与赵师梅训导长等亲自出面，找来汪达庆、唐宏镕、潘道璋、吴春选等几位岷江读书社的负责人谈话，他们告诫道：“我们的大学是国民党办的，如果你们继续活动，国民党要逮捕你们，我们也没有办法……他们有两个黑名单：一个是打两

① 参见陈泮藻、徐诵明：《视察国立武汉大学报告》(1940年6月4日)。

个×的，一个是打一个×的……”①王校长还明确地向他们表示：“头上有两个××的已被抓走了，你们头上是一个×，下一步可能轮到你们了！你们如不听劝告，我也无力保护你们！”据唐宏镕后来回忆，他“清楚地记得”，王校长当时“态度严峻，语气温和，语重心长，令人感动”②。最后，岷江读书社的成员采纳了王星拱校长等人的建议，于1942年夏被迫宣布自动解散，同时《燎原》壁报也自动停刊，一部分社员则转而参加了学校的其他性质相近的社团，继续坚持先前的各种活动和斗争。有形的组织虽然在强大的政治压力下被迫解散，而无形的自由思想与抗争精神，却依然甚至更加深入地扎根于由王星拱校长一手营造出来的这片充满自由、民主和宽容的沃土之中。

(三) 抗阻外力干涉，保护师生安全

王星拱校长所推行的一系列有利于学术自由，同时又明显不利于推行“党化教育”的开明措施，日益引起国民党当局的强烈不满，各级军政机关也开始利用职权，通过各种秘函密令，甚至直接动用武力的方式，频频对学校当局施加压力，妄图迫使其对广大师生的各种“越轨”行为进行更为严格的防范、限制和弹压。1945年3月31日，由中共中央南方局青年组在武汉大学建立的“核心系列组织”领导小

---

① 以上参见杨苇堤、丁立、张宝锵：《乐山时期的武大“岷江读书社”》，武大北京老校友会编：《武大学运文选》，2002年，第44～49页。

② 参见唐弘仁：《回忆〈岷江读书社〉——武汉大学生活片段》，岷江读书社编：《岷江情深——岷江读书社回忆录》，2004年，第71～72页，“唐宏镕”为唐弘仁当年在校时的学名。

组，曾开会讨论武大的学生运动情况，其中还专门分析了武大学运“本身的特殊条件”：第一，就地方环境而言，武大地处川西，国民政府军政部直属的第三十二补充兵训练处驻军于此，“它与国民党中央的矛盾不大，与地方士绅在共同利益的基础上能取得行动上的一致”，因此，其在乐山一带的“武力统治可以说是一元化的”，再加上“它和学校的关系很恶劣”，于是，学校当局便只能“从让步中谋苟安”，与此同时，乐山地区“大专学校少”，“除武大外，无任何大学，蚕专与技专的学生功课压力重，对现实漠不关心”，因此，武汉大学作为“乐山学运的领导中心是特别暴露的”，“比起渝、蓉、昆等地，乐山地方偏僻，容易被反动派选为试探性的、偷偷摸摸的打击对象”；第二，就武大的“传统”而言，学校素有“死读书、死用功的传统学风”，而“武大创办时的领导人如王世杰、王星拱、周鲠生、皮宗石、李四光等，有的曾是北大教授，因此，形成了自由主义的学风，对学生的政治活动和学术研究，校方既不予赞助，也不积极压制”，但在他们看来，武大与西南联大相比，“其基本的差异是，这一群负责学校行政的分子，多半是半官僚化了的。主观上，他们主张讲学自由，不予学生以压制，但当外界压力袭来时，他们并不反对不经由学校行政程序的干涉，他们的基本政策是安定”，“不似‘联大’（北大）当局为维持学校行政权利的完整性而积极抗争”。①

---

① 参见顾公泰、刘兆丰、章润瑞、张宝锵、张师韩、陈荷夫：《乐山武大“核心系列组织”建立纪实及其他》；刘兆丰、章润瑞、张宝锵、陈荷夫（执笔）、赵萌兰、王尔杰：《大渡滚雪向东流——武汉大学学运史略》。

上文中对武汉大学当时所在的“地方环境”的分析，无疑是比较准确的，但是对武大“传统”的部分论断，如校方对学生的学术活动“不予赞助”、不反对外界压力对学校行政权利的干涉等却有失偏颇。大量的事实证明，以王星拱校长为首的学校当局，曾多次赞助学生的各种学术活动，而尽管校方对各级军政当局的基本政策的确是“从让步中谋苟安”，也确实无法在国民党中央控制较严的川西一带的恶劣政治环境中，像外部环境相对宽松许多的西南联大那样，能够做到维护行政权利的独立与完整性，但这并不表明武汉大学校方对“外界压力”的“积极抗争”就不曾存在过。事实上，一旦某些来自外界和上级的压力已经严重地破坏了武大的学术自由时，那么，不论这种压力有多么的强大，以王星拱校长为首的学校当局，也仍然会“宁亢不卑”地奋起抗争，在自己的职权范围之内，尽最大的努力和可能，竭力保护广大师生的人身安全和自由权利，并以各种迂回的方式，与各种外来压力进行巧妙的周旋和抗拒，从而在最大限度上维护学校的学术自由。

1. **多次出面保释无辜被捕师生**

早在武汉大学西迁乐山之初，王星拱校长便与当地的建南军管司令韩文源“有约在先”：“学生如有失当言行，由学校教育，地方军警不得过问，在任何情况下，军警不得到学校抓人。”1940 年初，因武汉大学学生组织“抗战问题研究会”，带头抵制教育部决定撤换王星拱校长的命令发动武大师生签名挽留王校长，激怒了政府当局。据说，当这份签名报告转到蒋介石那里时，蒋大发雷霆，说什么“武大学生

与乐山等地共产党要举行暴动了”，并下令成都行辕进行大搜捕。在逮捕事件发生前，学校曾收到开除以顾谦祥为首的十名同学的通知，但为王星拱校长所拒，称“接近毕业期，考试后再议”。7 月 6 日，国民党特务开始按照“黑名单”对武大“抗研”成员实行大逮捕。因慑于王星拱校长的威望，特务们不敢进学校抓人，而只是在部分学生的校外住处下手，或是由特务将学生骗出后逮捕，最后总共抓走了 10 多名学生。① 对于此事，据武大校友吴鲁芹回忆：“有一年军统局、中统局的特务人员，抓走了若干名学生，事先并未通知学校当局，过几天又都放回来了，像是一场闹剧。听说校长为这件事震怒了好几天。上书当道，有扔掉校长纱帽来表示斯可忍孰不可忍的意念，大约获得‘不再发生’的保证，才打销辞意。”由此可见，“他对当道的不卑不亢是相当划一的，到了侵害了他的办学或者做人的原则，他几乎是宁亢不卑”。②

在这次大搜捕发生后，由武汉大学机械系主任郭霖出面，组织了一大批武大教授，联名向政府当局提出了强烈抗议，他们质问当局，爱国何罪？宣传抗日救亡何罪？并强烈要求释放被捕同学。在强大的舆论压力下，两个多月后，当局不得不释放了一部分被捕同学。随后，王星拱校长又与

① 以上内容参见顾谦祥、黎军、方成、端木正、蒋传漪、王晓云、张熙、王若林：《乐山时期的武大“抗研”》，武汉大学北京老校友会主办、陈荷夫主编：《北京珞嘉》第 1 期，1996 年，第 89～90 页；卢祥麟：《一身正气　两袖清风》，武汉大学成都校友会主办：《王星拱校长纪念专刊》，1996 年，第 36～37 页。

② 参见吴鲁芹：《武大旧人旧事》。

丁燮和、戴铭巽、赵师梅、郭霖等教授一道，继续出面担保，努力营救其他尚未释放出狱的学生。经过半年多的艰苦努力，到1941年初，全部被捕学生均被保释出狱。当时，为了营救被捕学生，王星拱校长忍着胃病的折磨，到处奔波，等到最后把所有学生都救出来后，他自己也病倒了。在这段难忘的经历中，武大“抗研”的同学们对王星拱校长充满了感激之情，50多年后，他们还深情地追忆道：“时至今日，每当我们回忆起这段不寻常的时光时，总是念念不忘当时的王星拱校长。正是由于王校长实行兼容并蓄、民主办学的方针，‘抗研’开展活动才有了一个宽松的政治环境……王校长保护爱国青年、爱护人才的良苦用心，至今还为武大同学所赞颂。”①

1944年秋，著名文艺理论家缪朗山被王星拱校长聘为武汉大学外文系教授。当时，国民政府教育部出于反苏反共的政治需要，明令各大学不准开设俄文课程。而武汉大学的部分师生由于学习俄文心切，便自动组织了一个“俄语学习班”，并邀请缪朗山教授担任讲授。缪教授经不住同学们的再三要求，于是便利用每天早上未上课前的一个小时开办业余俄语班。据武汉大学校友詹寰回忆：“开讲的第一天，文庙的小教室早已爆满了系内系外的同学，只得临时改换一间大教室，然而还是容不下众多向隅的听众，最后再改在老宵顶的大礼堂，也还是座无虚席，盛况空前。据说还有

① 以上内容参见卢祥麟：《一身正气 两袖清风》；顾谦祥、黎军、方成、端木正、蒋传漪、王晓云、张熙、王若林：《乐山时期的武大“抗研”》。

校外闻讯赶来的旁听者。”①这个俄语学习班深受武大学生的追捧，人数也越来越多，在不到一周的时间内，便由最初的几十人迅速增加到 300 余人，而如此火爆的场面也引起了乐山当地军政当局的密切注意。

俄语班开办还不到三个月，乐山师管区主任兼城防指挥韩文源便以“赤化”学生为由，于某日凌晨，乘人不备，在天未明前突然抓走缪朗山教授。当日，俄语班的同学们逾时不见缪教授，知道出了事，赶紧向王星拱校长报告。王校长听后，不禁勃然大怒，拍案而起，连说几声：“岂有此理！”随即登上黄包车向师管区驶去。刚刚见到韩文源，王星拱校长便质问他凭什么逮捕缪朗山教授，韩文源支支吾吾地回答：“赤化学生，煽动学潮。”王校长接着问：“证据何在？”韩文源答道：“讲授俄语。”王校长反驳道：“讲俄语便是赤化，讲日语岂不是培养汉奸？”韩文源顿时无言以对。王星拱校长接着又说：“我们是文化机关，学校培养的是具有各种特长的学生，使他们掌握必要特长，将来为国效劳。怎么能以讲授他国语言，便是什么，岂不是奇谈怪论？请你马上放了缪教授，不然，后果难以设想。”于是，在王星拱校长大义凛然的斥责下，韩文源只好立即释放了缪朗山教授。②虽然俄语学习班最终还是停开了，但教习俄语的广大师生的基本人身安全，还是因为王星拱校长的大力保护而有了

① 詹寰：《漫话当年武大》。

② 以上参见万泽郁：《缅怀往事，永记不忘》，武汉大学成都校友会主办：《王星拱校长纪念专刊》，1996 年，第 34 页。

最起码的保障。①

2. **以学校名义呈文驳斥上级密令**

王星拱校长除了在一些关键时刻亲自出面，保护师生自由讲学的基本权利和人身安全外，更多的是利用给教育部等上级机关回复公文的机会，公然驳斥国民党特务提供的各种情报，为武大师生的某些疑似“越轨”言行进行辩护和开脱，或是直接出面保释一些无辜被捕入狱的师生。在抗战中后期，学校发出的这类公文多达十余件，多由时任训导员马同勋起草，再由训导处签呈校长室，最后由王星拱校长本人或是一度代理校务的教务长陶因②以校长的名义签发。

如在 1944 年 12 月 22 日，国民政府军事委员会委员长蒋中正致电教育部部长朱家骅：“据报，武汉大学法学院政治思想史教授杨东莼，平日言论反动，诋毁本党及政府，并对学生时加煽动；又该校学生胡钟达、何代枋、万敬业、陈伟芳、倪逵、江银娥、陈凤箫、刘兆丰、侯升堂、张汝辑、甘大志、周楚臣、韩炳炀等思想左倾，平时言论荒谬，常攻击本党与

---

① 据杨静远与齐邦媛两位外文系校友回忆，到了 1945 年 2 月初，乐山警备司令部再次决定拘捕缪朗山教授，于是缪朗山去见王星拱校长，希望学校能够提供保护，但王校长表示无法保证，请他离开以保安全，“然而因前线战局转折，正式公文并未发出。寒假后开学，盟军在欧洲大胜，苏俄抢先进占柏林城，保住了缪教授的职位”。参见齐邦媛：《巨流河》，第 295 页。另见杨静远：《让庐日记》，第 313 页、第 315 页。

② 朱光潜教务长于 1944 年 12 月辞职，1945 年 1 月 25 日，王星拱校长聘请陶因教授出任教务长，7 月，陶因教务长呈请辞职。

政府，并分别组织各种社团，发行壁报，其内容多对现状不满，为奸伪张目等情，希注意整顿为要。”①1945 年 1 月 5 日，教育部将该电文转发给武汉大学，并命令学校当局“严密注意，并查明整顿具报”。② 对于该电文中对于杨东莼教授的指责，学校草拟的具体意见为：

> 其所授中国政治思想史一科，范围止于先秦时代，并未涉及任何实际问题，其平日言论，亦无反动之处。
>
> 贵州军事吃紧时，政治系系会于十二月九日下午二时，在文法学院第六教室举行迎新大会，同时欢送该系从军学生，到该系主任、全体教授、全体学生，该员发表演说称：“挽救目前紧急局势，知识青年踊跃从军，为最要一着，希望同学多多参加。吾人应相信政府，不可批评政府，（当此紧急关头）尤不可妄听惶言，自相惊扰。”是岂仅为煽动学生、为诋毁政府之嫌？抑且适得其反！
>
> 又该员除任课及努力研究中国旧籍外，甚少外出，不参加集会，即与该员来往之学生，亦多为四年级学生，中少数请其指导论文者。

---

① 《国民政府军事委员会代电》（亥马侍秦字第 14653 号），《有关武大进步师生革命活动敌方情报及本校报告》（1942—1945），国立武汉大学档案，1945—2。该卷档案系复制自中国第二历史档案馆藏国民政府教育部档案。

② 参见《教育部训令》（密）（高字第 00679 号），《教育部 1945 年有关防范共党活动的训令及本校保护进步师生的报告》，国立武汉大学档案，1945—1。

该员为国民党员，对于党部活动，该员无不参加。①

1945年2月6日，武汉大学正式呈文教育部，对上述问题加以具体解释：

经查，学生胡钟达等十三名思想左倾一案经分别查询：

（一）何代枋已于卅三年暑假毕业离校；

（二）万敬业、江银娥、周楚臣查无其人（姓名或有错误之处）；

（三）胡钟达、陈伟芳、陈凤箫、甘大志、侯升堂、倪逵、刘兆丰、张汝辑、韩炳炀等九人，平时在校行动，尚无越轨之处，除分别予以告诫外，嗣后自当严密注意。

又：法学院教授杨东莼所授政治思想史一科，范围止于先秦时代史，其人在校教学亦甚努力，平时言论，并无涉及任何实际问题。②

1945年2月2日，教育部又给武汉大学发来一则密令，摘抄了一份乐山警备司令部提供的武汉大学“反动分子活动情报”，并要求学校“迅即查明具报，并严密注意”。这份情报称，武汉大学的学术团体林立，“惟实际上此等会社真

① 参见《国立武汉大学及有关部门1940年查处进步师生活动的文件材料》，国立武汉大学档案，1940－7。注：此处年代有误，应为1945年。

② 《国立武汉大学呈文稿》（密）（嘉字第2634号），《教育部1945年有关防范共党活动的训令及本校保护进步师生的报告》。

心为研究学术者固多，而别有用心或为奸人操纵与利用者亦复不少，该校反动份子于其极秘密之团体外，多分头主持，或利用校内经过合法手续成立之团体，作为其结识同道之外围组织，有机会且利用之作为连络与鼓动校内同学之工具。”这些团体除在校内活动外，还“有至该校附属中学与其他此间之中小学，私人向学生补习，供给左派书籍，贯输不正当之知识，并有某种组织”。紧接着，这份情报还总结了上述学生团体已经“显露”的几种活动方式——“办壁报”，“经常举行盛大之集会”，“利用团体，制造公论，作为有反动性之宣传”，“秘密集会”，“散布流言”，等等。①

1945 年 3 月 2 日，根据学校训导处在“详密调查”之后所签呈的具体意见，武汉大学在给教育部的呈文中，对乐山警备司令部提供的这份情报中所反映的种种问题，进行了详细的解释和说明：

> （一）本校学生团体虽多，但均系经本校训导处核准成立者，少数团体学生，平时言论，虽难免偶有失当，而在校行动，尚无越轨之处。
>
> （二）壁报为学生团体公开活动之表现，亦为学生练习写作之唯一园地，本校学生壁报，无论报导新闻，评论时事，均须经训导处审查后，始准公布，其言论虽力求精辟，然尚无过于偏激之作品。

① 参见《教育部训令》（密）（高字第 05072 号），《教育部 1945 年有关防范共党活动的训令及本校保护进步师生的报告》。

（三）壁报上间有刊布敌后画片及国外照片者，大抵以读者均为本校有智识有判断力之学生，当不致发生反面结果；且国外照片，均为美大使馆新闻处所供给。

（四）其他活动，如为人补习课程，乃战区学生藉以弥补费用之主要办法；至郊游野餐或品茶，均为生活方式之一种，本校训导处当尽量设法指导与监督。①

1945年1月22日，三民主义青年团中央干事会致函教育部，内称“武汉大学教授缪朗山近由港而桂，辗转来该校担任初一二班英语，自开俄文班，颇为活跃，曾一度公开讲演中国文艺新思潮，内多诋毁政府，并以反法西斯反封建为新思潮结论”，并请教育部“查照参考”。② 2月9日，教育部将该函转发给武汉大学，并命令学校当局“对该员言行密予注意。并查明具报”。③ 3月10日，学校在回复的呈文中称：“遵查该教授缪朗山，系本校三十三年暑期后新聘教授，数月以来，在校言论，尚无越轨之处，④至所设俄文班现已

① 《国立武汉大学呈文稿》(密)(嘉字第2651号)，《教育部1945年有关防范共党活动的训令及本校保护进步师生的报告》。

② 参见《三民主义青年团中央干事会公函》((34)青干组字第41号)，《国立武汉大学教职员任免、就职等有关人事文书》，中国第二历史档案馆藏国民政府教育部档案，全宗号五，案卷号2596。

③ 参见《教育部训令》(密)(高字第00368号)，《教育部1945年有关防范共党活动的训令及本校保护进步师生的报告》。

④ 其原稿为“平时在校言论，时或有失检点，未尽正确，然其在校行为，尚无越轨之处”。

停开。嗣后对于该员一切言行，谨当遵令密予注意。”①

由上可见，学校为保护部分师生的言行自由与人身安全而发出的这些公文，一方面反复强调他们所应享有的各种基本权利，另一方面又极力为他们的所作所为进行辩解和开脱，大事化小，小事化了，有时即使不得已而承认部分学生的“平时言论”“难免偶有失当”，但也会始终坚守着“行动”“尚无越轨之处”这一最后底限，使上级部门没有明显的“把柄”可抓。与此同时，某些呈文的行文看似平常，而在其字里行间，却又处处充满了对国民党政府当局肆意干涉学术自由、实行特务统治的辛辣讽刺！总之，正如武汉大学校友丁宗岱所言，在抗战后期的艰难岁月里，在王星拱校长等人的主持下，“学校对上级主管当局追查和整肃进步师生的通知，采取代为辩解和应付的态度。这样就为乐山武大保持了一个学术言论自由、民主空气浓厚的宽松环境，从而培育了一批新人”②。1942 年考入武汉大学政治系的王滋源校友，后来在回忆武大当年高度自由的学术环境，及其与王星拱校长等学校领导的治校方针之间的关系时，曾指出：

> 武大当时活跃的民主空气和学术思想给我留下深刻印象。各种学术、文艺、政治、同乡会、同学会等组织如雨后春笋，经常举行座谈会、学术讨论

① 《国立武汉大学呈文稿》(密)(嘉字第 2662 号)，《教育部 1945 年有关防范共党活动的训令及本校保护进步师生的报告》。

② 丁宗岱：《杨东莼教授在乐山武汉大学——深切怀念先师杨东莼教授》，武汉大学校友总会编：《武大校友通讯》1995 年第 1 辑，武汉大学出版社 1995 年版，第 119 页。

会、报告会、演出和野游。一进校大门,登上一级台阶,长长的民主墙上,不同立场、不同观点、不同形式的壁报,五彩缤纷,琳琅满目。据说武大和西南联大一样,是当时的民主堡垒。联大在昆明,离国民党陪都重庆较远,又受到地方实力派龙云的支持,条件较好。武大则不然,与重庆一水相通,能做到这点极不容易。这是德高望重、刚直不阿的王星拱校长顶住了掌管国民党政府教育部的C·C派巨大压力的结果。我听过他在总理纪念周上的学术报告,渊博的学识,庄严的学者风度引起我无限崇敬和爱戴。经常带领我们一年级新生跑步并作即兴讲话的赵师梅训导长也使我十分钦敬。武大宽大自由、朴实严谨的学风,浓厚的读书风气,使我们在潜移默化中受到熏陶,养成读书治学的好习惯。①

三、抵制“党化教育”

(一)“兄弟对于党务方面,所做的工作不多”

1927年南京国民政府建立后,开始在全社会范围内逐

① 王滋源:《心香一瓣,情系珞珈——一个老学子向母校汇报》,武汉大学校友总会、武大武汉地区校友会合编:《武汉大学校友通讯》1992年第1期,第39页。

渐推行"党化教育",一方面试图向全体民众全面灌输国民党的各种主义或主张,以求在意识形态领域逐步取得主导地位;另一方面,又将党的组织广泛地向各级学校和教育文化机关进行渗透,力图通过政治与思想上的双重控制,最终实现对教育界的全面掌控,从而更好地维护其政治上的"正统"地位。1928 年改建的国立武汉大学,自然也和国内其他高校一样,面临着奉命推行"党化教育"的重大压力,但举校上下,对于这种严重妨害学术自由的政治手段与行为,都没有什么特别的兴趣,即便是勉强奉命推行,也往往是草草了事,甚至还会通过各种灵活变通的方式,巧妙地在暗地里进行无声的抵制。

作为国立武汉大学主要创始人之一的王星拱,虽然早在清王朝灭亡前夕就已加入中国同盟会,堪称国民党的"元老"级人物,享有很高的政治地位。但作为一名真正的学者,他始终将学术与教育放在至高无上的位置上,纵然自己有不小的政治资本,也从不热衷于从事各种政治活动,进一步捞取政治地位,反而对政治抱有一种消极和淡漠的态度。如前所述,早在建校之初,王星拱就曾对全校师生公然宣称:"兄弟对于党务方面,所做的工作不多;对于政治方面,完全是外行。"1930 年 9 月,尽管学校按照国民党中央的要求,专门成立了教职员党义研究会,王星拱也在其中担任常务委员,但这个研究会基本上是形式重于内容,在成立之初开过几次会议之后,便少有活动。在王世杰、王星拱等人的领导下,政府要求每周必须举行的、政治色彩非常浓厚的"总理纪念周"活动,也由于学校采取大量邀请校内外的专

家学者作学术演讲或时事报告的形式,变通处理,从而将这种形式单调、呆板,内容空洞、枯燥、乏味并且实际意义不大的政治纪念活动,逐渐演变成了别具特色、令广大师生受益良多的学术交流活动,而王星拱本人也经常会在"总理纪念周"上发表各种以学术和教育为主题的演讲,给广大学子带来了一场又一场丰富的精神盛宴。此外,以王世杰、王星拱等为首的主要领导人,对于国民党组织在学校里的发展,也并不热衷。恰恰相反,由于他们坚持提倡学术自由,延揽人才不拘一格,兼容并包,对政治又无甚兴趣,这就直接导致了武汉大学的广大教职员队伍中国民党党员的人数很少,不同政见者却颇多,思想左倾的更是大有人在。所有这些,均是学校当局有意无意地抵制"党化教育"的必然结果。

1937 年全面抗战爆发后,国民党当局对于全面推行和强化"党化教育",其力度较战前的十年间更为加强,而与之相应的是,武汉大学师生对"党化教育"的持续抵制也更为强烈。1938 年,武汉大学西迁乐山后不久,中国国民党四川省执行委员会便于 12 月 25 日发来训令:"派王星拱、周鲠生、陈守谦①三同志为四川省直属国立武汉大学区党部筹备委员",并"令仰该会……克日组织成立"。② 对于此事,王星拱等有关人员毫不热衷。第二年,区党部筹委会在上级党务部门未派人监选的情况下,竟然非常随意地选出

---

① 时为武汉大学政治系四年级学生。

② 参见《中国国民党四川省执行委员会训令》(组格字第 175 号),《国民党四川省党部关于填写党员名册给本校的公函》,国立武汉大学档案,1938－7。

了余斯襄、杨锡勇、徐克璋三位经济系的在校学生为执行委员！这一结果被国民党中央执行委员会组织部认定无效，并命令仍由原任筹备员王星拱、周鲠生、陈守谦继续筹备。① 1940年2月，区党部筹备处再次开始工作，由于筹备经费尚未领到，筹备处特请求王星拱校长暂拨法币50元，以解燃眉之急，随后，王星拱校长同意由事务部及会计室“垫借”50元。由于这笔款项久借未还，到了1941年底，王星拱校长还亲自批示，要求事务部将此款妥为清理，如数追回。② 由此可见，身为国民党的老党员和国民政府领导下的国立大学校长，王星拱对于武汉大学校内的国民党组织建设没有兴趣，不仅不给予一分钱的资助，甚至连学校暂时“垫借”的50元钱，在时隔近两年之后仍然要全部追回。而与之形成鲜明对比的，便是“人人皆知”的中国共产党的外围组织——抗战问题研究会，在上演话剧《雷雨》以及《黄河大合唱》时，学校当局竟然给予了150元的津贴！③ 在王星拱的心目中，办学育人、民族大义与政治工作究竟孰轻孰重，通过这两件截然相反的事例，便可一目了然。

由于王星拱对政治缺乏兴趣，对党务工作总是推行不力，敷衍了事，导致1938年底便开始筹备的国民党武汉大

① 参见《中国国民党中央执行委员会组织部公函》(仁渝普字第721号)，《国立武汉大学1940年保存国民党武汉大学筹备委员会文件(包括中执委组织部文件、任用书)》，国立武汉大学档案，1940－1。

② 参见《国立武汉大学1940年保存国民党武汉大学筹备委员会文件(包括中执委组织部文件、任用书)》。

③ 参见叶霜：《低首一生拜抚师——王星拱校长在乐山办学前后》。

学区党部，一直拖延到1940年初才草草成立。1941年7月6日，武大区党部进行改选，身为一校之长的王星拱仅仅当选为监察委员。① 当时，武汉大学的大部分师生对于参加党团组织活动都无甚兴趣，态度冷淡。据1940年的统计，全校共有国民党员90人(其中教职员20人)，占全校师生员工的比例还不到10%；三民主义青年团团员仅有44人；而处于地下状态的共产党员却有40余人。与此同时，在CC派分子程天放的统治下，四川大学的三青团员多达270余人，而共产党员只有10余人。当时，三青团中央监察会曾决议派王星拱赴峨眉考核四川大学团务，但他不愿前往，并以疾病缠身、事务繁忙为由，商请学校原任区团部主任干事、政治系教授刘迺诚代为前往考察。②

也正因如此，如前所述，1940年11月，部分武大学生发起“倒王”运动，向教育部控告王星拱校长的第九条“罪状”，即为“怠忽党务”，其列举的第一个事例即“教授蒋思道诬蔑总裁”，“而学校当局，对于此足蛊惑人心谬误之论调，毫不干涉纠正”；第二个事例为“纵容抗研”——“共党在校活动，地方军政当局请求学校注意，而学校答以学校为文化机关，对于党派不便过问”；第三个事例则是“各纪念仪式不举行”——“对于各种重要纪念日如总理诞辰、忌辰等，理应隆重举行，以唤起同学之注意，而增进其对党之认识。可是学

① 参见《七月六日直属区党部选举结果》，《本校、教育部及国民党乐山县党部1941年有关党务工作的文件》，国立武汉大学档案，1941－4。

② 参见《国立武汉大学及三青团中央1940年关于团务工作的报告会议记录》，国立武汉大学档案，1940－9。

校除遵例放假外，毫无其他纪念仪式”。① 以上所举事例，正好从反面证实了王星拱校长对于国民党的党务工作乃至“党化教育”的漠不关心与默然抵制。

当然，当时的国立武汉大学，毕竟是处于国民党政府直接领导下的一所国立大学，在很多根本无法避免、并且实属必要的情况下，学校亦不得不在“党务”方面对上级部门作出一些妥协。如在1941年初，王星拱校长聘请朱光潜教授出任教务长之后，由于“国民党有个老规矩，学校‘长字号’人物都必须参加国民党”②，因此，为了学校生存与发展的大局，王星拱校长又苦劝朱光潜教授暂时牺牲一下个人的名誉，加入国民党，以便对上级党政当局有所交代。据朱光潜后来回忆，在他被王星拱校长任命为教务长之后，教育部部长“陈立夫责备王星拱校长，说我反对过程天放，思想不稳，学校不应该让我担任要职。王校长想息事宁人，苦劝我加入国民党，说这只是一个名义，一个幌子，为着学校的安全，为着我和他私人的友谊，我都得帮他这一个忙。当时我也并非留恋这个教务长，可是假如我丢了不干，学校确实难免动摇。因此，我隐忍妥协，加入了国民党。我向王校长的声明是只居名义，不参加任何活动”③。也正是在像朱光潜这样的一些在武汉大学身居要职、却又“只居名义，不参加任何活动”的国民党员的“隐忍妥协”与苦心维护下，武汉大

① 参见《武汉大学学生联名报告该校校长王星拱违法失职各节有关文书》(1941年)。

② 朱光潜:《自传》(1980年9月)。

③ 朱光潜:《自我检讨》,《人民日报》1949年11月27日。

学的学术自由才得以继续保持。由此,我们也能从一个小小的侧面,看到王星拱校长通过合理、巧妙的人事安排,在暗中抵制国民党政府的"党化教育"之良苦用心,不仅聘任朱光潜为教务长是这样,下文中将要提到的聘请赵师梅教授出任训导长一事,其目的亦相近同。

由于以王星拱校长为首的学校当局,对于国民党的党务工作不重视,不关心,因此,武汉大学区党部的党务工作,也就因为无法得到学校在日常活动经费上的尽力接济,以及人事、行政权力上的有力支持而步履维艰。1942 年 3 月 11 日,国民党武汉大学区党部执行委员杨端六致函时任国民党中央组织部部长朱家骅,向其坦陈武大党务工作中的种种困难。他指出:"本校党务,实在过于沉寂,不可讳言。推究其原,大旨不外经费无着一事,即经济问题是也";"党部在名义上与学校平等,但实际上则毫无用人之权,每事非仰给学校不成。如学校不给予助力,则并文具纸张邮电等费,将亦无从出";"学校经费每年有百万以上,而党部不过 1200 元,故在实际上,党部不能经济独立,只能附属于大学。大学经费既日感拮据,党部之发展即受其影响"。因此,在极端困难的情况下,杨端六等主要党务负责人,便只能对党务工作抱定"不求有功,只求无过"的消极信念,勉强维持罢了。[①] 这种状况的出现,除了战争环境下的物质条

① 《杨端六致朱家骅函》(1942 年 3 月 11 日),转引自王奇生:《革命与反革命:社会文化视野下的民国政治》,社会科学文献出版社 2010 年版,第266~267 页。

件艰苦等客观原因外，与以王星拱校长为首的学校当局及大多数武大师生对于党务活动与“党化教育”的淡漠甚至是暗中抵制，显然亦有很大的关系。

具有讽刺意味的是，尽管王星拱校长与朱光潜教务长本人对国民党的党务工作均无兴趣，从不热衷，多是以“隐忍妥协”的方式予以消极应付，但国民党当局为了极力拉拢这些极具社会声望的高级知识分子，仍然在政治与社会地位方面百般示好，并且不吝赠予虚名。1945 年 4 月初，王星拱校长当选为国民党“六大”代表，在大会召开前夕，朱家骅与陈立夫联名向蒋介石推荐了 98 名“最优秀教授党员”，武汉大学的王星拱校长与朱光潜教务长均名列其中。① 1945 年 5 月，在国民党“六大”闭幕前夕，王星拱又当选为国民党第六届中央监察委员。

（二）巧妙斡旋，消极应付“导师制”

在抗战时期，国民党当局除在各学校、机关广泛建立区党部及三青团分团部外，其加紧推行“党化教育”的另一个重大措施，便是命令各大中学校实行导师制。1938 年 3 月，教育部公布了《中等以上学校导师制纲要》，其主要规定有：“导师对于学生之思想行为，学业，及身心摄卫，均应体察个性，施以严密之训导，使得正常之发展，以养成健全之人格”；“导师对于学生之性行，思想，学业，身体状况各项，应

① 参见王奇生：《革命与反革命：社会文化视野下的民国政治》，第 247 页。

依照格式详密记载，每月报告学校及学生家长一次，其缴学校之报告，主管教育行政机关，得随时调阅之”；“各组导师应每月举行训导会议一次，会报各组训导实施情形，并研究关于训导之共同问题，训导会议由校长主席”；“各组导师对于学生之思想与行为各项，应负责任，学生在校或出校后在学问或事业方面有特殊之贡献者，其荣誉应同时归于原任导师，其行为不检思想不正如系出于导师之训导无方者，原任导师亦应同负责任”；“学生毕业时导师应出具训导证书。对于学生之思想，行为及学业各项，详加考语，此项证书在学生升学或就业时其关系方面得随时调阅之”；“本部指定督学随时视察各校导师制实施情形专案报部”；等等。①

如果仅仅只从字面内容上看，教育部规定实行导师制，完全是出于加强德育教育，密切师生关系，以及促进学生的全面发展等目的。但从具体的条文上看，如果完全按照该纲要的具体规定严格执行之，那么，在“训导”学生的整个过程中，上至校长、主任导师，下至每一位具体的导师，对于学生平时的身心状况与言行举动，无时、无处不是在进行全方位的严密监控，稍一严厉，便能起到钳制思想发展、束缚行动自由的结果。从各方面的迹象来看，这大概也正是政府当局全力推行导师制的“醉翁之意”，如果各个学校实施得力，则可在很大的程度上对国统区内此伏彼起的学生运动起到有效的防范和限制作用。

---

① 《教育部制定中等以上学校导师制纲要》(民国二十七年三月部令公布)，《本校、教育部有关导师制实施文件》，国立武汉大学档案，1938－27。

面对教育部的严格规定，武汉大学只能奉命行事。1938年10月7日，国立武汉大学第335次校务会议修正通过了根据教育部颁发的《中等以上学校导师制纲要》而制订的《国立武汉大学导师制实施纲要》，决定自本年度起开始实施导师制。① 12月9日，第343次校务会议又推定赵师梅教授为本校主任导师。② 不久后，教育部又感到导师制流于形式，达不到控制学生思想的预期目的，于是，又在次年通令各校“划一行政组织”，要求设立专门的训导处，与教务处、总务处并立。国民党政府意图通过训导处的设置，加强导师制的实施，并与各大学内原有的国民党区党部、三青团分团部、军训教官、党义教师等势力密切配合，更加严格地控制学生思想，限制学生活动，进而从根本上保证“党化教育”的逐渐实现。

根据教育部的命令，武汉大学于1939年8月正式设立了训导处，但训导长的人选则一时难以确定，而这正是让王星拱校长颇感焦虑的一道难题。当时，各大学的训导长一职，一般都是由政府直接派遣一些死硬的国民党党棍甚至是特务来担任，在他们的掌管下，训导处通常都会扮演一些破坏学生运动，乃至对广大追求民主、进步的爱国师生进行人身威胁和迫害之类的角色，这也使得训导长这个职务变得臭名昭著，不受欢迎，凡正直人士，均唯恐避之不及。在

---

① 参见《国立武汉大学校务会议纪录》(第七册)。

② 参见《国立武汉大学第三四三次校务会议常会纪录》,《国立武大1938年校务会议常会记录》。

王星拱校长看来，如果由政府指派一个党棍或特务来武大出任训导长，那么武汉大学传统的自由校风，将面临严重的威胁，甚至有毁于一旦的危险。经反复思忖，他想到了一个良方——继续推举本校主任导师赵师梅教授为训导长。由于赵师梅教授身为参加过辛亥革命武昌首义的国民党元老，政治资历过硬，政府不可能明确予以反对；另一方面，赵师梅教授早年充满传奇色彩的民主革命经历，以及他在平日为人处事中所表现出的高尚道德风范，又使其在武大师生中享有崇高的声誉，极能服众。王星拱校长对赵师梅教授的为人深为了解，他很清楚师梅先生向来思想开明，爱护青年，对国民党当局的特务统治深为反感，如果他能出任训导长之职，必定能够和自己同心协力，共渡难关，一起保护好武汉大学这片学术自由的“净土”。

然而，赵师梅教授亦有自己的顾虑，他心里明白，训导长这个职务，往上要承受来自上级党政当局的巨大压力，往下又会遭受广大青年学生的误解。如果忠实地执行上级命令，严行“训导”之职，会引起广大师生的强烈不满；如果尽量维护广大师生的言行自由和人身利益，则又会不可避免地得罪上级部门。他的好友戴铭巽教授当时就劝他，说这差事干不得。正是因为考虑到这一点，素来努力工作、一心奉献、从来都不曾推拒过学校的任何职务或工作委任的赵师梅教授，这一次也予以婉言谢绝。王星拱校长则不依不饶，再三苦邀。赵师梅教授迫不得已，便借着暑假之机，回到湖北巴东老家探亲，迟迟不返回学校，以示逃避。但王星拱校长仍觉得自己别无选择，于是又委派赵师梅先生的堂弟、武大机械系讲师赵学田代为写信婉劝，申明学校的学术自由正面临严重的危机，如果赵师梅教授不出任训导长，而由政府另派人来担任，则后果不堪设想。王星拱校长的苦苦规劝，最终令赵师梅回心转意。为了武汉大学的发展大局，赵师梅先生最后还是选择了不计个人毁誉，毅然抱着“我不入地狱，谁入地狱”的无私心理与无畏精神，勉为其难地接受了训导长之职的聘请。①

1939 年 10 月 19 日，王星拱校长正式呈文教育部，保荐赵师梅教授担任武汉大学训导长之职：

> 查本校工学院电机工程学系主任赵师梅教授，品端学粹，资望素孚，上年度兼任本校主任导师以来，循循善诱，倚畀甚多。且原为国民党党员，参加辛亥革命后，留学海外致力学术，对党工作，暂以中断，本年三月间经由国民参政会王秘书长世杰及星拱等介绍再入中国国民党，并曾参加本年二月钧部召集之专科以上学校训育人员训练班受训，似赵君资历，查与《专科以上学校训导人员资格审查条例》第五条之规定相合，拟请察核，即以赵师梅教授兼任本校训导长……②

1940 年 3 月 20 日，教育部正式核准赵师梅教授为武汉

① 以上内容参见俞大光、陈锦江:《无私奉献一生的赵师梅先生传略》，第 35～36 页;陈锦江《师恩难忘，师德永铭——回忆赵师梅先生》。

② 《国立武汉大学呈文》(嘉字第 846 号)，《国立武汉大学教职员资格审查、考绩等有关文件》(1939、1946 年)。

大学训导长。① 赵师梅上任后,果然没有辜负王星拱校长的托付,对于教育部下发的那些妨碍学术自由、甚至是危及师生人身安全的各种规章制度、规定指令乃至秘函密令,一律采取阳奉阴违、敷衍塞责的态度。用赵师梅自己的话来说:“你有千条计,我有老主意。”而所谓的“老主意”,即是对教育部的各种命令消极应付,大事化小,小事化了,据理力争,对学生的进步活动则积极关注,劝说开导,通气提醒,尽力掩护。② 所有这些措施都从根本上捍卫了武汉大学自由、民主、兼容并包的办学传统与优良校风。因此,王星拱校长聘请赵师梅担任训导长,实在是将教育部的那些无法抗拒的规章制度与命令进行巧妙的消解、转化乃至利用,“将计就计”,“借力打力”,从而在暗中抵制“党化教育”的高招!

与此同时,赵师梅教授既然身为“训导长”,自然也从未忘记自己积极教导青年学生的应尽“本职”与责任,他总是利用一切可能的机会,主动关心和正确引导广大学生的全面发展。(参见本书第六章第二节中的有关内容)即便是从“训导长”这一职务本身所应具有的意义上来讲,王星拱校长对于赵师梅教授的聘任也是相当成功的,这对于武汉大

① 参见《国立武汉大学教职员资格审查、考绩等有关文件》(1939、1946年)。赵师梅训导长于1943年12月辞职,其所遗职务由工学院教授余炽昌接任。

② 参见马同勋:《一代学人,典范永存——深切怀念恩师赵师梅教授》,见俞大光、陈锦江:《无私奉献一生的赵师梅先生传略》,华中理工大学出版社2000年版,第156~157页。

学继续保持和发扬优良的校风与学风，亦是贡献不小。

当时，武汉大学训导处下设课外活动组、生活管理组、军事管理组、体育组、卫生组等。根据教育部的要求及本校制订的导师制实施纲要，学校将全校学生分成若干组，并指定了各组学生的指导老师，还制订了各种各样的指导方法及学生操行考核表等。从1939年起，学校每年的校务行政计划中，在训导工作方面，亦频频出现“研究党义”、“成立小组座谈会”、“办理学生团体登记”、“严密宿舍管理”、“研究三民主义”、“严密壁报刊物及剧本之审查”、“实行课外指导”之类的词眼。从表面上看，武汉大学训导处可谓机构完整、人员齐全，训导工作似乎是行之有效的。然而，事实却并非如此，如在1940年6月4日，教育部派员视察国立武汉大学，随后在视察报告中如此描述武大的“导师制之实施”：“全校学生均已分配导师，二、三、四年级学生由本系教员（专任）平均分担，一年级新生则归系主任一人负责指导。导师每与学生作团体旅行，个别谈话似未认真实施。报告表亦未能按期填送。”①根据该视察报告的具体意见，教育部于12月25日给武大发来训令，要求武汉大学的“教员应……切实负责训导学生，以期收导师制之实效。对于学生思想尤宜注意指导”②。

1940年11月，部分武大学生发起“倒王”运动，向教育部控告王星拱校长的第一条“罪状”——“违反法令”中，第

① 陈泮藻、徐诵明：《视察国立武汉大学报告》(1940年6月4日)。

② 《教育部训令》(高字第42971号)。

三项即为“教部通令实行导师制，本校阳奉阴违”：

> 导师制之设立，原为陶冶学生人格，以补学校消极训导方式之不足，其法至善，其意至美。故教部三令五申，通令各校严格遵章实行。乃本校对此种有价值之制度，抱一种消极并漠视之态度，每学期仅于期中公布导师及学生名单一次，其他并无任何工作。尤可怪者，在上学期，导师名单迟至五月始行公布，公布一月后即告解假。使导师召集学生谈话之机会亦付缺如。其阳奉阴违，敷衍塞责，于此可见。①

1940 年以后，教育部又多次训令武汉大学，认为武大自实施导师制以来，功效并不显著，应予改进办法，对学生的思想言行给予更加严密的注意，并随时汇报，对于不堪训导的学生则立即除名。但所有这些训令，均未在武汉大学产生任何实际效果，学校当局仍是一如既往地大事化小，小事化了，能拖则拖，尽最大的可能保护自己的学生，始终没有让训导处和导师制成为国民党政府当局加强“党化教育”的有力工具。

(三) 师生齐心，共同捍卫学府尊严

1. “挽留王星拱、抵制程天放”运动的胜利

自从抗战爆发后，国民党当局便加紧了对全国教育界

① 参见《武汉大学学生联名报告该校校长王星拱违法失职各节有关文书》(1941 年)。

特别是各大学的控制，尤其是以新任教育部长陈立夫为首的CC系，更是不遗余力地大量派遣本集团的重要成员去接长全国各大学，如1938年12月派程天放出任国立四川大学校长即为一例。① 在武汉大学，由于王星拱校长等主要领导人长期坚持学术自由，“无为而治”，反对党派介入学校，对国民党政府当局强制实行的“党化教育”非常抵触，导致其“党化教育”的各项措施在武汉大学难以推行，令上级党政部门极为不满。据说，教育部长陈立夫当时就认为，“武大的‘党化’教育太差了，不少人‘思想不纯’，王星拱‘无为而治’，很不称职。他几次想以程天放、黄季陆之流来接替王星拱，都因为社会上反应不好，武大师生又公开反对而被迫作罢”。② 影响最大的一次发生在1940年初，当时，教育部已正式挂牌通知武大易长，决定将王星拱校长予以撤换，另派刚刚接任四川大学校长不久的CC系头目程天放出任武汉大学校长，企图继川大之后，再逐渐将武大也变成“党化”的学校。消息传出后，武大师生群起反对，掀起了一场声势浩大的“挽留王星拱、抵制程天放”的运动。不少在学术上卓有成就、在社会上极负声望、又深具正义感的教授如叶圣陶、陆侃如（1903—1978）、冯沅君、朱光潜、郭绍虞（1893—1984）、周苏生、丁燮和、戴铭巽、邵象华、彭迪先、郭

① 参见本书第六章第三节所述，程天放此次接长川大，导致川大40多名教授陆续出走，其中有10多人先后慕名前往素以自由、民主的校风而著称的国立武汉大学任教。

② 参见彭迪先：《我的回忆与思考》，四川人民出版社1992年版，第66页。

霖等(其中有几位还并非武汉大学教授),与武大学生共同发表宣言,抵制程天放来校。学生组织“抗战问题研究会”则适时发动广大师生签名挽留深受大家爱戴的王星拱校长,各种大标语贴满了各学院及学生宿舍,后又将签名报告送往教育部。在如此浩大的声势面前,程天放自然不敢贸然前来就任,教育部也不得不收回成命,王星拱校长亦最终得以留任,武大师生抵制“党化教育”、维护本校自由校风的斗争,再一次取得了巨大胜利。①

如前所述,由于“抗战问题研究会”在这场“挽留王星拱、抵制程天放”的运动中扮演了重要角色,引起了国民党总裁蒋介石的震怒,导致其直接下令对武大学生进行搜捕,于是便有了后来发生在1940年7月6日的那场大搜捕。在此事发生后,王星拱校长极为愤慨,甚至向上级部门表达了辞职之意。由于史料的缺乏,我们尚不能得知当局是否对其进行了表面上的挽留,又为何没有借机将其撤职,以实现先前未能达到的撤换武大校长的目的,而只能通过武大校友吴鲁芹的回忆大致得知,王星拱校长后来“大约获得‘不再发生’的保证,才打销辞意”②。

2. 陈立夫视察武大,备受冷遇

1940年12月23日,也正是在部分武大学生发动“倒

① 以上内容参见王若林:《回忆武汉大学党组织1938至1940年在乐山的活动》,武汉大学学生运动史编写组:《武汉大学学生运动简史(抗日战争时期)》(第二册),1983年,第8页;顾谦祥、黎军、方成、端木正、蒋传漪、王晓云、张熙、王若林:《乐山时期的武大“抗研”》。

② 参见吴鲁芹:《武大旧人旧事》。

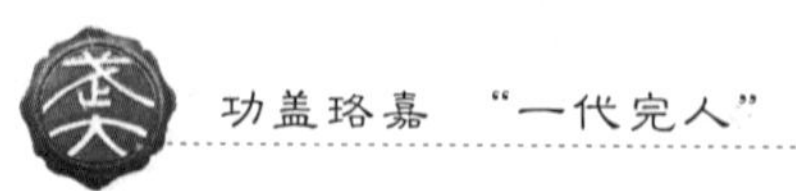

王”运动期间，教育部部长陈立夫来校视察，召集武大全校师生大会，亲自主持当天上午的“总理纪念周”并作报告演讲。当时，学校在通知此事时，要求“诸生宜有所准备，堂堂学府，言行不得有失校礼”。武大学生则议论纷纷，有人提出“要叫他解决问题”，有人则放出话来：“唱台好戏，看老C怎样下场。”于是，形形色色的标语在马路两旁、校舍内外纷纷贴起，各显“神通”，毁誉参半，而更多的师生则决定进行抵制，拒不参加大会。①

陈立夫来校视察的当天，武汉大学并没有像一般的学校那样，由广大师生列队在校门口“热烈欢迎”，学校里清清静静，学生照常上课，教职员照常工作，好像没有人知道有一位掌握着全国教育大权的党政要人要来校“视察”似的，这使得陈立夫大失所望。② 特别是有些学生“用油漆在各处的墙壁和讲台上，写了一些指责教育部和反对王星拱校长的标语，因为油漆是一时不容易擦抹掉的，校中当局就用许多职员陪着陈，并且包围他，想藉此可以阻碍他的视线，免得看到那些詈骂的话”③。然而，在从图书馆走向大礼堂的路上，陈立夫还是看见了用红色油漆涂写的“反对党化教育”几个醒目大字，他当场就“脸色突变，怒形于色”。④ 到了礼堂后，会场上也十分冷清，除有少数国民党、三青团成员捧场外，到会师生寥寥无几，使其备遭冷落。大会开始后，

① 以上内容参见王若林：《回忆武汉大学党组织1938至1940年在乐山的活动》及王良瑜：《追忆一代师表——王故校长星拱先生》等文。

②④ 参见彭迪先：《我的回忆与思考》，第65～66页，第66页。

③ 曾昭安：《武大杂记》。

王星拱校长致欢迎词，大意是国家领导重视武汉大学学术有所成就，今日诸生，宜多聆教诲，与学术无关问题，今天缓论，不要“节外生枝”。①

据彭迪先回忆，陈立夫当天“在大礼堂作报告时，听的人也稀稀拉拉懒洋洋的，情绪消沉，他在台上力竭声嘶地大讲什么他的发明创造‘唯生史观’时，不少人交头接耳，窃窃私语，有人说他是在卖狗皮膏药，更没有人作笔记，好像都没有听的样子。这更使他大为不满，从台上走下来时脸色非常难看”②。另据曾昭安回忆：“那天陈在校中所讲的题目是《三民主义》，在演讲时，陈只背诵了一段国民党《党员手则》毫无内容，甚至把中山先生的理论也歪曲了，因此引起了学生们的不满，说他是个政治上的‘骗棍’，后来有许多学生要求当面会他，预备大加责骂，他知道来势不好，推辞不能见多人，才免于受辱。”③

针对陈立夫当天在讲话时向武大师生大肆鼓吹“一个党、一个主义、一个领袖、一个政府”的理论，宣称这就是建国“蓝图”，武汉大学岷江读书社主办的《燎原》壁报迅速作出反应，立即发表了由丁宗岱撰写的评论《图样应由人民来选择》，该评论“尖锐地指出”，“人民才是国家的主人，不能越俎代庖强奸民意”，从而“大长了同学们的志气，扫了陈立夫的面子”。这篇评论亦让校中的国民党、三青团组织恼怒

① 参见王良瑜：《追忆一代师表——王故校长星拱先生》。

② 参见彭迪先：《我的回忆与思考》，第66页。

③ 曾昭安：《武大杂记》。

不已，最终通过训导处勒令撤销，使该期的壁报被迫开了“天窗”。①

总之，正是由于武汉大学的广大师生对本校自由、民主校风的高度热爱与极力捍卫，才使得陈立夫在逐渐“党化”和紧密控制武汉大学这一问题上完全无计可施。当时，曾有人指出，陈立夫在接长教育部后，“蓄意统制教育界，非其私人，必加以困厄，逼其脱离；属其私人，则无论如何办得坏，亦与维持。五年以来，一个个大学收为己有……所未侵入者，中央大学、西南联大、武汉大学、浙江大学四校而已”②。

3. **灵活变通，反对“总考”制度**

1941年5月，教育部突然下令，要对全国各大高校的应届毕业生实行“总考”。所谓“总考”，即除了例行的毕业考试外，还要增加统一考试党义、国语等三门基础课程，合格才能毕业。对此，武大学生议论纷纷：“武大历来是实行学分制，学分够了就可毕业，为什么还要节外生枝，实行总考呢？这是对师生的不信任。特别是第一要考党义，这不是搞党化教育吗？”当时，由于全校上下长期对“党化教育”心存抵触，学校的课表上虽然也列出了“党义”科目，但课堂上经常是门可罗雀，大多数学生几乎从未上过课，期末随便交一篇文章就算及格，纯属应付了事。用武大学生的话来说：

---

① 以上内容参见杨苇堤(杨仁政)：《回忆“岷江读书社”》及杨苇堤、丁立、张宝锵：《乐山时期的武大“岷江读书社”》。

② 转引自桑兵：《国民党在大学校园的派系争斗》，《史学月刊》2010年第12期，第61页。

“武大在学术上一向有民主空气，对国民党的党化教育，对陈立夫十分反感，这是我们反对总考的思想基础。”因此，除了少数国民党、三青团的学生拥护“总考”外，大多数学生均表示激烈反对。

6月中旬，武大校方鉴于同学反对总考，决定将毕业考试与总考分开进行，前者先考，后者则一再延期。6月26日，毕业生级会召开了全体毕业班大会，商讨对待总考的对策。开会后不久，训导长赵师梅也来参加，有学生笑言：“看来，学校当局也不是赞成总考的，是支持和同情我们同学的。”会上推选了代表向校方交涉，他们去找王星拱校长时，王校长表示很为难，没有结果。随后，学校发出布告，定于7月4日总考，并声称绝不再延期。但与此同时，校方亦向同学们表示：第一，总考不影响毕业；第二，只要参加考试交卷，不管答的如何，都算及格。于是，在学校当局与广大同学“心照不宣”的相互妥协下，武大当年的毕业生还是参加了“总考”，从表面上看最后还是未能抵制成功，但在实质上仍是以灵活变通的手法，实现了最大限度上的“抵制”。据当时领导这场反对“总考”斗争的武大学生陈尚文回忆：“这次斗争虽没有彻底反掉总考，但取得了一定的效果，在当时沉闷的政治气氛下，一定程度地发动了群众，发扬了民主，对国民党反动派推行党化教育的企图是一次打击。据了解下一年度这个总考制度就不再执行了。”①

---

① 以上内容参见陈尚文:《武大内迁后地下斗争的片段回忆》，武汉大学校友总会《校友通讯》编辑室编辑:《武汉大学校友通讯》(创刊号)，1983年，第113～116页。

4. **同心协力，智斗白崇禧**

1944年4月26日，国民政府军事委员会副总参谋长兼军训部部长白崇禧（1893—1966）自峨眉返回乐山视察，决定召集武大学生训话。当天上午，白崇禧在乐山文庙前的月咡塘广场对部属训话，乐山驻军的最高长官韩文源为逢迎拍马，特地派宪兵在通往广场的各个要道街口布置岗哨，并宣布戒严，禁止通行，以显示部长的威仪，甚至还责成武大三青团部派人协助维持秩序，如临大敌，以致形势紧张，令人极其反感！当时，王星拱校长坐着黄包车经叮咚街前往文庙校本部，在街口被哨兵拦阻。王校长并不知有戒严事，于是婉言向哨兵解释，并介绍身份，但哨兵态度蛮横，不听解释，并推搡拉车工人，最后竟将黄包车推翻，使王校长跌倒在地。此举惊动了住在路边的武大第三学生宿舍的同学，他们赶紧出来搀扶王星拱校长，并厉声指责哨兵的粗暴行为，引发了一阵不小的风潮。

不久后，白崇禧在韩文源等人的陪同下，来到武汉大学校礼堂发表演讲。他盛气凌人地宣布，他是“以军训部部长的身份来讲话的”，紧接着，又大肆指责武大学生“纪律涣散”，令在场的广大学生实在忍无可忍，于是会场里逐渐咳嗽大作，嘘声四起，还有很多学生不停地用脚擦地，以示抗议。政治系学生周继武则勇敢地站起来报告，列举了当地军警一方面勾结劣绅，横征暴敛，一方面欺压武大师生，迫害爱国志士的大量事例，随后，广大同学纷纷附和，还有人直接喊道——“这个人就是韩文源！”于是，礼堂内爆发出一阵“打倒韩文源！”的喊声，让白崇禧和韩文源十分难堪。与此同时,武大学生还向白崇禧提出了一系列有关时局的尖锐问题,令素有"小诸葛"之称的白崇禧也无言以对。尽管此时王星拱校长试图出面调解,但白崇禧仍然尴尬万分,不知所措,最终还是灰溜溜地拂袖而去。在白崇禧离开后,王校长出于爱护同学起见,不计个人恩怨,力劝同学保持冷静,避免事态扩大,在场的学生才慢慢散去。当天晚上,武大的同学们听到消息,在韩文源为白崇禧所设的招待宴席上,白崇禧向王星拱校长举杯致歉:"今天下午,我有些话对不住王校长,请您原谅。"不久后,此事便传遍了陪都重庆各地,最后竟然被以讹传讹地谣传成:"白崇禧在武大挨了揍!"

就这样,在白崇禧视察武大所引起的这场风波中,武大师生上下同心,巧妙地与白崇禧、韩文源这些骄横而腐朽的军政要员们斗智斗勇,共同维护和捍卫了这所素以自由、民主的校风而著称的高等学府的荣誉与尊严。

第八章 痛别武大 功盖珞嘉(1945—1949)

在抗战胜利前夕，由于王星拱校长与某些政府高层人士不和，再加上学校内部的派系斗争亦暗流涌动，从而最终被教育部免去了武汉大学校长的职务，满怀遗恨地离开了他工作了17年并担任校长之职长达12年之久的国立武汉大学。随后，经邹鲁推荐，教育部又任命王星拱出任国立中山大学校长。王星拱在中山大学战后复员重建的最艰难时刻到校就职，他不遗余力地推进校务，在改善广大师生的办学与生活条件、整顿校风、延聘优良师资、培育浓厚的学术氛围等方面均有较大建树。但由于中山大学内外环境的不断恶化，自己的身体状况也令

人担忧，又发生了夫人去世这样的家庭不幸，因此，在中山大学任职两年多，王星拱便坚决辞去校长之职，在家乡赋闲休养。后来，因病情恶化，他又转赴上海就医，最终于 1949 年 10 月 8 日不幸去世。

作为一名道德高尚、功业卓著的著名学者和教育家，正如时任上海市市长陈毅所称赞的那样，王星拱完全无愧于“一代完人”之美誉。在他的一生中，曾先后在全国的多所高校任教或工作，并先后担任三所大学的校长，其中，国立武汉大学是他任职时间最长、投入精力最多、作出贡献最大、倾注感情也最深的一所大学。在王星拱校长的任期内，国立武汉大学迅速发展、崛起，办学成就斐然，成为在国内外享有盛誉的著名学府，王星拱也由此而当之无愧地成为这所百年名校历史上最杰出的校长之一，而他对武汉大学乃至整个中国高等教育事业的发展所作出的卓越贡献亦必将永垂青史，为一代又一代的后世学人所深深怀念。

一、饮恨去职　惜别乐嘉

(一) 胜利将近　坚守撑持

早在 1943 年，当世界反法西斯同盟国家军队在各地战场上节节胜利，中华民族抗日战争的最后胜利也已初现曙光的时候，王星拱便已将其深邃的眼光投向了战争结束之后国家元气的恢复与发展，以及国际地位的争取。他提醒广大国人，应当对即将到来的胜利保持冷静的态度，而切勿

忘记,在战争胜利前后各方面都还会有更加艰难的建设工作,对此,应及时作好最充分的准备。1943 年 9 月 27 日,王星拱在成都新生剧院中央各军校毕业同学盛会上发表讲话,“勉励国人努力”,其大致内容为:“胜利愈接近,工作愈艰苦,国人若不努力和充分准备,则胜利将属他人,并引证上次世界大战后,我国一无所获,即早注意战后国际机构之研究,与国防经济之速度,勿在某一胜利之后,过份高兴,忘去应有工作,应以当年川人争铁路国有而革命,迄今四川无一铁路以为训。”①

岂料到了 1944 年,形势突变,国民党军队在豫湘桂等地战场上出现了大溃败。年底,日寇攻占贵州独山,直逼贵阳,西南诸省门户洞开,四川各地军民亦为之震动。在紧张的局势面前,教育部命令各学校作好紧急迁校的准备,不少人感到惶恐不安,部分武大师生也开始筹划着逃生之计。当时,王星拱校长与友人谈到国事,不禁长叹道:“如果日军真打到四川,我们也要守住学校与之共存亡。”②其爱国、爱校感情之深厚,此时此刻,实已溢于言表。是年 12 月底,为了直接支持抗战,武汉大学还专门成立了知识青年志愿从军征集委员会,由王星拱校长担任主席。到了 1945 年 1 月,总共有 93 名武大学生光荣从军,其中,王星拱的长子王

① 转引自徐正榜主编:《武汉大学百年大事记》(初稿)(第一本),1993 年,第 71 页,武汉大学档案馆馆藏档案,全宗号 4,年代号 1993,分类号 X22,案卷号 25。

② 参见王焕葆:《父亲为我们树立了做人的典范——怀念我的父亲王星拱》。

焕彻即在此时投笔从戎，考入空军。1945年3月3日，王星拱在重庆参加由教育部召集的专科以上学校校长会议期间，还曾与梅贻琦、竺可桢等人一同前往壁山，访问了由武汉大学校友、前国立武昌大学肄业的戴之奇(1904—1946)担任师长的青年远征军第201师。①

据当时就读于国立武汉大学外文系的齐邦媛回忆，1945年初春，王星拱校长曾召集全校师生训话，向他们宣布了学校在紧急情况下可能会继续迁校的决定，当时的大致情景如下：

> ……校长王星拱突然在文庙前广场召集师生，宣布一个重要的讯息：战事失利，日军有可能进犯四川，教育部下令各校在紧急时往安全地区撤退。指定武大由嘉定师管区司令部保护，在必要时撤退进入川康边境大凉山区的“雷马屏峨”②彝族自治区。同学们都已成年，不可惊慌，但必须有心理准备。
>
> 在大学很少见到校长，更少听他训话。我记得那天在初春的寒风中，中国早期的化学学者、武

① 据竺可桢在当天的日记里所言，“青年远征军201师师长为戴之奇……戴系武大学生，故颇有儒者风度，不似军人”。(参见《竺可桢全集》第9卷，第343页)

② 原文在此处有一注释——“雷波、马边、屏山、峨边，四地在四川宜宾县境。政府早作原住民生存集居规画，且装备若干国防安全设施，有相当军事保护”。(参见齐邦媛:《巨流河》，台湾天下远见出版股份有限公司2009年版，第220页)

大创校人之一的王校长穿着他的旧长袍，面容清癯，语调悲戚，简短地结语说，“我们已经艰辛地撑了八年，绝没有放弃的一天，大家都要尽各人的力，教育部命令各校，不到最后一日，弦歌不辍。”①

所幸后来抗战局势逐渐好转，而武汉大学也最终避免了被迫再度迁校、向川西荒凉山区仓促迁徙转移的厄运。

到了 1945 年初夏，欧洲的法西斯国家德国、意大利已经败降，亚洲的日本帝国主义也已日暮途穷，灭亡可期。在这胜利的前夜，王星拱的目光，再次高瞻远瞩地投向了国家在战后的复原、重建与发展，以及世界和平的维护之上。在他看来，要实现这一点，我们国家须得有强大的国力，而在战后培植强大国力的过程中，广大青年的责任特别重大。他满怀期待地指出：

中国是一个近代事业落后的国家；我们需要科学，我们需要工业，我们需要国防。这三件东西，实在是具有三位一体的联合性或统一性。有了工业，科学自然有更大的发展，来供应它们的源泉。有了工业，各种国防事业，都可以互相地变换……我们只要在工业上，有巩固的基础，在军事上自然可以有灵便的运用。总之，工业是国家的重要部门，——进一层说，工业是近代国家的生命

① 齐邦媛:《巨流河》，第 196～197 页。

线。在平时我们使用它为原生的富源，在战时我们可以转变它成为战胜攻取的利器，任何情境发生，我们都可以应付裕如。这些工业制造，即是科学技能，是我们青年所应当用功学习的。

我们希望和平，我们需要和平，希望不可落空，需要必须实现，既然如此，我们应当有爱护和平的诚意，我们更应当有维持和平的大力。这个问题的解决，就是各位青年肩膀上边必须肩荷起来的责任。①

总之，无论抗战的形势处于顺境还是逆境，王星拱始终保持着一颗炽热的赤子之心，与祖国和民族同呼吸、共命运，其高尚、深厚的爱国情怀，也总是与理性、睿智的爱国头脑及行为密不可分地结合在一起。而所有这些，都集中地体现在他对"国立武汉大学校长"这一本职工作的高度负责之中。在抗战的最后一个年头里，王星拱校长仍然像过去七年间那样，为这所曾由他自己亲手参与创办的国立大学的生存与发展，继续呕心沥血，日夜操劳，广大师生也一面尽忠职守，刻苦治学，一面与全国人民一道，继续渴盼着抗战胜利之日的早日到来。正是在以王星拱校长为首的学校当局的艰难撑持、悉心治理与全体师生员工的共同努力下，这所客居他乡的流亡大学，在抗战临近最后的关头之时，依然弦歌不辍，克难奋进，稳步发展，各项校务工作仍然像往

① 王星拱:《战后青年之责任》,《中国青年》第 13 卷第 2 期，1945 年，第 2 页。

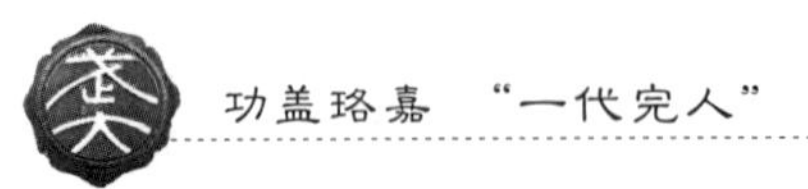

常一样，继续有条不紊地运行着——

1月25日，在教务长朱光潜辞职后不久，王星拱校长又聘请陶因教授为教务长。①

2月10日，在训导长余炽昌辞职后不久，王星拱校长又聘请叶峤教授为训导长。②

3月5日，武大电机系学生发起成立“国立武汉大学工学院电机工程学系成立十周年纪念大会筹备会”，并聘请王星拱校长为大会名誉会长。③

4月1日，学校举行青年节、儿童节科学展览与科学宣传，④这是武汉大学迁校四川乐山后举行的第五次科学展览会。

4月14日，王星拱校长在重庆结束了大学校长会议暨青年志愿从军指导委员会议，并聘请我国矿冶工程界泰斗何杰(1888—1979)教授与其一同乘车返回乐山，到武汉大学讲学。⑤

5月6日，国立武汉大学电机系举行“扩大电气展览”，“展览会自朝至暮，观众达万余人，有远至四五十里之学校整队前来参观者，开武大历来展览会之纪录，当日一日之观

①② 参见《本校及教育部1945年辞聘训导、教务、总务三长文件》，国立武汉大学档案，1945－14。

③ 参见孙明佩：《大会筹备经过》，《国立武汉大学工学院电机工程学系成立十周年纪念特刊》(中华民国三十四年七月出版)，第59页。

④ 参见《武汉大学今举行科学展览与科学宣传》，《诚报》1945年4月1日。

⑤ 参见《国立武汉大学王校长由渝返乐 名教授何杰氏同车抵嘉》，《诚报》1945年4月16日。

众等于历届本校各种展览会人数之总和”。①

5月，王星拱校长在重庆出席国民党“六大”期间，曾向教育当局申请改善武大师生员工的生活，经教育部转呈行政院核准，武汉大学“教职员生活基本数自五月份起照原数加三十五倍，至生活津贴，则一律增为七千元”，与此同时，“该校学生副食费亦自五月份起增为一千七百五十元”。②

6月20日，武汉大学本届毕业考试全部结束，并拟定于28日起举行本年度大考。③ 同日，教务长陶因对记者发表谈话，称在王星拱校长与学校各院系负责人的多方接洽下，学校将于下学期起正式聘请吴宓、陈达(以上外文系)、方豪(1910—1980)(史学系)、赵理海④(1916—2000)(政治系)、张培刚、吴保安⑤(1913—1993)(均经济系)、赵国华(1912—1980)、顾效忠、刘树桢(均机械系)、孟昭礼(1909—1966)(土木系)、王叔海、王钧豪(均矿冶系)等名教授来校授课；⑥

7月，国立武汉大学第十四届毕业生共210人顺利毕业。

……

① 参见孙明佩:《大会筹备经过》,《国立武汉大学工学院电机工程学系成立十周年纪念特刊》(中华民国三十四年七月出版),第59～60页。

② 参见《大学员生生活 教部设法改善》,《诚报》1945年6月9日。

③ 参见《武汉大学毕业考试本日全部结束》,《诚报》1945年6月20日。

④ 原文为“赵师海”,有误。

⑤ 吴保安,字于廑,后以字行,1947年到校后改任史学系教授。

⑥ 参见《新教授一批将来武大授课》,《诚报》1945年6月21日。其中有一部分人后来并未到校。

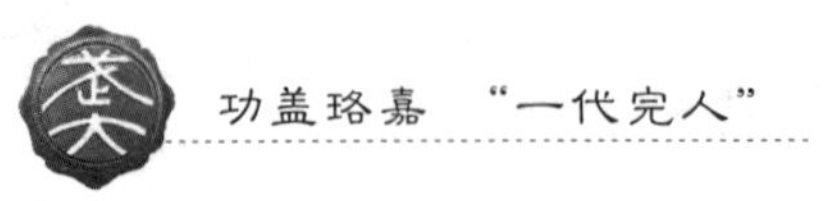

（二）外力干涉 被迫离职

1945年初夏，正当王星拱校长为了改进学校校务、改善全校师生的生活而不遗余力地不断操劳时，却突然被教育部免去了武汉大学校长之职！这一突如其来、事先没有任何明显征兆的免职命令，完全令王星拱校长以及大多数武大师生猝不及防，震惊至极！

在当时，自从1944年11月朱家骅重长教育部之后，便开始在教育界大肆清除前任教育部部长陈立夫麾下的CC派势力。而向来洁身自好、从不热衷政治并且一直试图远离各种政治漩涡的王星拱校长，本与全国教育界的任何一个政治派系均没有什么瓜葛，然而，在当时全国教育界重进行大洗牌的时代背景下，他亦无法完全置身世外，也会或多或少地受到一些意想不到的冲击。特别是当某些政府高层人士因素来与之不合，而又碰上了这样一个机会时，亦难免会借题发挥，就王星拱与陈立夫之间的一些“莫须有”的关系大做文章。

另一方面，在武汉大学内部，尽管在学校西迁乐山之后，随着1939年教务长周鲠生的离校出国讲学与文学院院长陈源、图书馆馆长杨端六等人相继辞去要职，校中的“湘派”人士渐渐失势，以王星拱校长为首的“皖派”完全占据了上风，1941年朱光潜出任教务长之后，又不遗余力地积极“调和内讧”，使两派之间的矛盾和斗争逐渐缓和下来，但这并未从根本上解决问题。到了抗战末期，“湘派”的势力又开始重新抬头，他们抓住王星拱校长治校过程中的某些缺

点和失误，向教育部反映其"任用私人"，同时还积极谋划由当时正在美国讲学与研究的周鲠生教授回国，来取代王星拱的校长之职。此时此刻，时任中国国民党中央宣传部部长、国民政府国民参政会主席团主席的武汉大学前任校长王世杰，也对周鲠生表示了支持。当时已在中央大学任教的前武汉大学中文系教授朱东润，后来在其自传中便直言不讳地指出，抗战胜利前后，"武大内部形势又变了，这一次是在王世杰的推动下，王星拱调任中山大学校长，由周鲠生出任武大校长"①。

总之，正是在某些政府高层人士与校内"湘派"势力的联合夹击下，教育部才最终决定将王星拱免职。据目前所能掌握的史料进行推断，至迟在 1945 年 4 月底，武大易长的方案便已基本确定。② 6 月 18 日，教育部正式呈文国民政府军事委员会委员长蒋中正："国立武汉大学校长王星拱因病请辞，拟调任教部工作，所遗校长一缺，拟以周鲠生继任。"在蒋中正于 6 月 25 日回电批准了这项调令之后，6 月 26 日，国民政府行政院第 701 次会议正式作出决议："国立武汉大学校长王星拱呈请辞职，应予免职，遗缺任命周鲠生继任。"同日，教育部部长朱家骅密函王星拱，催促其早日来部工作，信中声称：

① 《朱东润自传》，第 281 页。

② 杨端六之女杨静远在当年 5 月 1 日的日记中写道："另一桩大事，武大当局要换朝了。周鲠生叔叔已答应接手。"可见当时此事已基本敲定。(参见杨静远：《让庐日记》，第 349 页)

> 弟忝长部务，时以臂助需才，思贤久矣，近者教育研究会已遵奉委座指示，积极进行，因念吾兄多年主持校务，备著勤劳，而教育事业，尤赖贤者赞襄，益彰宏效。前兄在渝曾已面谈，旬前又上书奉恳，乃以暑假期迫近，经陈明调任我兄为该会委员，所遗校长职，即以鲠生兄接充，已于本日提出院会通过，务请我兄将校务交替后，早日莅部襄助，俾承教益，公谊私情，感且不朽，专电奉达，诸祈荃察是祷。①

6 月 29 日，教育部又对外公开发布了一条题为《王星拱调教部要职》的消息，全文如下：

> 教育部以胜利之期已近，教育上待改进之处殊多，经奉命组织教育研究委员会。委员人选，重在学识经验俱富之人，现已首先聘请王星拱先生充任委员，并由部长自兼主任委员。王氏任国立武汉大学校长，已逾十年，资望素孚。此次调任教育研究委员会委员后，其所遗武汉大学校长一职，已由政院通过以周鲠生氏继任云。②

曾有论者指出："王星拱还是一位极端负责任的人，抗战伊始他发誓在职期间决不调职，在乐山时最大目标就是让武大完整地东返珞珈。"③再如前文所述，据武大校友严

①② 以上内容参见《国立武汉大学教职员任免、就职等有关人事文书》，中国第二历史档案馆藏国民政府教育部档案，全宗号五，案卷号 2596。

③ 《王星拱：一代完人》，朱守良主编：《皖江近现代高等教育人物研究》，合肥工业大学出版社 2006 年版，第 46 页。

耕望回忆，当1945年春王星拱校长来到重庆北碚，他带着自己的论文去看望王校长时，王校长还高兴地告诉他，说自己计划下年度每系设立一个“研究助理”的名额，届时他便可回到母校专心读书。① 由此可见，当时的王星拱校长，仍在悉心筹划下个学年的校务工作，不大可能突然萌生辞职之意，更不用说他还一直希望自己能够在抗战胜利之后，亲手带领着武汉大学“完璧归赵”地搬回到武昌珞珈山，履行好学校战后复员的职责了。因此，上文中所谓的“国立武汉大学校长王星拱因病请辞”，不过是教育部意图照顾“大局”、维护双方脸面的一个托辞罢了！而另一位曾长期在王星拱校长身边工作的武大校友胡守仁，则在一篇回忆王校长的文章中，以隐匿某位当事人真实姓名的方式，直接道出了实情：“先生长母校十余年，倾全力谋学校之发展，校誉日隆，成为国内几所名大学之一矣。后因得罪某巨公，某巨公遂以先生请求辞职为名，使之离校而去，此先生所引为恨事者。”②由此可见，王星拱校长并非是自己主动提出辞职，而实际上是“被”辞职！

由于教育部此次撤换武汉大学校长，事先并未与王星拱进行任何沟通，完全是“暗箱操作”的结果，而王星拱本人事先也毫不知情，没有任何的思想准备，因此，当这一消息突然传来的时候，他内心的极度震惊与无比愤懑，我们可想而知。毕竟，对于这所由自己辛辛苦苦一手参与创办，在自

① 参见严耕望：《我与两位王校长》。

② 胡守仁：《记王抚五先生事迹数则》。

己的精心呵护下不断发展壮大，又在国难深重的危机关头，亲自带领着流亡到抗战的大后方，并在艰苦卓绝的战时环境下弦歌不辍、继续奋勇前进的国立武汉大学，王星拱为之付出了太多的心血，也倾注了太多的感情，而到了抗战临近最后胜利的关键时刻，教育部却突然要将其撤职，无论于情于理，他都很难接受。然而，教育部的命令毕竟无法违抗，王星拱校长对武汉大学纵有万般的不舍与牵挂，此时此刻，也不得不忍痛离职，恨别乐嘉。

对于王星拱校长在抗战胜利前夕的关键时刻突遭撤职一事，武汉大学的众多师生校友一时间也感到难以理解和接受，认为此举既不合理，又不公正，因而纷纷为其感到忿忿不平。如前述刘盛亚教授在王星拱校长离开武大后的第二年所发表的《一个大学校长》一文，对王校长的治校风格及其被免职的原因，进行了如下的描述和推测：

> 无论是十七年来的那一段时间，大学保持很好的研究自由底作风。外界屡次予以打击，都不曾更易。一次是刚到小城，有人越墙而杀学生，但是死者的血并没有使后来者畏惧，反使大学精神更加发挥光大了。
>
> 另一次是一位自由主义的教授，他的言论为地方宣[军]政首长所不满，要求学校解聘，校长予以拒绝了。
>
> 这样的作风，我们认为优良的，便有人认为不优良，英国绅士型的校长到抗战结束后就“另有任

用”了。①

事实上，直到半个多世纪过后，也仍然有少数知晓王星拱校长被免职内情的武汉大学老校友，还在为此事鸣不平。2002年6月14日，上海财经大学教授、国立武汉大学经济系1936年的毕业生周郃(1910—2009)，在其93岁高龄之际，还曾在写给他的好友、武汉大学历史系教授马同勋的一封信中，透露了自己“向来不肯为他人言”的一件往事：

1945年秋，约在9、10月间，我在重庆，准备回皖工作，闻抚公也在渝，就往教育部招待所(与我的住处财政部招待所很近)探望。抚公和我是邻县同乡，在校时无多接触，出校后有几次相见。时隔几年这一次相见顿觉相近。当天下午他正午睡方起床，精神也很好，故谈得较兴奋，但佳兴不长，他语音与气色忽变。他说：“这事他不当不先告我一声就调我，我不是不愿离开武大，而只想将武大迁回珞珈山，使我做事有始有终，我就如愿了，我不是蝉联武大。只是他不当听某某人之言说我与某某人靠拢。我是什么人，我何必要靠拢某某！”言至此，真是声色俱厉，气愤难忍。(此是所记得的实情，言词未必无误。)我闻言哑然，实苦无以为对。他又说：“本来我们之间的不谐之处，陈辞修年前还在中国饭店(重庆)和我们谈过，但竟然还

① S. Y.:《一个大学校长》。

要如此!”(陈为他们劝和一事,我似也听说过,但不知其详)。①

周郃校友在时隔半个多世纪后对此事的回忆和记述,是目前我们所能看到的王星拱校长对自己被非正常免职一事表达基本态度的唯一一份文字记载。虽然言之不详,意犹未尽,但在这短促的字里行间,亦无不流露出王星拱校长对武汉大学的尽职尽责之心与依依不舍之情,以及对此次突遭撤换之事的无比惋惜与悲愤之意。而另一位知晓内幕的武大校友胡守仁,在20世纪90年代初忆及此事时,也不无尖锐地指出:“从先生经历此次风波,可见当时政界倾轧之风,正人不易立足也。”②

最能体现出王星拱校长的高贵人格与敬业精神的,便是他在被迫离职前后一两个月的时间里,尽管心情极度抑郁、低落,但对于手头尚未完成的各项校务工作,仍然是兢兢业业、一丝不苟地负责到底,而对于广大师生校友及其私交故知,也仍然是处处留心,关怀备至。如前文所述,王星拱校长“在辞职前后百端纷忙中”,居然还记得严耕望这样一个“远陷千里之外”的武大毕业生,并且在本校没有就职机会的情况下,还专门致信自己当年在北大的学生、时任中

① 以上文字摘自周郃教授2002年6月14日写给马同勋教授的私人信件。7月6日,周郃再次致信马同勋,对此事的某些具体细节又进行了一些重复和补充。对此,马同勋教授曾向笔者强调指出:“周郃校友的回忆是王校长对1945年被撤职一事的真实记载。”

② 胡守仁:《记王抚五先生事迹数则》。

央研究院历史语言研究所所长傅斯年，希望能将严耕望“另外安置在一个更适当的地方”![1] 无独有偶，在自己已被撤职、新任职务又一时没有着落的情况下，王星拱却全然不顾自己情绪低落、经济拮据，反而为已故好友陈独秀的遗著出版工作到处筹措资金，积极奔走。

在国立武汉大学1945年度新聘的十多名教授中，有三位来自美国哈佛大学的年轻学者尤为引人注目，他们分别是法学院新聘教授张培刚、吴保安(吴于廑)[2]与韩德培(1911—2009)。他们三人于1946—1947年间陆续回国，到校任教，后来便逐渐被武大师生戏称为“哈佛三剑客”。其中，张培刚于1953年因全国高校院系调整而调离了武大，韩德培与吴于廑则长期在武汉大学任教，直至去世。“哈佛三剑客”均为享誉海内外的著名学者，韩德培是中国国际私法学的一代宗师，吴于廑是中国世界史学科的主要开拓者和奠基人，张培刚更是世界公认的发展经济学创始人。他们三人的到来，不仅极大地增强了武汉大学在相关学科领域的综合实力和学术地位，同时，对于各自的学科在全国范围内的发展和前进，也起到了不可估量的深远影响。在今天的武汉大学，众所周知，“哈佛三剑客”均是周鲠生校长在美国讲学期间相中并聘请到武汉大学任教的。然而，鲜为人知的是，由学校寄往美国张培刚处的这三位教授的聘书，竟然是由刚刚被免职(但在继任校长周鲠生上任前，仍需继

① 参见严耕望:《我与两位王校长》。

② 如前所述，吴于廑1947年到校后改任文学院史学系教授。

续主持校务)的王星拱校长与已经决定辞职的教务长陶因和总务长徐贤恭于6月底一同签发的!① 在自己突然之间就被非正常地撤职,而继任者又恰恰是自己多年的“老对头”的情况下,王星拱校长却能不计前嫌,在行将离任之际,对继任校长周鲠生为学校招揽来的优秀人才依然照单全收。而这也充分证明,在当时的国立武汉大学,尽管以王星拱为首的“皖派”与以周鲠生等人为首的“湘派”在治校理念、施政方略等方面均存在着不小的差异和矛盾,但在为学校的发展广揽贤才、积极充实师资力量这一方面,两派人士之间却没有根本的分歧,甚至在个别人事问题上还表现出惊人的一致性。由此可见,不论王星拱与周鲠生之间究竟有无矛盾与私怨,但单就这一问题而言,二人均不愧为武汉大学历史上以惜才、爱才而著称的好校长!

当然,王星拱校长的离职,在武汉大学内部所产生的一个重大影响,便是“皖派”在一夜之间的土崩瓦解。当教育部决定撤换武大校长的消息传来后,教务长陶因、总务长徐贤恭与训导长叶峤②深感校局已变,便先后于6月底、7月初提出辞职,希望王星拱校长在离职前批准他们的辞呈,颇有些“一朝天子一朝臣”的意味。而在王星拱离校后,武汉大学的安徽籍教职员及与“皖派”关系密切的部分教职员亦有不少的流失。如前任总务长、化学系教授徐贤恭后来与

① 参见《本校1945年文、法学院及文、法科研所教员聘书存根》,国立武汉大学档案,1945—15。

② 陶因与徐贤恭均为安徽人,叶峤为浙江人。

王星拱一同到中山大学任职,1946 年被任命为中山大学理学院院长,前任工学院院长陆凤书也在 1946 年来到广州投奔王星拱,任中山大学工学院院长。前任教务长、外文系教授朱光潜也离开了武大,回到北京大学任教,并拒绝了新成立的国立安徽大学筹备委员会主任委员的任命,最后该职务改由陶因代理。1946 年,陶因离开了任教近 16 年之久的国立武汉大学,回到家乡先后担任国立安徽大学筹备委员会主任委员及首任校长,而国立武汉大学外文系教授方重、哲学系教授胡稼胎、化学系教授黄叔寅等人,①此时亦被聘请到国立安徽大学任教。总之,在朱东润看来,武大此次易长,"这是一个极大的变化。王星拱辛辛苦苦培植起来的淮军,现在垮了,还得由湘军掌握武大的大权"②。

(三)珞嘉学人 依依惜别

王星拱校长被迫离职后,心中一时气郁难消,更不愿意到教育部去领受一个没有任何实际意义的虚衔。当时,乐山附近峨眉山下的报国寺方丈果玲是安徽桐城人,王星拱便打算去这位同乡那里寄宿、休养一段时间。临行前,武汉大学的众多师生、校友均对其依依不舍,并为王校长举行了两次盛大的欢送会。其中,国立武汉大学校友会"以王氏主持校务达十七载,夙兴夜寐,艰苦备尝",特召集了在乐山的众多校友,于 7 月 8 日上午 9 时在学校大礼堂举行了盛大

① 其中胡稼胎为安徽人,方重与黄叔寅均为江苏人。

② 朱东润:《朱东润自传》,第 281 页。

的叙别茶会，“以资话别藉聆训示，出席校友达三百余人，均有依依不舍之意。王氏首勉诸校友应努力服务，继勖诸校友宜敦品励行为社会表率”。① 对于当时的情形，武大校友龙彻渊曾有此回忆：“在武大全体师生欢送王校长的大会上，王校长沉痛地说：我在武大十余年工作中，历尽千辛万苦，克服重重困难，广聘教授，为国家培养了不少人才。眼看抗日战争胜利在望，迁回武昌，完成我尚未完成的建校工作，可宿愿未达，却受到撤职处分，但求天知，不求人知。全校师生听后无不为之潸然泪下，依依惜别。”②在这次聚会上，武大校友会还“敬赠抚五校长长轴一帧，题有‘雨露常新’四字及纪念册一部，内中全系在嘉校友题词。散会后，合摄一影，以留纪念”。与此同时，“在校全体同学为纪念王抚五校长主校的劳绩起见，敬赠横匾一方，中书‘教思无穷’四字”。③

7 月 11 日上午，国立武汉大学教授会也在大礼堂为王星拱校长举行了大规模的话别茶会，“是日适值大雨滂沱，到会人数仍极踊跃，计达二百余人。王氏因僻居乡间，路面泥泞，到会较迟，首先表示歉意，嗣由教授会主席胡稼胎教授报告王校长治校十七年之功绩，并说明话别之意义。继由刘秉麟院长暨叶麟、袁昌英、曾瑊益诸教授相继致词”，“当时会场空气极为紧张热烈，到会者均为感动”。随后，王

---

① 参见《武大校友会日昨欢送王校长》，《诚报》1945 年 7 月 9 日。

② 参见龙彻渊：《武大校长王星拱二三事》。

③ 以上内容参见《母校近况》，《国立武汉大学校友会会刊》（第九期），1945 年 11 月，第 4～5 页。

星拱校长即席致谢词，其大意为："鄙人治校十七年，大半均在国难期间，虽尽绵薄之力，而终不能使诸同仁生活有所改善。年来本校毕业学生服务国家，极得各方好评，是皆诸先生吃苦教学之功，国家社会对诸教授均应表示崇敬与感佩。""最后大会全体通过一案，以王校长主校十七年，功绩卓著，电请教育部予以褒奖，大会迄午后一时散会。"①当日，文学院院长刘永济教授还特地赋诗一首，以此与王星拱校长依依惜别：

赠别抚五

自笑迂疏百不宜，从君江汉更峨眉。
滋兰荒畹情弥苦，敛袖残枰事未迟。
老去襟怀原坦荡，乱来文字足娱嬉。
诗书漫卷行当共，何用攀条惜别离。

与武大师生、校友话别后，王星拱校长便前往峨眉山，居住了约两个月。据武大校友顾焕敏回忆："抚公在乐山七年作育英才，宵旰勤劳，驰名天下，近在咫尺的峨眉山都未曾有闲情逸致前去游览，直到 1945 年夏离乐前夕，才乘空车前去一游。当时，抚公已年近花甲，行前，有好心者为使抚公登山后食宿游览得到方便，曾托熟识人士写信给峨眉山有关部门和著名寺庙，交陪同人员带上。但他始终以一个普通游山者的身份登山游览，并按规付给食宿等费。"②

① 以上内容参见《武大王校长离校在即 教授会茶会惜别》，《诚报》(1945年7月15日)。

② 顾焕敏：《平凡中见伟大　细微处显光彩》。

7月底，国立武汉大学新任代理校长周鲠生由重庆经成都前往乐山。7月31日，卸任与新任校长完成了交接工作。8月8日，周鲠生校长正式到校视事。仅仅两天过后，8月10日，武汉大学电机系力讯社学生通过实验室电台率先得知了日本准备投降的消息，便立即告知《诚报》，《诚报》当即印发了大量《号外》，将消息迅速传遍了整个乐山城。武大师生与乐山市民纷纷燃放鞭炮，上街游行，以示庆贺，还在当天晚上举行了盛大的火炬大游行，全城上下，处处都是熊熊燃烧着的火把和篝火，整个乐山都沸腾了！而此时此刻，刚刚卸任的前任校长王星拱，却还在数十公里之外的峨眉山静静休养，已经无法亲临现场，与武大师生和乐山人民一起分享胜利的喜悦了。

王星拱校长被迫去职离校后，教育部为了表示安抚，于8月29日训令国立武汉大学："该校前校长王星拱三十三年年终考绩结果，应给予年功加俸三十元，月支薪七四〇元，准自三十四年一月份起支。"①这年秋天，武汉大学校友周西卜(1907—1993)在成都见到了王星拱校长，他后来感慨道："王星拱先生从民国廿二年夏到民国卅四年冬②，辛苦撑持武大十余年之久。在抗战迁川时间，王星拱先生对过去八年的苦难，为武大牺牲了他的健康的精力。我于廿[卅]四年秋在成都会见王星拱先生时，他颁白苍老了，而且

① 参见《教育部发表王星拱校长1944年年终考绩结果及监察委员行使职权的训令》，国立武汉大学档案，1944－4。

② 此处应为"民国卅四年夏"。

患病瘦得很，我对着这位为教育而奋斗的老战士，心中真有无限的钦佩与感想。”①

对于自己被非正常免职一事，王星拱一直都“引为恨事”，心中的积郁久久难消。后来，“国民党元老邹海滨②大为先生鸣不平，严责教育当局徇私，并推荐先生任国立中山大学校长”③。这一建议最后被当局采纳，1945 年 9 月 11 日，国民政府行政院正式任命王星拱为国立中山大学校长，④王星拱本人则“经海滨敦劝，然后赴任”⑤。这个消息传到武汉大学后，“压在师生们头上的石头顿然消失”⑥。

二、出长中大　告老还乡

(一) 临危受命　千里赴任

王星拱与中山大学素有渊源，如前所述，早在国立中山大学的前身——国立广东大学于 1924 年 2 月开始筹办之时，王星拱即为该校的 35 位筹备员之一。在筹备期间，王星拱“曾应邀驻校参加草拟办学规章制度，熟悉孙中山创办

---

① 周西卜:《武大剪影》,《华侨评论月刊》第 1 卷第 12 期(1947 年 1 月 16 日),第 17 页。

② 邹鲁,字海滨,当时名义上为中山大学校长,实际校务则暂由金曾澄(1879—1957)予以代理。

③⑤ 胡守仁:《记王抚五先生事迹数则》。

④ 参见郭廷以:《中华民国史事日志》(第四册),台湾“中央研究院”近代史研究所编印发行,1985 年,第 394 页。

⑥ 龙彻渊:《武大校长王星拱二三事》。

中山大学的宗旨，对学校的开办情形了如指掌"①。因此，王星拱此次被任命为中山大学校长，对双方来说都是一个比较理想的选择。

抗战期间，为躲避战火，中山大学曾多次迁校。到了1945年初，广大师生又被迫分散在粤东的梅县、蕉岭、五华、兴宁、龙川各县及粤北的连县、仁化等地。抗战胜利后，由于新任校长王星拱一时未能到任，校中教职员便于当年10月自行成立了复员委员会，广大师生经过1个多月的舟车劳顿，先后回到了广州石牌。在八年抗战中，中山大学的校舍建筑曾遭受严重的破坏与损失——先是被敌机轰炸，后又被日军占用，导致校舍破败不堪，图书仪器损失巨大，学校的设备、家具、水电设施等几乎荡然无存。一些有名望的教授也纷纷离校他走。在战争结束后，石牌、文明路、百子路等处校舍又均被国民党军队所占用。总之，"此时中大遇到的困难，是建校以来从未有过的"②。

经过学校复员委员会的多方洽商请求，历时两三个月，才陆续将由军队占用的各处校舍依次收回，并在努力进行了一番修缮与重新分配之后，一一交付给各院系使用。当时，学校局势不稳，困难重重，而远在千里之外的新任校长王星拱，又迟迟不肯动身前来上任。有鉴于此，国民党广东省党部主任委员、中山大学校友余俊贤（1902—1994）于11

① 黄义祥编著：《中山大学史稿（1924—1949）》，中山大学出版社1999年版，第415页。

② 黄山、李坚、张克谟：《中山大学校史（1924—1949）》，上海教育出版社1983年版，第121页。

月 17 日密电教育部部长朱家骅，催促王星拱校长尽快来校上任：

> 查国立中山大学经由内地迁回广州，惟因校舍尚未收回，校具无存，迄未复课，学生多游离市区，教职员要求复职，追索欠薪，不特影响青年学业，抑且易授奸匪以诱惑滋事之机会。本会有见及此，除同省市政府极力协同该校找寻临时校址、借用校具外，用特电请令饬该校新任王校长星拱迅即来粤主持校政，并饬前任金校长在王校长未到前仍应继续维持校务，先行复课，藉以安定员生生活，免生事端。①

与此同时，教育部广州区教育复员辅导委员会特派员张云(1897—1958)亦致电教育部，陈述了“中山大学损失甚重，校具荡然”、“员生困苦逾常”、“教职员索薪，校务会形停顿”等一系列困难情况，并“乞转促王校长速来”。随后，教育部立即致函王星拱校长，催促其“迅予前往”。②到了这个时候，王星拱才最终决定前往中山大学就职。在他到任之前，经前任代理校长金曾澄与全体师生的共同努力，中山大学最终得以在 12 月 1 日正式开学，从 12 月 14 日起开始上课。而王星拱校长在上任前夕，鉴于当时通货膨胀、物价上涨之严重，也像当年在四川任武汉大学校长时用最快的速

①② 参见《教育部关于国立中山大学各属校长人选、就任、辞职等问题的文件》(1939、1946 年)，中国第二历史档案馆藏国民政府教育部档案，全宗号五，案卷号 2562。

度为武大师生发放工资和贷金一样，提着一大箱钞票（主要是中山大学教职员的工资），登上了前往广州的飞机。王星拱此次到中山大学赴任，只是带上了长女王焕理与长期在他身边担任庶务组组员的妻弟叶孔安，其余家人则一同前往重庆，等待复归安徽老家。① 王星拱抵达广州后，于12月21日上午9时正式“莅校接印视事”，②当天下午4时，中山大学100多名教职员在文德路留美同学会举行聚餐大会，欢送前任代理校长金曾澄，并对新任校长王星拱表示热烈欢迎。③

（二）整顿校务　成效卓著

王星拱在抗战胜利、国家战后复员重建之际，受命接长这所由“国父”孙中山先生亲手创办的国立大学，可谓诚惶诚恐，深感责任重大。1947年11月，在上任将满两年之时，他专门为中山大学23周年校庆撰写了一篇《校庆献词》，简要地回顾了中山大学的历史沿革以及他本人接长这所学校的时代背景：

> 本大学为国父所手创，迄今已历廿三年。若兼计其前身之高等师范学校等，则更有四十余年之历史。植基深厚，屹立华南；而经前校长戴朱邹

① 上述几项事实，均系王星拱的次子王焕晰先生向笔者透露。

② 参见《新任王校长今日莅校视事》，《国立中山大学校报》1945年12月21日。

③ 参见《本校教职员昨欢送金旧校长及欢迎王校长盛况》，《国立中山大学校报》1945年12月22日。

> 诸名公之努力，规模益臻弘伟。其石牌校舍之巍峨，图书仪器之丰富，虽未能冠冕全国，亦已晖映当时。惟自广州被寇，坪石播迁，流亡毁弃，元气大伤。星拱承乏于兵燹之余，复员喘息之始，汲深绠短，夙夜兢兢；而于把握现实，实事求是，不敢不勉。①

在这篇《校庆献词》中，对于过去一年学校“校务之推进”的具体情况，王星拱主要列举了“房屋之修葺与添建”、“图书仪器之补充”、“新教授之增聘”、“水电之整顿”等四个方面。②除了第三项外，其余三项均与广大师生治学与生活的基本条件直接相关，由此我们也可以看出，在经受了战争的巨大浩劫之后，一所大学的恢复与重建工作是多么的困难重重。

1. 关爱师生　整肃校风

就任中山大学校长后，王星拱仍然像过去担任武汉大学校长时一样，非常关心广大师生员工的生活。1945 年 12 月 21 日，也正是王星拱校长接印就职的当天下午，他所做的第一件事，便是“亲赴平山堂楼上员生宿舍巡视”，这充分地体现出他“对员生居住问题至为关怀”。③ 中山大学在复员广州之后，学生总数已达到 4600 多人，比抗战前夕的

①② 参见王星拱:《校庆献词》,《国立中山大学校刊》第 5 期(1947 年 11 月 11 日)。

③ 参见《王校长昨巡视员生宿舍》,《国立中山大学校报》1945 年 12 月 24 日。

3600多人增加了四分之一有余。学校教职员住宅与学生宿舍原本就不敷使用,在战争中又遭受了严重的损失,因而在战后更显紧张。对此,学校"自不能不加以修葺与增建,以应实际之需要"。经过两年多的努力,到1947年底,如王星拱校长所言,"西堂及石牌教授住宅之修葺,女生宿舍及平山堂教授住宅之增建,旧图书馆址职员宿舍之缮补,男生宿舍之整理;均已次第为之"。①

除了修缮与添建校舍外,王星拱校长还致力于改善和提高广大师生的生活水平。在他上任后不久,部分学生代表于1946年1月14日前来拜见,要求增加贷金数额及在石牌设立平价食堂,以适应物价高涨和便利贫苦学生。②对于广大学生希望能改善生活的合理请求,王星拱校长总是会想方设法地予以满足,但在另一方面,他又非常坚持原则,有理有节,绝不轻易纵容学生在这个问题上的一些无礼之举。据当时在中山大学中文系任教的武汉大学校友胡守仁回忆:"一日,学生派代表晋见先生,请求增加膳费,代表一进室内,先自坐下,举动有失礼节。先生不悦,大加训斥。一群学生簇拥室外,喧扰不已,几近要挟,先生见之报以疾言厉色,绝不当下应允。学生以为无望,心怀怨恨,不数日,见校报刊登增加膳费消息,始知先生不屑于无礼,而固以爱

---

① 参见王星拱:《校庆献词》,《国立中山大学校刊》第5期(1947年11月11日)。

② 参见易汉文主编:《中山大学编年史(1924—2004)》,中山大学出版社2005年版,第43页。

护学生为心也。”①王星拱校长的这些举措，既满足了广大学子的生活需求，同时也就大学生在日常生活中应该如何注重礼貌、保持良好的举止风范这一问题，对大家进行了一番深刻的教育。

与此同时，为了培育优良的校风和学风，制止当时在学生中时有发生的斗殴行为等不文明现象，王星拱校长还在1946年11月30日专门发布了一则布告，对广大学生进行规劝：

> 查好勇斗狠，识者所非，越轨而行，尤干校禁，兹特重申告诫，晓谕咸知。须知大学为学术研究之府枢，在学诸君均经选拔而来，济济一堂，谊同手足，自宜砥砺切磋，无分尔我，泯睚眦于揖让，化戾气为祥和，庶使庠序不为虚设，学风趋于淳美。凡属师生，皆如父子，凡属同学，皆为昆弟，精诚亲爱，雍煦和睦，有厚望焉。②

当然，如果是在学校内部出现一些性质比较严重的问题，而王星拱校长本人又不方便出面解决的情况下，他还是会对学生的某些合理的暴力行为表示“默许”的。如胡守仁所回忆的那样：“中山大学总务长邝某渎职，又有贪污嫌疑，学生恨之深。一日，会见于大礼堂，群相诘难，至有拳击者。先生闻讯即来，责学生不可无礼，学生谓事与校长无关，请

① 胡守仁：《记王抚五先生事迹数则》。

② 《国立中山大学布告》(粤复训第5844号)，《国立中山大学校报》1946年12月3日。

校长离去，先生遂即退出，得毋以学生所为亦有不得已者，而心中默许之乎？”①

2. **求贤若渴 广揽名师**

在学校“图书仪器之补充”与“新教授之增聘”这两个方面，王星拱校长均是高度重视，并且不遗余力地推行。对于前者，他认识到，“图书为学术研究之源泉”，“仪器尤为医理农工各实科之所必需”。因此，“一年以来，虽经费拮据，而不时勉力挹注设法补充者，数已不少”。至于后者，他更是直截了当地指出，“欲使学生水准之提高，研究精神之亢进，在有硕学良师为之朝夕研摩，以析疑辨难”，经过他的不断努力，“年来多方延聘专才，以待来学，亦已课无虚席”。②

王星拱在中山大学的实际任职时间不过两年有余，但在这短短两年多的时间内，他为中山大学所延揽的优秀人才，可以说是数不胜数。据统计，王星拱校长在其任职期内从全国各地陆续聘请而来的知名学者，主要有文学院的王力(1900—1986)、王起(1906—1996)、刘节(1901—1977)、岑仲勉(1886—1961)、商承祚(1902—1991)、罗香林(1906—1978)、姚薇元(1905—1985)、钟道锡、洪谦(1909—1992)、方光熹、朱师辙(1878—1969)、黄文山(1901—1988)、朱延丰(1906—1969)、周达夫、周其勋(1897—1982)、谭戒甫、孔德、杨树达(1885—1956)、陈望道(1891—

① 胡守仁:《记王抚五先生事迹数则》。

② 参见王星拱:《校庆献词》,《国立中山大学校刊》第5期(1947年11月11日)。

1977)、吴宓[①]，法学院的王亚南（1901—1969）、薛祀光（1900—1987）、高承元、萨孟武（1897—1984）、夏书章（1919—　），理学院的徐贤恭、钟盛标（1908—2001）、潘钟钱，工学院的陆凤书，师范学院的蔡乐生等。[②] 这批优秀学者的到来，基本上弥补了中山大学因抗战和内战所造成的部分师资流失的问题，充实了学校的师资阵容，尤其是人文与社会科学领域的师资力量，更是有了极大的加强，相关学科在全国的学术地位也随之而得到了相应的提升，同时，这也为学校有关学科在将来的进一步发展，奠定了坚实的基础。

在担任安徽大学与武汉大学校长期间，王星拱对优秀人才所表现出的那种“求贤若渴”的诚恳态度，在主长中山大学时也得到了进一步的延续。据说，王星拱当时有个习惯——只要有人才从广东路过，身为中山大学校长的他，就会成为“拦路虎”。如在抗战胜利后，西南联大（清华大学）中文系的著名教授王力，正准备随校复员北上，突然接到中山大学校长王星拱的秘书、昔日清华国学研究院的老同学孔德的来信，称王星拱校长希望他能在清华复课前的一点间隙里，先到中山大学讲学两个月，还希望王力能邀一位教授同来。王力念及旧日同窗之谊，便表示同意，还约了吴达元（1905—1976）教授，于 1946 年 6 月一同来到中山大学讲

---

① 吴宓当时为国立武汉大学外文系主任，1948 年 5 月曾应邀赴中山大学讲学，时王星拱已回到安庆故里，并已屡次提出辞职。

② 参见黄义祥编著：《中山大学史稿(1924—1949)》，第 415 页。

学。两个月的讲学期满后，王力和吴达元正准备返回清华，此时王星拱校长却与孔德一起来找王力，向他提出请求说：“我新到中大主持校务，希望你能在中大多住些时日，帮助我们筹办研究院。”王力客气地托辞：“请让我考虑考虑。”不料他话音未落，王星拱校长便已突然拿出并呈上一份聘请他为中山大学文学院院长的聘书！王力见王星拱一片至诚，孔德又在一旁劝说，于是便难以推辞，只好应允暂留中大一段时间，同时还“讨价还价”地提出条件：“留我可以，但我要办个语言学系。”王星拱校长当即欣然应允。于是，王力教授便接受了中山大学文学院院长的聘任，并在中大文学院办起了全国第一个语言学系，同时还致信母校清华大学，暂时辞去了在清华所担任的教职。①

此外，在抗战期间，中山大学农科研究所农林植物学部主任陈焕镛（1890—1971）教授，为了保护该所收藏的珍贵标本，没有随校内迁，也因此而被学校解聘。抗战胜利后，陈焕镛以“如囚出狱，重见天日”的心情，率领所内员工清点标本、图书、仪器等，报请学校派人接收，并将保护这批文物的详情上报学校。1945 年 12 月 31 日，中山大学农学院院长邓植仪（1888—1957）向王星拱校长报告说：“查所称各节与及经过之记载确属实情，该员忍辱负重，历尽艰危，完成本校原许之特殊任务，保存该所全部文物，使我国之植物学

① 以上内容参见张谷、王缉国：《王力传》，广西教育出版社 1992 年版，第 100～101 页；夏杨、孙璇：《詹伯慧痛批研究生批量生产》，《羊城晚报》2009 年 2 月 1 日。

研究得以不坠，且成为我国植物研究机关唯一复兴基础，厥功甚伟，其心良苦，其志堪嘉。”王星拱校长在弄清了基本的情况之后，便立即恢复了他原来的职务，足见其明辨是非曲直及爱护人才心切。①

与在安徽大学和武汉大学任校长时一样，王星拱在担任中山大学校长期间，在聘请教授时亦是严格把关，宁缺毋滥。据胡守仁回忆，当时“国立中山大学有一积弊，即省方各厅厅长中在校任兼职教授者不少，类多开学时讲几节课，后遂长期请假。先生到校，革命此弊，一律解聘”②。1946年12月3日，《国立中山大学校报》还专门就此事刊登了一则“校闻”：“关于国立教职员不得兼差兼课差[兼]薪，本校前经奉部令饬遵办，先复奉重申前令，揆厥原意为杜绝事务分心，实行一人一职，以免影响教学及养成清廉风尚并应随时遵令查察纠正云。”③在王星拱校长严厉地执行教育部的这项规定，解聘了所有的兼职者之后，“被解聘者以聘期未满为由，控告先生于法院。后以工资发至期满之日止，其事乃已。然素餐之兼职教授自兹绝迹于中山大学矣”④。

① 参见何贻赞：《我国植物分类学的奠基者陈焕镛教授——纪念陈焕镛教授诞辰一百周年》，《中国科技史料》第11卷第3期(1990年)。1946年，陈焕镛又被人诬告为“文化汉奸”，经中大多名教授联名上书陈述事实并表示愿意担保，此冤案亦在1947年以法院当局“不予起诉”而最终了结。

②④ 胡守仁：《记王抚五先生事迹数则》。

③ 《教职员不得兼差兼课兼薪 教部申令饬遵》，《国立中山大学校报》1946年12月3日。

3. 推进学术　身先士卒

中山大学复员广州办学后，各学院的学术空气均非常浓厚。身为一校之长，王星拱对全校的各种学术活动均予以大力支持，并以自己“学贯文理”，兼通物理、化学、哲学、教育学、心理学等多门学科的渊博学识，积极地投身其中。理学院从 1946 年 12 月 7 日起开始举办科学座谈会，邀请本校教授或校外专家讲演。12 月 21 日，王星拱校长便在科学座谈会的第二次集会上亲自发表了题为《物理学之演进》的专题演讲。① 1947 年 1 月 6 日上午，王星拱校长又在主持当天的“国父纪念周”时，发表了名为《理性与人生》的学术演讲，“就哲学观点对于题义作详尽之发挥，博引旁征，听者动容”。② 约在 1947 年 6 月，王星拱校长在出席师范学院的某次“纪念周”时，又发表了题为《启迪与教导》的演讲。③

对于办好中山大学，王星拱怀有一种崇高而远大的理想和目标，他曾指出：“本校为国父所手创，即因以纪念国父，实于大学一般任务之外，更负有继志述事，弘扬遗教之特殊使命。”④在担任中山大学校长期间，他以年近花甲的高龄抱病之身，不断地对全校师生提出了高标准的要求与希冀。1946 年 11 月，王星拱校长为国立中山大学 22 周年

---

① 参见《国立中山大学校报》1946 年 12 月 24 日。

② 参见《国父纪念周昨联合举行 王校长讲演“理性与人性”》，《国立中山大学校报》1947 年 1 月 7 日。

③ 参见王星拱：《启迪与教导》，《国立中山大学校刊》第 1 期（1947 年 7 月 5 日）。

④ 《国立中山大学第二十一届毕业同学录》，1947 年，第 4 页。

校庆撰写了一篇《校庆献辞》，从比较中西学术截然不同的演进历程，及阐述大学教育对于人类文明及社会发展进步之深远影响的高度，激励中山大学全体师生肩负起振兴国家的时代使命，在学术与教育方面奋起直追。① 12 月 2 日，他在“国父纪念周”上指出：“本校为纪念国父最高学府及有历史性之学校，吾人须负特殊使命，认定目标，研究学术……以培养良好专材及造成良好学风，尤望吾人共同发展，提高本校地位，以期达到我们之希望。”②1947 年 11 月，他又为 23 周年校庆撰写了《校庆献词》，指出“大学为学术纯洁之圣地”，希望中大学生能“博习专攻，潜心学术，养成淳厚敦朴之学风”，并通过逐步改进物质设备等措施，“以冀最高学府之完成”。③

（三）心力交瘁　辞职返乡

1. 波云诡谲　矛盾重重

然而，理想与现实毕竟是有着较大差距的，尽管王星拱在出任中山大学校长后，确实希望能有一番作为，但是，各种极其不利的客观现实环境，极大地制约了他对校务工作的种种努力。在担任国立武汉大学校长期间，王星拱曾长期面临着两大难题——一是外部的军政当局总是试图强行

① 参见王星拱：《校庆献辞》，《国立中山大学校报》1946 年 11 月 13 日。

② 参见《国父纪念周昨联合举行 王校长亲临主持》，《国立中山大学校报》1946 年 12 月 3 日。

③ 参见王星拱：《校庆献词》，《国立中山大学校刊》第 5 期(1947 年 11 月 11 日)。

干涉校政及学校师生的种种活动，二是学校内部的派系矛盾和斗争总是无休无止，而来到中山大学任职后，王星拱又无奈地发现，这两大问题在时空迥异的中山大学也同样存在，甚至还比在武汉大学时更有过之而无不及！

就学校内部的派系矛盾而言，比国立武汉大学规模更为庞大的国立中山大学，其“教职员派系错综复杂，蔚为大观”。政派、地域及院系等种种因素的差异和矛盾，使学校内部最终形成了朱家骅派、CC派、黄埔派、邹鲁派和第三党等主要派系，①可谓山头林立，盘根错节，较王星拱在担任武汉大学校长时所面临的安徽、湖南两派互相对立的简单格局要复杂得多！王星拱就任中山大学校长后，一方面积极培植个人势力，对学校几乎所有的重要职位都进行了全面、彻底的调整。在他任职期间，除了教务长邓植仪的地位一直非常稳固外，其他像总务长、训导长、大学秘书、各学院院长等重要职务的人选，全都在1945—1946年间进行了更换。如1946年走马上任的大学秘书叶孟安、文学院院长王力、法学院院长萨孟武、理学院院长徐贤恭、工学院院长陆凤书、师范学院院长蔡乐生等人，均为王星拱就任中山大学校长后才聘请到学校来的新教职员。其中，叶孟安、徐贤恭与陆凤书三人，均为王星拱在武大任校长时便早已开始追随其左右的武汉大学“安徽派”的重要成员。另一方面，王星拱还致力于“扫除在教育界势力极大而又声名狼藉的CC

① 参见桑兵：《1948年中山大学易长与国民党的派系之争》，《学术研究》2008年第1期。

派势力”。然而，尽管如此，王星拱仍然无法从根本上控制中山大学的局势，曾经担任过中大前任副校长、校长，当时已身为教育部部长的朱家骅，仍然牢牢地掌控着这所他的个人势力在其中极为强大的学校。在王星拱基本清除了CC派的势力之后，“实际上，中大便成了‘朱家天下’。虽然王星拱不是朱派人物，但一切大权都落在朱派人物手上。同时，还特地派一个喽啰宋嘉贤以‘秘书其名，监视其实’地跟着他，使他动弹不得，迫他不得不辞职”①。

就学校的外部环境而言，抗战方休，内战又起，全国的大学校园均逐渐成为国共两党政治角逐的重要阵地。在中国共产党的暗中策动与秘密领导下，国统区内的各种学生运动风起云涌，日益高涨。就中山大学而言，在王星拱校长到职后陆续发生的学生运动，主要有1946年1月声援昆明“一二·一”运动的“一·三〇”示威游行，1947年1月的“抗议美军暴行”运动，1947年5月声援南京“五二〇”运动的“五卅一”运动等。其中，“五卅一”运动最后遭到了国民党军警的严酷镇压，打伤及逮捕师生多人。与当年在武汉大学任校长时一样，王星拱为了营救被捕师生，四处奔走，要求政府当局尽快释放全部被捕师生。在遭到无理拒绝后，他更是愤然离校出走，在香港的报纸上发表公开讲话，对当局的残暴行径表示强烈的抗议。与此同时，王星拱校长又一贯提倡学术自由，抵制“党化教育”，对学校广大师生的日常言

① 《陈可忠滚蛋·张云上场：看朱家骅控制中山大学阴谋》，《华商报》1949年7月21日，转引自桑兵：《1948年中山大学易长与国民党的派系之争》。

行表现得极为宽容，这也间接地导致中共地下党组织及其外围组织在中山大学的力量迅速发展壮大，日益威胁着国民党当局对这所学校的控制，因而也招致了地方上的国民党各级组织对其治校方式的强烈不满。

总之，在如此恶劣的内外环境下，苦苦维持一所大学的校务工作，实属不易。此外，还有一个重要因素也不得不提——在出任中山大学校长之前，王星拱已经在国立武汉大学含辛茹苦地工作了17年的时间，已经为这所大学的创办、发展与维持付出了自己最宝贵的年华、最旺盛的精力，甚至还彻底牺牲掉了自己的身体健康，可谓是“鞠躬尽瘁，死而后已”。等到接长中山大学时，王星拱年已五十有七，并且体弱多病，健康状况早已大不如前。1946年7月15日，王星拱曾致信刚刚被任命为国立北京大学校长的故交胡适，信中感叹道：“北大旧人渐见凋谢，存者亦多老敝，弟近来亦深有衰退之感。”①也正是因为王星拱在武汉大学工作期间付出和奉献了太多太多，早已心力交瘁，疲惫不堪，在转任中山大学校长之后，即使他真的很想在这片全新的天地里重振旗鼓，再展宏图，恐怕也已经是心有余而力不足了！

尽管王星拱对自己在外力逼迫下被迫辞去武汉大学校长一事一直都耿耿于怀，“引为恨事”，然而，对于这所自己为之奋斗和奉献了长达17年之久的高等学府，他还是充满了深深的眷恋。在抗战胜利之后，国立武汉大学最终于

---

① 耿云志主编：《胡适遗稿及秘藏书信》第23册，第671页。

1946年10月复员到武昌珞珈山。而王星拱在担任中山大学校长期间，每当他要去南京向教育部述职或是处理其他事务时，只要不是乘飞机直接抵达南京，他一般都会先乘火车到武汉，然后转乘江轮前往南京。在经过武汉中转时，他总会“顺便回来看看珞珈风物，访问故人，这也许是了结他抗战胜利后回到珞珈山的夙愿吧”①。1947年4月，王星拱在抗战胜利后第一次回到家乡安庆，当时在安庆的60多位武汉大学校友，特地于4月27日设宴欢迎，并邀请安徽大学校长陶因以及该校外文系主任方重等武大前任教职员作陪。据称，“王先生在还归故乡之后，又看到了这么多的校友，精神上显得非常愉快”，并“说了许多慰勉大家的话”。② 1947年8月，曾有武大学生看见王星拱校长“回到武大，由刘秉麟院长陪同从图书馆走进文学院”③。1947年10月31日，国立武汉大学举行19周年校庆，广大校友在午间聚餐时“举杯同庆，并恭祝前校长王雪艇先生和王抚五先生的健康”。④

2. **回乡奔丧　屡辞职任**

到了1948年初，中山大学的内部局势愈加恶劣，广东的各级国民党组织也开始暗中酝酿“倒王”运动。正在此时，王星拱校长的家人从家乡发来急电，称他的夫人叶玉芝

①③　杨发辙：《睹旧思故师友情》。

②　参见攸沐：《安庆学友二三事》，《国立武汉大学校友总会会刊》1947年11月1日，第11～12页。

④　参见《母校校庆志盛》，《国立武汉大学校友总会会刊》1947年11月1日，第11～12页。

胃溃疡发作，病情危急，于是，王星拱赶紧带上女儿王焕理，于3月6日一同乘火车前往武汉转往安庆老家，同时还打算在探望夫人之后，顺便赴南京教育部“对于校务有所商洽”。在他回乡期间，学校校务暂由教务长邓植仪代理。① 到了武汉后，王星拱照例抽空前往珞珈山武汉大学探望，这是他一生之中最后一次回到这处他曾为之洒下了无数的汗水与智慧的美丽校园……当时的武汉大学校长周鲠生，亲自出面招待了这位前任校长，不知这两位昔日的老朋友与老对手再次聚首珞珈山时，是否早已“相逢一笑泯恩仇”?!

不幸的是，早在王星拱校长启程返乡的前一天，他的夫人已经于3月5日溘然长逝！消息传到中山大学后，“本校同仁遂听之下，悲悼同深”。3月12日，教务长邓植仪、训导长黄尊生(1894—1990)、总务长邝嵩龄、文学院院长王力、理学院院长徐贤恭、工学院院长陆凤书等“谨联电致唁”。② 据王星拱的次女王焕葆后来回忆：“在他回到安庆后才知道母亲已经去世。他在母亲遗像前常凝视良久，沉默无言。他常对亲友们说母亲为了这个家辛苦了一生，他对母亲照顾不够，感到无限惋惜和歉意。父亲虽然平时不善于流露感情，但几十年相敬相爱的妻子去世对他是严重的打击。此后他的生活缺少母亲精心的照顾，也是他在一年后随母

① 参见《王校长因事回里 校务由邓教务长代理》，《国立中山大学校报》1948年3月9日。

② 参见《王校长夫人仙逝 邓教务长等昨电致唁》，《国立中山大学校报》1948年3月15日。

亲而去的原因之一。”①

与自己相濡以沫地共同生活了一辈子的夫人的去世，对王星拱的打击非常大。特别是他在中山大学任职的两年多的时间里，与夫人分处两地，长期别离，甚至在夫人临终前都没能见上最后一面。因此，对于自己的夫人与家庭，王星拱充满了深深的愧疚之情。再加上自己早已是年老多病之身，健康状况严重欠佳，对于中山大学的校务工作也已经心灰意冷，不抱希望，因此，此次回到怀宁故里为夫人处理完丧事后，王星拱便不愿再回到中大继续任职了。很快，他就向教育部提出辞职，“要求即选贤能继任，以便尽快卸任，兼利校务”②。王星拱要求辞职的原因是多方面的，除了对家庭的歉疚感及自己的身体原因外，用他女儿王焕葆的话来说，“军政当局压迫学生，干涉校政”，使他“无法保证学校内自由学习的气氛”，也是他“愤而辞职”的一个重要原因。③

当时，在中山大学校内外，围绕着王星拱校长的去留，各方势力也都在进行激烈的角力。在王星拱返乡后，教育部部长朱家骅于 3 月 13 日接到一份广州来的密报，内称：“此间学运小组若干同志谓中山大学王校长对党的意识不足，应付软弱，以致奸党潜伏，将滋事端，提请决议，专电中央学运小组，察转钧部核办。”④随后，国民党中央学运小组

①③　参见王焕葆：《父亲为我们树立了做人的典范——怀念我的父亲王星拱》。

②④　参见桑兵：《1948 年中山大学易长与国民党的派系之争》。

将情况直接报告蒋介石，蒋介石遂于3月21日致电朱家骅，转述了中央学运小组的意见：

> 据报：广州中山大学自王星拱接长后，对学风极为放任，因之反动份子利用该校作宣传赤化根据地，一般反动教授学生在学校附近乡村从事秘密组织活动，至为积极。所有反动刊物报纸等到处张贴，明目张胆，肆无忌惮。该校同情本党或曾入三青团学生，常受若辈威胁，影响社会人心至巨。今后整顿之道，对该校校务负责人应予更易，另选党内干员接充，始足以辟邪说，攻异端，挽学风，正视听，防患未然等情，希注意切实整顿为要。①

尽管蒋介石的来电使朱家骅不得不高度重视中央学运小组的意见，但在事实上，种种迹象表明，朱家骅并不希望撤换王星拱，即使是面对来自最高当局的压力，他也仍然尽量维护和挽留，多次给王星拱致电去函，予以慰留，不允其辞职。但王星拱仍坚辞不受。据胡守仁后来的回忆与评价，当时“教育部挽留再三，并派人至怀宁敦劝，仍不改变初衷。盖先生事业心强，求效心切，以四年在校之经历，办事每遭掣肘，难伸己志，故毅然引退。盖可为则为，不可为则去，此君子进退之大节也”②。

不过，尽管王星拱校长始终拒绝回校复任，但对于中大

① 转引自桑兵：《1948年中山大学易长与国民党的派系之争》。

② 胡守仁：《记王抚五先生事迹数则》。

的莘莘学子,他仍是一如往昔地深切关怀,寄予厚望,努力尽到自己身为校长与前辈的最后责任。5 月 20 日,他在离学校千里之外的家乡,不顾病痛缠身,仍欣然提笔,为中山大学当年即将产生的第 22 届毕业生同学录题写了序言,他满怀希冀地写道:

> ……西望英伦,缅牛津剑桥之巍峨,自十三四世纪以来,盎格鲁之精神文明孕育其中,而滋长,而发皇,而分其光芒于美洲新大陆之邦,而蔚为哈佛,为耶路诸大学,使英语民族,竞握世界文明之上游,寻绎源流,非牛津剑桥之科学,之文艺,之礼仪,曷克臻此,诸生又自忖,我置身其间,自居何等,学无止境,人固如是,学校亦如是,中大当力求迈进,益益迈进,诸生亦然,毕业者,所毕所业,毕四年之业耳,四年之业,仅一刹那,百年之业,乃为无量,诸生四年之业届毕,百年之业方始,慎之勉之,诸生自此远矣。①

5 月 25 日,王星拱在各方一再催促其返粤复任的情况下,再次向教育部部长朱家骅提出辞呈,并阐述了不能不辞的理由:“弟历承绾护殷勤,原未敢轻于言去。自抗战复员以来,虽无贡献,颇经艰苦。迩来年衰力竭,百病丛生,跬步难具,饮食锐减,复值境运多乖,遭众不造,内人不幸哀逝,小儿又因劳毁而致疾,抛弃远离,于心未忍,奔波应接,更觉

① 王星拱:《国立中山大学第廿二届毕业同学录序》,《国立中山大学第廿二届毕业同学录》,1948 年,第 10 页。

难堪。夫学校事务之推进无有已时，而个人体力之支持终有限度，哀苦余生，已不能从事于牺牲矣。”面对王星拱的坚定态度，朱家骅迫不得已，只得采取两手准备，一面继续“恳切慰留，并催速返”，一面又开始物色新的继任人选，并在暗中准备应变措施。5 月 31 日，朱家骅再次致电王星拱称：“中山大学意义重大，故借重清望，勉为主持。二年以来，成效已见，缅念贤劳，无任感佩。时会艰难，端赖共济，务请勉抑退思，续任艰巨，并请早日返校”。但在同时，朱家骅又作了批示，电催张云早日回国，以作好应变救急之准备。①

此时，王星拱校长屡次提出辞职及教育部酝酿中大易长的消息已经传出，中大教职员闻讯均大为不安。6 月 5 日，由教务长邓植仪、总务长邝嵩龄领衔，160 多位教授联名致电朱家骅，表明了他们对此事的基本态度：“本校王校长德高望重，士林共仰，长校以来，尽筹硕画，建树甚多，方期继续主持，更图发展，忽闻有辞职之讯，群情惶惑，难以言宣。为本校前途计，敬乞鉴察，俯予恳切挽留，以慰喁望。”但在 6 月 7 日，朱家骅再次收到王星拱的一封态度更为坚决的回电，内称“星拱[体]羸病增，行食俱困，倘不退休，危及生命。力与愿违，事非得已，谨再续呈辞职，至恳惠予照准，并乞原宥，无任感祷”。此时，朱家骅已经明白，让王星拱回心转意几无可能，但在继任校长人选尚未确定的情况下，仍不得不继续勉强作出挽留的姿态。他于 6 月 11 日分别致电王星拱及其故友、时任国立安徽大学校长陶因，于前

① 以上内容参见桑兵：《1948 年中山大学易长与国民党的派系之争》。

者称“兄以过劳损及健康，至为歉疚。惟中山大学逐渐复原，非借重清望，并承全力主持，无以臻此，实无妥人可以为继。且目前学校切需安定”，因此，希望其“打消辞意，早日回校”；于其后者则请陶因“就近代为劝驾”，“务请其早日回校”。12 日，他又复函邓植仪等中大教职员称：“王抚五校长确有辞职之意，本部业已一再恳切慰留，并已电催克期返校，一面又托安大陶校长往访敦促其行。尚祈诸先生再为恳劝，幸甚感甚。”①

当然，在是否挽留王星拱校长这一问题上，中山大学教职员内部亦有不同意见。如前所述，该校语言学系教授周达夫就曾于 6 月 7 日致函朱家骅，详尽地讨论了“中山大学情形，实须彻底整顿”的诸多问题，并郑重建议“王抚五先生宜调长安徽大学”。② 在此期间，朱家骅还收到一封转来的关于中山大学现状的通信（该信写于 6 月 8 日），其中称：

> 中大愈弄愈糟，现已公开贴出打倒政府，欢迎共军渡江，打倒蒋光头（即指总裁）等标语。纪念国父之学府，竟成为反动份子之大本营。王校长久假不归，萨院长亦不在，教务长不理，训导长亦不管，乌烟瘴气，陷于无政府状态，其腐败从所未有。苟不早图解决，中大不难成为燎原之星火。到斯时责任究由谁负？教部似应作断然处置，非有党性极强，大刀阔斧，敢作敢为者，不能挽此危

①② 以上内容参见桑兵：《1948 年中山大学易长与国民党的派系之争》。

局。①

正是在综合权衡了各方的不同意见及各种可能的利弊得失之后，朱家骅主持下的教育部，于6月中旬最终敲定了中山大学的易长方案。6月底，教育部正式训令国立中山大学：“该校校长王星拱因病迭请辞职，应予照准，遗缺派张云接充，在张云未回国前，该校校长派陈可忠代理。”②根据教育部的训令，中山大学新任代理校长陈可忠（1898—1992）于7月5日上午莅校接印视事，并由教务长邓植仪代前任校长王星拱主持交卸事宜。③至此，屡辞不允的王星拱校长，才得到了彻底的解脱，而在他最终获准辞职之后，凡经其亲自聘任到中山大学的教职员们，均心怀不安，其中大多数人后来都纷纷离开了中大，此为后话。

三、“完人”仙逝　风范永存

（一）移沪就医　溘然长逝

王星拱在1948年3月因夫人病逝而回到家乡，并于当年6月最终辞去中山大学校长一职后，他自己的生命也慢慢地走到了尽头。在回乡后的一年时间里，除了曾在1948

① 转引自桑兵：《1948年中山大学易长与国民党的派系之争》。

② 参见《王校长因病辞职获准 教育部派张云先生接充校长》，《国立中山大学校报》1948年6月30日。

③ 参见《陈代校长今日莅校视事》，《国立中山大学校报》1948年7月5日。

年4月前往南京出席国民大会外，他一直都在家中养病。早在武汉大学当年在武昌珞珈山建校期间，他就患上了严重的胃病。到了抗战时期，由于生活条件更为艰苦，再加上在担任校长期间长期的辛苦劳作，导致他的病情进一步加重。尤其是夫人突然去世，更是给了他沉重的打击。当时，王星拱的二女儿王焕葆正在美国留学，她的母亲去世后，家中一直对她隐瞒消息，但后来仍然为她所得知。据王焕葆后来回忆："我初离家远行，常为乡愁所苦，得知母亲去世消息后，心情更加抑郁，写信回家要求回国奔丧。父亲立即回电：'继续完成学业，如半途而废将被人耻笑，遗憾终生。'我因此遵命继续学习，现在回想父亲的指导很及时，使我完成学业为我以后的工作奠定了基础。"①

1948年10月31日，王星拱曾一手参与创办并长期主持过的国立武汉大学，举行了隆重的20周年校庆，时任校长周鲠生在校庆纪念大会的报告中指出："本校之有今日优良的局面，是由于创办人如李四光先生之有理想的计画；前任两位王校长把学校基础打得好；先后许多同人共同努力；以及政府及社会各方面热心赞助，这是值得我们记着的。"②这大概是王星拱昔日的"老对头"周鲠生在接任武汉大学校长之后，第一次在正式场合公开对其前任的功绩表示充分的认可吧，实亦足堪告慰。不久后，武汉大学甚至

① 王焕葆：《父亲为我们树立了做人的典范——怀念我的父亲王星拱》。

② 《校长在本大学成立二十周年纪念大会中之报告》(子藥纪录)，《国立武汉大学周刊》第389期(1948年11月1日)。

还将王星拱以“校外学者”的名义提名为中央研究院1949年度(即第二届)的院士候选人(数理组)。① 然而,此时已病老乡土的王星拱老校长,已经是风烛残年、生命垂危矣!

1948年底、1949年初,随着军事上的惨重失败、经济上的全面崩溃与政治上的极度腐败,国民党政府在大陆的统治已是摇摇欲坠。在这段时间里,安徽省政府主席夏威(1893—1975)曾亲自前来拜访王星拱,劝其逃往台湾,并致送程仪,但他断然予以谢绝。后来,南京教育部亦陆续来电,并送来机票和路费,催促他赶紧飞赴台湾,他也未予理睬。1949年3月,中国人民解放军开始步步逼近并团团围困安庆孤城,长江对岸的国民党海军兵舰则以每日鸣放空炮作为回应。大战来临前的紧张气氛,令王星拱的个别家人深感恐惧,便催促他带领全家人渡江南逃,乘车前往芜湖居住。4月下旬,解放军发动渡江战役,并于4月23日占领了芜湖。由于此时王星拱的病情更为加重,因此,当解放军最终在5月底攻占上海之后,家人便赶紧将其转移到医疗条件更好的上海进行治疗。但不幸的是,几个月后,他还是因抢救无效,于当年10月8日与世长辞,享年62岁。

对于王星拱一生中最后的这段时光,1949年11月在上海出版的《学艺通讯》杂志,在“社友动态”栏目中曾作过如下的简短介绍:

……辞去中山大学校长职务,回安庆原籍居

① 《中央研究院三十八年度院士候选人本校依照规定选票结果分组提名》,《国立武汉大学周刊》第381期(1948年12月1日)。

> 住时，战事正紧张，安庆不能居，乃迁往芜湖暂住，南京上海相继解放后，于三十八年六月间开始由芜湖迁来上海，寓虹口虬江路三安里，因长途奔波，身体极度虚弱，日渐不支，至八月间病势益剧，经医诊断为肺结核及胃扩张，同时又患心脏肥大症，缠绵至九月末病势愈昂进，乃入永川医院，终以药石无效，于十月八日溘然长逝！①

王星拱的病逝，在很大程度上可以说是在武汉大学工作期间长期积劳成疾的结果！王星拱的次子、安徽农业大学退休教授王焕晰先生就曾激动地对笔者声称，他的父亲实际上就是在武汉大学"累死"的！客观地说，这个论断的确是有着充分的事实根据的。对此，不少武汉大学校友亦深有同感，如曾一度在王星拱校长身边工作、后来又移居台湾、与大陆师友之间少有音讯往来的武大中文系校友殷正慈，在事隔多年以后，曾以其女性特有的敏感，小心翼翼地对王校长的死因进行了一番合理的猜测：

> ……一别两散，再无见期。多年以后，偶或从来往校友口中，探知一些零星消息：知道先是王师母病故——很遗憾我从不曾踵府拜谒过王师母，也从不曾见她到校来走动过。只是口耳相传，心知她是一位当代贤妻良母的仪范。抚五先生一向对家务栗碌及个人琐屑，均依赖师母数十年如一

① 《王星拱》,《学艺通讯》第16卷第1期(1949年11月)。

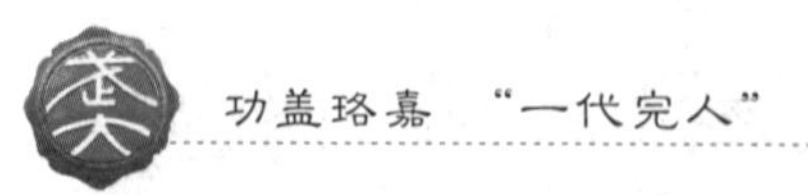

日的细心照拂。一旦不幸丧失了左右手、贤内助，他可能伤恸逾恒，起居失调，不久即突因肠胃大出血而撒手仙逝(殁年月未详)。

“冰冻三尺，非一日之寒。”如果不是师母先走一步？如果不是平素工作过繁？如果不是经常营养缺乏？如果不是过分克己自苦？如果不是……？太多的“如果”，凝聚成一个大大的问号“？”，到此刻握管追思之际，犹在脑海空悬。①

总而言之，对于武汉大学，王星拱校长可以说真正做到了“鞠躬尽瘁，死而后已”！

王星拱的去世，令武汉大学的众多师生校友悲痛不已。用詹寰校友的话来说：“1949 年 10 月 8 日，万世师表——我们的校长王星拱抚五先生，悄然告别他深爱的祖国和贯注他半生心血的武汉大学，与世长辞了。乐山文庙老宵顶上卷起愁云，武昌珞珈山麓东湖水腾涌呜咽，武汉大学全体师生低声悲泣。”②10 月 27 日，武汉大学上海校友会“假上海八仙青年会开追悼会，到前教授张有桐及校友共七十余人”③。据当时曾参加此次追悼会的武汉大学物理系校友徐迓亭回忆，20 世纪 40 年代后期，在上海及其周边的苏州、无锡、常州、杭州等地工作的武汉大学校友的几次大规模聚会中，王星拱校长的追悼会是“到会人数最多的一次”。④

① 殷正慈：《我所知道的王抚五先生》。

② 参见叶霜：《低首一生拜抚师——王星拱校长在乐山办学前后》。

③ 《王星拱》，《学艺通讯》第 16 卷第 1 期(1949 年 11 月)。

④ 参见徐迓亭：《上海校友在四十年代的叙会》，武汉大学校友总会《校友通讯》编辑室编辑：《武汉大学校友通讯》(第二期)，1984 年，第 241～242 页。

正是在这次追悼会上，时任上海市市长陈毅特地送来一幅书有“一代完人”的挽联，以示哀悼。王星拱一生清正廉洁，自奉极俭，为中国的科学与教育事业献出自己的一切之后，竟没能给个人及家庭留下半点经济积蓄！不仅生前无钱就医，甚至在他去世之后，连下土安葬的费用都没有！幸得武汉大学众多校友慷慨解囊，募资赞助，他的家人才能够雇得一艘木船，将他的遗体运回安庆原籍，并与其夫人叶玉芝的棺材一起，运回了他60多年前的出生地——安徽省怀宁县高河埠凌家桥附近的王家大屋，并在村后的祖坟地安然下葬。从此，王星拱便开始静静地长眠于这片他终生深爱着的故土大地之中……

11月13日，国立武汉大学的众多在校师生员工，也在王星拱校长生前曾多次进行演讲、报告或训话的学校大礼堂里，为这位可敬的老校长举行了隆重的追悼大会。学校当时记录在记事簿上的“国立武汉大学大事记”，在当日对此事记载如下：

> 王前校长星拱于十月八日以心脏病在上海永川医院逝世，本校同人深为痛悼，定于本日上午九时在大礼堂开追悼大会，并通知校内外王先生生前友好，因风雨交加，外宾到者甚少，本校同人多已参加，各方致送奠仪，约共数十万元，汇由出纳组汇寄王先生家属矣。①

① 参见《本校1949年9月至1950年1月29日大事记》，国立武汉大学档案，1949－4。

（二）鞠躬尽瘁 功盖珞嘉

斯人虽已逝，风范永流传。尽管王星拱永远地离开了他的亲人及门生故旧们，但他的音容笑貌、道德文章依然深深地印刻在他们的心中，而他为中国的教育与科学事业所建立的功绩，亦将载入史册，为一代又一代后辈学人所景仰。尤其是上海市市长陈毅为其亲笔题写的“一代完人”四个大字，更是对其一生人品道德的最好概括与最高赞誉。当然，世界上不可能有绝对的“完人”，王星拱自然不会例外，他也有自己的缺点和弱点，也犯过一些错误，但仅就个人道德品质的“主流”而言，称其为“一代完人”亦绝不为过。正如武汉大学校友詹寰所总结的那样：“先生对青年学生是爱护备至的恩师，对妻子是情操高尚的丈夫，对子女是要求严格的父亲，而他自己则是鞠躬尽瘁、一丝不苟的人民公仆。不论旧道德还是新道德，只要是于社会有益的，他就毫不犹豫地一肩挑起来，正因此，他为师生亲友们衷心爱戴。”①

此外，就誉其为“一代完人”的中共重要领导人陈毅而言，他曾于1924—1925年间在北京中法大学学习，其间曾多次来到北京大学旁听（后来他曾自称为“北大半个校友”），也正是在此时认识了北大教授王星拱，并充分领略了其学者风采。尽管陈毅后来走上了一条与王星拱截然不同

① 詹寰：《一代完人 高风亮节——深切追怀先师王星拱校长》，武汉大学成都校友会主办：《王星拱校长纪念专刊》，1996年，第4页。

的人生道路，终其一生，二人的人生轨迹也并无多少“交集”，彼此间大概也没有什么私人交谊可言。不过，对于王星拱这位学界名流的功德事迹与人格风范，陈毅始终都是高度敬仰的，以至于在中国共产党刚刚夺取全国政权、将国民党的势力基本驱逐出大陆之际，这位中共党内的重要领导，却依然能对国民党的一位元老人物与高层人士作出如此之高的评价，这是极其难得的。而这也从一个侧面充分地反映出，王星拱先生的高尚人格、个人魅力及社会声望，已完全超越了政治分歧与党派之争的界限！正如武汉大学校友顾焕敏所言：“当时正值建国之初，政治气氛严肃，一位中共最高层的领导人能对当时既无一官半职又无显赫地位的学者给予如此高的评价，必然经过深思熟虑而非轻率执笔的，足见此四字崇敬之重了。”①

综观王星拱的一生，基本上可以说是为了中国的科学、教育、民主与社会进步事业不懈奋斗的一生！在他的青年时代，为了能改变国家积贫积弱的落后状况，实现“教育救国”与“实业救国”的梦想，他在具备了深厚的中国传统文化根底之后，又开始投身西学，并选择了化学专业作为自己留学英国时期的主攻方向，逐渐成为中国化学界的一位重要先驱人物，与此同时，还在科学哲学方面造诣非凡。为了推翻专制统治，实现民主共和，推动社会进步，他在辛亥革命前一年加入了中国同盟会。为了振兴中国的科学事业，他

① 顾焕敏：《平凡中见伟大 细微处显光彩》，武汉大学成都校友会主办：《王星拱校长纪念专刊》，1996年，第28页。

在民国元年与其他一些留英学生一起发起成立了中国科学社。学成归国后，他在全国最高学府——国立北京大学执教达十年之久，一面在教学科研的本职工作上兢兢业业，精进不已，一面积极参与各种社会事务，为推广和普及民主与科学的思想而摇旗呐喊，积极奔走。20 世纪 20 年代，他还先后参与了安徽大学、国立广东大学、国立武汉大学三所高校的筹办工作，逐渐成为在全国的学术、教育界都享有盛誉的社会名流，为推动中国高等教育事业的发展作出了不可磨灭的贡献。

人到中年之后，王星拱便开始逐渐展露出他那独当一面的领导才能。从 1929 年开始，在将近 20 年的时间里，他曾先后担任过省立安徽大学、国立武汉大学与国立中山大学的校长之职，为这三所高校的长足发展与进步，均作出过巨大贡献。其出任不同高校校长的次数之多，在中国现代高等教育史上，仅次于曾先后出任国立同济大学、省立重庆大学、国立西北大学等校校长并三次出任省立(国立)湖南大学校长的胡庶华先生。① 在王星拱曾经担任校长的三所高校中，其任职时间最长、投入精力最多、作出贡献最大、倾注感情也最深的，便是他先后工作了 17 年之久、担任校长时间长达 12 年的国立武汉大学了。而在武汉大学工作的 17 年时间，也是他为全国的高等教育与学术研究事业奉献

---

① 此外，与王星拱渊源颇深的程天放，虽也先后出任过省立安徽大学、国立浙江大学与国立四川大学三所高校的校长，但其累计任职时间(不到 6 年)则与王星拱相差甚远。以上统计均参见程斯辉:《中国近代大学校长研究》，人民教育出版社 2010 年版，第 112～113 页。

最多的时期，更是他个人从事教育管理事业的职业生涯的顶峰，以及整个人生历程中最光辉的一页！

身为国立武汉大学的主要创始人之一及第二任正式校长，王星拱对于办好这所"负有伟大的使命"的新兴大学，充满了崇高的理想与宏伟的奋斗目标，他希望能通过自己与广大师生的共同努力奋斗，"秉承学术独立的精神，以满足我们共同求知的欲望，使武汉大学，不愧为全国知识的中心"。而在这远大的目标背后，他奉行的又是脚踏实地、小心谨慎的务实工作作风与循序渐进、聚少成多的有效践履路径，从制度构建、经费筹措、校园建设、资源配置、学科发展、教学管理、科学研究、社会服务等多个方面，一点一滴地稳步推进，一步又一步地接近自己的理想目标。在他的任期之内，国立武汉大学逐渐从一所初获良好声誉、并初具崛起之势的"后起之秀"，一跃而发展成为与北大、清华、中(央)大、浙大等并驾齐驱的"民国五大名校"以及抗战时期与西南联大、中(央)大、浙大并立的全国"四大名校"之一，不可谓不是中国现代高等教育发展史上的一大奇迹！

作为曾在世界一流大学留学深造的中国较早的一批"海归"派，以及曾在北大校长蔡元培身边工作过的一位大学教授，王星拱深谙现代大学的基本内涵与本质特征，并在参与创办了国立武汉大学并逐渐主掌了校政之后，总是试图将蔡元培先生的办学精神比较完整地移植到这所新生的高等学府，他在校内长期推行"无为而治"的治校方略，全力培育和维持着这所大学的自由学风，如此方能使"百花齐放，百家争鸣"的学术繁荣景象在相隔千里的武昌珞珈山与

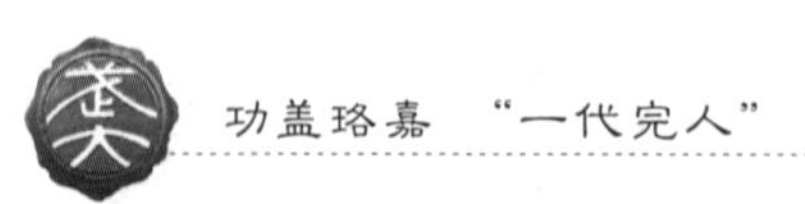

四川乐山两地从不间断地长期延续下去。而为了保护武大的学术自由，身为国民党元老的他，更是冒着丢官弃职的风险，对国民党政府当局所强制推行的“党化教育”进行了极力的抵制。

作为一名学贯中西、融通文理、涉猎广泛、学识渊博，比较全面地掌握了化学、生物学、物理学、文学、哲学、心理学、教育学等多门学科知识的优秀学者，王星拱的博学多才及其在学术上的开阔视野，使他在从事于一所学科门类日趋齐全的综合性大学的学术、教育行政管理工作时，可谓如鱼得水，游刃有余。在他的领导下，国立武汉大学的文、法、理、工、农等多个学科全面发展，齐头并进，均取得了丰硕的学术成果，从各个方面在不同程度上奠定了这所新兴学府在全国的学术地位。

作为一名优秀的学者、教育家和大学校长，王星拱在国立武汉大学工作期间，还形成了自己独到而深刻的教育思想。他高屋建瓴地提出：“大学的任务，在道德方面要树立国民的表率，在知识方面要探求高深的理论，在技能方面要研究推进社会进步的事业。”他极力提倡“学术独立”，要求广大师生不要过多地过问政治，而对于远远落后于世界发展潮流的中国社会现状，则应积极、主动地去引领和改造，“宁使社会负我，不使我负社会”。他既重视对高深理论的研究，反对将大学办成一所“职业学校”与“专门学校”，同时亦不放弃各种实用技能的培养，以努力做到理论与应用的和谐统一，使武汉大学的大多数学生能够同时兼具“通才”与“专才”之长。他极力引导学生努力实现德、智、体、群全

面发展，又最为强调德育的重要性。

更令人感佩的是王星拱自己在道德教育上的“身教”重于“言教”：他工作敬业，不畏劳苦，公而忘私，一心奉献；他生活俭朴，克己奉公，清正廉洁，从不以权谋私；他坚持原则，公正严明，律己极严；他不畏权贵，嫉恶如仇，从不趋炎附势，曲意逢迎……总之，王星拱总是以亲身垂范的方式，以自己独特而令人倾倒的人格魅力，“润物细无声”地感染着广大师生及各界人士，在学校乃至社会上树立了一个鲜活的道德典范。

身为一校之长，王星拱不仅有远大的理想，更有着高度的责任意识。在他第二次担任武汉大学代理校长时，他就明确地向广大师生表示：“兄弟在代理的时间，自然是竭尽能力和诸位先生共同负责照原定的程序往前进行。但是到了无力前进的时候，兄弟决不因循敷衍而阻止学校的进步。到了那个时候，还得要校长提早回来，免得把一个方兴未艾的学校，因为代理失职而停顿了。”这虽是自谦之辞，但也反映出王星拱校长敢于承担责任，干不好就辞职走人，而绝不敷衍塞责的坚定立场、职任理念与工作追求。而在后来被非正常免职之后，他在心情极度抑郁的情况下，依然忍辱负重，兢兢业业地处理完自己手头的每一件校务工作，在新旧校长交接前为武大站好最后一班岗。此外，王星拱校长的责任意识，还体现在为了维护学校的基本权益与尊严，以及广大师生的人身安全与合法权利，而不惧权贵、不畏强暴，与形形色色的试图强行干涉武汉大学校政的外部强权势力进行严正交涉的过程之中。当国民党军警肆意闯入校园抓捕学生时,他义正辞严地指出:“学校是学术天地,我的学生出了问题由我负责,你们不得擅自进校抓人。”而每当有武大师生被军警无辜逮捕时,他也总会在第一时间出面营救,完全置个人的处境、前途与安危于度外,这就自然会赢得全校师生的高度尊重。

身为一校之长,王星拱素以爱惜人才而著称。他求贤若渴,惜才如命,就算是想千方、设百计,也要将各个学科领域最优秀的学者招至麾下,以竭尽全力充实武汉大学的师资力量。在“大楼”次第落成的珞珈山时期是这样,在失去了“大楼”的乐山时期更是如此;在畅意主持武大校政时是这样,在失意长校中山大学时亦同样如此。与此同时,他还对教师质量严格把关,在弄清楚实际情况之后,总是会坚决解聘那些才识或品行不足以“为人师表”的滥竽充数之辈,从根本上保证武大教师队伍的高质量与高水平。正是在他与其他校务负责人的共同努力下,国立武汉大学从诞生时起,在长达20多年的时间里,无论是在初创时期的东厂口、珞珈山,还是在战时的四川乐山,始终都呈现出一派“大师云集”的繁盛景象,其师资阵容无论数量、质量,均在国内名列前茅。

身为一校之长,王星拱善于处理与广大师生员工之间的关系。其首要的一点,便是对全校师生保持高度的尊重,不论是面对教师还是学生,他总以“兄弟”自称,亲切和蔼,平易近人,并处处讲求礼节,行礼回礼,甚至主动问候,实乃典型的“谦谦君子,卑以自牧也”。但是,基本的尊重,并不表示完全的放任无度。无论是教师还是学生,只要其学风

与生活作风有所松懈时，他都会严厉告诫，督促其尽快回归正轨。他作风民主，善于听取多方意见，从不独断专行。他充分尊重前任的建规立制及业绩成果，忠实地执行“萧规曹随”的治校方针，从不将学校在过去已经确定的各种行之有效的制度轻易推翻或妄作修改。他对广大学子在严格要求之余，也充满了亲切的关怀，不仅关心他们日常学习与生活的方方面面，也关心他们在毕业离校之后的出路与前途问题。除了普遍的指导之外，他甚至还为武大每一位毕业生的具体就业去向费尽思量，甚至连已毕业多年的武大校友在社会上的再就业问题，他也会在繁重的日常工作之余，予以周密的考虑，并给予充分而有力的帮助。

作为一所国立大学的校长，王星拱也善于利用各种社会关系和力量，为学校的发展寻求各种有力的外部支持。如武汉大学在建设珞珈山新校舍的过程中，在王星拱校长的任期内，学校就曾多次成功地争取到了平汉铁路管理局、管理中英庚款董事会、湖南省政府及黎绍基、黎绍业兄弟等政府部门、社会各界团体及人士的慷慨资助。在抗战初期学校西迁乐山的过程中，亦得到了中央政府及各有关地方政府的全力支持和帮助。然而，王星拱在争取外部权力帮助的同时，其自身又与权力保持了相当的距离，对于掌握权力的权势人物，更是始终保持着高度的警惕与防范，从不拿自己的原则与学校的利益来与权力进行不合适的交易，即使是面对着前民国大总统黎元洪的后人，或者是军政要员何成濬这样的一些有大恩于武大的权贵，只要明确地断定对方向学校提出的一些具体要求不尽合理，也同样会委婉

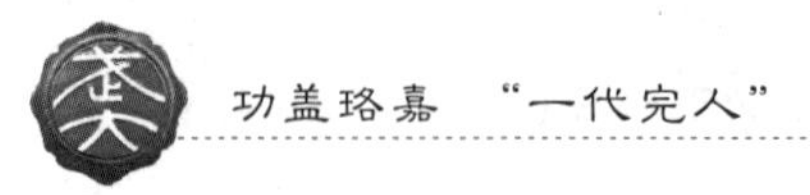

地予以拒绝，始终保持了高度的气节。

当日寇节节进逼、国家和民族面临危亡的情况下，对于如何处理好教育与抗战救亡事业之间的关系，王星拱也有着清醒的头脑。在他看来，不论形势如何危急，教育事业也应当保持"常态"，学校师生均应坚守本职，学术与教育也是抗战救亡所不可或缺的一个重要手段。与此同时，对于武大学生所掀起的一次又一次抗日爱国运动的风潮，他也总是保持着高度的同情与宽容，并予以理性的引导及有力的支持与保护。在抗战形势日渐紧张之时，他又及时而高效地组织了学校的内迁工作，使武汉大学在较短的时间内，在损失极小的情况下，以较快的速度"一步到位"地西迁至四川乐山，为国家的教育文化事业与文明血脉保存了一份莫大的元气，也充分地体现出其卓越的领导能力。不仅如此，在抗战时期极端恶劣的物质条件与内外环境下，王星拱校长还能带领着这所"流亡大学"实现了不可思议的大发展。在院系行政机构的规模大体保持不变的前提下，学校的科研水平与教学质量得到了进一步的提升，在校教职员与学生人数甚至比战前翻了一番左右！不仅如此，全校师生还积极地服务于乐山的各项地方事业，较战前的武昌珞珈山时期更好地履行了现代大学所应具有的引领社会的崇高使命。

当然，任何人的为人处事都不可能做到完美无缺，身为国立武汉大学校长，王星拱在学校行政方面，也会不可避免地出现一些失误。比如他"守成"有余，进取不足，使学校错失过一些重要的发展机遇；再如过多地任用其安徽同乡，从

而加剧了校中的派系矛盾和斗争，导致学校高层内部经常面临着紧张的局面，进而对学校的健康发展造成了一些不利的影响。但无论如何，“瑕不掩瑜”，这些因王星拱校长的个人特性所不可避免地造成的失误，亦决不会掩盖他对于武汉大学的建设和发展所付出的巨大心血与作出的重大贡献，更不会从根本上有损于他作为武汉大学历史上最伟大的校长之一的熠熠光辉。

对于王星拱校长在国立武汉大学所留下的业绩，武大师生校友早有公论。正如中文系校友殷正慈后来所概括的那样，自从王星拱担任武汉大学校长之后，“遂由他统率群伦，从建校完成，到西迁乐山，乃至抗战胜利，光复珞珈。十余年间，弦歌不辍。均由他任劳任怨，躬亲践履，卒底于成。他对武汉大学的功绩，是有目共睹，不言可喻的”①。事实上，早在王星拱校长离任之初，武大师生在自行撰写的学校简史中，便对其功绩进行了高度的肯定与赞誉，并且总是将其与国立武汉大学的首任校长王世杰相提并论，重点强调王星拱校长“萧规曹随”的“守成”之功。如在1947年出版的《国立武汉大学第十六届毕业纪念刊》上，由中文系教师周大璞撰写的《校史》一文，曾如此评价王星拱等人为学校发展所作出过的重大贡献：

> 十余年来本大学扩展之速，可以知矣。且近来中外之士论及吾国大学者，辄称道本大学，以为可与北京清华等校号称第一流者，并列而无愧色。

① 殷正慈:《我所知道的王抚五先生》。

此无他，皆我校长及诸师经营教导之功也。首任本大学校长者，为今外交部长王雪艇先生，于时草创，一切窳陋，先生荜缕以启山林，遂永奠本大学之根基，不及数稔，即蜚声于士林矣。二十二年五月，雪艇先生晋任教育部长，王抚五先生代理校长，明年六月真除。抚五先生自本大学创办时即与刘树杞、李仲揆、周鲠生、麦焕章、黄离明①、曾昭安、任戆忱②诸先生并为筹备委员，厥后历任理学院长、副校长、教务长、化学系主任，又尝为代理校长者二，其于本大学固已多所建树矣；及为校长，益尽心规画，用能使学务日进，校誉日隆；洎播越西土，事事艰难，而先生处处泰然，本大学不以丧乱远徙而衰微，反能日见扩充者，盖先生之力也。③

而1948年出版的《国立武汉大学毕业纪念刊(民三七级)》，其开篇的《校史》一文亦如此评价道：

综本大学凡三易首长，初长本大学者为今外交部长王雪艇先生，继之者为王抚五先生，现长本大学者为周鲠生先生，三先生者，行完学粹，中外景慕，宏奖后进，不遗余力，论者以谓无王雪艇先生之草创鸿蒙，肩斯巨任，则不能开本大学后日之

---

① 黄建中，字离明。

② 任凯南，字戆忱。

③ 《校史》，《国立武汉大学第十六届毕业纪念刊》，1947年。

规模，无王抚五先生之善继其后，守成不渝，则本大学必不能有今日之英声茂实……①

上述种种评价，堪称客观、如实地阐明了王星拱校长对于国立武汉大学的创办、建设与发展所作出的巨大贡献，可谓功盖"珞（珈山）"、"嘉（定）"，在武汉大学的历史上鲜有可与之比肩者。

（三）北辰高照　"众星拱之"

在武汉大学众多师生校友的心目中，王星拱校长的高大形象与崇高地位，正如他的名字一样，"譬如北辰，居其所而众星拱之"。在当时能够拥有王星拱这样的一位好校长，武大的莘莘学子无疑是幸运和幸福的！如1937年毕业于国立武汉大学史学系的施应霆校友，在数十年之后，曾充满深情地回忆：

攻读珞珈，四易寒暑，这一段学生生活是我一生中最幸福的岁月。这时正是敬爱的抚师校长主持校政，他那慈祥恺悌的音容，亲切诚挚的教诲，道德文章，饮誉宇内，至今每一回思，似犹历历在目，似仍沐浴在当年那春风化雨的摇篮中……②

1948年毕业于国立武汉大学哲学系的詹寰校友，对王

① 《校史》，《国立武汉大学毕业纪念刊（民三七级）》，1948年，国立武汉大学档案，1948－49。

② 转引自刘兆丰：《一曲动人心弦的赞歌——为王故校长星拱先生塑像筹款记》，武汉大学成都校友会主办：《王星拱校长纪念专刊》，1996年，第7页。

星拱校长一生的光荣事迹，曾作过这样的总结：

> 应该特别提一提，星拱校长还是一位赤诚的爱国者。他呕尽心血办教育，是为了给国家培养德才兼备的人才；他热忱精研和提倡科学，是希望科学发达，国家兴旺繁荣；他奋不顾身地奔走民主事业，是热望我们政治开明，成为一个现代化的先进国家。当日本帝国主义大举侵略中国，蹂躏中华民族之时，面对山河破碎，民族危亡的局面，星拱校长痛心疾首，他大声疾呼国人高度警觉，奋起抵抗，他把一腔热血奉献给武汉大学的建设事业，把办好教育，培养英才作为向日寇复仇的有效途径。他带领全校师生在极端艰苦的环境中坚持教学岗位。我们每当想起抗战八年中的星拱先师，眼前便浮现出一个高大晶莹的形象，而深感自己的渺小。他促我反省，催我自强，时时激励我们向上。
>
> ……综观先生的生平，他不爱官，不爱钱，不爱虚名，不贪恋权势。他爱的是科学，是民主，是青年学生，是朋友和亲人，是祖国。他一生光明磊落，正直无私，崇高伟大，他永远令人景仰。①

不仅如此，詹寰校友还曾以“叶霜”的笔名，为王星拱校长敬撰七律一首，“以申吊念之忱”：

---

① 詹寰：《一代完人　高风亮节——深切追怀先师王星拱校长》。

英伦负笈业精垂，德寅开明继蔡规。
传檄京华军阀倒，治校嘉州国士随。
化雨挺身艰危际，丹心高擎抗倭旗。
遥想知交零落日，低首一生拜抚师。①

1933年毕业于国立武汉大学中文系的胡守仁校友，亦曾为王星拱校长作“赞歌”一首，以示追忆之情：

王星拱校长赞歌

筚路蓝缕启黉宫，王公世杰居首功。
珞珈东湖清且秀，山水并是灵气钟。
读书胜地无过此，清景媚人开心胸。
萧规曹随为谁氏？王公星拱称才雄。
日本挑衅战火起，倾其全力南向攻。
武昌势已不可保，学校西迁万山中。
自古蜀道好天险，逆水而上滩重重。
事之艰难难想像，公为停当何从容。
弦诵之声未尝辍，学子勤奋贯始终。
言传身教仰功德，一心视公为违从。
育才多难更仆数，豫章杞梓皆登庸。
大多分布在巴蜀，“靖共尔位”建树丰。
公之没世四十载，有口皆碑思无穷。
齐心同愿塑公像，岁时来此三鞠躬。
三千弟子中有我，素邀青睐赖击蒙。

① 叶霜：《低首一生拜抚师——王星拱校长在乐山办学前后》。

不胜雀跃闻盛举，一篇颂歌歌清风。①

1943年毕业于国立武汉大学经济系的陈文蔚校友，也曾为王星拱校长作过一篇简短的“赞辞”：

星拱夫子赞辞

夫子之仁，光风霁月；
夫子之学，含英咀华②。
夫子之功，树人立德。
夫子之光，山巅水涯。③

除了武汉大学的师生校友外，王星拱的子女，也为他们的父亲在武汉大学所付出的一切而深感自豪。如王星拱的次子王焕晰先生，2008年在接受《长江日报》的记者采访时，就感慨万千地总结道：

父亲从1928年来珞珈山，直到1945年底离开，一生中最好的年华奉献在武汉大学。特别是乐山八年，父亲为解决方方面面的困窘而勉力支撑、呕心沥血，以至于拖垮了他的身体，然而父亲

---

① 胡守仁：《王星拱校长赞歌》，武汉大学成都校友会主办：《王星拱校长纪念专刊》，1996年，第51页。此诗还有另外一个版本，其中“王公星拱称才雄”一句被替换为“王公星拱当代雄”，“素邀青睐赖击蒙”替换为“乐山广州蒿倚松”（作者在此“自注”云：“公先后长武汉、中山两大学，予之任教其中，皆公所提携也。”）。

② 据作者陈文蔚解释，此处的“含英咀华”系一语双关，亦有留学“英”国，归国后以所学报效中“华”之意。

③ 转引自刘兆丰：《无限怀念、无限景仰——介绍两位老学长的来信》，台北市“国立武汉大学校友会”编印：《珞珈》第132期（1997年7月），第15页。

创造出乐山时期武大历史上最辉煌的时代，今天回忆这段历史，我为父亲骄傲。①

时光飞逝，转眼之间，半个多世纪的岁月已悄然而过。今天的武汉大学，和王星拱所处的那个时代相比，已经发生了翻天覆地的变化。而对于这位曾经为学校的发展作出过杰出贡献的老校长，一代又一代的珞珈学人亦从未曾忘怀。1993年11月，武汉大学举行了隆重的百年校庆，在此期间，根据海内外校友的建议，学校作出了在校园内为张之洞、王世杰、李四光、王星拱、周鲠生、李达等“在武大发展史上有过重大贡献的著名校长和人士”塑像的决定。武汉大学成都校友会闻讯，决定组织在四川的武大校友捐资为王星拱校长塑像。后来，募捐的范围又逐渐扩大到全国乃至全世界，海内外众多武汉大学校友纷纷为之慷慨解囊。在募捐塑像资金的同时，成都校友会还于1996年编辑出版了一本《王星拱校长纪念专刊》，以表示对王校长的深深怀念。1997年，为了支持母校培养人才，奖掖青年学子，成都校友会又专门筹资，在武汉大学设立了“王星拱化学奖”基金，决定从1998年起，每年评选出4～5名化学专业的优秀研究生予以奖励(后因资金不足，曾一度停止)。王星拱校长塑像的制作过程历经波折，直到2008年4月24日，由武汉大学成都校友会捐建、广州美术学院著名雕塑家潘鹤(1925—　)教授设计的王星拱塑像，方才在武汉大学校园

① 韩玉晔、王业高：《王星拱次子王焕晰的乐山记忆》，《长江日报》2008年10月21日。

内狮子山顶的老图书馆西侧正式落成揭幕。与此同时，为了表示对王星拱校长的无比敬仰、对母校的深深怀念和对武大学子的殷切期望，成都校友会还拿出部分捐款，重新设立了“王星拱校长奖学金”，主要用于资助品学兼优的贫困生顺利完成学业。

此外，王星拱在安徽怀宁家乡的墓地，在1996年被列为县级重点文物保护单位，但由于年久失修，逐渐破败不堪。2005年10月，曾有武汉大学校友在互联网上发表文章，呼吁对王星拱的墓地进行修缮。武汉大学校方获悉后，立即致函安徽省人民政府，请其督促王星拱墓地所在地的怀宁县政府做好修缮工作。由于修缮经费存在部分缺口，武汉大学校友总会特于2006年9月5日向广大校友发出了募捐书，并得到了广泛的响应。① 除了武汉大学外，安徽大学也捐赠了一部分的经费。

从2007年开始，怀宁县政府在征得王星拱家人同意的前提下，决定采取迁葬的方式，在原墓地附近的一座小山上征地4亩，建设一座新墓园。新墓园的设计以科学的文化内涵为宗旨、朴素方正的外观为形式，突出一代教育名家的大家风范与朴实作风。在进入墓园的道路正中，以石刻形式突出王星拱生前主张的“科学万能”四个大字；主墓采用方形设计，象征他的治学严谨及桃李满四方；主墓正后方的大型石刻刻有陈毅当年所称赞王星拱的“一代完人”四个醒目大字；墓两侧的立柱各四根，分别刻有王星拱一生各个时

① 武汉大学校友总会：《王星拱墓地修缮募捐书》(后附捐赠人员名单)，武汉大学校友网(http://alumni.whu.edu.cn/ShowArticle.asp?id=768)。

期的光辉历程和辉煌业绩。① 目前,王星拱墓地的修缮工作已基本完成,从而使广大慕名而来的访客能够更加方便地进行瞻仰和凭吊。

王星拱校长的塑像于武汉大学校园落成之前,他的前任校长——王世杰先生的塑像已于2003年11月29日武汉大学110周年校庆纪念日之际,在狮子山顶的老图书馆东侧先行揭幕。不论是"筚路蓝缕"、"草创鸿蒙"的王世杰校长,还是"善继其后,守成不渝"的王星拱校长,他们二人对于武汉大学在20世纪30、40年代的迅速发展中所作出过的巨大贡献,以及对于这所大学在之后数十年的长足发展中所遗留下来的深远影响,实在是难以估量。将他们二人的塑像分别置于象征着武汉大学崇高学术地位的老图书馆大楼的东西两侧,"左辅右弼"地拱卫着这座伟大的学术殿堂,实在是一个绝佳的安排。从此以后,王星拱老校长将与王世杰一起,在狮子山顶、老图书馆旁,静静地守望着这座由他自己亲手缔造出的美丽校园,并将亲眼见证这所他曾为之付出了毕生心血的百年名校,在新的世纪里的迅速发展与重新崛起,他在当年主政武汉大学期间所留下的种种值得后辈学人长期学习、研究、汲取和借鉴的诸多办学经验与教训,将成为这所大学弥足珍贵的精神财富与文化遗产,而他的光辉形象,亦将永远昂然矗立在美丽的武汉大学珞珈山校园,铭刻在一代又一代武大师生的心里!

① 以上内容主要参见何世奇:《"一代完人"王星拱墓地受到重点保护》,中国怀宁政府网(http://61.191.152.133:8080/main/model/newinfo/newinfo.do? infoId=9101)。

附录一

王星拱生平大事年表

1888年　出生年

7月17日　出生于安徽省怀宁县高河埠王家大屋。

1902年　14岁

是年　考入安徽大学堂(1905年改称安徽高等学堂)学习。

1907 年　19 岁

是年　毕业于安徽高等学堂，因学业优异，学部奖给贡生。

1908 年　20 岁

是年　考取安徽省首批留学英国官费生，与叶玉芝结婚后赴英，5 月，入伦敦大学皇家科学院化学专业学习。

1910 年　22 岁

是年　经吴敬恒、石瑛介绍，加入中国同盟会欧洲支部。

1912 年　24 岁

是年　与丁绪贤、石瑛等人在伦敦发起成立“中国科学社”，为中国最早的留学生科学团体，后与任鸿隽、赵元任等人于 1914 年在美国成立的同名组织合并。

1916 年　28 岁

是年　获伦敦大学硕士学位，学成归国。

1917 年　29 岁

是年　应北京大学校长蔡元培的聘请，任北京大学文本科、理本科兼预科讲师（约一年后晋升为教授）。

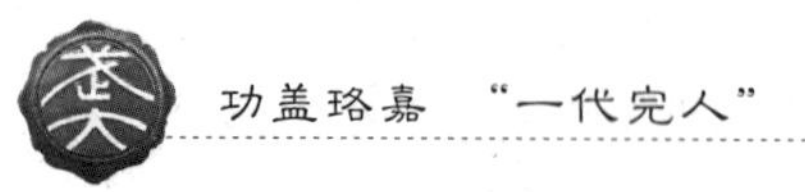

1918年 30岁

1月 参加由蔡元培组织的“进德会”，为该会“甲种会员”。

是年 在北京大学开设“科学方法论”课程。

1919年 31岁

5月10日 与马叙伦、马寅初、李大钊、康宝忠、徐宝璜、沈士远等6人作为北大教职员代表，赴教育部请愿挽留刚刚在“五四”运动中提出辞职的蔡元培校长。

6月 与陈独秀、高一涵、程演生、邓初等安徽同乡一同在北京城散发由陈独秀起草并由胡适译成英文的《北京市民宣言》，在陈独秀因此被捕后，又与马裕藻、马叙伦、马寅初、程演生、刘师培等人致函京师警察厅，请求将其保释。

12月 与王光祈等人一同发起成立北京工读互助团。

1920年 32岁

1月 参与发起组织“北京大学教职员会”。

2月 与李大钊一同掩护陈独秀逃离北京。

5月 将“科学方法论”课程讲稿上卷编成《科学方法论》一书，由北京大学出版部刊行。

10月 首次当选为北京大学评议员。

10月21日 与高一涵、李辛白等人作为旅京皖事改进会代表，到教育部拜会新任安徽省教育厅厅长张继煦，与其畅谈安徽教育的前途问题。

1921年　33岁

3月　参与北京高校向北洋军阀政府索薪与争取教育经费独立的斗争。

6月　与张东野、杨亮功、苏雪林等旅京皖籍人士为安庆"六二学潮"前往国务院请愿，揭露军阀政府镇压学生、歧视教育的恶行，并努力争取安徽教育经费的增加与独立。

7月　被推举为安徽省教育会会长候选人。

8月　参加安徽省教育会组织的暑期讲演会，继胡适之后提出创办安徽大学的倡议，并参与发起"安徽大学期成会"。

11月　译著《哲学中之科学方法》（罗素著）由商务印书馆出版。

12月7日　当选为北京大学化学系教授会主任。

是年　长女王焕理出生。

1922年　34岁

3月20日　被"安徽大学期成会"大会推举为安徽大学筹备处评议员。

4月4日　与李大钊等人发表《非宗教者宣言》。

7月9日　安徽大学筹备处召开大会，推举王星拱等10名代表晋谒省长许世英，以筹措大学基金。

10月　参与发起召开两次临时评议会，极力挽留因"讲义风潮"辞职的蔡元培校长。

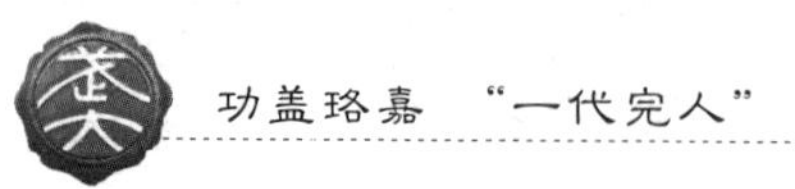

1923 年　35 岁

1 月　参加北京学界掀起的“驱彭挽蔡”运动。

同月　次女王焕葆出生。

3 月 26 日　当选为北京大学化学系主任。

7 月 9 日　在《晨报副镌》上发表《科学与人生观》一文，参加科学与玄学的论战，提出“科学可以解决人生问题”，该文于同年 12 月为上海亚东图书馆出版的文集《科学与人生观》所收录。

8 月　作为安徽旅京学界的 4 位代表之一，南下平息怀宁教育界的“倒江”风潮。

9 月　安徽省教育厅将原安徽大学筹备处并入安徽大学工科筹备组，以王星拱为主任。

1924 年　36 岁

2 月　被国立广东大学筹备处主任邹鲁函聘为该大学 35 位筹备员之一。

3 月　参与反对教育部颁行的《国立大学校条例》的活动。

7 月　南下广州，出席国立广东大学第一次筹备大会，参与审查该校各项规章制度。

11 月　被安徽旅京同乡会推定为反倪、马军阀委员会委员。

1925 年　37 岁

4 月　被安徽省教育厅聘请为安徽省立第一高级中学

校长。

7月　安徽省教育厅向省政府呈请以王星拱为安徽大学筹备主任。

8月　参与反对北京大学与教育部脱离关系的抗争。

是年　长子王焕彻出生。

1926年　38岁

4月　被安徽大学筹备处委任为总务股主任。

8月　函辞安徽省立学校联合会轮值主席，返回北京大学。

1927年　39岁

2月　次子王焕晰出生。

4月　在李大钊被奉系军阀张作霖杀害后，受到牵连，带着家人星夜出逃，前往南京。

7月　任国立第四中山大学自然科学院化学系副教授、哲学院哲学系副教授兼第四中山大学区高等教育部部长。

9月27日　被武汉政治分会委任代理安徽省教育厅厅长。

11月　任中华民国大学院科学教育委员会委员。

1928年　40岁

3月31日　被国民党中央执行委员会任命为安徽省党务指导委员，4月10日在南京宣誓就职。

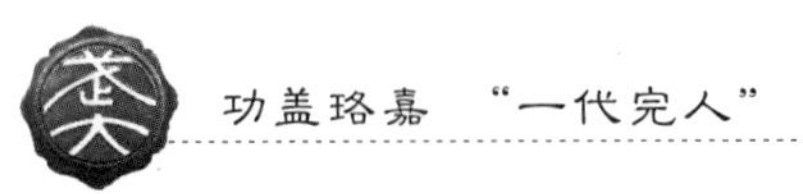

5月　任第一次全国教育会议筹备委员及常务委员。

7月　先后被中华民国大学院院长蔡元培指派为国立武汉大学筹备委员会委员及建筑设备委员会委员。

9月14日　出席国立武汉大学临时校务会成立会，任理工学院院长。

10月2日　出席国立武汉大学第一次校务会议。

12月26日　出席国立中央大学第46次筹备会议。

1929年　41岁

2月　教育部任命王世杰为国立武汉大学首任校长，其到职前由王星拱兼代校长职务。

同月　被国立北平大学北大学院宣布聘为第二院主任兼总务长，但未到任。

3月4日　出席国立武汉大学第一次评议会，议决添设工学院（与理学院分立），改任理学院院长。

6月5日　国立武汉大学评议会临时会议议决增设副校长一名，由王星拱兼任。

7月30日　被安徽省政府委员会会议聘请为安徽大学校长。

10月22日　聘张和声为安徽大学秘书。

11月8日　参与发起组织召开武汉大学全体教职员大会，并联名致电南京国民政府行政院长谭延闿与教育部长蒋梦麟，力争维持武汉大学珞珈山新校舍建筑原案。

1930 年　42 岁

1 月　与杨亮功一同拟定安徽大学建筑设备计划。

2 月 27 日　被推定为国立武汉大学首任教务长。

是年春　决定安徽大学理学院物理系破格提前招生，同时增设数学系和化学系。

4 月初　向安徽省代理主席、省教育厅厅长程天放递交辞呈，请求辞去安徽大学校长之职。

6 月　在多次挽留未果后，安徽省政府决定接受王星拱的辞呈，并根据王星拱的推荐，任命杨亮功继任安徽大学校长。

9 月　所著《科学概论》一书被列为“国立武汉大学丛书”之一，由商务印书馆出版。

同月　兼任武汉大学化学系主任。

1931 年　43 岁

4 月 24 日　国立武汉大学第 116 次校务会议通过“校徽校旗案”，决定请王星拱等人为“校徽上文字体式及校徽形式颜色”定形。

11 月 13 日　任国立武汉大学聘任委员会当然委员长。

12 月初　在武汉大学“国难周”上发表《工业与战争》的演讲。

1932 年　44 岁

2 月　随国立武汉大学迁入珞珈山新校舍。

7 月　被推举为安徽大学董事会首任董事。

12月12日　在武汉大学“总理纪念周”上发表《大学的任务》的演讲，提出“大学的任务，在道德方面要树立国民的表率，在知识方面要探求高深的理论，在技能方面要研究推进社会进步的事业”。

12月　在《国立武汉大学理科季刊》第3卷第2期上发表《细胞及体素之通透问题》的论文。

1933年　45岁

4月20日　中国国民党中央政治会议决议，任命国立武汉大学校长王世杰为教育部部长，并电派该校理学院院长王星拱为代理校长。

7月　致函湖南省政府，请求补助总图书馆与法学院建筑经费。

9月22日　兼任国立武汉大学农学院筹备处主任。

12月5日　致函管理中英庚款董事会，请求补助工学院建筑设备及讲座经费。

1934年　46岁

4月，接受黎绍基、黎绍业兄弟捐赠黎元洪筹设江汉大学基金约10万元，用于修筑体育馆之用。

5月15日　国民政府行政院决议任命王星拱为国立武汉大学校长。

1935年　47岁

1月　聘周鲠生教授为武汉大学法科研究所主任，任

凯南教授为法科研究所经济学部部主任，邵逸周教授为工科研究所主任，俞忽教授为工科研究所土木工程学部部主任。

12月23日　在武汉大学“总理纪念周”上作报告，指出武大学生应“依照原定的不荒废学业的主张，努力于以学术救国的工作”。

12月30日　因武大学生宣布罢课，遂提出辞职并离校。

1936年　48岁

1月7日　与武大教职员及学生代表一同返回学校，并于次日正式复职，召开校务会议。

6月26日　与任鸿隽、竺可桢、罗家伦、胡庶华、张凌高等大学校长联名致电中央及两广，呼吁避免内战，一致抗日。

7月　聘周鲠生教授为武汉大学教务长。

9月　聘叶雅各教授为武汉大学农学院院长。

1937年　49岁

4月底　委派赵学田等三位教师到武昌公共科学实验馆为武汉各公立中学的理化教员作关于防毒面具的演讲。

7月中旬　参加由中国国民党中央政治会议举行的“庐山谈话会”。

8月1日　与蔡元培、蒋梦麟、胡适、梅贻琦、罗家伦、竺可桢等人联名致电国际联盟知识合作委员会，对日寇摧毁

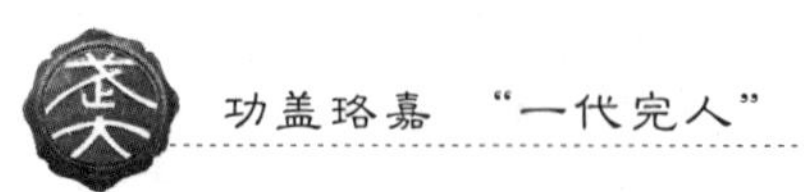

南开大学校园的残暴行为进行严厉谴责，并吁请各国加以制裁。

11月8日　在武汉大学“总理纪念周”上发表《抗战与教育》的演讲，提出“教育有教育的本身任务……大学教育，其任务为专门人才之养成，专门人才之养成，也是抗战中之不可缺乏的工作”。

11月21日　邀请陈独秀来武汉大学发表《怎样才能发动民众》的演讲。

12月4日　对《大公报》记者发表谈话，声明“苟有一个学生能留校上课，本人当绝不离校”。

1938年　50岁

2月3日　致函四川省政府，请求指拨嘉定文庙等处地址供武汉大学迁川后开学上课之用。

2月21日　主持召开国立武汉大学第322次校务会议，议决通过“迁校问题案”，决定“呈商教育部四年级学生留校上课，一、二、三年级学生暂迁嘉定，并于暑假后酌量情形，再行商迁贵阳”。

3月16日　与傅汝霖、段锡朋、高一涵、陶希圣、周佛海、梁寒操、张西曼等人在《大公报》、《武汉日报》、《扫荡报》等报纸上发表声明，公开为被王明、康生等人诬为“汉奸”的陈独秀辩诬。

5月　前往四川乐山处理“国立武汉大学嘉定分部”各项事务，一个多月后返回武汉。

7月　国立武汉大学珞珈山本部校务暂行结束，与工

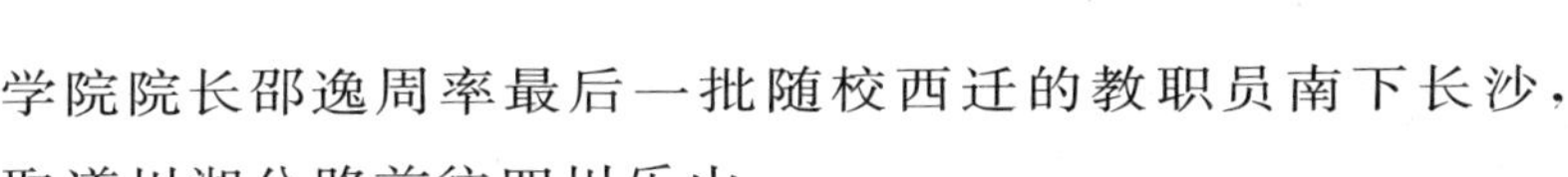

学院院长邵逸周率最后一批随校西迁的教职员南下长沙，取道川湘公路前往四川乐山。

12 月 9 日　聘赵师梅为武汉大学主任导师。

1939 年　51 岁

3 月 24 日　被世界学生会中国分会函聘为该会董事。

10 月 19 日　向教育部保荐赵师梅为武汉大学训导长。

是年　任国立武汉大学社会教育推行委员会主席委员。

1940 年　52 岁

年初　武大师生发动“挽留王星拱、抵制程天放”运动。

7 月　聘桂质柏为武汉大学图书馆主任。

同月　因抗议军警逮捕武大学生，愤然辞职未果。

11 月　武汉大学部分学生发起“倒王”运动。

12 月 23 日　接待教育部长陈立夫视察武汉大学。

1941 年　53 岁

年初　聘朱光潜教授为武汉大学教务长。

是年　兼代武汉大学总务长。

是年　兼任国立武汉大学贷金审查委员会主任委员。

1942 年　54 岁

4 月　前往重庆向教育部呈递增设文史研究所与理科研究所的申请。

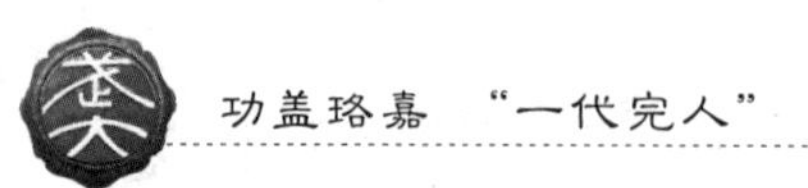

8月　聘刘永济为武汉大学文科研究所主任，桂质廷为理科研究所主任。

夏　前往成都华西大学医学院治疗胃病。

1943年　55岁

2月　教育部命令武汉大学“于一年级增设伦理学一课”，由王星拱校长亲自向武大学生解释共通校训“礼义廉耻”及武大校训“明诚弘毅”。

3月　被教育部指定为武汉大学文、法、理、工四科研究所考试委员会主席委员。

5月底　接待世界著名生物化学家、科技史专家李约瑟(Joseph Terence Montgomery Needham)博士访问武汉大学。

12月19日　聘余炽昌教授为武汉大学训导长。

1944年　56岁

4月26日　接待国民政府军事委员会副总参谋长兼军训部部长白崇禧视察武汉大学。

12月23日　任国立武汉大学知识青年志愿从军征集委员会主席。

1945年　57岁

1月25日　聘陶因教授为武汉大学教务长。

2月10日　聘叶峤教授为武汉大学训导长。

3月3日　与梅贻琦、竺可桢等人前往重庆壁山访问青

年远征军第201师。

4月初 当选为中国国民党“六大”代表。

5月19日 当选为中国国民党第六届中央监察委员。

6月26日，国民政府行政院第701次会议决议：“国立武汉大学校长王星拱呈请辞职，应予免职，遗缺任命周鲠生继任。”同日，教育部部长朱家骅密函王星拱，催其早日来部担任教育研究委员会委员。

9月11日 被国民政府行政院任命为国立中山大学校长。

10月30日 联合22位皖籍著名学者、政要，联名上书教育部长朱家骅，吁请恢复安徽大学。

11月29日 与王云五、陈松年、沈尹默、傅斯年、段锡朋、狄膺等人在重庆商议陈独秀遗著的出版问题。

12月21日 在广州中山大学校长接印视事。

1946年 58岁

1月14日 中山大学学生会见王星拱校长，要求增加贷金数额及在石牌设立平价食堂。

6月 邀请著名语言学家王力到中山大学讲学，并在两个月后聘其为文学院院长，支持其在中山大学创办全国第一个中国语言学系。

1947年 59岁

3月 赴南京出席国民党六届三中全会。

同月 与谭云山教授一起代表中印学会赴印度参加泛

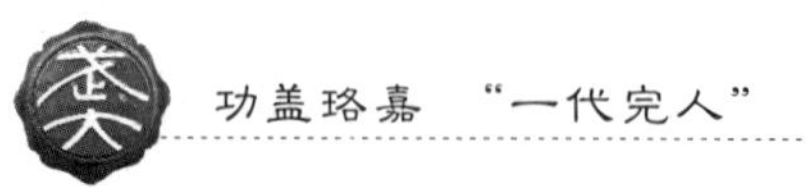

亚洲会议。

本年　任联合国教育科学文化组织中国委员会第一届委员。

1948 年　60 岁

3 月　夫人叶玉芝在家乡安庆去世，立即回乡并提出辞职。

4 月　出席国民大会。

6 月　教育部批准辞去中山大学校长一职。

11 月　被国立武汉大学提名为中央研究院 1949 年度院士候选人（数理组）。

1949 年　61 岁

3 月　由安庆移居芜湖。

6 月　前往上海就医。

10 月 8 日　在上海永川医院病逝，享年 62 岁（虚岁）。

附
录
二

王星拱在国立武汉大学历年所任职务统计表

（按就职时间先后顺序排列）

职　务	任职时间
筹备委员会委员	1928.7—1928.9.14
建筑设备委员会委员	1928.7—1939 1947.4.1—1949?
理工学院筹备主任	1928.7.28—1928.9.14
理工学院院长	1928.9.14—1929.3
理学院、化学系教授	1928.9.14—1936
图书委员会委员	1928.10.30—1929.10

续上表

职　务	任职时间
仪器委员会主席、委员长	1928.12.11—1933.5.12
评议员	1928—1929
课程委员会委员	1929.2.26—?
理学院院长	1929.3.4—1933.4 1935.10—1939.11
编定新预算委员会委员	1929.3.4—?
代理校长	1929.3.14—1929.5.22 1933.4.20—1934.5.15
考试委员会委员	1929.5.14—1929.10 1935.10—1938?
副校长	1929.6—1930.10
预科算学委员会委员长	1929.9.27—1931.7
财务委员会委员	1929.10.4—1933.4.25
建筑设备委员会委员长(代理)	1929—1930?
教务长	1930.2.27—1933.4.25
基本英文课程委员会主席	1930.5.8—1930.9
化学系主任	1930.9—1934.10
教职员党义研究会常务委员	1930.9.29—1933.4.25
特别(种)基金保管委员会委员长	1931.6.5—1933.5.12
聘任委员会委员长	1931.11.13—1933.5.12
毕业考试委员会委员	1933.3.24—1933.6
农学院筹备处主任	1933.9.22—1936.8
农场、林场主任	1933—1938?

续上表

职　务	任职时间
校长	1934.5.15—1945.7.31
物理系主任(兼代)	1935.10—1936.10
第一外国语委员会委员	1935.10—1938?
社会教育推行委员会主席委员	1939—1945?
贷金审查委员会主任委员	1941—1945?
总务长(兼代)	1941—1942?
研究院院长?	1942—1945?
文、法、理、工四科研究所考试委员会主席委员	1943—?
知识青年志愿从军征集委员会主席	1944.12.23—1945

主要参考文献

一、档案类

1 中国第二历史档案馆藏国民政府教育部档案、国立中央大学档案.1928—1949.

2 湖北省档案馆藏民国湖北省政府、湖北省教育厅档案.1928.

3 北京大学档案馆藏国立北京大学档案.1917—1927.

4 武汉大学档案馆藏国立武汉大学档案.1928—1949.

二、史料类

1 大学院公报编辑处.大学院公报(第1年第7期).1928,7.

2 中央政治会议武汉分会月报(第1卷第1、2期).1928,7、8.

3 教育部高等教育司编.全国高等教育统计(中华民国十七年八月至二十年七月).1932.

4 教育部高等教育司编印.二十年度全国高等教育概况简表.1933.

5 教育部统计室编.二十二年度全国高等教育统计.1936.

6 教育部统计室编.二十三年度全国高等教育统计.1936.

7 中华民国法规大全(第7册 教育).上海:商务印书馆,1936.

8 国立武汉大学校务会议纪录(第1～7册).1928—1938.

9 国立武汉大学一览(中华民国十九～廿七年度).1929—1938.

10 国立武汉大学安徽同学会会刊.1931.

11 国立武汉大学第一届毕业纪念册.1932.

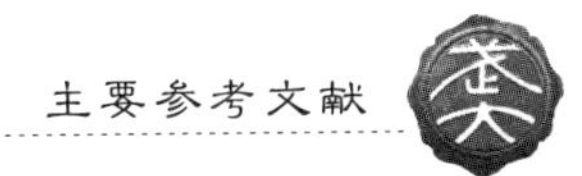

12 国立武汉大学第二届毕业纪念册.1933.
13 国立武汉大学民二三级毕业纪念刊.1934.
14 国立武汉大学第六届运动会特刊.1935.
15 国立武汉大学民二四毕业纪念刊.1935.
16 国立武汉大学毕业纪念刊(民二五级).1936.
17 国立武汉大学欢迎新同学特刊.1936.
18 国立武汉大学农业班首届毕业同学录.1937.
19 国立武汉大学校友会校友录.1944.
20 国立武汉大学民三三级同学录.1944.
21 国立武汉大学工学院电机工程学系成立十周年纪念特刊.1945.
22 国立武汉大学民三四级同学录.1945.
23 国立武汉大学第十六届毕业纪念刊.1947.
24 国立武汉大学毕业纪念刊(民三七级).1948.
25 安徽大学一览(中华民国二十五年度).1936.
26 汪少伦.两年来安徽教育之检讨.上海:正中书局,1946.
27 国立安徽大学三七级毕业同学录.1948.
28 国立中山大学第二十一届毕业同学录.1947.
29 国立中山大学第廿二届毕业同学录.1948.
30 刘真主编,王焕琛编著.留学教育——中国留学教育史料.台北:"国立编译馆",1980.
31 张静如,马模贞,廖英,钱自强编.李大钊生平史料编年.上海:上海人民出版社,1984.
32 朱有瓛主编.中国近代学制史料(第一辑上册).上海:华东师范大学出版社,1983.

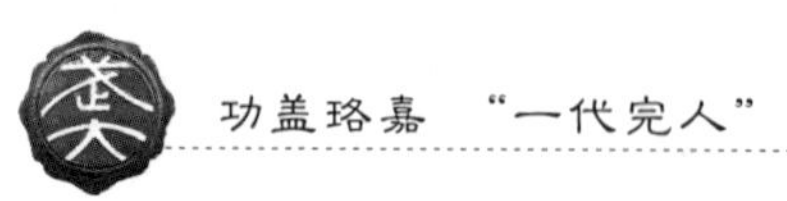

33 朱有瓛主编.中国近代学制史料(第二辑上册).上海:华东师范大学出版社,1987.

34 郭廷以.中华民国史事日志(第三册).台湾“中央研究院”近代史研究所编印发行,1984.

35 郭廷以.中华民国史事日志(第四册).台湾“中央研究院”近代史研究所编印发行,1985.

36 中国第二历史档案馆编.中华民国史档案资料汇编第五辑第一编教育(一).南京:江苏古籍出版社,1991.

37 徐正榜主编.武汉大学百年大事记(初稿,第一本).1993.

38 安徽省地方志编纂委员会编.安徽省志·大事记.北京:方志出版社,1998.

39 王学珍,郭建荣主编.北京大学史料第二卷(1912—1937).北京:北京大学出版社,2000.

40 周宁辑注.北洋时期胡适等安徽学人关心皖省教育史料辑佚.民国档案,2008,2.

41 李而周,李也周编.武汉大学学人墨迹选.武汉:湖北美术出版社,2010.

三、报刊类

1 北京大学日刊(第1～2208号).1917—1929.

2 北京大学社会科学季刊.1924.

3 晨报.1919—1925.

4 申报.1919—1949.

5 新青年.1918—1920.

6 新潮.1919—1921.

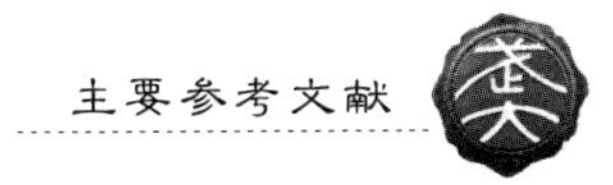

7 新教育.1922.

8 东方杂志.1920—1924.

9 少年中国.1921.

10 太平洋.1924.

11 现代评论.1925—1927.

12 大公报.1936—1946.

13 世界学生.1942.

14 安徽省政府教育厅编辑处发行.安徽教育周刊.1928.

15 安徽省政府教育厅编辑处发行.安徽教育行政周刊.1928—1930.

16 安徽大学校刊.1929—1930.

17 国立武汉大学周刊(第1～392期).1928—1948.

18 国立武汉大学毕业同学会会刊.1939—1941.

19 国立武汉大学校友会会刊.1941—1945.

20 国立武汉大学校友总会会刊.1947.

21 诚报.1941—1945.

22 国立中山大学校报.1945—1948.

23 国立中山大学校刊.1947—1948.

24 武汉大学校友总会校友通讯编辑室编辑.武汉大学校友通讯.1983—1984.

25 武汉大学校友总会,武大武汉校友会合编.武汉大学校友通讯.1988—1994.

26 武汉大学校友总会编.武大校友通讯.武汉:武汉大学出版社,1995—2008.

27 武汉大学北京老校友会主办,陈荷夫主编.北京珞嘉(第1期).

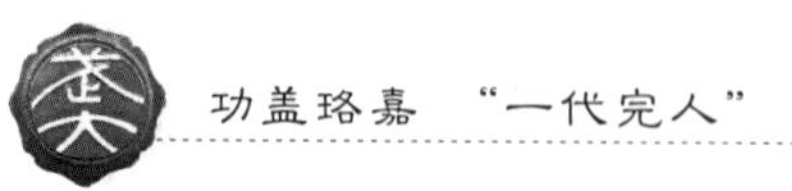

1996.

28 台北市“国立武汉大学校友会”编印.珞珈(第 103～162 期).1990—2005.

29 王星拱.科学与人生观.晨报副镌,1923,7,9.

30 王星拱.读书的兴趣(元月七日在省立一中讲演,吴忠亚笔记).中兴周刊(第 77 期),1935,1.

31 王星拱.大学之使命(在汉口广播电台讲演).中兴周刊(第 106 期),1935,8.

32 王星拱.抗战时期中之科学教育.教育通讯(第 2 卷第 5 期),1939—1—28.

33 王星拱.嘉定纪难和勰丞七篇.时事月报(第 21 卷 6 期),1939,12.

34 王星拱.抗战以来的武汉大学.教育杂志(第 31 卷第 1 号),1941,1.

35 王星拱.战后青年之责任.中国青年(第 13 卷第 2 期),1945.

36 高一涵.李大钊同志略传.中央副刊(第 60 号),1927—5—23.

37 安徽大学风潮之内幕.教育杂志(第 22 卷第 6 号),1930,6.

38 梅贻琦.就职演说.国立清华大学校刊,1931—12—4.

39 王特夫.王星拱论.现代(第 6 卷第 3 期)(反“读经”“存文”特辑),1935,4.

40 对日军残暴行为请加以谴责 蔡元培等致电国联 并吁请各国加以制裁.中央日报,1937—8—2.

41 来函照登.新华日报,1938—3—17.

42 拱君.杂谈武大.学生之友(第 1 卷第 5 期),1940.

43 任一民.武大学生生活素描.读书通讯(第 19 期),1940.

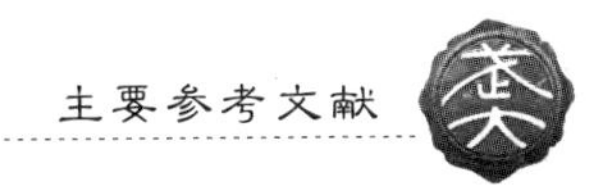

44 周西卜.武大剪影.华侨评论月刊(第1卷第12期),1947—1—16.

45 王星拱.学艺通讯,1949,11.

46 朱光潜.自我检讨.人民日报,1949—11—27.

47 “武大内迁乐山”封面报道.乐山广播电视报,2007—4—12.

48 韩玉晔,王业高.王星拱次子王焕晰的乐山记忆.长江日报,2008—10—21.

49 夏杨,孙璇.詹伯慧痛批研究生批量生产.羊城晚报,2009—02—01.

四、日记、书信、回忆录、传记类

1 李云鹤,翟宗文,李仲宾.现代安徽学生民主运动(初稿).安徽史学通讯,1957,1.

2 杨亮功.百花亭两年.传记文学(台湾),1963,7.

3 吴鲁芹.我的“误人”与“误己”生活.传记文学(台湾),1975,2.

4 吴鲁芹.武大旧人旧事.传记文学(台湾),1979,4.

5 李锐.“一二九”运动前后在武汉.见:一二九运动回忆录(第一集).北京:人民出版社,1982.

6 朱偰.五四运动前后的北京大学.见:文化史料丛刊(第5辑).北京:文史资料出版社,1983.

7 李锐.怀念范寿康先生.人民日报,1984—2—27.

8 曾昭安.武大杂记.武汉文史资料,1986,2.

9 徐正榜.忠诚教育事业的王星拱.武汉文史资料,1989,1.

10 张文达,徐雨深,朱炳先.哲学家、教育家张颐.见:四川省政协文史资料研究委员会,四川省文史馆.四川近现代文化人物续

编.成都:四川人民出版社,1989.

11 张培刚.怀念母校讲授基础课的诸位老师.武汉大学学报社会科学版增刊(1993年百年校庆特刊),1993,11.

12 王筑.正气高扬艰难路 师生共创千秋业——回忆抗战中内迁的武汉大学.见:四川省文史研究馆,四川省人民政府参事室编.永远不能忘记的历史——纪念抗日战争胜利50周年文章选编.1995.

13 魏木林,粟载福.曾昭安.见:程民德主编.中国现代数学家传(第2卷).南京:江苏教育出版社,1995.

14 龙彻渊.武大校长王星拱二三事.见:中国人民政治协商会议四川省威远县委员会学习文史资料委员会编.威远文史资料选辑(第14辑).1996.

15 皮公亮.我的父亲皮宗石(手稿,未发表).2011.

16 中国人民政治协商会议全国委员会文史资料研究委员会编.辛亥革命回忆录(第4集).北京:中华书局,1962.

17 中国人民政治协商会议全国委员会文史资料研究委员会编.文史资料选辑(第61辑).北京:中华书局,1979.

18 中国人民政治协商会议安徽省委员会文史资料研究委员会编.文史资料选辑(1980年第1辑).合肥:安徽人民出版社,1980.

19 政协安庆市委文史资料研究委员会,安庆文史资料编辑部编.安庆文史资料(总第15辑)(安庆人物史料专辑一).1986.

20 安庆市政协文史资料委员会,安庆文史资料编辑部编.安庆文史资料(第28辑)(教育史料专辑),2000,4.

21 中国社会科学院近代史研究所中华民国史组编.胡适来往书信选(中册).北京:中华书局,1979.

22 胡适.胡适口述自传.台北:传记文学出版社,1981.
23 耿云志主编.胡适遗稿及秘藏书信(第23册).合肥:黄山书社,1994.
24 曹伯言整理.胡适日记全编(三).合肥:安徽教育出版社,2001.
25 曹伯言整理.胡适日记全编(六).合肥:安徽教育出版社,2001.
26 王世杰日记(手稿本).台湾"中央研究院"近代史研究所编印发行,1990.
27 任建树.陈独秀传(上)——从秀才到总书记.上海:上海人民出版社,1989.
28 唐宝林.陈独秀传(下)——从总书记到反对派.上海:上海人民出版社,1989.
29 张谷,王缉国.王力传.南宁:广西教育出版社,1992.
30 彭迪先.我的回忆与思考.成都:四川人民出版社,1992.
31 中国科学院学部联合办公室编.中国科学院院士自述.上海:上海教育出版社,1996.
32 刘炎生.郁达夫传.南昌:百花洲文艺出版社,1996.
33 商金林编.朱光潜自传.南京:江苏文艺出版社,1998.
34 俞大光,陈锦江.无私奉献一生的赵师梅先生传略.武汉:华中理工大学出版社,2000.
35 刘西尧.攀峰与穿雾:刘西尧回忆录.武汉:武汉大学出版社,2000.
36 万仕国.刘师培年谱.扬州:广陵书社,2003.
37 杨静远.让庐日记.武汉:武汉大学出版社,2003.
38 齐邦媛.巨流河.台北:天下远见出版股份有限公司,2009.
39 朱东润.朱东润自传.北京:人民文学出版社,2009.

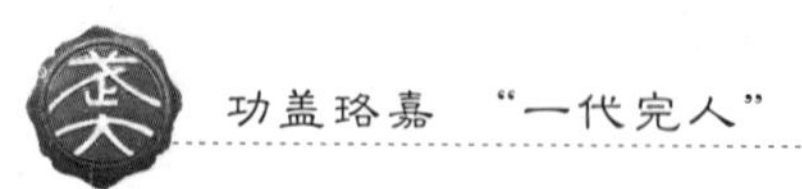

40 罗久芳编著.五四飞鸿——罗家伦珍藏师友书简集.天津:百花文艺出版社,2010.

五、文集类

1 陈独秀.独秀文存(四).上海:亚东图书馆,1922.

2 科学与人生观.上海:亚东图书馆,1923.

3 夏丏尊,叶圣陶,宋云彬,陈望道.开明国文讲义(第一册).上海:开明书店,1934.

4 陈独秀.我对于抗战的意见.广州:亚东图书馆,1938.

5 四川省政府教育厅主编.学术讲演集(第二辑).1941.

6 王觉源编.战时全国各大学鸟瞰.重庆:独立出版社,1941.

7 台湾“国立中山大学校友会”编印.国立中山大学成立五十周年特刊.1974.

8 董鼐总编辑.学府纪闻·国立武汉大学.台北:南京出版有限公司,1981.

9 高平叔编.蔡元培全集(第4卷).北京:中华书局,1984.

10 高平叔编.蔡元培全集(第6卷).北京:中华书局,1988.

11 高平叔编.蔡元培全集(第7卷).北京:中华书局,1989.

12 广东省社会科学院历史研究所,中国社会科学院近代史研究所中华民国史研究室,中山大学历史系孙中山研究室合编.孙中山全集(第9卷).北京:中华书局,1986.

13 叶圣陶.我与四川.成都:四川人民出版社,1984.

14 叶至善,叶至美,叶志诚编.叶圣陶集(第19卷)圣陶日记·西行日记(上).南京:江苏教育出版社,2004.

15 竺可桢.竺可桢全集.上海:上海科技教育出版社,2005.

16 毛磊,刘继增,袁继成,杨存厚.武汉抗战史要.武汉:湖北人民出版社,1985.

17 中国人民政治协商会议安徽省委员会文史资料研究委员会编.军阀祸皖.合肥:安徽人民出版社,1987.

18 李良佑,刘犁编.外语教育往事谈——教授们的回忆.上海:上海外语教育出版社,1988.

19 陈学勇编.凌叔华文存.成都:四川文艺出版社,1998.

20 武汉大学乐山校友会编.武汉大学乐山纪念堂专刊.1993.

21 武汉大学成都校友会主办.王星拱校长纪念专刊.1996.

22 龙泉明,徐正榜主编.走近武大.成都:四川人民出版社,2000.

23 武大北京老校友会编.武大学运文选.2002.

24 武大北京老校友会,北京珞嘉编辑部编.珞嘉岁月.2003.

25 岷江读书社编.岷江情深——岷江读书社回忆录.2004.

26 张召奎,周怀宇,金宏慧主编.安徽重要历史事件丛书·教坛古今.合肥:安徽人民出版社,1999.

27 方兆本主编.安徽文史资料全书(安庆卷).合肥:安徽人民出版社,2005.

28 怀宁县教育局编.怀宁县教育志(1898—2002).合肥:安徽大学出版社,2005.

29 朱守良主编.皖江近现代高等教育人物研究.合肥:合肥工业大学出版社,2006.

六、著作类

1 王星拱编.科学方法论.北京:北京大学出版部,1920.

2 罗素著,王星拱译.哲学中之科学方法.上海:商务印书馆,1921.

3 王星拱.科学概论.上海:商务印书馆,1930.

4 武汉大学校史编辑研究室.武汉大学校史简编.1983.

5 武汉大学学生运动史编写组.武汉大学学生运动简史.1983.

6 吴贻谷主编.武汉大学校史(1893—1993).武汉:武汉大学出版社,1993.

7 梁柱.蔡元培与北京大学(修订本).北京:北京大学出版社,1996.

8 杨立华主编.北京大学哲学系史稿.2004.

9 黄山,李坚,张克谟.中山大学校史(1924—1949).上海:上海教育出版社,1983.

10 黄义祥编著.中山大学史稿(1924—1949).广州:中山大学出版社,1999.

11 易汉文主编.中山大学编年史(1924—2004).广州:中山大学出版社,2005.

12 冯双编著.中山大学生命科学学院(生物学系)编年史:1924—2007.广州:中山大学出版社,2007.

13 王庭科主编.四川大学史稿(第一卷).成都:四川大学出版社,2006.

14 安徽师范大学校史编写组编.安徽师范大学校史.合肥:安徽人民出版社,2008.

15 安徽大学简史编写组编.安徽大学简史.合肥:安徽大学出版社,2008.

16 汪青松,王先民,吴毅安主编.安庆师范学院110年发展史.合肥:安徽人民出版社,2008.

17 [英]李约瑟著,中国科学技术史翻译小组译.中国科学技术史

（第一卷 总论）（第一分册）.北京:科学出版社,1975.

18 杨天宏.基督教与近代中国.成都:四川人民出版社,1994.

19 戴惠珍,王鹤鸣,杨雨润等著.安徽现代史.合肥:安徽人民出版社,1997.

20 王东杰.政治、社会与文化视野下的大学“国立化”:以四川大学为例(1925—1939).成都:四川大学博士学位论文,2002.

21 刘晓琴.中国近代留英教育史.天津:南开大学出版社,2005.

22 韩石山.少不读鲁迅　老不读胡适.北京:中国友谊出版公司,2005.

23 顾亚龙编著.近现代名人手札赏评.济南:山东美术出版社,2006.

24 张耀杰.历史背后——政学两界的人和事.桂林:广西师范大学出版社,2006.

25 周宁.地缘与学缘:一九二〇年代的安徽教育界(1920—1926).上海:复旦大学博士学位论文,2007.

26 王奇生.革命与反革命:社会文化视野下的民国政治.北京:社会科学文献出版社,2010.

27 程斯辉.中国近代大学校长研究.北京:人民教育出版社,2010.

七、论文类

1 Joseph Needham. Science in Western Szechuan. *Nature*, Vol. 152, No. 3856(Sep. 25, 1943).

2 H. Zanyin Gaw and H. P. Wang. Survey of Chinese Drugs for Presence of Antibacterial Substances. *Science*, Vol. 110, No. 2844(Jul. 1, 1949).

3 许立言,叶晓青.抗战时期李约瑟在中国的科学活动.自然杂志,1981,9.

4 何贻赞.我国植物分类学的奠基者陈焕镛教授——纪念陈焕镛教授诞辰一百周年.中国科技史料,1990,3.

5 徐振亚,孙亦梁.北京大学化学系的八十五年.中国科技史料,1995,3.

6 王燊,胡心如,赵修诜.我国空间物理学先驱桂质廷——纪念桂质廷教授100周年华诞.武汉大学学报(自然科学版),1995,10.

7 徐承伦.陈独秀与商务印书馆.编辑学刊,1996,2.

8 吴毅安.清末安徽新式高等教育的发展与特点.安庆师院社会科学学报,1997,11.

9 沈寂.安徽新型高等教育的开端.安徽大学学报(哲学社会科学版),1998,5.

10 周家华,吴春梅.严复与安徽高等学堂.安庆师范学院学报(社会科学版),2004,9.

11 徐承伦.“一代完人”王星拱与陈独秀.党史纵览,2005,4.

12 周乾.王星拱与省立安徽大学早期发展.江淮文史,2007,1.

13 周乾.胡适与民国时期安徽大学的初创.安徽大学学报(哲学社会科学版),2007,11.

14 周乾.民国时期省立安徽大学的院系设置与发展.安徽大学学报(哲学社会科学版),2008,9.

15 周宁.北洋政府时期省立安徽大学的筹办与纷争.安徽大学学报(哲学社会科学版),2009,5.

16 曹天忠.档案中所见的部聘教授.学术研究,2007,1.

17 桑兵.1948年中山大学易长与国民党的派系之争.学术研究,2008,1.

18 桑兵.国民党在大学校园的派系争斗.史学月刊,2010,12.

19 赵基明.李约瑟及其对武汉大学的访问、评价与友情(手稿).2010.

20 赵基明.武汉大学早年在*Nature*、*Science*上发文及作者一览(手稿).2010.

八、网页类

1 名人信札:(民国国立武汉大学校长、中山大学校长、著名教育家)王星拱.孔夫子拍卖网(http:// pm. kongfz. com/ now_item_pic_4662153/ .)

2 王星拱函件.上海档案信息网(http:// www. archives. sh. cn/ docs/ 200804/ d_187029. html.)

3 陈锦江.师恩难忘,师德永铭——回忆赵师梅先生.武汉大学纪念西迁乐山70周年专题网站(http:// vhost. whu. edu. cn/ 70/ html/ mszy/ 200806/ 18-65. html.)

4 武汉大学校友总会.王星拱墓地修缮募捐书.武汉大学校友网(http:// alumni. whu. edu. cn/ ShowArticle. asp? id=768.)

5 何世奇."一代完人"王星拱墓地受到重点保护.中国怀宁政府网(http:// 61. 191. 152. 133:8080/ main/ model/ newinfo/ newinfo. do? infoId=9101.)

后记

由著名历史学家章开沅教授和教育史学家余子侠教授策划主编的《中国著名大学校长书系》第一辑十本著作，2004—2005年由山东教育出版社陆续出版后，受到学界和读者的好评。我有幸参加了其中惟一一位女大学校长即金陵女子大学校长吴贻芳的研究工作，当时因收集资料等原因，我邀请了南京师范大学的孙海英教授一起研究吴贻芳的治校办学经验，共同完成了《厚生务实　巾帼楷模——金陵女子大学校长吴贻芳》一书。2007年，章开沅教授、余子侠教授决定策划出版《中国著名大学校长书系》第二辑，邀请我研究国立武汉大学第二任校长王星拱，尽管其时我承担了武汉大学教育科学学院的管理工作，还有其他课题在研，但我还是很乐意地领受了任务。

在策划出版第一辑时，我们就提到王星拱应当入选，由于出版社当时确定的出版容量所限，王星拱未能进入，那时还很是遗憾了一番。这次主编确定研究王星拱，无论怎样也要把握机会，将王星拱在武汉大学校长任上治校办学的经验教训总结出来。虽然我对王星拱有初步了解，但深入进去就发现自己掌握的材料远远不够，考虑到交稿的时间和我面临的越来越重的学院管理任务，我便开始物色校内对武汉大学校长王星拱有思考和研究的学者，期待着他们与我一道研究这位武大的老校长。

在这一过程中，我发现了在学校档案馆工作的青年才俊吴骁，尽管他从历史学院硕士毕业后留校还不久，但他在读书期间就因对武汉大学校史研究的兴趣，发起成立了全国第一家以学习和宣传本校校史为宗旨的学生社团——武汉大学校史研究会，毕业留在档案馆工作后，特别注重各类校史资料的搜集，已积累了较丰富的相关资料。当时，吴骁对于王星拱的生平事迹已经有了一定的了解，也对这位老校长充满了崇敬之情。2006 年 9 月，当武汉大学校友总会向广大校友发出号召，希望大家为王星拱墓地的修缮工作慷慨解囊时，吴骁立即在全校师生员工中第一个捐了款。

考虑到吴骁的这些具体情况，我便邀请他参与本书的写作。

吴骁接受任务后非常认真，在2008年出现冰雪灾害的春节期间，牺牲了整个寒假的休息时间，冒着严寒，先后前往北京、南京、合肥等地，登门拜访王星拱的子女后人，以及不少曾在王校长主政时期的武汉大学学习或工作过的老校友等历史的亲历者和当事人，并在北京大学图书馆、南京中国第二历史档案馆查阅、搜集了大量历史资料。再加上吴骁本身就在武汉大学档案馆工作，搜集和利用武汉大学的各种校史资料也非常方便。在充分占有资料的基础上，我们拟定提纲并反复修改；在撰写过程中又数易其稿。书稿最终能够完成，主要靠吴骁的努力，我主要起总体把关的作用。此外，整部书稿曾一度逼近40万字，为控制篇幅，我们又忍痛割爱，删减了近5万字的内容。对于被精简掉的很多具有重要史料价值的内容，将来如有条件，我们将通过撰写专题论文、编纂出版相关著述等方式，尽量予以弥补和完善。

在本书的写作过程中，王星拱老校长的次女王焕葆女士及其丈夫、中国科学院与中国工程院“双院士”陆元九先生，王老校长的次子王焕晰先生及其女儿王大林女士，武汉、北京、上海、天津、南京、重庆、成都、乐山等地的一些曾在上世纪30～40年代的武汉大学学习或工作过的老校友，如马同勋、谭崇台、陈荷夫（陈克胥）、王云从、刘诗秀、陈凤箫、蓝世杰、黄拯民、孙法理、彭宪生、李培哲、刘诗白、黄模、卢秉彝、王晓云、万典武、杨静远、柯俊、俞大光、李锐、杨恩泽、李度、周至骧、顾谦祥、皮公亮等人，均曾先后接受了作者的访问。

武汉大学档案馆馆长涂上飙对本书的写作给予了积极支持。武汉大学档案馆的雷雯、高志全、李福芹、佘学煜，武汉大学图书馆的田奇、谭明君等多位老师为资料的查阅提供了很大的便利。武大图书馆退休职工邬纪明老师编辑整理的《武大老教师著述及相关资料篇名索引》为本书所需资料的查找提供了许多重要线索。安徽大学历史系的周乾教授为本书的写作提出了宝贵意见，并提供了不少重要史料。而在作者的时间和精力不足的情况下，武汉大学的刘财新、容天伟、孙雨楼等校友或在校同学，分别帮助我们在中山大学图书馆校史资料室、北京大学档案馆和武汉大学图书馆特藏部查阅了大量相关史料。此外，赵基明、林纯洁、向珂、喻柏雅、刘发志、刘鎏、方芳、刘文祥、黄一秦等武汉大学在校师生或校友，以及张在军先生、符丽静女士、姜曦女士等校外友人，也为本书的写作提供了一定的帮助。

在本书的初稿完成后，现已96岁高龄的武汉大学历史学院退休教授、曾在王星拱校长身边工作过的马同勋老校友，王星拱老校长的次子、现年85岁的安徽农业大学退休教授王焕昕先生，以及武汉大学档案馆老馆长徐正榜、武汉大学校友总会主编《武大校友通讯》的刘以刚这两位年过花甲的武大资深校史专家，均不顾自己年迈体弱，认真细致地

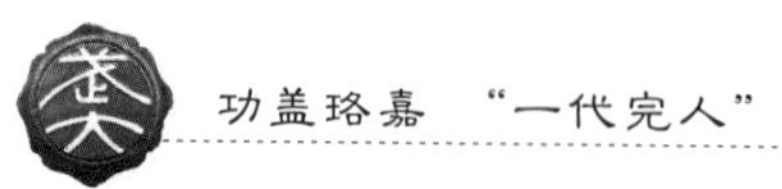

审读了全部书稿，并提出了宝贵的修改意见。而本书的书稿最终能够交付，与主编余子侠教授的不断鞭策和严格把关也是密不可分的。

对于上述曾为本书的写作提供过帮助的众多师友，作者在此一并致以衷心的感谢！

另外，对于本书书名的正标题——《功盖珞嘉 “一代完人”》，也有必要在此作一些解释。凡是对武汉大学的历史和基本情况略有了解的人都知道，武大自从20世纪30年代在武昌珞珈山地区建设新校舍后，作为学校校园所在地的“珞珈”，便逐渐成为这所著名高校的象征和代名词。但在30年代后期抗战军兴之后，当时的国立武汉大学亦曾和东部地区的绝大多数高校一样，迁往西部大后方。由于武汉大学战时校址的所在地——四川乐山古名嘉定或嘉州，于是，当时的武大师生便经常使用“乐嘉”一词来指称乐山，因为这一称呼正好与“珞珈”谐音（而在四川方言中，这两个词的读音更是高度接近，近乎同音），足以表达出武大师生对于已经沦陷于日寇之手的珞珈山校园的深深思念，以及对于乐山这一战时校址的高度认同感。在此基础上，很多曾在20世纪30～40年代国立武汉大学西迁乐山及战后复员武昌前后，先后在武昌珞珈山与四川乐山两地校址就读于武汉大学的老校友，纷纷将武大的这一特殊历史阶段称为“珞嘉岁月”或“珞嘉年代”，如武汉大学北京老校友会于1996年创办的校友刊物，即定名为《北京珞嘉》，在此基础上于2003年选编的纪念文集，亦以《珞嘉岁月》命名。就王星拱本人在国立武汉大学实际工作的17年时间而言，前10年与后7年便分别处于建校珞珈山与迁校乐山时期，他对武汉大学的重大贡献亦是在这两地分别作出的。前者是武汉地区相对安定的局部和平时期，后者是全民族团结抗战的全面战争年代，学校在两个不同时期所面临的各种环境及所要应对和解决的诸多问题既有巨大的差异，又有某些一脉相承的连续性或相似之处，因此，以“功盖珞嘉”一语来概括王星拱校长在武汉大学工作期间对学校的发展所作的贡献，既可清晰地分别点明王星拱在武汉大学建功立业的两个不同的地点与时空，亦能体现出当时国立武汉大学的优良校风在和平年代的“珞珈”及战争时期的“乐嘉”之间的不绝传承与高度一致性。总之，正是考虑到武汉大学曾经在王星拱校长的任期内西迁四川乐山这段特殊的历史经历，本书书名中的“功盖珞嘉”，才选择了使用四川嘉定（州）的“嘉”，而不是武汉大学校园所在地武昌珞珈山的“珈”（后者实已包含在了前面的“珞”字之中）。

至于正标题后半部分的“一代完人”，则是引用了陈毅元帅对王星拱的高度赞誉，并以引号标示。这是因为，绝对意义上的“完人”是不可能存在的，本书作者对此当然也非常清楚，故在写作过程中，尽可能地遵循了丛书主编章开沅先生所提出并反复强调的“不溢美，不掩恶”的基本要求，对于王星拱的某些弱点和失误，绝不轻易回避或是曲笔回护，而是尽量予以客观、公正的揭示与评价，以求最大限度地接近历史真实。因此，本书在“一代完人”的书名上特地标注了引号，一是表明这一称谓实系引用自某位社会影响极大的著名人物对王星拱的个人评价，而不是作者本人对历史人物冒昧轻率的盖棺定论；二是表明绝对的“完人”是不存在的，任何相对意义上的“完人”均有其可供商榷的不“完”之处。以上种种，还望广大读者明鉴。

还要说明的是，本著作也是2010年武汉大学自主科研项目“中国高校教育家办学问题研究”的成果之一。

最后，需要特别指出的是，由于我们水平所限，对相关史料的搜集还不够全面、详尽，整个书稿也会不可避免地存在一些史实上的纰漏、讹误以及观点上的片面、偏颇之处，在此特恳请有关专家学者及广大读者不吝赐教，提出中肯的批评及修改意见，以便在本书再版时一一予以修正、补充，使之更臻完善。

程斯辉

2012年春节于武汉大学

主编　章开沅，浙江吴兴人，1926年生。1948年11月于南京金陵大学历史系肄业。1951年在华中师范大学任教至今。现任华中师范大学中国近代史研究所教授、博士生导师，兼任中国教会大学史研究中心主任。1984—1990年任华中师范大学校长，1983—1990年兼任国务院学位委员会历史学科评议组成员、召集人。1990—1995年，历任美国普林斯顿大学历史系与普林斯顿神学院客座研究员、耶鲁大学历史系鲁斯学者、加州大学圣地亚哥分校历史系客座教授、台湾政治大学历史所客座教授、香港中文大学第14届“黄林秀莲访问学人”等。美国奥古斯坦那大学授予荣举博士学位，田纳西州长授予荣誉市民证书。撰著及主编的主要学术著作：《辛亥革命史》《辛亥革命与近代社会》《张謇传》《离异与回归——传统文化与近代化关系试析》《中国教会大学的历史地位》《从耶鲁到东京——为南京大屠杀取证》《实斋笔记》《鸿爪集》等。

主编　余子侠（余子峡），湖北蕲春人，1953年生，恢复高考后首届大学本科毕业生，先后获得哲学学士、史学硕士及博士学位，现为华中师范大学教育学院教授、两级研究生指导教师、教育部人文社会科学重点研究基地中国近现代史研究所兼职教授，主要从事中国教育史、中外教育交流史研究。在《教育研究》、《历史研究》、《近代史研究》等刊物发表学术论文七十余篇，独撰及合著《山乡社会走出的人民教育家：陶行知》等学术专著多部，主编（合作）《中国著名大学校长书系》、《日本侵华教育全史》、《湖北考试史》等大型学术著述多套，另参加《陶行知教育学说》等学术著作的编撰。

本书著者 程斯辉，男，1962年生，湖南省南县人，北京师范大学教育学学士、硕士，华中师范大学教育学博士。现为武汉大学教育科学学院院长、教授、博士生导师。1993年、1995年，先后破格晋升为副教授、教授。1996—2003年曾任湖北大学教育学系主任、教育学院院长。1997年入选湖北省高校跨世纪学科带头人，2006年入选教育部新世纪优秀人才。主要学术兼职有：中国教育学会学术委员会委员，2004—2010年曾任中国教育学会中青年教育理论工作者分会副理事长；全国教育管理学科专业委员会常务理事，中国教育学会教育史分会常务理事；湖北省教育学会常务理事、副秘书长；湖北省教育管理专业委员会理事长；湖北省教育史专业委员会副理事长等。主要研究方向为中国教育发展史与教育管理学。出版专著及主编、参编著作10多部，主要有《中国近代教育管理史》（武汉工业大学出版社，1989）、《中国教育管理模式研究》（武汉工业大学出版社，1994）、《科教兴国的先驱——教育家张謇传》（北京师范大学出版社，2000）、《创新型教师》（东方出版中心，2001）、《厚生务实 巾帼楷模——金陵女子大学校长吴贻芳》（山东教育出版社，2004）、《新中国著名大学校长》（湖北人民出版社，2007）、《教育之道》（安徽教育出版社，2007）、《中国近代大学校长研究》（人民教育出版社，2010）等。在《教育研究》、《中国教育学刊》、《高等教育研究》等刊物上发表论文100余篇。曾获湖北省社会科学优秀成果二等奖、三等奖，湖北省高校教学成果三等奖，湖北省教育科学研究优秀成果一等奖、二等奖等多项奖励。

本书著者 吴骁，1981年生，湖北沔阳（仙桃）人，2005年毕业于武汉大学历史学院世界史专业，获历史学硕士学位，现为武汉大学档案馆馆员，专门从事武汉大学校史研究，本书为其第一部学术专著。